O Truque e a Alma

Coleção Estudos
Dirigida por J. Guinsburg

Equipe de Realização – Tradução: Roberta Barni; Revisão de texto: Sérgio Coelho; Revisão de provas: Oswaldo Viviani; Assessoria editorial: Plinio Martins Filho; Sobrecapa: Adriana Garcia; Produção: Ricardo W. Neves e Adriana Garcia.

Angelo Maria Ripellino

O TRUQUE E A ALMA

EDITORA PERSPECTIVA

Título do original em italiano
Il Trucco e l'Anima
Copyright © by 1965 Giulio Einaudi editore s.p.a, Torino

Direitos reservados em língua portuguesa
EDITORA PERSPECTIVA S.A.
Av. Brigadeiro Luís Antônio, 3025
01401-000 – São Paulo – SP – Brasil
Telefone: (011) 885-8388
Fax: (011) 885-6878
1996

Sumário

A ALMA DO TRUQUE IX
SOBRE A TRADUÇÃO XV

1. O Teatro como Atelier das Minúcias 1
2. *Liberty* e Demonia 93
3. Interlúdio em Três Atos 173
4. Retrato de um Diretor-Hamlet 191
5. Os Triunfos da Biomecânica 251
6. A Tragédia e seu Avesso, a Arlequinada 327
7. Volta e Morte do Filho Pródigo 373

A Alma do Truque

Poeta delicado, sensível tradutor, romancista. E também ensaísta, enviado especial, acadêmico, eslavista, teatrólogo. A obra multiforme de Angelo Maria Ripellino marca a inquieta e fascinante trajetória de um dos mais destacados intelectuais italianos do pós-guerra.

Nascido em Sicília em 1923, filho de um professor de italiano da escola secundária, ele mesmo poeta e colaborador de revistas literárias, Ripellino muda-se para Roma com a família nos anos trinta. Na capital, o jovem estudante revela-se escritor precoce: já em 1940 passa a colaborar com o semanal literário *Meridiano di Roma*, produzindo textos poéticos e ensaios. Revela também um grande talento natural para com as línguas. Ao inicial fascínio pelas literaturas hispânicas (que de alguma forma deixará marcas profundas em seu imaginário), segue-se sua duradoura opção pelo mundo eslavo, pela "Europa Proibida", cujos segredos alguns incansáveis pioneiros, como Ettore Lo Gatto e G. Mayer, revelam para uns poucos estudantes entusiasmados "numa modesta sala da Faculdade de Letras da Universidade de Roma".

Ao término de quatro anos de estudos febris, verdadeiras descobertas e explorações de continentes culturais praticamente desconhecidos na Itália daquela época (emaranhada que estava em seu "pântano provincial", aprofundado pelos vinte anos de fascismo e pela guerra), forma-se em 1945 com uma tese sobre a poesia russa deste século, que fornecerá a base para uma célebre antologia publicada pela Editora Guanda, em 1954, e depois pela Editora Feltrinelli, em 1960.

Em 1946, pela primeira vez, o encontro direto com o mundo eslavo. Vai a Praga, para especializar-se em tcheco, e naquela que se transformará em sua segunda pátria (e que mais tarde lhe trará uma grande dor), conhece Ela Hlochová, que se tornará sua esposa e companheira de estudos, trabalhando com o marido para difundir no exterior as obras de importantes escritores tchecoslovacos como Holan, Fuks, Hrabal, Linhartová.

Voltando à Itália, Ripellino segue os mil estímulos de seus interesses intelectuais. Ocupa-se de poesia e literatura, colaborando para inúmeras revistas de eslavística, periódicos literários e inicia sua carreira jornalística escrevendo, por dois anos, para o jornal *L'Unità*, o diário do Partido Comunista Italiano, que na época contava com colaboradores como Italo Calvino, Elio Vittorini, e Alfonso Gatto; seus artigos são apreciados pelo corte ágil e antiacadêmico, por uma abertura insólita para todas as manifestações da arte européia contemporânea, por uma procura constante de nexos e analogias entre os fatos literários e as outras artes, inclusive as "menores" (circo, *music-hall*, gravuras populares, pintura sobre vidro, etc.) ou as "modernas", tais como cinema e *jazz*.

Naqueles anos de duríssimas contraposições ideológicas, escrever para *L'Unità*, é uma escolha de militância e, de fato, nas eleições de 1948, Ripellinó adere à "Alleanza per la Difesa della Cultura", formada pelos intelectuais que apoiam a Frente Democrática Popular integrada pelos comunistas e pelos socialistas. Mas Ripellino não é nem nunca será um "intelectual orgânico", pronto a colocar as razões da política acima das razões da pesquisa intelectual: justamente naquele período, em corajosa escolha, apresenta ao público italiano, em *La Fiera Letteraria*, a obra da poetisa russa A. Akhmátova, expurgadas por Stalin, através de Jdanov, seu "cão de guarda" cultural.

A colaboração com o jornal do PCI interrompe-se após as eleições, mas não a atividade jornalística, que nos anos 60 será retomada nas colunas do *Corriere dela Sera* – o maior e mais prestigioso diário italiano – e do *L'Espresso*, a revista obrigatória da *intelligentsia* italiana de esquerda, reunindo colaboradores como Alberto Moravia e Umberto Eco.

Em 1950 publica seu primeiro livro: *Storia Della Poesia Ceca Contemporanea* (Ed. d'Argo), obra original e documentada, cujos textos poéticos são trazidos de volta para a terrestre e impura complexidade dos próprios ambientes históricos, culturais e artísticos.

Ripellino é homem de muitas curiosidades e interesses. Imediatamente após a guerra freqüentou o "Centro Sperimentale di Cinematografia" (do qual parece ter sido afastado por recusar a filiar-se ao partido fascista). No início dos anos cinqüenta foi um dos jovens e atrevidos redatores daquele "empreendimento artesanal e rústico" que foi a redação da *Enciclopedia dello Spettacolo* de Silvio d'Amico, referência obrigatória para todos os que se interessam por teatro. Para esta obra dirigiu-se as seções de "Teatro Russo e de Marionetes e Bonecos", estabelecendo ligações entre a literatura dramática, a música, o cinema, o balé, o circo, através de um excepcional (e árduo) trabalho de documentação que relevará sua importância na concepção e redação de textos como *Maiakóvski e o Teatro de Vanguarda* (já publicado no Brasil pela Editora Perspectiva, na tradução de Sebastião Uchoa Leite, em 1971) e *O Truque e a Alma*, que apresentamos agora.

Ripellino é amigo pessoal de escritores e artistas russos e tchecoslovacos: Pasternák (que encontra, após uma intensa troca de correspondência, em sua *datcha* de Peredelkino), Ievutchenko, Vosnesenski, Chklóvski, Jakobson, Holan (que dedica a ele a coletânea de versos *Na Postupu*), Nezval, Seifert, Goldstücker, Kolár, Liehm, etc.

A partir de 1957 dirige a editora de literatura eslava de Einaudi, que já na época era uma das maiores editoras italianas, notadamente progressista. Entre as várias iniciativas suas, apresenta e traduz (pela primeira vez na Europa) as *Poesias* de Pasternak (1957) e o romance *Petersburgo*, de A. Biéli (1961) e, ainda, a antologia *Nuovi Poeti Sovietici*.

Em 1960 são publicados: seu primeiro livro de poesias, *Non un Giorno ma Adesso* (Editora Grafica), com desenhos de Perilli; a tradução, com um excepcional ensaio de apresentação, das *Poesias de Blok* (Editora Lerici); começa a colaborar com *Tempo Presente*, de N. Chiaromonte e I. Silone e com a *L'Europa Letteraria*, de G. Vigorelli.

Em 1961 é chamado a tomar o lugar de Ettore Lo Gatto na cátedra de literatura russa na Universidade de Roma; onde, sabemos, proporcionou ricos ensinamentos de direção teatral a seus alunos. Publica também o precioso livrinho, *Rileggendo Derjavin* pela Editora Capucci; colabora com o músico L. Nono para o texto da ópera lírica *Intolleranza 1960*, definida como "uma tentativa de reabrir o problema do teatro de vanguarda", de apresentar na Itália "um novo tipo de teatro épico e de rompimento".

Segue, ainda que de uma posição à parte, as iniciativas do *Gruppo '63*; três de suas poesias são incluídas na antologia homônima, publicada publicada pela Feltrinelli. De 1963 a 1968 escreve, para

Il Corrieri della Sera, uma série de crônicas culturais dos países eslavos. Num testemunho emocionado (o *Diario Praghese*, impresso em duas partes em *L'Europa Letteraria*) "canta" a volta à vida de um povo, durante o primeiro "abrandamento" tchecoslovaco.

Em 1965, após intenso trabalho, sai, pela Editora Einaudi, *Il Trucco e l'Anima*. Em seguida Ripellino, gravemente doente, parte para o sanatório de Dobris, nas proximidades de Praga. Dessa experiência dolorosa e humana nascerá seu segundo livro de versos: *La Fortezza di Alvernia* (Rizzoli, 1967, Prêmio "Cittadella").

Com a publicação de *Una Notte con Amleto* (Einaudi, 1966), uma ampla escolha das poesias de V. Holan, e de uma nova edição do *Lenin* de Maiakóvski (Einaudi, 1967), estamos às vésperas de 68. Às fúrias da contestação estudantil que, em meio ao ataque geral também o atingem, responde com uma nobre *Lettera agli "Anziani"*, ainda inédita, na qual reivindica a novidade e a criatividade de seu método de ensino, que se recusa a achatar em banal ensino nocional ou de submetê-lo às "verificações" de tipo político. Mas não é homem descompromissado. Ao contrário. Ativo, sustentando, em suas colunas do *Corriere della Sera* ou na revista semanal *L'Espresso*, as razões dos escritores soviéticos dissidentes, será o enviado especial deste semanário à Capital tcheca, em 1968. É um repórter excepcional das trágicas vicissitudes já em curso: extremamente informado, atento aos "humores" do dia, mas também sarcástico, inexorável ao salientar a arrogância dos fortes, com um "moralismo" ressentido e contundente. Justamente por sua postura crítica inequivocamente colocada, a Tchecoslováquia ser-lhe-á interditada, pelo resto da vida, após a invasão soviética. Com saudade escreverá, alguns anos mais tarde, aquele *réquiem* barroco que é *Praga Magica* (Einaudi, 1973, reeditado em 1991), que recebeu o Prêmio "Livro do Ano" em Copenhagen.

1968 também é o ano de um de seus memoráveis livros: *Poesias* de Khliebnikov (Einaudi), onde é ao mesmo tempo ensaísta, tradutor e poeta, uma experiência única de "simbiose poética" e "um modelo de crítica participante"; e ainda de uma coletânea de ensaios: *Letteratura come Itinerario del Meraviglioso* (Einaudi) que, com os *Saggi in Forma di Ballate* (Einaudi, 1978), pode ser considerado uma *summa* completa de seu método crítico, onde em estranho e raro enxerto um no outro convivem fantasia lingüística e rigor filológico, estro inventivo e rigor de pesquisa. Os acontecimentos de Praga e a atmosfera trágica de um "ano funesto" projetam os obscuros clarões de apocalipse sobre seu terceiro volume de versos, *Notizie dal Diluvio* (Einaudi, 1969).

Não se esquiva (numa outra poesia "grita" sua intolerância pelo uniforme oficial de eslavista) de incursões em outros domínios expressivos. Enquanto continua propondo aos leitores italianos obras como *Le Botteghe Color Cannella* de B. Schulz (Einaudi, 1970), *Il Bruciacadaveri* de L. Fuks (Einaudi, 1972), *Foglie Cadute* de V. Rózanov (Adelphi, 1976), ocupa-se de pintura, apresentando mostras de artistas como Svoboba (1969), Moncada (1972), Perilli (1975); traduz, mas é quase uma verdadeira encenação, dois dramas de Tchékhov: *A Gaivota* e *Tio Vânia* (Einaudi, 1970): alguns anos antes havia dirigido a realização, com uma companhia de estudantes, de *Balagantchik*, a fabulosa "barraca de saltimbancos", de Blok.

Confirmando seus proeminentes interesses pelo teatro, meio que permite amplas contaminações entre as mais diversas artes; a partir de 1972 assina a rubrica de resenhas teatrais do *L'Espresso*. Atividade que continuará exercendo até poucos meses antes de sua morte, percorrendo a Itália em busca de "estréias" e freqüentando com assiduidade as mais tenebrosas *caves* da vanguarda, espalhadas pelo bairro boêmio de Roma: "Tenho medo... das úmidas ruelas de Trastevere", diz um artigo impecável, que parte dos gestos alucinados dos jovens atores, de suas sombras projetadas e multiplicadas pelas paredes dos pequenos teatros e que depois acompanham o repórter perturbado pelas ruas mal iluminadas. Deixou-nos uma centena de suas colunas que são verdadeiras pérolas de estilo, julgamentos teatralizados, com um poder "mediúnico" de evocação do evento cênico.

Em 1972 publica *Sinfonietta* (Einaudi). Definida como "medieval e atualíssima dança de morte", é a obra que melhor representa suas qualidades de poeta: receberá, em 1974, o prêmio "Suio Terme".

Em 1975 publica seu único volume de contos, *Storie del Bosco Boemo* (Einaudi); traduz e adapta para a cena *O Processo*, de Kafka, que estréia no mesmo ano, em Lucca.

Em 1975 sai sua quinta coletânea poética, *Lo Splendido Violino Verde* (Einaudi), carregada de um sentimentalismo teatral e patético, cujos motivos têm um desenvolvimento menos enérgico e mais suave, não raro com êxitos felizes e comunicativos em *Autunnale Barocco* (Ed. Guanda, 1977), prêmio "Prato".

Angelo Maria Ripellino morre em Roma, após alguns meses de enfermidade, a 21 de abril de 1978. Dez anos após o seu falecimento, passa a ser, na Itália, objeto de renovado interesse. Em 1987 saíram: *L'Arte della Fuga* (Ed. Guida), coletânea de ensaios póstumos; *Scontraffatte Chimere* (Ed. Pellicanolibri), poesias inéditas e juvenis; em 1988: *I Fatti di Praga* (Ed. Scheiwiller), uma panorâmica de seu temário tcheco que reúne textos escritos antes, no decorrer e depois da invasão soviética.

Em *O Truque e a Alma* temos sua maior contribuição para os estudos de teatro e a evocação de seu mundo. Tal filme de aventura, misturando dados históricos à sua reconstrução pessoal, como bom ficcionista que era, Ripellino revive a dramática história da cena russa de vanguarda. Num equilíbrio perfeito entre ensaio e poesia, a erudição do teatrólogo se consome na evocação do ficcionista. Em nenhum outro livro, em qualquer outro idioma, pode-se sentir uma presença tão humanamente viva das figuras de Stanislavski, Meyerhold, Tairov, Vakhtangov e os outros protagonistas daquela época lendária.

Incansável pesquisador, o autor coleta todo o material existente, juntando sua capacidade de miniaturista à veia de ficcionista, para nos apresentar uma imagem contudente de um país, o soviético, e de seus artistas. Ripellino reconstrói os espetáculos, de tal forma que eles se apresentam "vivos" diante do leitor-espectador, e ele vai mostrando, com riqueza de colorido e detalhes, as personagens que, de uma forma ou de outra, participaram dessa "revolução" artística.

Ao nos falar dos revolucionários inovadores da *régie* teatral nos palcos russos, de alguns dos grandes atores, dos métodos de encenação, das invenções estéticas e estilísticas, dos tormentos intelectuais e do domínio final e mortal do Estado sobre a Arte, Ripellino o faz de forma tão apaixonante e apaixonada que se torna difícil distinguir, como já observamos, o que na sua elaboração é ensaio e o que é ficção. E, cumpre dizê-lo, entrega-se às vezes a suas paixões pessoais; aliás, a certa altura, ele próprio dialoga com o leitor alertando-o sobre o fato. Nesse sentido, chama a atenção como, em alguns casos, ele se revela injusto, por exemplo, com Stanislavski. Isso, porém, talvez se deva à deformação que os ensinamentos do criador do Teatro de Arte de Moscou, que foi um dos maiores mestres encenantes do século XX, sofreram quando em contato com o teatro ocidental, fomentados, sem dúvida, pela "oficialidade" que lhe foi emprestada pelo regime então vigente em seu país.

Por esta obra, Ripellino recebeu o Prêmio "Viareggio" de Literatura. Para gerações de artistas de teatro e teatrólogos, não só na Itália, ela foi e continua sendo uma pequena bíblia, uma inesgotável fonte de sonhos... No Brasil, *O Truque e a Alma* é conhecido apenas por um pequeno número de iniciados: com esta tradução e publicação desejamos suprir a lacuna existente, tornando mais acessíveis as informações tão preciosas nele contidas, e, mais do que isto, o sugestivo quadro de conjunto de uma das épocas mais inventivas da modernidade cênica.

J. Guinsburg e Roberta Barni

Sobre a Tradução

Quando o Professor Jacó Guinsburg convidou-me para realizar esta versão encontrei-me diante de um enorme desafio. Por mais amor que eu tenha pelo teatro, pelo universo russo e pela tradução, a tarefa não foi nada fácil. A linguagem de Ripellino é não raro cifrada, não raro repleta de referências que exigem do tradutor um grande esforço de erudição e não raro acrobacias lingüísticas.

A título de explicação de meus critérios e minhas opções de transposição, gostaria de rastrear para o leitor alguns fatos, como exemplo, a reflexão que deu origem ao nome da obra. Ripellino foi amigo pessoal de Pasternak, tradutor italiano de seus textos e, entre eles, figura uma poesia dedicada ao casal Meyerhold (ou aos "Meyerhold" de toda a parte?) que Ripellino usa, parcialmente, para a epígrafe do último capítulo, onde se lê: *vi siete cancellato per il trucco / Il nome de questo trucco è anima* (havei-vos aniquilado pelo truque / O nome deste truque é alma). Daí o título italiano: *Il Trucco e l'Anima*. Mas cuidado, a questão não é tão simples. Ripellino, obviamente, serviu-se com habilidade da pluralidade significativa do termo *trucco* em italiano, (inexistente no original russo) cuja polissemia, em síntese, resultaria no seguinte: expediente, maquiagem, disfarce, artifício, truque. Esta simples oposição interior/alma – exterior/aparência encerra, em todo o seu caleidoscópio de semas, a complexa elaboração significativa do pensamento de Ripellino, das imagens que ele constantemente nos apresenta em seu texto e que, às vezes, por serem intrasponíveis na sua totalidade, sofreram limitações no texto em português.

Poderia a propósito invocar inúmeros teóricos, citando-os para ilustrar como é difícil lidar com tais problemas na reposição textual de uma língua para a outra, algo que atormenta o sono de todos os que se aventuram por essas pontes idiomáticas e culturais que, por vezes, nos obrigam a *gettare la spugna*. Ou, simplesmente, a reconhecermos e assumirmos nosso papel de primeiros leitores que, se bem-sucedidos, serão eventualmente re-criadores[1]. Cabe aqui citar também um outro poeta-tradutor, José Paulo Paes, em seu "Evangelho de São Jerônimo":

A tradução – dizem-no com desprezo – não é a mesma coisa que o original.
Talvez porque tradutor e autor não sejam a mesma pessoa.
Se fossem, teriam a mesma língua, o mesmo nome, a mesma mulher, o mesmo cachorro.
O que, convenhamos, havia de ser supinamente monótono.

Para evitar tal monotonia, o bom Deus dispôs,
já no dia da Criação, que tradução e original
nunca fossem exatamente a mesma coisa.

Glória, pois, a Ele nas alturas, e paz, sob a terra,
aos leitores de má vontade.

Espero com este trabalho, que permanece aberto (sim, pois a tradução é sempre obra aberta), fazer com que Ripellino ilumine para o leitor brasileiro, como iluminou para o leitor italiano, aquela época de fervorosas esperanças e inovadoras criações, que calou tão fundo na moderna arte teatral.

Roberta Barni

---

1. Como exorta Haroldo de Campos em seu "Da Tradução como Criação e como Crítica": "Para nós, tradução de textos criativos será sempre recriação ou criação paralela, autônoma porém recíproca." (in *Metalinguagem e Outras Metas*, São Paulo, Perspectiva, 1992, p. 35.)

Todo espetáculo é um castelo de areia, uma efêmera catedral que, com o passar dos anos, perde os contornos, tremula, adelgaçando-se na água da memória. Repensando nos majestosos edifícios-espetáculos, construídos pelos grandes diretores, surge a vontade de perguntar, como nas danças macabras do Barroco: onde estás, Meyerhold? onde estás, Stanislavski? Que resta, a não ser um estrídulo cliquetis de palavras? Restam esqueletos de partituras, desbotadas fotografias, tiras amareladas de recortes, e testemunhos (nem sempre atendíveis).

Charles Dullin observou: "A parte do encenador é de fato o que há de perecível no teatro, mas essa parte é bela o bastante, quando serve para pleno desenvolvimento da obra do poeta, para que possamos sem amargura contentar-nos com ela*" (Souvenirs et Notes de Travail d'un Acteur, Paris, 1946, p. 69).

O que restou então do teatro russo dos primeiros trinta anos do século? Já vai-se evaporando a lembrança daquelas invenções, daquele fervilhar de prodígios, de achados, de caracterizações. Catedrais luxuosas e reluzentes transformam-se, na memória, em enfiadas de imensos aposentos desertos, nos quais a voz do órgão ecoa como chiado de fantasmas.

Aquela estação feliz do espetáculo russo, época de ouro da arte do encenar, é para mim como a alegoria de um mundo-teatro, de um mundo histriônico, de um metafísico teatro de Oklahoma, que chega a tocar a própria essência, a absurda duplicidade de nossa existência.

---

* Em francês no original. (N. da T.)

Por esta razão, reunindo com carinhosa paciência os materiais dispersos, recompondo informações e testemunhos como marchetes de mosaico e reinventando as frias notícias em minha fantasia, decidi ressuscitar aquela época, decidi devolver à vida, nas páginas de um livro, as sombras de suas personagens.

1. O Teatro como Atelier das Minúcias

Um banco ao longo do proscênio, diante da caixa do ponto. Os atores sentados um ao lado do outro, de costas para o público, para assistir ao monodrama de Trepliov, interpretado por Nina. Noite de 17 de dezembro de 1898. No Teatro de Arte representava-se *Tchaika* (*A Gaivota*).

Haviam-se atormentado por muito tempo à procura dos tons exatos. Precisavam trazer à tona o "curso subáqueo" dos sentimentos, a secreta *texture* psicológica, as indistintas alusões: tudo o que em Tchékhov pulsa sob o invólucro das palavras. Encontrar cadências sutis, atenuadas, que não fendessem a filigrana dos pensamentos inexpressos, das nuances impalpáveis.

Os atores tiveram dificuldades em transmitir a melodia tchekhoviana. Os ensaios: altos e baixos de esperança e desânimo. Certos de não saberem encarnar as "novas formas" ambicionadas por Trepliov, chegaram, mais de uma vez, ao ponto de desistir. Um insucesso teria piorado a instável saúde de Antón Pávlovitch. Além do mais, sua irmã, Maria Pávlovna, estivera nos ensaios trazendo más notícias de Yalta[1].

---

1. Cf. Nicolai Efros, *Moskóvski Khudójestvieni tieatr (1898-1923)*, Moscou-Petersburgo, 1924, p. 207; Vl. Niemiróvitch-Dântchenko, "Iz prochlogo", in *Tchékhov i tieartr*, Moscou, 1961, pp. 303-304.

A estréia de *A Gaivota* teve início num clima de nervosismo, de tensão. Todos cheiravam à valeriana.

Um banco ao longo do proscênio, diante da caixa do ponto. Os atores sentados um ao lado do outro, *de costas para o público*, para assistir ao monodrama de Trepliov, interpretado por Nina. Visto que o pano de boca da pequena tribuna construída por Trepliov escondia a lua resplandecente sobre o lago, a princípio o palco permanecia mergulhado na escuridão.

Nas pausas, nos semitons, nas vozes submissas, que se compunham de uma espécie de *pointillisme phonétique*, tinha-se a sensação de se ouvir a respiração, a preguiçosa música de uma noite de verão[2]. Pela primeira vez, no teatro ecoava e vibrava o indefinível. Sussurrava o silêncio. "Silêncio, tu és o melhor de tudo o que eu ouvi", escreverá mais tarde Pasternak.

Aos poucos os espectadores foram aderindo a esta encenação lânguida e lenta, a este ritmo lacustre; até o monólogo maeterlinckiano de Nina, escandido por uma cantilena insólita nos espetáculos russos, foi acolhido sem cochichos[3]. Stanislavski assim reevocou o fim do primeiro ato:

> Parecia-nos ter fracassado. O pano de boca fechou-se em meio a um silêncio sepulcral. Os atores estreitavam-se timidamente uns aos outros, de ouvidos atentos ao público.
> Silêncio sepulcral.
> Dos bastidores, os maquinistas espicharam a cabeça, também de ouvidos atentos ao público.
> Silêncio.
> Alguém rompeu em pranto. A Knipper sufocava um soluço histérico. Moviamo-nos silenciosamente em direção aos bastidores.
> Naquele instante os espectadores irromperam em gemidos e aplausos. Apressamo-nos em abrir o pano de boca.
> Dizem que estávamos voltados pela metade para o público, com caras terríveis, que nenhum de nós sequer pensou em curvar-se para agradecer à platéia, e que alguém até permaneceu sentado. É claro, não nos dávamos conta do que estava acontecendo.
> Um enorme sucesso do público; sobre o palco garriu uma verdadeira Páscoa. Beijavam-se todos, inclusive os estranhos que haviam invadido a cena por trás dos bastidores. Alguém contorcia-se de histerismo. Muitos, como eu, dançavam, levados pela alegria e pela excitação, uma dança selvagem[4].

2. Cf. Vl. Niemiróvitch-Dântchenko, "Iz prochlogo", in *Tchékhov i tieatr*, pp. 304-305.
3. Cf. Nicolai Efros, *op. cit.*, p. 208.
4. K. Stanislavski, "A. P. Tchékhov v Khudójestvienom tieatre", in *Tchékhov v vospominaniakh sovriemiênikov*, Moscou, 1954, pp. 351-352, e in *Tchékhov i tieart*, p. 273. Cf. também K. Stanislavski, *Móia jizn v iskústvie* (*Minha Vida na Arte*), Moscou, 1962, p. 280.

Parece agora uma lenda, mas é certo que o sucesso aumentou de um ato para o outro. Lágrimas, irromper de hosanas, uma ébria exultação. Ao fim de cada ato, palco e platéia arremessavam-se em abraços[5]. Se Stanislavski afirma "uma verdadeira Páscoa", Niemiróvitch-Dântchenko fala até mesmo (em carta a Tchékhov, de 18-21 de dezembro) em "ressurreição de Cristo"[6].

A festa foi ainda maior, pois que todos temiam que se repetisse o memorável fiasco do Aleksandrinski onde, a 17 de outubro de 1896, o entorpecimento dos atores e as pilhérias do público haviam arruinado *A Gaivota*. Deste episódio muitos escreveram. Nós também iremos narrá-lo, na seguinte

HISTÓRIA DE UM INSUCESSO

Por que motivo a atriz cômica Elizaviéta Levkiéeva, intérprete de velhas solteironas e parasitas, a gorda e bigoduda Levkiéeva, que ao simples aparecer provocava sonoras risadas, por que motivo Levkiéeva elegeu, para favorecer a si mesma, uma obra tão imprópria como *A Gaivota*? Deteve-se talvez sobre aquele texto, lembrando que Tchékhov havia publicado, com o nome de Tchekhonte, contozinhos e historietas burlescas em revistas humorísticas. Ela mesma, de resto, não atuava: apareceria somente num *vaudeville*, como encerramento do serão.

Visto que a Levkiéeva urgia, o diretor Evtikhi Karpov restringiu a preparação a poucos ensaios apressados. Os atores, acostumados às monótonas comédias de boas maneiras e aos universos de papelão dos fabricantes de efeitos, enfrentaram de má vontade o insólito enredo desta obra, que substituía os artifícios do teatro pelo simples *tourne rond* da vida. Que podiam eles compreender (exceto a Komissarjévskaia) daqueles sonhos vulneráveis, daquelas aspirações engolidas por uma banalidade devorante? Imaginem: para personificar Trepliov chamara-se o certinho e engomado Apollonski, para quem Tchékhov não passava de um "escritor de vagão" (um *vagònny pisatel*)[7].

Por desejo do poeta, o diretor confiou o papel de Nina à Savina mas, após ter aceito, ela (famosa por seus caprichos) mudou de idéia, sustentando que lhe condizia antes o papel de Macha. Às pressas deram Nina à doce Komissarjévskaia, arrancando Macha da Tchitau para contentá-la. Logo depois, a Savina recusou Macha tam-

---

5. Cf. Iú. Sobolev, "Rojdenie 'Tcháiki' ", in *Tchékhov*, Moscou, 1930, pp. 167-191; O. Knipper-Tchékhova, "O A. P. Tchékhove", in *Tchékhov v vospominaniakh sovriemiênikov*, p. 598; T. Tchépkina-Kupernik, "O Tchékhove", in *Tchékhov i tieatr*, p. 244.
6. Cf. *Tchékhov i tieatr*, p. 318.
7. Cf. Nicolai Khodotov, *Blizkoe-daliokoe*, Moscou-Leningrado, 1932, p. 213.

bém, e o diretor teve que suplicar à Tchitau que retomasse aquela personagem[8].

Qual não foi o assombro do público que, tendo ido ao teatro para rir largamente das argúcias da Levkiéeva, encontrou-se diante de um trabalho insólito, inundado de melancolia e tão pouco tranqüilizante, diante de uma obra "enfadonha" e, como se não bastasse, interpretado de má vontade, com um desalinho que reduzia os delicados sonhos à mediocridade de *sentiments paradeurs*[9]. Os intérpretes achavascavam o papel sem muita convicção, não harmonizados um com o outro; até mesmo a Komissarjévskaia, embora tivesse se destacado nos ensaios, perdeu-se na esqualidez geral.

Assobiava o público, bicava com fúria. Voltando as costas para o palco, os espectadores das primeiras fileiras conversavam, em voz alta, com os conhecidos[10]. Cada minúcia era pretexto para motejos: Trepliov vendado, Macha farejando tabaco, as invocações de Nina, o simulacro da gaivota. No quarto ato, antes do diálogo entre Nina e Trepliov, esqueceram de levar fora de cena Sórin em sua cadeira de rodas: o ator Davídov, que o personificava, teve que fingir estar ainda dormindo[11]. A imprensa falaria em "comédia de pássaros", em "sofisma sobre homens vivos", em "exemplar de museu dos horrores", em "absurdidade com figuras"[12].

Tchékhov ao irmão Mikhaíl, a 18 de outubro de 1896: "A comédia caiu e foi um fiasco solene. Havia no teatro uma penosa tensão de perplexidade e de vergonha. Os atores atuavam de modo abominável e bobo. Daí a moral: não se deve escrever comédias"[13]. Ao editor Suvórin, no mesmo dia: "Não escreverei nem nunca mais farei representar comédias"[14]. A 20 de novembro, para Niemiróvitch-Dântchenko: "O teatro exalava má vontade, o ar estava saturado de ódio e – de acordo com as leis da física – voei-me embora de Petersburgo como uma bomba"[15].

Naquela noite o desespero levara-o a vaguear sem destino pelo frio de Petersburgo: exausto, como os olhos enevoados, como um

---

8. Cf. Nicolai Efros, *op. cit.*, p. 194.
9. Cf. Aleksandr Róskin, "Istoria odnogo provala i odnogo triumfa", in *A. P. Tchékhov*, Moscou, 1959, pp. 135-137.
10. Cf. N. Potapenko, "Neskolko liét s A. P. Tchékhovim", in *Tchékhov i tieatr*, p. 229.
11. Cf. Nicolai Khodotov, *op. cit.*, p. 214.
12. Cf. I. Leontev [Tcheglov], "Iz vospominani ob Antone Tchékhove", in *Tchékhov i tieatr*, p. 219.
13. Cf. *Tchékhov i tieatr*, p. 87.
14. *Idem, ibidem.*
15. *Idem*, p. 91.

autômato. Este destroçamento, esta ferida, concorreram para exacerbar sua doença.

O desmoronamento de *A Gaivota* no Aleksandrinski mostrou que as velhas cenas erariais não eram idôneas para expressar o tênue lirismo de Tchékhov. Como era diferente, no entanto, a encenação de Stanislavski. Nas pausas, nos semitons, nas vozes submissas tinha-se a sensação de se ouvir a respiração, a preguiçosa música de uma noite de verão. Um ritmo de água dormente, uma lentidão hipnótica, como se o lago enfeitiçasse os atores.

Significa então que, para que *A Gaivota* pudesse ser representada, deveria nascer o teatro almejado por Trepliov? Mas o Teatro de Arte foi realmente o que Trepliov almejava? De qualquer forma, a gaivota se tornaria seu emblema, aparecendo, de asas estendidas, nos cartazes, nos ingressos, no pano de boca.

2

A abolição do monopólio dos teatros imperiais, em 1882, havia provocado o nascimento de muitos palcos privados em Moscou, mas o teatro-guia ainda era o Mali.

Era, o Mali, uma arena de magníficos atores, que representavam cada um em seu próprio estilo, sem unidade de direção ou modos comuns. Quanto a seu repertório, no último quartel do século, este alinhava dramas medíocres, aglomerados de *coups de théâtre*, comédias com triângulo, aquelas comédias que Trepliov desdenha e ludibria.

Eram os burocratas a imporem seu gosto na escolha dos textos a serem representados. Assim dava-se que dramaturgos comerciais, habilidosíssimos mercenários como Victor Krilov, ganhassem vantagem sobre Ostróvski[16], obstado pelos altos contadores e pelos responsáveis do repertório[17].

A encenação era pálida e descuidada. O diretor, como se não existisse: limitava-se a coordenar, esforçando-se para não ter idéias próprias[18]. Por isso os espetáculos, mesmo que sustentados por uma representação excelente, resultavam pobres e desconjuntados, uma trama de banalidades e anacronismos.

16. Cf. P. Sakulin, "Mali tieatr v posliedniuiu tchetviert XIX vieca", in *Mali tieatr: 1824-1924*, Moscou, 1924, pp. 404-405.
17. *Idem*, pp. 410-411.
18. *Idem*, pp. 358-359.

Para os cenários, costumavam recorrer às reservas dos depósitos teatrais. Um "pavilhão" com portas de tela e janelas pintadas simbolizava os interiores. Verdes festões com entalhes e bastidores com árvores desenhadas sugeriam os bosques. Caso a ação se desenrolasse numa rua, não raro os atores eram mais altos que as casas efigiadas em *trompe-l'oeil* sobre o pano de fundo[19].

Os figurinos, ah, os figurinos. Sua gama oscilava do semigótico ao falso-boiardo*. Nos dramas burgueses os atores não se trocavam. Os figurantes, considerados somente um adicional exornativo, um inerte espaldar de estuques, eram escolhidos (diferentes a cada noite) entre os bombeiros e as tropas da guarnição.

Quando, para favorecer a si mesma, a grande Iermólova quis interpretar *Die Jungfrau von Orleans*, de Schiller, para reproduzir os soldados ingleses e franceses o teatro chamou os granadeiros dos regimentos de Moscou. As baleias dos depósitos despejaram à esmo sobre as margens dos palcos uma heterogênea farraparia de móveis, de armas, de desgastados adereços. Dunois vestia a roupa usada por Raul em *Os Huguenotes*, o castelo era o de Hamlet. O elmo, o peitoral, as botinas da Iermólova nas vestes de Joana nos parecem, ainda hoje, os emblemas de uma genérica teatralidade oitocentesca, alheia a qualquer exata referência à história.

Naquele espetáculo "gótico" os muros, a torre da fortaleza, o antigo carvalho de Dom Rémy vacilavam como cabanas de papel, e os atores tiveram de se manter afastados das colunas, para não fazê-las desabar[20]. Como quando, no filme *His New Job*, Chaplin, embrulhado num pesado dolmã de hussardo, com uma espada de papelão flexível, apoia-se a uma coluna de *papier mâché*, que meneia, se inclina e acaba caindo sobre ele.

Lá pelo fim do século, o Mali foi refratário às novas correntes, quase orgulhando-se por não renovar-se, embrulhando-se em sua glória passada como numa bandeira (mas as bandeiras aprisionam). Se por vezes abriu uma fresta à moderna dramática, o fez com muita prudência e escasso empenho. De Tchékhov, ali penetraram somente dois *vaudevilles*[21]. Quando, mais tarde, veio à tona a obra de Ibsen, os burocratas escolheram não os dramas que analisavam os temas quentes da época, e sim a saga nórdica *Guerreiros em Helgoland*[22].

---

19. Cf. K. Stanislavski, *Moiá jizn v iskústvie*, pp. 239-240, e Alfred Bassekhes, *Khudojniki na stzêne Mchat*, Moscou, 1960, pp. 5-6.

* Boiardo: título de nobreza russo. (N. da T.)

20. Cf. S. Durilin, *Maria Nicolaievna Iermólova: 1853-1928*, Moscou, 1953, pp. 211-215.

21. Cf. P. Sakulin, *op. cit.*, p. 406.

22. *Idem*, p. 416.

No entanto os dois inovadores, os duúnviros que deram início à história do moderno espetáculo russo, formaram-se, ambos, na atmosfera do Mali. Niemiróvitch-Dântchenko era, e foi a vida toda, criatura deste teatro. Ali encenavam-se suas comédias, ali ele havia estreado, a 5 de outubro de 1882, como autor dramático, com *Chipóvnik* (*A Rosa-de-Cão*). O exemplo dos grandes atores do Mali, de quem era amigo e de quem seguia os conselhos e os ensaios, sempre foi a linfa de sua arte de diretor.

Mesmo Stanislavski tinha uma ligação com estes admiráveis intérpretes, com este (como ele mesmo diz) "buquê de talentos"[23]. Medviédieva, Liênski, Iermólova, Fiedótova, Chumski, exerceram um vívido influxo sobre sua juventude. Mas, afervorando-o pela perícia dos atores, ao mesmo tempo as representações daquele teatro desiludiam-no pela pobreza do conjunto, pela ferrugem, pela esterilidade dos moldes.

3

Costuma-se afirmar que Konstantin Stanislavski era inimigo da teatralidade, mas, de fato, a teatralidade penetrava em cada fibra de sua essência. O palco foi para ele um elemento, como o são a água e o fogo. O teatro fascinou-o desde a infância e tornou-se aos poucos o demônio de sua vida.

Tampouco deve ser esquecido que a avó materna era uma atriz francesa: tendo ido em 1847 a Petersburgo, para atuar na categoria de *soubrette* no Mikháilovski, Marie Varlet havia depois abandonado o teatro para se casar com o rico arquiteto Vassíli Iákovliev[24].

O verdadeiro nome de Stanislavski era Aleksiêiev. Ele nascera a 5 de janeiro de 1863: seu pai, Sierguiêi Vladímirovitch possuía uma fábrica de canutilho e brocado. Os Aleksiêiev pertencem àquela categoria de abastados mercadores que, entre o fim do século XIX e o início de nosso século, contribuíram largamente, com seu mecenatismo e sua inteligência, para o desenvolvimento da cultura russa. Este nome, em suma, ladeia os de Trietiakóv, o fundador da famosa Galeria de Arte Nacional, de Tchúchkin, o colecionador de impressionistas franceses, de Mamôntov, iniciador da *Tchásnaia Opera* (*A Ópera Privada*) e patrono de muitos pintores, de Bakhrúchin, ao qual se deve um admirável museu teatral.

23. Cf. K. Stanislavski, *Moiá jizn v iskústvie*, p. 66.
24. *Idem*, p. 33, e Nicolai Efros, *Moskóvski Khudójestvieni tieatr (1898-1923)*, Moscou-Leningrado, 1924, p. 37.

Os garotos Aleksiêiev (eram dez filhos) tiveram uma infância feliz, afagada pelos pais e por um bando de amas, criadas e governantas. Quais as figuras do mundo do espetáculo que encantaram seus primeiros anos? Ciganos, tiriteiros, músicos de Hannover (que liam as notas em folhas dispostas pelo chão e fixadas por pedras, para que o vento não as levasse), meninos-palhaço (delgados e enrijecidos, vestindo malhas imundas), um "persa" com seu macaco de saiote, tocadores de pífaros eslavos, funâmbulos, tocadores de *ghironda**. Toda a meninice de Kóstia é percorrida, quase que para acender nele a paixão pelos objetos e pelas minúcias, por merceeiros ambulantes, os *korobèjniki*, com suas gavetas transbordantes de fivelas, botões, pulseiras, pentes, broches e fitas[25].

Como todos os mercadores de Moscou, os Aleksiêiev tinham um fraco por espetáculos; assiduamente levaram os filhos, desde pequenos, ao circo Ciniselli e aos balés do Bolshói. Dirá posteriormente Stanislavski: "O cheiro de acetileno, com que eram então iluminados teatros e circos, exercia sobre mim uma ação mágica. Este cheiro, ligado à minha idéia de teatro e às delícias que este me proporcionava, inebriava-me, provocando-me uma forte perturbação"[26].

A família toda (pais, filhos, amas de leite, lacaios uniformizados, governantas) dirigia-se ao Bolshói, levando consigo nas carruagens jarros de água fervida, copos, cestas de frutas, guloseimas e mantimentos. Impacientes, temendo chegar tarde, os rapazes balançavam-se, como que para empurrar a carruagem; depois, tendo chegado ao teatro, ainda com os sobretudos de peliça, corriam ao parapeito dos palcos, amontoando-se um sobre o outro, e as governantas tinham de penar para tirar-lhes os casacos. Ei-los atônitos, absortos, encaixados nos vãos dos palcos, como num retrato de família. Acariciam com as luvas brancas o veludo vermelho do parapeito, olham fixamente os plumachos de pó-de-arroz das bailarinas, embriagam-se de piruetas, trajes, sortilégios. No final, que canseira tirá-los dos palcos, desviá-los daquele universo ilusório, conduzi-los, irrequietos, escapulintes, à praça do teatro, onde se alinhavam trenós, carruagens, polícia montada; os cocheiros, capuz caucásico e barba gelada, saltitavam ao redor das fogueiras[27].

Em casa, os rapazes procuravam reproduzir aquilo que os havia enfeitiçado, imitando os balés, os números de ilusionismo, os *battements*, as *courbettes*, os saltos nas argolas cobertas de papel de

---

* Rude instrumento musical de quatro cordas, que friccionadas com um disco de madeira que se gira verticalmente, dá um som estrídulo e nasal, escassamente modificado pelas poucas teclas que se tocam com a outra mão. Levado na cintura, é tocado pelas ruas por pequenos montanheses da Sabóia. (N. da T.)

25. Cf. V. S. Aleksiêiev, "Detstvo", in *O Stanislavskom*, Moscou, 1948, p. 36, e Z. S. Sókolova, "Detstvo i molodost K. S. Stanislavskovo", in *K. S. Stanislavski: Materiali. Pisma. Issledovania*, Moscou, 1955, pp. 356-359.

26. Cf. K. Stanislavski, *op. cit.*, p. 46.

27. Cf. Z. S. Sókolova, *Detstvo i molodost K. S. Stanislavskovo*, pp. 359-361.

seda, reproduzindo os truques óticos num pequeno palco de marionetes[28]. Mais tarde apaixonaram-se pelos grandes atores do Mali e pelos cantores italianos, especialmente por Adelina Patti[29]. Algumas vezes o amor dos Aleksiêiev pelo espetáculo beirava a idolatria, como quando Kóstia lançou-se à pista do circo, para beijar a fímbria do tutu de tarlatana de sua amazona predileta[30].

Havia um quê de teatralidade mesmo em seus brinquedos. A infância e a adolescência de Stanislavski foram uma seqüência de disfarces, de *bals costumés*, de manobras bélicas. Cada ocasião era pretexto para um jogo teatral, especialmente no verão em Liubimovka, a propriedade que o pai havia comprado, a trinta verstas de Moscou (estação Tarassovka), em 1869.

Na noite mágica de Ivan Kupala (23-24 de junho) fingiam ser os espíritos de uma floresta encantada: envoltos num lençol, surgiam de trás das árvores, para assustar os que se aventuravam à procura de filifolhas e de tesouros. Ou também, sempre embrulhados daquele modo, imóveis à proa, navegavam o rio como fantasmas[31]. Experimentados cavaleiros, vestidos como estribeiros de circo, casacas azuis, gravata vermelha e cartola, participavam de cavalhadas e torneios eqüestres, caracolando ao som de uma fanfarra de "grilos verdes", músicos empertigados em casacas tirolesas com lapelas verdes[32]. Em 1881, quando Nicolai Rubinstein faleceu, Stanislavski foi às exéquias todo vestido de preto, uma fita negra de seda no chapéu, cavalgando seu fogoso puro-sangue Pritchudnik[33]. Certa vez, no Natal, tendo se disfarçado de capuchinhos, circularam, num furgão de mudanças, pelas casas dos conhecidos, onde Kóstia, livrando-se repentinamente do saio de algodão marrom, aparecia nas vestes vermelho-flamejantes de um Mefistófeles de ópera-bufa[34].

A paixão pelo teatro levou-os, em breve, a criar uma companhia de família, o assim chamado Círculo Aleksiêiev, que começou a interpretar em Liubimovka a 5 de setembro de 1877. Representaram, para a estréia, quatro *vaudevilles*; Kóstia encarnou um funcionariozinho e um velho professor de matemática, arremedando, na voz e

28. *Idem*, pp. 363-368, e V. S. Aleksiêiev, *Detstvo*, cit., p. 38.
29. Cf. K. Stanislavski, *op. cit.*, pp. 50-55.
30. V. S. Aleksiêiev, *Detstvo*, cit., p. 42, e Z. S. Sókolova, *Detstvo i molodost K. S. Stanislavskovo*, p. 363.
31. Cf. K. Stanislavski, *op. cit.*, p. 57.
32. Cf. V. S. Aleksiêiev, *Detstvo*, p. 53.
33. *Idem*, p. 54, e Ievg. A. Znosko-Boróvski, *Rúski tieatr nátchala XX vieca*, Praga, 1925, p. 101.
34. Cf. V. S. Aleksiêiev, *Detstvo*, p. 48, e Z. S. Sókolova, *Detstvo i molodost K. S. Stanislavskovo*, pp. 377-378.

no gesto, o ator Nicolai Muzil, do Mali. Ele assim descreveu seu prazer-delíquio, sua palpitação à véspera da representação:

...com um de meus irmãos retornava, do ginásio de Moscou, à nossa casa de campo, para o espetáculo. Segurava sobre os joelhos uma caixa de papelão de enormes proporções, abraçando-a como fosse a cintura de uma mulher gorda. Na caixa estavam as perucas e os utensílios de maquiagem. Seu característico cheiro filtrava pelas frestas da caixa e ia dar, forte, em meu nariz. Inebriava-me deste cheiro de teatro, até quase atingir a náusea – deste cheiro de ator, de bastidores – e por pouco não despenquei da carruagem direto para um fosso[35].

(O teatro é para ele, desde os primórdios – como mais tarde para Meyerhold e Tairov – uma presença olfativa, uma fragrância embriagante. O aroma da maquiagem, dos *décors*, dos bastidores, sempre será o bastante para suscitar, em sua fantasia, a correspondência ontológica de um universo teatral.)

Os Aleksiêiev dispunham de dois teatrinhos: um em Liubimovka, numa barraca de vigas, outro em sua casa de Moscou, dito *tieatrstolóvaia*, teatro-refeitório, porque a platéia também servia de sala de jantar[36]. O repertório do Círculo Aleksiêiev, onde se exibia a família inteira, era constituído por comediazinhas leves, farsas e *caleçonnades*, com danças e música. Kóstia, que era o animador desta companhia caseira, ensaiou-se em dezenas de papéis cômicos, distinguindo-se sobretudo no canto de alegres *couplets*.

Naquele tempo, o empresário Mikhaíl Lientovski dava luxuosos espetáculos de *féerie* e de opereta no jardim *Ermitage* (jardim de atrações e "maravilhas"), para onde acorria toda Moscou[37]. O exemplo de Lientovski convenceu os Aleksiêiev a também incluir operetas no repertório. Aliás, a família toda tinha aptidão para a música; o próprio Kóstia chegou a pensar na carreira de cantor lírico, tomando algumas aulas com o tenor Fiodor Komissarjévski[38]. Interpretaram então *Javotte*, de Jonas, *Mam'zelle Nitouche* e *Lili*, de Hervé, *La Mascotte*, de Audran, *La Camargo*, de Lecocq, *The Mikado*, de Sullivan. Assim a opereta, que terá tanto destaque na história do moderno teatro russo (com Mardjánov, com Tairov, com Niemiróvitch-Dântchenko), encontra-se também às origens de Stanislavski.

A direção de *The Mikado* (1887) antecipa, em pesquisa de minúcias e invenções, os espetáculos do Teatro de Arte. Stanislavski,

---

35. K. Stanislavski, *op. cit.*, p. 76.
36. *Idem*, p. 97, e Z. S. Sókolova, *Detstvo i molodost K. S. Stanislavskovo*, pp. 379-380.
37. Cf. K. Stanislavski, *op. cit.*, pp. 109-110.
38. *Idem*, p. 127; Nicolai Efros, *Moskóvski Khudójestvieni tieatr*, p. 45; G. Kristi, *Rabota Stanislavskovo v opernom tieatre*, Moscou, 1952, pp. 17-20.

que fazia Nanki-Puh, não somente juntou autênticos leques, quimonos, bandeiras e velhas armaduras de samurai, como também convidou para os ensaios um grupo de acrobatas e ilusionistas japoneses, que na época trabalhavam no circo de Moscou, para que ensinassem à sua família movimentos e maneiras orientais[39]. Aqueles ilusionistas, nas funções de peritos, são os precursores do chefe-bombeiro e do oficial de artilharia que o Teatro de Arte chamará como consulentes para *As Três Irmãs* e da velhinha de Tula, que dará seus conselhos para a montagem de *O Poder das Trevas*[40].

Uma morada de mercadores moscovitas transformou-se então num canto do Japão. As mulheres da casa Aleksiêiev aprenderam a caminhar com andar deslizante, como sobre um *hashigakari*, a mover virtuosamente o leque, a tecer (como os atores do teatro "nô") complicadas caligrafias gestuais e, por meses e meses, da manhã à noite, usaram o quimono e altas perucas, enfeitadas com lequinhos e fitas multicolores.

Esta direção, fulgurante de pitoresca teatralidade, participa do gosto da época pelas "japonesarias" e os motivos orientais: os leques do Círculo Aleksiêiev equivalem às gravuras japonesas que servem de fundo a alguns quadros de Van Gogh e de Manet. Por outro lado, esta direção dá início àquela paixão pelos teatros asiáticos em que estarão enviscados muitos diretores do século (de Meyerhold a Eisenstein, a Artaud: *Le Théâtre Balinais*!) Sem considerar que, transformando-se em objeto-chave, quase um fetiche, o leque oferecia neste espetáculo um primeiro exemplo da função dominante que os adereços iriam assumir no moderno teatro russo.

Como demonstram suas anotações juvenis, desde o princípio Stanislavski revela uma resoluta tendência a analisar sem misericórdia os próprios erros, a combater os clichês e a rotina. Insatisfeito com seus personagens, descontente com o velho teatro, ele vive em plena inquietude, como que dentro da chama de uma vela. Seu interesse aponta, desde o início, para a técnica e a verdade do ator. De fato, alicerçando-se na atuação, o Círculo Aleksiêiev dava pouco destaque aos cenários, habitualmente pálidos pavilhões sem pretensões (excetuando-se os de Korovin para *The Mikado*), enquanto, ao contrário, a Ópera Privada de Mamôntov, recorrendo aos *paysages féeriques*, aos fastuosos telões de um Vasnietzov, de um Poliônov, de um Vrubel, tratava mais da vistosidade cenográfica do que da precisão interpretativa[41].

39. Cf. K. Stanislavski, *op. cit.*, pp. 115-116; Z. S. Sókolova, *Detstvo i molodost K. S. Stanislavskovo*, pp. 392-396.
40. Cf. Nicolai Efros, *K. S. Stanislavski (Opit kharacteristiki)*, Petersburgo, 1918, p. 19.
41. Cf. Flora Sirkina, *Rúskoe tieatralno dekoratzionoe iskústvo vtoroi polovini XIX vieca*, Moscou, 1956.

Insatisfeito por atuar descontinuamente e para poucos, Kóstia quis se exibir, às escondidas dos familiares, em teatrinhos de amadores. Eram antros de *cabotinage*, ambientes enfumaçados e ambíguos, mas sua intoxicação pelo teatro era tamanha que lhe impedia de se deter em detalhes. Por isso, a 27 de janeiro de 1885, assumiu o pseudônimo de Stanislavski, tomando-o emprestado de um médico amigo que, outrora, havia pisado os palcos com este nome polaco[42].

Do que foi dito, transparece claramente que Stanislavski ator e diretor amadureceu sem escola, sem método algum. Não teve outros mestres a não ser os que ele observou sobre os palcos. Não se demorou no conservatório, em Paris, porque lhe pareceu que ali se ensinassem afetações declamatórias. No outono de 1885, inscreveu-se nos cursos dramáticos do Instituto Teatral, mas abandonou-os depois de três semanas, porque o trabalho na fábrica não lhe consentia uma assídua freqüência[43]. A arte de Stanislavski nasce portanto de uma inclinação instintiva, que ele se esforçará para reduzir à frieza da análise, uma análise tão mais atormentadora e cruel, enquanto objetivava suprir a exigüidade dos estudos.

Costuma-se afirmar que Stanislavski era inimigo declarado da teatralidade, mas, com efeito, do que foi dito transparece claramente que o demônio do teatro havia-se instalado em sua alma, como um verme no interior de uma maçã.

4

O Círculo Aleksiêiev extingue-se. A 8 de dezembro de 1888, com *Skupói Ricar* (*O Cavaleiro Avarento*), de Púchkin, e *Georges Dandin*, de Molière, inicia sua atividade o clube dramático da Associação de Arte e Literatura (*Obchiestvo Oskusstva i Literaturi*): Konstantin Sierguiêivitch interpretou, naquela noite, o barão avarento e Monsieur de Sotenville. Esta sociedade cultural (que, de início, também promoveu exposições, festas, bailes-fantasia e manteve, por algum tempo, uma escola de teatro) ele havia fundado junto ao diretor Alieksandr Fiedótov, ao tenor Fiodor Komissarjévski e ao pintor Fiodor Sologúb.

42. Cf. K. Stanislavski, *op. cit.*, p. 135; Nicolai Efros, *K. S. Stanislavski (Opit kharacteristiki)*, Petersburgo, 1918, p. 14; Z. S. Sókolova, *Detstvo i molodost K. S. Stanislavskovo*, p. 398.
43. Cf. Nicolai Efros, *K. S. Stanislavski*, pp. 15-16.

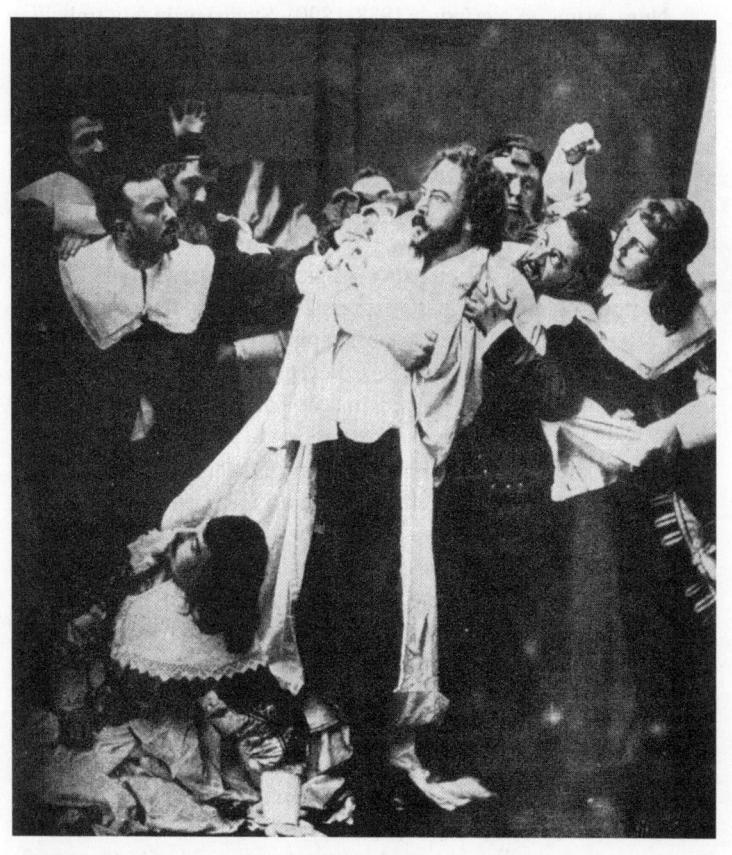

1. Stanislavski em *Uriel Akosta* de Gutzkow, 1895.

Num primeiro período (1888-1890) Stanislavski ali trabalhou como ator; depois (de 1890 a 1898: ano em que o Obchiestvo declina), embora ainda atuando, dedicou-se sobretudo à direção. Encarnou numerosas personagens da dramaturgia nacional: de Anani Iakóvliev, em *Gorkaia Sudbina* (*Um Amargo Destino*), de Pissiemski, a Parátov, em *Bespridánnica* (*Sem Dote*), de Ostróvski; de Dom Juan, em *Kámerni Gost* (*O Convidado de Pedra*), de Púchkin, a Zvezdincev, em *Plodí Prosvetchienia* (*Os Frutos da Instrução*), de Tolstói.

Quis também tentar os papéis trágicos, mas desde o início mostrou-se pouco habilidoso para expressar as paixões tempestuosas. A gentileza de índole e a busca de simplicidade diária impossibilitavam-lhe os ímpetos românticos, o negro alvoroço da tragédia. Ele mesmo sentia não ter a menor inclinação para os repentes do *pathos*, para a "dor triunfal" (usando a expressão de Mandelstam).

A 23 de abril de 1889, única vez em sua vida, interpretou Schiller: o papel de Ferdinando em *Kabale und Liebe* (*Amor e Cabala*), escorregando mediocremente em cadências dignas de melodrama menor. Foi talvez este insucesso a incutir-lhe uma invencível aversão por Schiller, que nunca será incluído no repertório do Teatro de Arte[44]. Mesmo seu Uriel Acosta, no homônimo drama de Gutzkow, resultou numa imagem anêmica, desbotada, inexata e, como a depor o herói do pedestal romântico, colou-lhe detalhes etnográficos e pronunciou suas falas com uma inflexão soluçada, que lhe parecia típica da estirpe hebraica[45].

Desde seus primeiros passos, Konstantin Sierguiêivitch revelou, ao contrário, aptidão para os papéis de ator característico. Não por acaso seu ator-espelho era o ator característico Muzil. Já naquela época tinha a tendência de carregar nas tintas, nos traços exteriores, nos pormenores curiosos. Puxando da vida, extraía de suas personagens bizarras figurinhas de gênero, num estudo minucioso e exaustivo, ao gosto dos quadros de Páviel Fiedótov[46].

O desempenho de Stanislavski diretor no Obchiestvo não deve ser superestimado por amor à lenda. No entanto, muitos de seus espetáculos continham acenos que iriam ser desenvolvidos mais tarde no Teatro de Arte. Já em sua primeira tentativa, a montagem do ato único *Goriátcheie Pisma* (*Cartas Ardentes*), de Gneditch (11 de março de 1889), quis que os atores falassem com naturalidade, sem temer aquelas pausas psicológicas que então pareciam incongruentes, e substituiu (fato insólito) o habitual pavilhão-padrão por um mais plausível aposento, que dava para os telhados aclarados pela luz do

---

44. Cf. Nicolai Efros, *K. S. Stanislavski*, pp. 36-37.
45. *Idem*, pp. 57-58.
46. *Idem*, pp. 38-39.

luar; um aposento sobre cujas paredes as chamas de uma lareira e alguns lampiões chineses difundiam clarões avermelhados[47].

Motivo precípuo de suas primeiras direções foi a gradual aproximação da "verdade", o protesto contra os clichês e os subterfúgios dos velhos atores. Mas cuidado. Sua afirmação: "Comecei a odiar no teatro o teatro, e neste procurei a viva, autêntica vida"[48], não deve ser levada demasiado a sério. Ele odiava, é claro, os trapos puídos, os sobretons, os gestos inchados de um teatro poeirento e defunto, mas, como veremos, o desejo veemente de "verdade", em seus espetáculos nunca separou-se de uma vistosa teatralidade.

Ao mesmo tempo não poderíamos explicar a formação de Stanislavski-diretor sem nos lembrar que suas experiências se inspiravam no exemplo dos Meininger.

A companhia do duque da Saxônia esteve em Moscou duas vezes, nas *tournées* de 1885 e 1890, provocando admiração pela compacidade e pela minuciosidade arqueológica de suas representações[49]. Elmos, escudos, espadas, couraças de museu, portas maciças, com fechaduras que rangiam, tocaram a fantasia dos teatrômanos russos, acostumados aos adereços de *papier-mâché* e aos batentes de tela pintada. O efeito foi tamanho que até sobre o palco do Mali irrompeu a arqueologia: apareceram repentinamente autênticas maçanetas e estantes de madeira (as mesmas estantes que antes eram diretamente desenhadas sobre o telão)[50].

Stanislavski, assim como os outros, ficou deslumbrado. Com os Meininger aprendeu a concepção da direção como princípio organizador do espetáculo, aprendeu o sentido da exatidão histórica, verificada em documentos e materiais etnográficos, e o desvelo com as cenas de massa.

No rastro dos Meininger quis instaurar no Obchiestvo uma atmosfera de rígido calvinismo, uma disciplina militar, que não consentia atrasos nos ensaios, nem "domínio" dos papéis, nem charlas, nem caprichos de atores. Agradava-lhe, naqueles dias, encarnar o diretor-déspota, do pulso de ferro[51]. Os Meininger despertaram-lhe, além disso, uma mania pelos pormenores e pelas minúcias, que não o abandonaria até a velhice adiantada. A arqueologia começou a persegui-lo, arrastando-o, freqüentemente, para os becos de um academicismo pedante.

47. Cf. I. N. Vinogradskaia, "O postanóvakh K. S. Stanislavskovo v Obtchiestvie iskústva i litieraturi", in *K. S. Stanislavski: Materiali. Pisma. Isledovania*, p. 502.
48. K. Stanislavski, *op. cit.*, p. 178.
49. Cf. Nicolai Efros, *Moskóvski Khudójestvieni tieatr*, pp. 27-28.
50. Cf. P. N. Sakulin, "Mali tieatr v posliedniuiu tchetviert XIX vieca", in *Moskóvski Mali tieatr*, pp. 354-355.
51. Cf. K. Stanislavski, *op. cit.*, p. 179.

Suas direções do *Uriel Acosta*, de Gutzkow, em 1895, e do *Otelo*, de Shakespeare, em 1896, demonstraram o quanto ele devia à lição dos Meininger. No primeiro espetáculo havia reconstruído, com fidelidade detalhista, o mundo hebraico da antiga Amsterdã, copiando trajes e objetos de quadros holandeses e de livros do século XVII[52]. Para o segundo, foi até Veneza para comprar, dos antiquários, mobília, bordados e brocados, para observar pinturas e cimélios; ele próprio, para sua interpretação de Otelo, espelhou-se nos movimentos e gestos de um jovem mouro, encontrado casualmente num restaurante de Paris[53]. Stanislavski-Otelo estava tão aflito por minúcias que chegava a desembainhar repetidamente a deslumbrante espada adquirida em Veneza, para que o público pudesse perceber que se tratava de uma autêntica preciosidade[54].

Em *Uriel Acosta* dirigiu os figurantes de modo inédito para o teatro russo: articulava a multidão em diversos grupos, e os grupos em figuras consideradas individualmente: caracterizadas na maquiagem e nas atribuições mímicas, conferiu a cada uma um texto de poucas palavras. Deste seu trabalho resultaram afrescos animados, complexas polifonias. A multidão, antes relegada a ficar no palco muda como ordenadas fileiras de garrafas, com uma inércia de espantalhos, retomou vida, tornou-se fervilhar multicolorido de personagens imprescindíveis[55].

Já na época, uma rápida indicação das rubricas era pretexto o bastante para que ele alinhavasse um complexo quadro de gênero. Assim por exemplo, no segundo ato do *Uriel Acosta*, dilatou a festa nos jardins do rico Manasse, movendo e agrupando trajes vistosos sobre várias superfícies, num clima de alegre opulência, que era em seguida lacerado pela chegada assombrosa dos negros rabinos[56]. Do mesmo modo ampliou, no quarto ato, a sombria cena na sinagoga, apontando o horror do fanatismo, sempre pronto a tornar-se feroz com as mentes rebeldes.

Transpostos os bancos, a multidão excitada arremessava-se, com um terrível rugido, contra o herético Acosta, até rechaçá-lo à margem do proscênio (estremeciam as primeiras fileiras) e, para que o rugido fosse mais desatinado, o diretor sugeriu aos figurantes que cada um

---

52. Cf. Nicolai Popov, "K. S. Stanislavski v Obtchiestvie iskústva i litieraturi", in *O Stanislavskom*, p. 194.
53. Cf. K. Stanislavski, *op. cit.*, p. 211.
54. Cf. Nicolai Efros, *Moskóvski Khudójestvieni tieatr*, p. 67.
55. *Idem*, p. 69, e Nicolai Popov, "K. S. Stanislavski v Obtchiestvie iskústva i litieraturi", in *O Stanislavskom*, p. 195.
56. Cf. K. Stanislavski, *op. cit.*, pp. 192-193; e I. N. Vinogradskaia, "O postanóvkah K. S. Stanislavskovo v Obtchiestvie iskústva i litieraturi", in *K. S. Stanislavski*, pp. 543-545.

berrasse o próprio endereço[57]. O cortante embate de branco e preto concorria ao incremento da dramaticidade: o branco e ofuscante manto de Acosta, os negros tribunais do júri e os brancos *taléd* dos fanáticos e (sobre o preto) os rígidos cabeções brancos faziam contraste, como numa pintura de Frans Hals. Por demasiada ânsia de historicismo, procurando dissidentes efeitos de cor e insistindo nas marcas diferenciais – as mais estranhas – das figuras, Konstantin Sierguiêivitch acabava por deformar aquela "verdade cênica" que estava no ápice de seus pensamentos[58].

O desempenho da direção de Stanislavski no Obchiestvo não deve ser superestimado por amor à lenda. No entanto, muitos de seus espetáculos continham acenos que iriam ser desenvolvidos mais tarde no Teatro de Arte. Na encenação de *Selo Stepantchikovo* (*A Aldeia de Stepantchikovo*), de Dostoiévski (apresentado, com o título de *Fomá*, a 14 de novembro de 1891), no fim do segundo ato ele introduziu uma "pausa sonante" (*zvutchástchaia páuza*), similar àquelas de que teria abusado nas obras de Tchékhov: um jardim deserto à luz do luar – o silêncio deste jardim era percorrido por uma gama de sons noturnos (um longínquo canto de vadios, um gorjeio de rouxinóis, o som da matraca de um guardião)[59].

Já naquela época Stanislavski experimentou a dimensão suplementar do fantástico, representando, com perspicazes empastes de luzes, um incessante relampaguear de silhuetas e ruídos espectrais, dois dramas de Hauptmann, *Hanneles Himmelfahrt* (2 de abril de 1896) e *Die Versunkene Glocke* (27 de janeiro de 1898), e *Le Juif Polonais*, de Erckmann e Chatrian (19 de outubro de 1896). Eram os primeiros indícios de um teatro onírico, para o qual ele voltaria mais vezes.

Num canto do quarto de Hannele agonizante, surgia da neblina uma sombra comprida, uma mancha sem contornos. E da massa viscosa, da sombra, esguichavam, enormes, duas asas, como de uma hórrida coruja. Similar a uma larva de Füssli, eriçando-se, o Anjo negro estendia suas negras asas sobre Hannele[60].

No terceiro ato do drama de Erckmann-Chatrian, para narrar o delírio do burgomestre que matou o judeu polonês, Stanislavski mergulhou o palco numa densíssima escuridão, retalhada por fulgores

---

57. Cf. K. Stanislavski, *op. cit.*, p. 193; e I. N. Vinogradskaia, "O postanóvakh K. S. Stanislavskovo v Obtchiestvie iskústva i litieraturi", in *K. S. Stanislavski*, pp. 545-546.
58. Cf. Nicolai Efros, *K. S. Stanislavski*, p. 57, e *Moskóvski Khudójestvieni tieatr*, p. 69.
59. Cf. I. N. Vinogradskaia, *op. cit.*, pp. 514-516.
60. Cf. Nicolai Popov, "K. S. Stanislavski v Obtchiestvie iskústva i litieraturi", in *O Stanislavskom*, p. 218.

2. Stanislavski no papel de Otelo, 1896.

funestos. Naquela escuridão as silhuetas dos juízes, brotadas do pesadelo, interrogavam o culpado, enquanto do andar abaixo subia o estrondo de um baile nupcial, e à distância vibravam os sinos do trenó de sua vítima.

Em *Die Versunkene Glocke* (*O Sino Submergido*), ele lançou mão de truques dignos das *féeries* de Lientovski e engenhou-se em forçar as características até mesmo ao traçar as imagens irreais. O Nickelmann, espírito aquático (*Brekekekeks*), era um enorme sapo esverdeado, precipitado pela metade em um funil de rochas; o Waldschrat (*faunischer Waldgeist*): um sátiro inteiramente coberto por flocos de lã marrom, sobre patas caprinas; Rautendelein, quase saída de um quadro de Vrubel, tinha cabelos de ouro longuíssimos (*dickes rotgoldenes Haar*) até os tornozelos, e uma veste de semidiáfanas tiras azuladas e rosa, bordada com muitas fitinhas, que tremulavam, mudando de cor como córregos d'água[61].

5

Assim como Stanislavski, lá pelo fim do século outros homens de teatro almejavam uma renovação radical da cena russa. Entre eles estava o escritor Vladímir Ivânovitch Niemiróvitch-Dântchenko que, desde 1891, ministrava cursos de interpretação no Instituto Filarmônico de Moscou[62].

Autor dramático, cujas comédias triunfavam no Mali, ele sonhava com um teatro livre da *tradition routinière* e das brigas provincianas, consagrado ao repertório moderno e em especial a Tchékhov que, para ele, era o ápice da nova dramaturgia.

De seu amor por Tchékhov havia contagiado os alunos; Knipper, Meyerhold e Rokhânova já sonhavam em interpretar *A Gaivota*[63]. Inimigo da representação exteriorizada e das fórmulas prontas, exortava a "sofrer" o papel, a procurar, acima de tudo, a veracidade, mesmo que tal busca pudesse acabar se transformando em imitação.

As apresentações finais de seus cursos distinguiam-se pela seriedade de propósitos: a *Nora* (*Casa de Bonecas*) por ele dirigida a 25 de fevereiro de 1896, provavelmente foi a primeira encarnação fiel de um texto ibseniano em toda a Rússia. Ele temia que os alunos

---

61. Cf. M. F. Andrêieva, "K. S. Stanislavski v Obtchiestvie iskústva i litieraturi", in *O Stanislavskom*, pp. 230-231.
62. Cf. Iúri Sobolev, *Vl. I. Niemiróvitch-Dântchenko*, Moscou, 1929, e V. IA. Vilenkin, *Vl. I. Niemiróvitch-Dântchenko*, Moscou, 1941.
63. Cf. O. L. Knipper-Tchékhova, "O A. P. Tchékhove", *in Tchékhov v vospominaniakh sovriemiênikov*, Moscou, 1954, p. 594.

por ele formados, findos os cursos, desperdiçassem o próprio talento na lama da província, tornando-se inertes repetidores de moldes e de formas insinceras.

Por isso decidiu associar-se a Stanislavski, de quem conhecia alguns espetáculos, e convidou-o para um encontro que constitui uma data esplendorosa na história do teatro. Encontraram-se a 22 de junho de 1897, às duas da tarde, no restaurante Slavianski Bazar (Bazar Eslavo): começaram, sem rodeios, a raciocinar sobre seus projetos numa salinha apartada. Quando a atmosfera tornou-se irrespirável pelo excesso de fumaça, Konstantin Sierguiêivitch propôs que se transferissem para sua *datcha*. Continuaram o diálogo no trem, na carruagem que os levava da estação à quinta e enfim em Liubimovka, até as oito horas do dia seguinte. Dezoito horas de colóquios ininterruptos[64]. "Uma conferência de povos do universo – escreverá Stanislavski – não considera seus principais problemas de Estado com a precisão com que debatemos então os princípios de nosso futuro empreendimento"[65].

Imediatamente estavam de acordo ao condenar o repertório medíocre que dominava os palcos imperiais, o falso *pathos*, a declamação, o desleixo indecoroso, o mau-hábito dos velhos intérpretes e decidiram fundar um novo teatro, o Teatro de Arte, a ser inaugurado no final do outono do ano seguinte.

É difícil traçar uma fronteira exata entre a atividade de Stanislavski e a de Niemiróvitch-Dântchenko. Em teoria, o primeiro devia cuidar das soluções de direção e o outro superintender a escolha de textos e as questões literárias. O limite porém nunca foi tão rigoroso, não somente porque Niemiróvitch deu vários exemplos de direções autônomas, mas porque eles se integraram amiúde em férvida colaboração. Com isso não se deseja afirmar, ingenuamente, que não houvesse entre os dois patriarcas freqüentes mal-entendidos e contendas, não raro atiçados pelo fanatismo de seus defensores.

Em memorando sobre a situação da arte dramática na Rússia, já em 1881, Alieksandr Ostróvski havia auspiciado para Moscou o nascimento de um teatro acessível a largas camadas de público, asseverando que somente os mercadores (a classe mais emancipada) poderiam criá-lo[66]. Eis que exatamente um mercador, Aleksiêiev, efetivaria o sonho do dramaturgo. Não por acaso, até a primavera de 1901, o novo teatro regozijou-se em acrescentar a seu nome a expressão "acessível a todos". Afinal quem poderia financiá-lo, a

---

64. Cf. Nicolai Efros, *Moskóvski Khudójestvieni tieatr*, pp. 104-106.
65. K. Stanislavski; *op. cit.*, p. 230.
66. Alieksandr Ostróvski, "Zapiska o polojeni dramatitcheskovo iskústva v Rosi v nastoiatchie vremia", in *Sobránie sotchiniêni*, vol. X, Moscou, 1960, pp. 168-186.

não ser os mecenas (ou, como dizia Ostróvski, os patriotas) da classe mercantil? Do grupo dos subvencionadores sobressaiu-se, por magnanimidade, Savva Morózov, que, em 1902-1903, faria construir para o Teatro de Arte um novo e elegante edifício, no Kamerguerski Pereúlok, equipado com as mais atualizadas conquistas técnicas[67]. Enquanto isso, nas primeiras quatro temporadas (1898-1902), tiveram de se contentar em readaptar o teatro Ermitage, no Kariétni Riad, um decrépito *café-concert*, sujo, frio, impregnado de bafio de cerveja e com frívolas ornamentações nas paredes[68].

A companhia (39 pessoas) foi formada por doze ex-alunos da Filarmônica (O. Knipper, I. Moskvin, V. Meyerhold, M. Rokhânova, E. Munt, M. Savítskaia etc.) e por quatorze membros do Obchiestvo (M. Lílina, M. Andriéieva, V. Lujski, A. Sânin, A. Artiom, G. Burdjálov etc.), e ainda por intérpretes de diferentes proveniências (A. Vichnievski, V. Gribúnin etc.). Lembramos aos curiosos que Alla Nazímova, futura estrela do cinema americano, fazia parte do núcleo estável dos figurantes[69].

A 14 de junho de 1898 os atores confluíram para um galpão de madeira, próximo à aldeia de Púchkino, a trinta verstas de Moscou, para assistirem a um ofício solene e escutarem um discurso de Stanislavski. Consistia, este barracão, em dois espaços iguais: uma platéia, de frente a uma varanda coberta, e um palco, dividido com um pano de boca de grosseira tela jaspeada[70].

Aqui começaram, a 16 de junho, os ensaios de *Antígona*, de Sófocles. A 17: *Shylock* (ou seja, *The Merchant of Venice*), de Shakespeare. A 7 de julho: *Czar Fiodor Ioánnovitch*, de Aleksiéi Tolstói[71]. Niemiróvitch estava ausente. Deveria voltar ao final de julho, para substituir Stanislavski que, por sua vez, sairia de férias.

Os atores uniram-se desde logo num entendimento fraterno, num laço de fé e dedicação ao teatro, esquivando-se da histeria, dos arbítrios, da preguiça que tanto afligiam as cenas oficiais. Nas horas vagas azafamavam-se, com o ardor de *bricoleurs*, em fixar pregos, em costurar, em pintar, e eles mesmos cuidavam da arrumação da barraca e das *datchas* de moradia. Desde o início foram banidos os privilégios, as hierarquias, e até mesmo a figura do primeiro ator, porque – como afirma Stanislavski – "não existem pequenos papéis,

---

67. Cf. K. Stanislavski, *op. cit.*, pp. 300-303.
68. *Idem*, pp. 252-253, e Nicolai Efros, *Moskóvski Khudójestvieni tieatr*, pp. 111-112.
69. Cf. Nicolai Efros, *Moskóvski Khudójestvieni tieatr*, pp. 112-113.
70. *Idem*, pp. 116-117; K. Stanislavski, *op. cit.*, pp. 236-237, e as cartas de Meyerhold de 14 e de 17 de junho de 1898 transcritas em Nicolai Volkov, *Meyerhold*, I, Moscou-Leningrado, 1929, pp. 99-101.
71. Cf. Nicolai Efros, *Moskóvski Khudójestvieni tieatr*, pp. 119 e 127.

existem pequenos artistas" e porque "hoje Hamlet, amanhã figurante, mas até mesmo como figurante é preciso ser artista"[72].

Começaram os famosos ensaios de mesa (*zastólnaia rabóta, tchtenie za stolóm*), onde, com paciência monástica, com uma vagarosidade que não deixava o menor espaço ao acaso ou à improvisação, decompunham o texto em fragmentos, repetindo-o em pequenos trechos e não de uma só vez, como se costumava fazer nos velhos teatros. Longos ensaios, bordados de Penélope, que se tornaram proverbiais pelo silêncio cristalino que ali reinava, pela disciplina de ordem religiosa[73]. Mergulharam numa sorte de universo preparatório, um universo tenso como o das sessões de magia: numa atmosfera desencarnada, atemporal, onde a arte era a única lei. Ai de quem se atrasasse, de quem não tivesse decorado o seu papel, de quem pronunciasse as falas a meia voz, sem empenho. Stanislavski introduziu um "diário", um "livro de protocolo", onde se registravam as ausências, as infrações, os atrasos[74].

Era um verão quente. Ensaiavam das onze da manhã às cinco da tarde, e à noite novamente, até de madrugada. Acontecia de emperrarem numa cena: somente depois de tê-la revolvido e limado com pertinácia é que passavam adiante, ou, com saltos de caranguejo, voltavam para trás. Daí a insólita abundância de ensaios: 35 para *Shylock*, 74 para *Czar Fiodor*.

Indiferença, mecanicismo de ofício e capricho não tiveram franquia no galpão de Púchkino: como afirmou Stanislavski, "cada transgressão à vida criativa do teatro é delito"[75]. Surge na memória, em contraste, a efígie daqueles histriões que vociferavam sobre os tablados da província, com reforços de *ficelles* e de tiques, a imagem daquele Fenogenov que, no conto *O Ator Trágico*, de Tchékhov, contorce-se, esganiça-se, bate os pés e rasga-se o cafetã no peito.

6

O diretor assumiu uma preponderância insólita: os adversários falarão, mais tarde, em "absolutismo da direção", definindo o Teatro de Arte como um "leito de Procusto" e "fábrica de anjos", igualando os atores a bonecas mutiladas, a marionetes inexperientes nas estranguladoras mãos do mercador Aleksiêiev[76]. Os veteranos do Aleksan-

---

72. K. Stanislavski, *op. cit.*, pp. 234-235.
73. Cf. Nicolai Efros, *Moskóvski Khudójestvieni tieatr*, pp. 119-120.
74. Cf. K. Stanislavski, *op. cit.*, p. 236.
75. *Idem*, p. 235.
76. Cf. Nicolai Efros, *Moskóvski Khudójestvieni tieatr*, p. 123.

drinski dirão do Teatro de Arte: é um polvo que agarra e engloba, com seus tentáculos, o ator[77]. Acreditava-se que a preeminência do diretor e seu esforço em fundir e calibrar os elementos constitutivos do espetáculo sufocassem a personalidade dos intérpretes, deformando a própria essência do teatro.

O Teatro de Arte aboliu a música alegre, os enjoativos sentimentalismos sonoros que alegravam o público nos intervalos: música que sempre estava em dissídio com o texto representado[78]. Substituiu o ostentoso pano de boca que descia do alto por um de correr, de felpa pesada, de uma cor palustre (ou seja, verde azulado), que se alargava dos lados, em duas asas abertas sobre um fragmento de vida[79]. Aberto o pano de boca aos toques do gongo, as portas deveriam ser fechadas imediatamente, para que na platéia a ilusão não fosse destruída. Para não sair da personagem, os intérpretes não agradeceriam mais em cena aberta[80].

Contando com a preciosa colaboração de Victor Simov, o primeiro cenógrafo russo na acepção moderna, Stanislavski substituiu os inertes telões de fundo e as telas pintadas *en trompe-l'oeil* por verossímeis muros, com estuques, tetos e paramentos; cobriu o plano cênico de tecidos coloridos e articulou-lhe a superfície com elevações e relevos; ofereceu insólitos ângulos de cômodos e, voltando o dorso dos móveis ao público, aludiu à quarta parede.

Diferentemente dos teatros erariais, cada espetáculo passaria a ter cenários próprios, figurinos diferentes, decorações adequadas. O croqui aproximativo estava sendo substituído pelo *makét*, a maquete, mais idônea às reproduções fiéis. Cada *makét* tornava-se o espelho de uma realidade meticulosamente medida; cada ambiente real, mesmo o mais inexpressivo, dilatava-se em uma espécie de lendária Persépolis, condensada, pormenorizadamente, em seu molde de gesso.

Da meticulosidade com que Konstantin Sierguiêivitch preparou-se para os exórdios do Teatro de Arte é testemunha o trabalho preliminar para o espetáculo de inauguração, *Czar Fiodor*. Para dar à representação a pátina do tempo e para distanciá-la dos habituais clichês das representações em estilo boiardo, Stanislavski foi adquirindo nos lixões objetos de antiquários, e estudou com fervor pinturas, livros, gravuras. Não foi só isso. Embora Aleksiéi Tolstói tivesse escrito: "a ação desenrola-se em Moscou, no fim do século

---

77. Cf. Nicolai Khodotov, *Blizkoe-daliokoe*, Moscou-Leningrado, 1923, pp. 199-200.
78. Cf. K. Stanislavski, *op. cit.*, pp. 246-247.
79. Cf. Nicolai Efros, *Moskóvski Khudójestvieni tieatr*, p. 139; e Iúri Sobolev, *Na zare Khudójestvienovo tieatra*, Moscou, 1929, p. 19.
80. Cf. Nicolai Efros, *Moskóvski Khudójestvieni tieatr*, pp. 121-122.

XVI", Stanislavski não soube contentar-se com os monumentos que tinha por perto. Assim lançou-se, com seus companheiros, em uma expedição às antigas cidades russas.

Com um vagão especial a tropa foi a Rostov, para visitarem o Kremlin e sentir ali o aroma dos tempos remotos. Ele próprio fez-se trancar por uma noite no chamado Palácio Branco. Examinava os bancos, as poltronas, as cadeiras; observava, por entre o embaçamento da insônia, as minúsculas portas, imaginando o contraste entre sua estreitura e a corpulência embuçada dos solenes boiardos, obrigados a dobrarem-se e a segurarem com as mãos os altos gorros de pêlo[81].

De Rostov a Iaroslav, depois pelo Volga, num pequeno navio mercante a vapor, comprando, nas aldeias fluviais, peles, sobretudos, diademas, tecidos tártaros, que correspondessem ao gosto da Moscóvia do século XVI. Depois ainda à feira de Níjni-Nóvgorod onde, entre um montão de pútridos objetos, Stanislavski encontrou antigos utensílios entalhados, tecidos, tigelas, bacias, vasilhames de madeira.

Este desespero por velharias, este sonho de *fripier*, nele não nasce somente do historicismo de marca Meininger, mas também da paixão pelos disfarces e pelas mascaradas, que o acompanhou por toda a vida. Certa noite, enquanto o batel descia pelo Volga, camuflaram-se, enrolando-se nos mantos e nos gabões que haviam comprado, como fossem revendilhões ansiosos por provarem sua reserva de trapos, numa noturna fantasia de bazar[82].

7

À espera da estréia, os maldizentes escarneciam os "caprichos" de Aleksiêiev e de Niemiróvitch. Qual imprudência: uns amadores arriscam-se a descer em campo contra o Mali. Não é um conjunto de atores, e sim de "X", de novatozinhos treinados por um diretor *kidnapper* e déspota. Em troca, para nos ludibriar, o sagaz prestidigitador desdobrará cenários ostentosos, ostentosos trajes... Circulava até um *pamphlet* em versos, um diálogo anônimo, no qual Stanislavski proclamava-se "implacável inimigo da tradição, flagelo dos intérpretes, calamidade dos palcos"[83].

O Teatro de Arte, dizíamos, abriu suas portas a 4 de outubro de 1898 com *Czar Fiodor*, de Aleksiéi Tolstói: uma obra que, por

---

81. Cf. V. Simov, "K. S. Stanislavski v Khudójestvienom tieatre", in *O Stanislavskom*, pp. 283-284; e M. F. Andrêieva, *K. S. Stanislavski v Obtchiestvie iskústva i litieraturi, idem*, p. 233; além de K. Stanislavski, *op. cit.*, pp. 243-244.
82. Cf. K. Stanislavski, *op. cit.*, p. 245.
83. Cf. Nicolai Efros, *Moskóvski Khudójestvieni tieatr*, pp. 136-137.

trinta anos, havia sido vetada pela censura teatral, porque nela o czar Fiodor parecia tão pávido, imbele e compassivo a ponto de lembrar os soberanos burlescos das operetas de Jacques Offenbach, então na moda[84].

Poderia parecer estranha a escolha deste drama sonoro, todo inchado, cheio de sermões e palavras-pingentes, de uma austeridade digna de parada, se não se considerasse que Stanislavski procurava nele um pretexto para alinhavar majestosos quadros de grande exatidão documentária, em polêmica com as cenas imperiais, onde tais dramas eram representados segundo os moldes de um falso "estilo russo". Aquele que nunca poupou flechadas contra os artifícios do teatro em nome da simplicidade da vida, aqui dava o exemplo de uma teatralidade viçosa e deslumbrante.

> Stanislavski descreveu a agitação, a angústia daquela noite. Andava pelos bastidores, inquieto como Jonas no ventre da baleia. Procurava mostrar-se tranqüilo, mas sua voz embargou quando, como um general, quis exortar seu exército antes da batalha. Tão logo se ouviram, por trás do pano de boca ainda fechado, as notas da *ouverture*, explodiu numa dança convulsa, que depois foi chamada de "dança da morte"[85].

As primeiras palavras de Andriei Chuíski, "tenho firme esperança neste empreendimento", ecoaram como um presságio. Os espectadores admiravam-se pela riqueza insólita da decoração, pelo tratamento dos pormenores, pelas combinações cromáticas, pelo pitoresco fervilhar dos figurantes.

Oh, o influxo dos Meininger! Pelo palco ramificava-se uma densa vegetação de objetos: os objetos autênticos e os imitados, todos tinham não dourados de ouropel, e sim tintas opacas, desbotadas, como se tivessem sido tocados de leve pelo agente descorador do tempo[86].

O espetáculo mostrava, de modo impecável, o luxo amaneirado do mundo boiardo, a lentidão cerimonial da antiga Moscóvia. As personagens prodigalizavam-se em reverências e mesuras, mesuras e reverências sem fim[87]. Os tecidos, bem como os gestos pomposos, tinham um quê de Ásia, de tártaro[88].

Com o auxílio de Simov, Konstantin Sierguiêivitch inventou audazes soluções cenográficas. O primeiro episódio por exemplo desenrolava-se num mirante coberto, sobre os telhados do palácio de

---

84. Cf. B. Rostótzki-N. Tchúchkin, *Tzar Fiodor Ioannovitch na tzsene MCHAT*, Moscou-Leningrado, 1940, p. 10.
85. Cf. K. Stanislavski, *op. cit.*, p. 256, e cf. Nicolai Efros, *Moskóvski Khudójestvieni tieatr*, pp. 139-140.
86. Cf. B. Rostótzki-N. Tchúchkin, *op. cit.*, pp. 72-73.
87. *Idem*, pp. 193-194.
88. *Idem*, p. 76.

Ivan Chuíski: um terraço com grossas colunas, debruçado sobre uma fileira de cúpulas e cumeeiras, que compunham uma vista aérea de Moscou. Daquele alpendre os atores apareciam somente pela metade do busto, pois uma balaustrada escondia-lhes as pernas[89]. No episódio do jardim de Chuíski (o primeiro jardim do Teatro de Arte) frágeis troncos de bétulas brancas foram desordenadamente espalhados pelo proscênio, para que o público pudesse avistar os intérpretes como silhuetas através de uma diáfana rede de ramos[90]. No oitavo episódio o diretor deitou em diagonal uma ponte de vigas, comprida e corcunda, sob cuja arcada flutuava o rio Iáuza, cheio de barcos e jangadas[91].

O teatro acompanhava com solicitude a vida cambiante da luz. O jardim de Chuíski, por exemplo, encontrava-se de início mergulhado numa densa escuridão, tão densa que era difícil discernir-se algo[92]. Logo porém, entre o gorjeio ensurdecedor dos rouxinóis, a lua surgia, para depois dissolver-se no alvor antelucano[93].

De breves rubricas Stanislavski extraía minuciosas cenas mímicas, dioramas animados, no estilo da pintura histórica russa da segunda metade do século XIX, particularmente a de Súrikov. Assim, no primeiro episódio (o festim de Chuíski), ele inseriu uma seqüência de exuberantes entreatos. Os senescais ofereciam aos hóspedes, com um complexo ritual, enormes bandejas com frutas, gansos, cisnes, flancos de touros e outros ingredientes flamingos[94].

No final o despenseiro jogava pela balaustrada, sobre as telhas, em direção aos espectadores, os restos das bebidas[95].

Deste modo o episódio sobre a ponte deu-lhe a oportunidade de povoar o palco com uma multidão de figurinhas, caracterizadas como em presépio: mujiques, monges, arqueiros, mendigos, aleijados, lavadeiras, vendedores ambulantes e até três carregadores esfarrapados, que descarregavam sacos de juta da chata de um mercador alemão[96]. Um variegado quadro de gênero da periferia moscovita do século XVI, decomposto em pequenos números, como em painéis. Uma *rêverie* amplificadora, um exemplo de autônomo virtuosismo de direção, para o qual o texto servia apenas como uma deixa.

---

89. *Idem*, pp. 64-65.
90. *Idem*, pp. 77-78.
91. *Idem*, pp. 85-87, e K. Stanislavski, *op. cit.*, p. 258, e Nicolai Efros, *op. cit.*, p. 144.
92. Cf. Ievg. A. Znosko-Borovski, *Rúski tieatr nátchala XX vieca*, pp. 105-106.
93. Cf. B. Rostótzki-N. Tchúchkin, *op. cit.*, p. 79.
94. Cf. K. Stanislavski, *op. cit.*, p. 258.
95. Cf. B. Rostótzki-N. Tchúchkin, *op. cit.*, p. 64.
96. *Idem*, pp. 87-89.

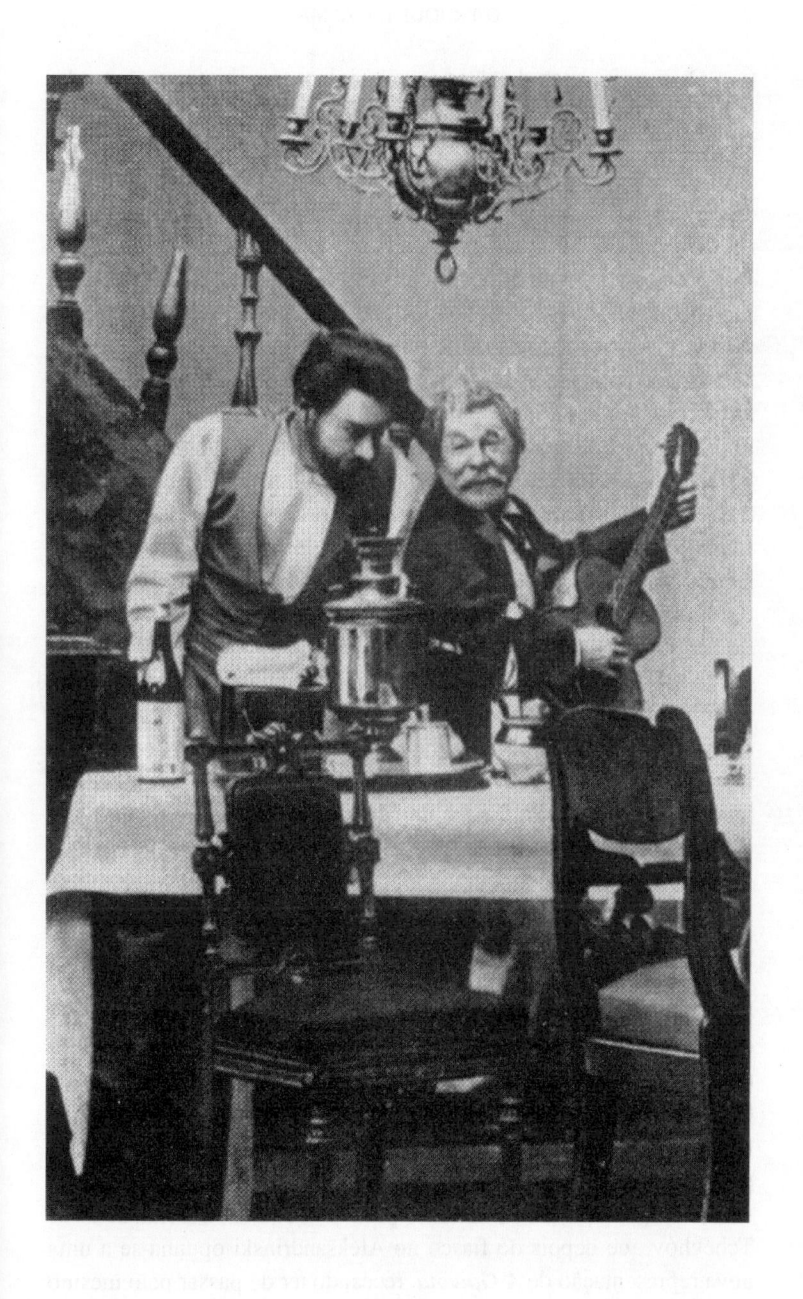

3. Stanislavski (Astrov) e A. Artem (Teleguin) em *Tio Vânia* de Tchékhov, Teatro de Arte, 26 de outubro de 1899 (direção: Stanislavski/Niemiróvitch-Dântchenko; cenário: V. Símov).

Os figurinos, os detalhes arquitetônicos, os objetos amontoados sobre o palco como nas vitrinas de um museu revelavam a propensão de Stanislavski para o insólito, o caprichoso, o excêntrico. Acumulava utensílios extravagantes com a curiosidade e a solércia de alguém que estivesse herborizando. Basta pensar nos altíssimos e enormes barretes de pêlo, nas mangas dos cafetãs boiardos, de dois metros e treze centímetros de comprimento, que precisavam ser constantemente puxadas, e nas minúsculas, incômodas, portas, por onde não se passava sem se inclinar.

Havia uma intensa ligação entre este espetáculo arabescado e as decorações, as jóias, o fulgor do Kremlin. Isto se percebia no quinto episódio, quando nas estreitas janelas do quarto de Fiodor nascia a fria alvorada aquosa, lutando com a irrequieta opalescência das velas, que se refletia sobre gemas e brocados[97]. Percebia-se nos tons de ingênua religiosidade e no ritmo preguiçoso com que Moskvin, hesitando nas palavras, balbuciando, perdendo-se, encarnava o czar-sacristão, inerme, indeciso, desvairado: um verdadeiro "estulto de Deus"[98].

Aos olhos deste ator, que provinha de uma família devota aos preceitos ortodoxos e que, quando menino, havia cantado nos coros de igreja, a figura de Fiodor fundiu-se com as imagens e os ornamentos das catedrais do Kremlin[99]. Por seu lirismo passivo, por sua inércia e sua abulia, o Fiodor de Moskvin foi o primeiro anti-herói do Teatro de Arte: apenas a um passo das personagens de Tchékhov.

8

O fraco pelo pitoresco e pelas *pièces à grand spectacle* talvez explique porque Stanislavski não apreciava, de início, os trabalhos de Tchékhov. Parecia-lhe que a existência cinzenta e tediosa de criaturas tragadas pela lama da província não tivesse destaque teatral. Mas Niemiróvitch insistia, propondo e repropondo seu autor predileto.

Niemiróvitch primeiramente teve de dobrar a relutância de Tchékhov que depois do fiasco no Aleksandrinski opunha-se a uma nova representação de *A Gaivota*, receando ter de passar pelo mesmo vexame. Tchékhov acabou consentindo, mas de má vontade, recri-

---

97. *Idem*, pp. 81-84.
98. *Idem*, pp. 105-119.
99. Cf. Nicolai Efros, *op. cit.*, pp. 130, 141, 144; V. IA. Vilenkin, *I. M. Moskvin na tzsene Moskovskovo Khudójestvienovo tieatra,* Moscou, 1946, p. 20.

minando-se por sua falta de caráter; até o dia da estréia não teve sossego e não parava de amaldiçoar Niemiróvitch[100].

Stanislavski cedeu, como quem cede a um abuso, à decisão de incluir *A Gaivota* no repertório e, saindo de férias para a região de Kharkov, assim que Niemiróvitch chegou à Púchkino para substituí-lo, a contragosto levou o texto consigo[101]. Lá aos poucos foi-se afervorando por Tchékhov: começou a penetrar nas ânsias ocultas, nos impulsos dramáticos daquela estagnação do cotidiano, nos desejos que ardem por baixo daquela submissa *grisaille*, daquela aparência lacustre.

Sua partitura de direção de *A Gaivota* dá início a um novo estilo de encenação, um estilo dirigido à sonda interior, que anseia trazer à tona o "curso subáqüeo" dos diálogos, transmitir as oscilações impalpáveis, em suma: transpor em imagens cênicas o *nastroiénie*, ou seja, o *mood*, a atmosfera.

Foi então que nasceram, no Teatro de Arte, as famosas pausas, os angustiosos silêncios alusivos, como janelas abertas sobre o subtexto, trépidos lampejos de inexprimível que rompiam a fluidez literária do velho teatro.

Mas a passagem para uma direção psicológica, com *A Gaivota* (17 de dezembro de 1898) e depois com *Tio Vânia* (26 de outubro de 1899), não significa, como muitos crêem, que Konstantin Sierguiêivitch tivesse subitamente renunciado aos achados teatrais e à pesquisa de efeitos.

Representando as obras de Tchékhov como elegia dos sentimentos conculcados por uma realidade grosseira, como lírica de ilusões destruídas e de esperanças insatisfeitas, ele desejava que as personagens derrotadas (Trepliov, Nina, Tio Vânia) vivessem seu papel com os nervos desprotegidos, aos soluços, com choques febris. Como galos feridos que desgrenham as plumas.

Por isso o Trepliov de Meyerhold expressava com tons ásperos e irritadiços, com um tremor convulso, o extinguir-se de suas aspirações, sua falência. Rokhânova interpretou Nina Zarétchanaia como uma neurótica, aos rasgos, aos soluços, com gemidos histéricos, lacerando a frágil essência da personagem e enxertando-lhe notas de perdição e ruína[102].

Na partitura de Stanislavski, Tio Vânia aparece impaciente, irascível, desfibrado pelo descontentamento e pela náusea; bate os punhos na mesa, agita-se, mata mosquitos (os famigerados mosquitos

---

100. Cf. Nicolai Efros, *Moskóvski Khudójestvieni tieatr*, pp. 192-193.
101. *Idem*, p. 191.
102. *Idem*, p. 222, e Marianna Stroeva, *Tchékhov i Khudójestvieni tieatr*, Moscou, 1955, p. 45.

stanislavskianos), ri nervosamente, esfrega a testa e desalinha os cabelos, berra, revira as cadeiras, apóia a cabeça sobre as palmas das mãos, derrete-se em lágrimas. Seu disparo sobre Serebriakóv não é rebelião, e sim conseqüência dos nervos exaltados. No final ele "explode em soluços, seu rosto caído sobre a mesa" e derrama lágrimas; enquanto a chuva bate nos vidros, Sonia exalta o futuro e, à distância, um guardião percute a matraca de ferro-gusa[103].

Um desolado comentário acústico acompanhava o desespero, a agonia destas figuras. Sons dilacerantes irrompiam na vazia fortaleza de seu silêncio, como ondas em fossados de areia. Basta pensar no tropel dos cavalos sobre a ponte de madeira e no silvo dos grilos atrás do aquecedor, com que Konstantin Sierguiêivitch significava a angústia que invade a casa de Sonia, quando os Serebriakóv vão-se embora[104].

O Tchékhov de Stanislavski alicerça-se no dissídio entre a pureza encantada dos sonhos e a gritante banalidade satisfeita. Aos anélitos líricos de Nina, Macha, Tio Vânia, Trepliov, são barreira os pequenos hábitos e a arrogância descarada das figuras áridas, como Chamráev, Arkádina, Serebriakóv. Em *A Gaivota* o diretor engenha-se em sublinhar a dissonância das duas esferas discordes, contrapondo aos furores, às lágrimas dos derrotados, as risadas sem decoro dos burguesinhos triunfantes.

O desengano, o desmoronamento das esperanças é o tema precípuo do Tchékhov de Stanislavski. Por isto ele corta, do último monólogo de Nina, as palavras: "Eu sou uma gaivota... Não. Sou uma atriz", palavras que no texto ela pronuncia erguendo a cabeça, como na certeza de ter encontrado sua vocação. Para Stanislavski, ao contrário, prostrada pelas explosões de risadas que chegam da sala de jantar, Nina pronuncia o monólogo imóvel, exausta, apoiando-se sem forças à porta, inclinando a cabeça cansada entre as mãos.

Konstantin Sierguiêivitch tende, portanto, nas obras de Tchékhov, a exacerbar a pena e a desfeita das criaturas líricas. Os ardores, os sonhos vulneráveis destes heróis são despedaçados pela ferrugem da província e pela aversão ao filisteísmo, e afundam assim como cães de chumbo.

9

No inverno de 1899-1900 a doença havia impedido que Tchékhov fosse à Moscou para assistir à representação de *Tio Vânia*[105].

---

103. Cf. M. Stroeva, *op. cit.*, pp. 74-77.
104. *Idem*, pp. 31-32.
105. Cf. Nicolai Efros, *Moskóvski Khudójestvieni tieatr*, pp. 240-241.

Assim, na primavera (acontecimento insólito na história do espetáculo), o Teatro de Arte resolveu descer a Yalta, para se apresentar diante de seu dramaturgo enfermo.
Foi como "uma grande trasmigração de povos"[106]. Puseram-se a caminho, festivos, nos dias de Páscoa: atores, esposas, crianças, babás, empregadas. Com cenários, adereços, vestuário, samovares e toda espécie de pacotes e embalagens[107].

De 10 a 15 de abril o Teatro de Arte representará em Sebastópolis, – anunciou Tchékhov a Górki – e de 16 a 21 em Yalta. Serão apresentados *Tio Vânia*, *A Gaivota*, *Einsame Menschen*, de Hauptmann e *Hedda Gabler*, de Ibsen. Vinde sem falta. Devei conhecer de perto este teatro e vos familiarizar com ele, para escrever alguma obra...[108]

Ele próprio, de barco, foi para Sebastópolis ao encontro dos atores, feliz por quebrar a longa solidão, aquecendo-se ao fogo de seu afeto, de seus cuidados. Toda a tribo cigana irrompeu depois em Yalta. Era o alvorecer do século. Uma época desesperadoramente longínqua. A alacridade dos jovens intérpretes harmonizava com o viço da natureza meridional, com a cintilação primaveril do mar. Na cidade da Criméia, enquanto isso, atraídos pela deslumbrante oportunidade, afluíram Búnin, Kuprin, Staniukóvitch, Tchírikov, Górki e muitos outros letrados e escritores[109].

A *datcha* de Antón Pávlovitch transforma-se no bairro desta multidão abelhuda e barulhenta. Surgiam aos enxames, desde cedo da manhã, dando vida a um exuberante fervilhar de conversas, de charlas, de disputas. Do amanhecer à noite, era um séquito de refeições e lanches, um contínuo vaivém de copos de chá e de *zakúski*. A alegre festividade de tais banquetes brotava, nos russos daqueles anos, da capacidade que tinham de se arrancharem, de viverem juntos com familiaridade (sem nossa amuada reserva), do ardor de uma hospitalidade transbordante, bagunceira, tão generosa que chegava a ser quase obsessiva[110].

Nesta babel, Antón Pávlovitch parecia ter nascido novamente. Quanto mais se agravava, tanto mais ele se agarrava à vida. Naqueles dias reforçou-se seu amor pela atriz Olga Knipper, com quem logo

---

106. K. Stanislavski, "A. P. Tchékhov v Moskóvskom Khudójestvienom tieatre", in *Tchékhov v vospominaniakh sovriemiênikov*, Moscou, 1954, p. 359.
107. Cf. Borís Záitzev, *Tchékhov: litieratúrnaia biografia*, New York, 1954, p. 205.
108. *Tchékhov i tieatr*, Moscou, 1961, p. 111
109. Cf. K. Stanislavski, *Moiá jizn v iskústvie*, p. 287.
110. Cf. Borís Záitzev, *op. cit.*, pp. 206-207.

4. Stanislavski (Astrov) em *Tio Vânia* de Tchékhov, 1899.

se casaria: naqueles dias amadureceu novos projetos, e tão logo a companhia partiu, pôs-se a compor *As Três Irmãs*[111].

A urdidura de direção de Stanislavski para a nova obra de Tchékhov (31 de janeiro de 1901) fundamenta-se, mais uma vez, no choque entre a gritante propagação da grosseria e da vulgaridade comprazidas e a inocência, o pudor de frágeis criaturas, lentamente submersas por uma realidade devorante, sobre a qual não se tem controle ou solução. O primeiro ato ("O Onomástico de Irina") é um prelúdio festivo: o palco resplandece de flores; pelas janelas, escancaradas após o cativeiro do inverno, aparecem, de vez em quando, ramos com verdejantes botões; o chilreio dos pássaros mescla-se às exclamações contentes e aos trilos ainda serenos do violino de Andriei[112].

Mas no segundo ato a trivialidade já se difundiu com rapidez. Para significar que Natacha e Bobik tomaram, como bolor, a morada das três irmãs, transformando-a em arsenal filisteu, Stanislavski amontoa pelo palco fraldas, travesseiros, cueiros, brinquedos, um arlequim que toca pratos, um realejo, um pião. Através de uma quérula gama de sons, ele torna mais dilacerante a angústia dos vencidos: duas pêndulas batem, na estufa o vento uiva, a tormenta bate nos vidros, um rato raspa num canto e de fora chegam o canto de bêbados, os gemidos de uma harmônica, o tilintar de uma tróica, uma rajada de vozes alegres (é carnaval)[113].

No quarto ato, enquanto no jardim adensa-se a tristeza outonal das despedidas, ritmada por um assíduo cair de folhas, da casa agora alheia chegam em intervalos, com estrídula dissonância, a risadinha indiferente de Natacha, o baixo profundo de Protopopov, o som agudo de um pião, o ruído de uma esfera de madeira que rola sobre o soalho. E, repentinamente, como difusão da realidade filistéia, uma governanta aparece por detrás da cortina, para apanhar uma bola que escorrega balcão abaixo. Stanislavski ficou em dúvida se não deveria aparecer para apanhá-la o próprio Protopopov, que ele imaginava bobão, gordaço, de charuto[114].

Em *As Três Irmãs* o diretor cuidou das "atmosferas" com mais encarniçamento do que em *A Gaivota* ou em *Tio Vânia*, urdindo

---

111. Cf. Nicolai Efros, *"Tri sestri" v postanóve Moskovskovo Khudójestvienovo tieatra*, Petersburgo, 1919, p. 34; Id., *Moskóvski Khudójestvieni tieatr*, p. 243.
112. Cf. Marianna Stroeva, *Tchékhov i Khudójestvieni tieatr*, Moscou, 1955, pp. 114-115.
113. *Idem*, pp. 115-116.
114. *Idem*, pp. 122-124.

uma sagaz mixagem de "ruídos *off*", fazendo do palco um viveiro de sons alusivos. Em sua partitura a vida da província, acossada pelo desejo de Moscou, é como uma eterna ronda de pequenos bondes, um magma abúlico em que as criaturas se movem com os lentos gestos dos mergulhadores quando na água. Para exprimir o desconsolo, a pena que vibra impalpável naquelas falas dispersas, naqueles estilhaços de diálogo, marchetaria de pensamentos divergentes, recorre a uma série de sinais acústicos que servem de condensadores de "atmosferas".

As risadinhas que, como borborigmos de sapos, gretam a pureza dos sonhos, o raspar dos ratos, a harmônica, as jeremíadas do vento são metáforas concebidas para sugerir os sobressaltos, as sombras, o espaço da alma, espelhos sonoros que refletem e desvelam o curso subáqüeo da ação dramática. Com suas minuciosas pesquisas de efeitos fônicos, Stanislavski acaba transferindo as tramas de Tchékhov de uma submissa dimensão psicológica para uma espécie de universo acústico, em que até as pausas tintinam.

Copiosos pretextos para invenções sonoras foram-lhe também oferecidos pela última obra de Tchékhov, *O Jardim das Cerejeiras*. Ansioso por dar fundamento às lágrimas, por traduzir a vacilante sintaxe das coisas que morrem, a melancolia do ocaso, Konstantin Sierguiêivitch atenuou os aspectos cômicos, os acenos de *vaudeville*, transformando o texto de Tchékhov em débil elegia, em sorte de réquiem.

A estréia (17 de janeiro de 1904) foi triste como uma cerimônia de adeus. Festejava-se o vigésimo quinto aniversário da atividade literária de Tchékhov. Após o terceiro ato, Antón Pávlovitch apareceu no proscênio, a contragosto, pálido e magro, mal se agüentando em pé: cercado por flores. Não conseguia segurar a tosse, enquanto lhe dirigiam enfadonhos monólogos de devoção e louvor. Da platéia exortaram-no a que se sentasse, mas ele, contrariado, obstinou-se em ficar em pé por toda a cerimônia. Não falou, sorria com os dentes: seu olhar era o de um condenado[115]. Seis meses depois, 2 de julho: *Ich sterbe*, faleceria em Badenweiler.

10

Foram os poemas dramáticos de Tchékhov que deram um vulto e um espírito ao Teatro de Arte, que aprofundaram-lhe aquele gosto

---

115. Cf. Nicolai Efros, *Moskóvski Khudójestvieni tieatr*, pp. 252-253; K. Stanislavski, "A. P. Tchékhov v Moskóvskom Khudójestvienom tieatre", in *Tchékhov v vospominaniakh sovriemiênikov*, p. 390; Borís Záitzev, *op. cit.*, p. 240; André Frank, *Georges Pitoëff*, Paris, 1958, pp. 13-14.

pelas "atmosferas", pelos acordes menores, pelas penumbras, que o distinguiria do historicismo pomposo de marca Meininger. Por outro lado tais poemas encontraram uma execução adequada no rigor deste teatro-orquestra.

Tchékhov e Stanislavski tendiam ambos a narrar com uma cadência fleumática e inerte, a desenredar entrançamentos como uma massa dolente, a dissolver todos os impulsos na fumaça de uma melancolia igualadora. O ritmo preguiçoso, descorçoado dos textos de Tchékhov ia ao encontro do ritmo do novo teatro. E, ao inverso: a lentidão suspensa, as longuíssimas pausas correspondiam à perfeição ao letargo (ao delírio) da província. Aqueles *tableaux vivants*, que em *Czar Fiodor* eram o resultado de pitorescos agrupamentos, nos dramas de Tchékhov nasciam de imprevistos silêncios, durante os quais os atores enrijeciam, absortos, em poses de álbum.

Em suma, o Teatro de Arte parecia predestinado a transpor em imagens o mundo anêmico-opaco do poeta de Yalta, suas existências enredadas de monotonia iterativa, de apagada trivialidade, de relações imutáveis.

Tchékhov influenciou toda a atividade de Stanislavski-encenador. Não importa o que Konstantin Sierguiêivitch estivesse encenando, as personagens de suas partituras sempre possuíam o semblante, o acento dos heróis tchekhovianos. Em seus espetáculos reemergiam freqüentemente o desconsolo de *O Jardim das Cerejeiras*, o "partiram" que ecoa (oprimente) em *Tio Vânia*, a amargura das despedidas, o desgosto dos outonos.

Ele adaptou as experiências das direções tchekhovianas ao drama *Homens Solitários* (*Einsame Menschen*, que Antón Pávlovitch amava) e a outros textos de Hauptmann, e mesmo a Turguiéniev. A que ponto Stanislavski, após a relutância inicial, estava entusiasmado por Tchékhov, pode se discernir pelas palavras que pronunciou num ensaio do *Júlio César*: "Devemos representar Shakespeare de uma forma diferente da dos outros teatros, devemos representá-lo em tons tchekhovianos"[116]. Ainda em 1933, dirigindo *Talánti i Poklónniki* (*Talentos e Admiradores*), ele reduziu às delgadas filigranas de Tchékhov o robusto drama de Ostróvski, e transformou a protagonista, a Négina, numa variante de Irina ou de Sonia[117].

Em nome de Tchékhov a fama do Teatro de Arte propagou-se pela Rússia, alcançando até os "recantos dos ursos", as localidades mais vis e perdidas. Na remota província os intelectuais ficaram sabendo, com desejo, que em Moscou havia nascido um maravilhoso teatro. Não foram poucas as lágrimas, não foram poucas as pertur-

---

116. Cf. V. Verigina, "K. S. Stanislavski i Studi", in *O Stanislavskom*, p. 348.
117. Cf. P. Markov, "O Stanislavskom", in *"Tieatr"*, 1962, 1.

bações que o Tchékhov de Stanislavski proporcionou aos sonhadores da Rússia periférica que, estando em Moscou, iam até aquele teatro para soluçar e sofrer com Sonia, com Nina, com as três irmãs, embalando-se ao canto de seus ilusórios presságios. Para assistir a *A Gaivota*, os estudantes enfrentavam a fila durante a noite, no gelo; esperavam o amanhecer, quando a bilheteria abria, lendo sob os lampiões ou dançando para espantar o frio[118]. A Rússia gravemente ofendida, a Rússia humilhada conseguia esperança, tirando-a da pureza daqueles espetáculos.

É inútil porém cultivar a tola lenda da perfeita identidade de pensamentos entre Tchékhov e o Teatro de Arte. São notórias as dissensões causadas por *As Três Irmãs* e, acima de tudo, por *O Jardim das Cerejeiras*, que o autor julgava uma alegre comédia, quase um *vaudeville*, e o diretor, ao contrário, avaliava como "um pesado drama de vida russa"[119]. A Tchékhov parecia que Stanislavski desse excessivo ressalto à evanescência elegíaca, aos suspiros de adeus, à entristecedora *grisaille* dos ambientes, negligenciando o burlesco; estava contrariado pela casa da Raniévskaia aparecer decrépita, em ruína, antes que mostrando vestígios da passada riqueza[120].

E quantos outros contrastes! Tchékhov desejava, por exemplo, que Nina surgisse, ao fim de seus sofrimentos, encontrando uma certeza, um caminho; por esta razão foi impiedoso com Rokhânova, que a interpretava com os modos convulsos, ansiosos e cansativos de uma criatura destruída. Do Trigórin de Stanislavski, excessivamente abúlico, frouxo, enfadado, sem fibra ou caráter[121], escreveu à irmã Maria (4 de fevereiro de 1899): "representá-lo tão mole e indolente pode-o somente um ator medíocre, bronco da cabeça"[122]. Para Górki (9 de maio de 1899): "Trigórin (o prosador) andava pelo palco como um paralítico, sem a menor vontade própria. O ator havia-o concebido de modo tal que eu ficava nauseado só de vê-lo"[123]. Para Niemiróvitch (3 de dezembro de 1899): "Tens razão, para Petersburgo é necessário retocar um pouco mais Aleksiêiev-Trigórin. Injetar-lhe esperma, ou algo parecido. Em Petersburgo, onde mora a maioria de nossos letrados, Aleksiêiev, que interpreta Trigórin

---

118. Cf. T. Tchépkina-Kupernik, "O Tchékhove", in *Tchékhov i tieatr*, Moscou, 1961, p. 245; e B. Záitzev, *op. cit.*, pp. 183-184.
119. K. Stanislavski, "A. P. Tchékhov v Moskóvskom Khudójestvienom tieatre", in *Tchékhov v vospominaniakh sovriemiênikov*, Moscou, 1954, p. 370. Cf. também Aleksandr Róskin, "Stari spor", in *A. P. Tchékhov*, Moscou, 1959, pp. 146-177, e cf. Marianna Stroeva, *Tchékhov i Khudójestvieni tieatr*, pp. 165-166.
120. Cf. M. Stroeva, *op. cit.*, pp. 192-193.
121. Cf. Nicolai Efros, *Moskóvski Khudójestvieni tieatr,* pp. 217-219.
122. Cf. *Tchékhov i tieatr*, p. 100.
123. *Idem*, p. 101.

5. O primeiro ato de *Tio Vânia* de Tchékhov, 1899.

como um impotente incurável, deixará todos perplexos"[124]. Naquele ano, na Quaresma, a temporada já encerrada, certa noite os atores do Teatro de Arte interpretaram *A Gaivota* somente para ele: a representação pareceu-lhe tão arrastada que, ao fim do terceiro ato, foi aos bastidores de relógio na mão, pedindo-lhes que não continuassem[125].

Pois bem, ciente dos dissabores que freqüentemente contrapuseram autor e diretor, reconhecendo ainda os excessos de Stanislavski nas direções tchekhovianas (a demasiada lentidão, o detalhista realismo, o abuso de sons e de meias-luzes, a insistência no jogo de nervos e nos ímpetos histéricos), com tudo isso, não consigo concordar com Georges Neveux, quando afirma: *Esse famoso acordo entre esses dois homens, me parece também que era baseado em um mal-entendido (digamos um semi mal-entendido) e que Stanislavski talvez nunca tenha representado uma peça de Tchékhov como Tchékhov sonhava ver representada*[126].

As desavenças, por outro lado, não esfriaram a afeição de Tchékhov pelo Teatro de Arte. "Se eu vivesse em Moscou", escreveu a Niemiróvitch a 24 de novembro de 1899, "procuraria empregar-me aí, talvez como vigia, para ajudar pelo menos um pouco e se possível, impedir-te de esmorecer com relação a uma tão cara instituição"[127].

De Yalta seguia minuciosamente, através das cartas de Knipper, os acontecimentos do teatro, dava conselhos e sugestões, pressionava para que fossem encenadas somente comédias contemporâneas. Se ia a Moscou acompanhava sempre os ensaios. Mas aos atores ávidos por esclarecimentos respondia de má vontade, esquivando-se, entrincheirando-se na frase: "Ouçam, eu já escrevi tudo"[128]. No entanto, algumas vezes uma magra alusão sua, aparentemente bizarra, o álcool sutil de um paradoxo seu, iluminavam maravilhosamente um personagem, um diálogo.

11

Na escolha do repertório o Teatro de Arte não teve uma direção segura. O que é comum às diversas "linhas", nas quais discorre Sta-

---

124. *Idem*, pp. 108-109.
125. Cf. O. Knipper-Tchékhova, "O A. P. Tchékhove", in *Tchékhov v vospominaniakh sovriemiênikov*, p. 599.
126. Georges Neveux, "Notes de travail...", in *Anton Tchékhov et "La Cerisaie"*, Cahiers de la Compagnie Madeleine Renaud - Jean-Louis Barrault, VI, Paris, 1954, p. 85. (Em francês no original. N. da T.)
127. Cf. *Tchékhov i tieatr*, p. 108.
128. Cf. K. Stanislavski, *Moiá jizn v iskústvie*, pp. 283-284, e Nicolai Efros, *op. cit.*, p. 230.

nislavski[129], é o anseio por exatidão, o escrúpulo. Trabalha com meticulosa paciência, o encenador, pela fome de opor-se ao padrão, à desleixada precipitação dos velhos teatros, a sua imaginação criadora acaba penetrando no território de uma pedanteria exasperada.

O amor pelo acabamento induziu mais vezes o Teatro de Arte a organizar expedições arqueológicas, similares àquelas empreendidas para *Czar Fiodor*. Quando preparavam o *Júlio César*, de Shakespeare (2 de outubro de 1903), Niemiróvitch e Simov baixaram em Roma e Pompéia para estudar os monumentos e as escavações, e montaram no galpão uma espécie de laboratório científico para a colheita de dados sobre o mundo antigo[130]. A encenação do *Brand* ibseniano (20 de dezembro de 1906) levou-os à Noruega, de onde trouxeram miniaturas de alfaias[131]. Antes de representar Tolstói: *O Poder das Trevas* (5 de novembro de 1902), Stanislavski viajou pelos povoados do governo de Tula, lá observando as isbás, os hábitos, as cerimônias de núpcias, e adquirindo vestuário, peliças, rudes utensílios[132].

Para farejar a "cor" e o folclore do fabuloso reino de Berendiéi, pintado por Ostróvski em *Snegúrotchka* (24 de setembro de 1900), Konstantin Sierguiêivitch adentrou, junto com Simov, ao norte, para além de Vologoda, na aldeiazinha de Podochárikha, perdida entre cerradas florestas cobertas de neve: por um triz não foram agredidos pelo povo local que os suspeitava de bruxaria[133]. Para espelhar com toda precisão a "fauna", a miserabilidade da *Ralé* de Górki (18 de dezembro de 1902), quis conhecer o Khitróv Rinok, o bairro de facínoras de Moscou onde, em mofentas espeluncas, vegetavam bandos de patifes, de rejeitados, de ex-homens. Desceram à noite num pérfido subterrâneo de acessos secretos: não somente as ambíguas larvas daquele imundo hipogeu ficaram interessadas em seus casacos de pele, como também Simov arriscou a vida devido a um descuidado comentário sobre um desenho pregado numa parede[134].

Essas excursões (que relembram as vagabundagens dos pintores realistas russos à procura de materiais do real) tornaram-se logo moda. Aprestando-se a escrever a música para *Anátema*, de Andriéiev (2 de outubro de 1900), o compositor do Teatro de Arte, Iliá Satz, transladou-se às cidadezinhas meridionais, onde os judeus

---

129. Cf. K. Stanislavski, *Moiá jizn v iskústvie*, pp. 259 e ss.
130. *Idem*, pp. 320-321.
131. Cf. Nicolai Efros, *Moskóvski Khudójestvieni tieatr*, pp. 150 e 319.
132. Cf. K. Stanislavski, *op. cit.*, p. 318.
133. Cf. V. Simov, "K. S. Stanislavski v Khudójestvienom tieatre", in *O. Stanislavskom*, p. 291, e I. Bazilevskaia, "Snegúrotchka", "Vlast tmi", "Na dne", in *K. S. Stanislavski: Materiali. Pisma. Issledovania*, Moscou, 1955, p. 558.
134. Cf. N. Telechov, *Zapíski pisatelia*, Moscou, 1950, pp. 235-236.

eram mais numerosos, para ouvir canções de sinagoga e assistir a rituais e esponsais hebraicos[135]. Em 1911 o próprio Meyerhold, mesmo sendo contrário às minúcias documentárias, antes de encenar *O Cadáver Vivente* no Aleksandrinski visitou em Moscou um coro de ciganos e a taberna onde se passam alguns episódios do drama de Tolstói[136].

Em 1913, para a representação no Svobódni Tieatr moscovita da ópera de Musorgski *Sorótchinskaia Iármarka* (*A Feira de Sorótchinci*), produzida com esbanjamento naturalista por Aliksandr Sânin (um sequaz de Stanislavski), o diretor Mardjánov, iniciador deste empreendimento, correu à Sorótchinci para comprar, durante um dia de mercado, autênticos bois ucranianos[137]: extravagância que Maiakóvski escarneceu num artigo[138]. Até em 1934, enquanto aprestavam – sob a direção de Okhlópkov – a comédia *Os Aristocratas*, de Pogódin, que fala de ladrões, prostitutas e bandidos que se redimem trabalhando na construção do canal Mar Branco–Mar Báltico, três atores do Realistitcheski Tieatr decidiram explorar as profundezas do crime e em Rostov, onde a companhia encontrava-se em *tournée*, disfarçados de malandros, introduziram-se numa toca de larápios, salvando-se por pouco de uma rixa cruenta[139].

O demônio da precisão estimulava amiúde Konstantin Sierguiêivitch a recorrer aos conselhos de peritos: em *As Três Irmãs*, por exemplo, foi assistido por um coronel de artilharia e por um subchefe bombeiro; para *O Poder das Trevas* utilizou-se dos ditames de dois sábios mujiques, um velho e uma velha que havia trazido consigo da região de Tula[140].

Expedição e peritos deviam incrementar a fidelidade do teatro ao real, fazer de cada espetáculo uma seqüência de ilustrações de gênero ou um prontuário de arqueologia ou uma revista etnográfica. Mas este trabalho preparatório na verdade desaguava em intemperanças naturalistas.

Pensemos nas manchas de umidade que, em *O Jardim das Cerejeiras* apareciam pelas paredes da vetusta propriedade, quando seus

135. *Idem*, pp. 318-319.
136. Cf. Nicolai Volkov, *Meyerhold*, II, Moscou-Leningrado, 1929, p. 192.
137. Cf. Gueórgui Krijítzki, *K. A. Mardjánov i rúski tieatr*, Moscou, 1958, p. 91.
138. Cf. Vladímir Maiakóvski, "Unitchtojenie kiniematógrafom 'tieatra' kak príznak vozrojdiênia tieatralnovo iskústva", in *Pólnoie sobránie sotchiniêni,* I, Moscou, 1955, pp. 278-280.
139. Cf. Ígor Nejni, "Tieatr Okhlopkova", in *"Tieatr"*, 1961, II, e posteriormente em *Biloe pered glazami*, Moscou, 1963.
140. Cf. K. Stanislavski, *op. cit.*, pp. 318-319, e V. Verigina, "K. S. Stanislavski i Studi", in *O Stanislavskom*, p. 347.

moradores, no final, partindo, delas tiravam os quadros[141]. Nas crostas de barro diante da isbá de teto de palha, em *O Poder das Trevas*[142]; na imundície pegajosa, estagnante, no interior da isbá, com ícones ofuscados pela fuligem, quadrinhos cobertos de moscas, barretes engordurados sobre a mesa e o balde sujo, transbordante de espuma[143]. Nas tarimbas de *Ralé*: o enfumaçado dormitório de teto baixo, aclarado por uma única, suja lâmpada. O diretor coloria sua trama com um vaivém de miúdas figuras (dolentes caracterizações) e um caos de pormenores anedóticos, que expressavam o desespero sem respiradouros, a esqualidez daquela ínfima gente. Aqui também uma auréola de cantilenas, murmúrios insistentes, melodias de realejos envolviam a cena, emitindo arrepios acústicos, dilacerações sonoras no afresco da selvagem miséria[144].

Embora se queixasse freqüentemente desta encarniçada análise do pormenor, Tchékhov não estava assim tão distante do escrúpulo de Stanislavski; ele também agigantava as futilidades. Exigiu que Lopákhin usasse sapatos amarelos[145]. Para Trigórin queria "calças xadrez e sapatos furados" e mostrou-se aflito com Stanislavski, que o interpretava vestindo calças brancas e sapatilhas de praia[146]. Quando mais tarde este papel foi confiado a Katchálov, Antón Pávlovitch preocupou-se com outras bagatelas: "as varas de pesca, sabeis, devem ser de fabricação doméstica, tortas. Ele mesmo as fará com seu canivete... O charuto tem de ser bom. Talvez não bom demais, mas tem de ter absolutamente o papel prateado". Após tê-lo observado nas vestes de Verchínin, Tchékhov disse a Katchálov: "Bem, muito bem... Só que vós não levais a mão à viseira como um coronel, e sim como um tenente. É necessário fazer a saudação com mais autoridade, com mais segurança"[147].

Por amor ao real e avidez de detalhes, no Teatro de Arte acionavam-se complicados engenhos, como o córrego alpestre e a avalanche que arrasta Rubek no drama de Ibsen *Quando Nós Mortos Despertamos* (24 de outubro de 1900). Dispersavam-se em pormenores tão obstinados e inacreditáveis que acabavam revelando-se irreais[148].

141. Cf. Gueórgui Krijítzki, *Niemiróvitch-Dântchenko o rabote nad spektaklem*, Moscou, 1958, p. 58.
142. Cf. Nicolai Efros, *op. cit.*, p. 150, e P. Markov, *Noveichie tieatralnie tetchenia (1898-1923)*, Moscou, 1924, p. 9.
143. Cf. I. Bazilevskaia, *op. cit.*, p. 573.
144. *Idem*, pp. 607-608, e P. Markov, *op. cit.*, p. 9.
145. Cf. Leonid Leonidov, "Prochloe i nastoiatchie", in *Leonidov*, Moscou, 1960, p. 116.
146. Cf. K. Stanislavski, "A. P. Tchékhov v Moskóvskom Khudójestvienom tieatre", in *Tchékhov v vospominaniakh sovriemiênikov*, pp. 356-357.
147. Cf. V. Katchálov, "Vospominania", in *Tchékhov v vospominaniakh sovriemiênikov*, p. 420.
148. Cf. Nicolai Efros, *op. cit.*, pp. 150-151.

Referimo-nos ao primeiro ato de *Tio Vânia*, no qual os intérpretes lutavam como possessos com os sibilantes pernilongos, espalhando fumaça e andando com lenços sobre a cabeça[149]. Ou àquele ator que, em *Intérieur*, de Maeterlinck (24 de outubro de 1904), embora não estivesse à vista do público, devia ficar, durante toda a representação, atrás de uma janela num traje cuidadosamente estudado[150]. Ou ao boiardo Bermiata que, em *Snegúrotchka*, rebatia os assaltos dos pernilongos como um bei de Argel que estivesse a espantar moscas. Neste trabalho o diretor orquestrou com grande diligência o roncar dos súditos do rei Berendiéi, e para sugerir a imagem da simplicidade bucólica eslava, desejava no início (mas acabou renunciando) levar à cena patos, cabras, galinhas e toda uma série de animais de quintal[151].

A sede de realidade levou o Teatro de Arte a procurar uma quarta dimensão, que fechasse o palco como a tampa de uma caixa, e à idéia desvairada de erigir apartamentos completos atrás dos bastidores. Por isso as árvores avançaram para o proscênio e atores e sofás voltaram as costas para o público[152]. Por isso, em *Até o Mais Sabido Cai*, de Ostróvski (11 de março de 1910), supôs-se que o sol resplandecesse pela platéia e, filtrando pela janela de uma hipotética quarta parede, projetasse sobre o chão clarões, arabescos como que de cortinas, e sombras de flores colocadas num ilusório peitoril[153]. Por isso, no *Ivânov*, de Tchékhov (19 de outubro de 1904), foram construídos, no abrigo do palco, dois aposentos invisíveis aos espectadores: uma sala e o quarto de Sara, completos de mobília e decorações, para que os atores vivessem, mesmo fora de cena, a vida das personagens[154]. Costumava-se dizer por zombaria que, em *Górie ot umá* (*Que Desgraça o Engenho* – 26 de setembro de 1906), um carro da época de Griboiedov, todo enfeitado, ficava atrás dos bastidores à espera de Tchátzki, o protagonista, quando ele no fim, indignado com a fútil sociedade moscovita, se afasta gritando: "A carruagem, minha carruagem!"[155].

O naturalismo de Stanislavski é, acima de tudo, paixão pelo objeto.

---

149. Cf. Marianna Stroeva, *op. cit.*, p. 97.
150. Cf. Nicolai Efros, *op. cit.*, p. 155.
151. Cf. I. Bazilevskaia, *op. cit.*, p. 556.
152. Cf. V. Volkenchtein, *Stanislavski*, Leningrado, 1927, p. 37.
153. Cf. Nicolai Efros, *op. cit.*, pp. 151-152, e Ievg. A. Znosko-Boróvski, *Rúski tieatr nátchala XX vieca*, p. 125.
154. Cf. Gueórgui Krijítzki, *Niemiróvitch-Dântchenko o rabote nad spektaklem*, pp. 56-57.
155. Cf. Nina Gourfinkel, *Constantin Stanislavski*, Paris, 1955, p. 131.

6. Stanislavski (Gaev) e M. Lilina (Anja) em *O Jardim das Cerejeiras* de Tchékhov, 17 de janeiro de 1904.

"Lareiras, mesas, prateleiras", afirma Meyerhold, "são entulhadas por uma grande quantidade de pequenos objetos, que podem ser distinguidos somente com o auxílio de um binóculo, e o espectador curioso e perseverante necessita de mais de um ato para poder identificar"[156].

Stanislavski inventa suas "atmosferas" com profusões de objetos alusivos (mencionou-se anteriormente *As Três Irmãs*, onde um *bric-à-brac* sufocante de enxovais de criança e brinquedos indicava o clima de filisteísmo instaurado pela trivial Natacha). Ele derrama e amontoa utensílios com o mesmo fervor com que os *korobiéiniki*, vendedores ambulantes, tiravam do caixote pentes, fivelas, grampos, ganchos, anéis, pedrazinhas e multicolores fitinhas.

Gosta de transformar o palco em *stand* de exposição, numa lojinha de antiguidades[157]; o termo "antiguidades" é bem apropriado, porque todas as coisas, no Teatro de Arte, pareciam envernizar-se da pátina desbotada do tempo, pareciam brotar de opacas distâncias: como se a cada vez fossem extraídas de velhos, rançosos baús[158]. O palco de Stanislavski estava quase sempre apinhado de quinquilharias, como a casa do comerciante de móveis que Dylan Thomas descreveu em seu conto *Adventures in the Skin Trade*. Babel de objetos. O "prezadíssimo armário", para o qual Gáiev dirige um monólogo tragicômico, é uma personagem importante do Teatro de Arte.

Na seleção do material cênico o diretor sempre opta pelo caprichoso, pelo bizarro e acontece de seus objetos heteróclitos tomarem o aspecto inquietante de fetiches, de *ready-mades*. A extravagância acaba triunfando sobre a historicidade; para despertar fascínio, escolhem-se adereços e modelos insólitos; o realismo envisca-se no engano do pitoresco, dos ornamentos vistosos.

Sabemos das minúsculas portas de *Czar Fiodor*, que atrapalhavam os corpulentos boiardos. Naquele espetáculo, tendo por referência as indicações do historiador Ivan Zabiélin[159], o diretor exigiu que as mangas dos cafetãs tivessem dois metros e treze centímetros de comprimento, braços pendentes de espantalhos, e que o peito de brocado da veste de Fiodor, fosse todo filetado conforme os bordados da época (enquanto isso, pensava na surpresa que as mangas e os bordados provocariam). Para *Górie ot umá*, entre todos os possíveis chapéus, cismou com altas cartolas de copa alargada[160]. Quando (com Benois) encenou *Le Malade Imaginaire* (27 de março de 1913), fez

---

156. Cf. Vsiévolod Meyerhold, *O Tieatre*, Petersburgo, 1913, p. 15.
157. *Idem*.
158. Cf. Vas. Sakhnóvski, "Moskóvski Khudójestvieni tieatr", in *"Petchat i Rievoliútzia"*, 1928, 7.
159. Cf. Nicolai Efros, *op. cit.*, p. 149.
160. *Idem*, p. 153.

procurar por toda Moscou, nada menos do que durante quatro dias, uma fita adequada para guarnecer o cinto de um figurante, que ninguém notaria[161].

Carregado de extravagâncias, o palco de Stanislavski assemelha-se às vezes ao apartamento arrumadinho de uma solteirona maníaca. Poderia se dizer que esta prodigalidade de bugigangas, de *fanfreluches*, de ninharias, fosse uma conseqüência do interesse oitocentista pelas exposições universais; é bem singular que o adereço inusitado do Teatro de Arte já tenha algo que antecipa os objetos *démodés* e *inutilisables*, exaltados posteriormente pelos surrealistas[162].

A realidade, que se deseja reproduzir nas minúcias, acaba sendo, de fato, trocada por arremedos de objetos excêntricos. Em *Ralé*, de Górki, o diretor junta as marcas da pobreza como se fossem relíquias de um carnaval. Os trapos dos miseráveis também são um pretexto de exposição e de teatro, como os cafetãs boiardos.

Eis que, diante desta inflexível vontade de exatidão, desta solicitude que transforma as cenas em vitrinas de *bibelots* – por vezes submergindo o intérprete sob o peso de "objetarias" – surge, em contraste, a lembrança do velho e negligenciado teatro, com sua rotina inebriante, suas vozes gordas, o palco tão vazio como um armário de hotel, as librés bufonescas dos contra-regras, o sussurro espasmódico dos pontos. O teatro em que os únicos objetos teatrais eram quiçá os aparelhos de prata, as tabaqueiras, os broches e os bustos de Shakespeare que de vez em quando o público, por reconhecimento, oferecia aos atores.

12

A arte de Stanislavski é construída sobre hipérboles. Pensemos em seu modo obsessivo de compor as cenas de massa, determinando as características e os traços de cada imagem. Com ânimo oitocentista ele amava os panoramas animados, a ostentação vaidosa do *tableau vivant*. Já dissemos: uma tênue rubrica era pretexto o bastante para ele alinhavar uma figuração pululante, uma sístole-diástole de conversões e manobras.

Este *manieur de foules* individualizava anteriormente, uma a uma, seus comparsas: na maquilagem, na indumentária e no gesto, combinando-as depois numa concórdia discorde, numa pluralidade coordenada. Não mais fileiras de troncos, alinhados como cordões de soldados uniformizados, não mais rebanhos de ópera, e sim um contra-

161. *Idem*, pp. 155-156.
162. Cf. André Breton, *Nadia*, 22ª ed., 1958, p. 63.

ponto de agrupamentos, de encaixes, de hábeis evoluções. Da estratégia de massas o Teatro de Arte deu memoráveis exemplos, especialmente em *Júlio César* (dirigido por Niemiróvitch), em que a multidão da antiga Roma era efigiada com uma exatidão que praticamente transformava o espetáculo numa dissertação de história, num compêndio de glosas sobre o mundo antigo. Em cena moviam-se escravos, matronas, garotos irrequietos, arúspices, cortesãs, mendigos, jovens peraltas, floristas, vendilhões: cada um dos duzentos figurantes teve uma "biografia"[163] própria, foi distinguido dos outros no traje, nas tarefas, nas atitudes, como as figurinhas de certos relógios ou teatrinhos mecânicos. Condensavam-se e espalhavam-se com a irrequietude de células ao microscópio, formando um fervilhante diorama.

Da febril existência de Roma nos dias de César o teatro retratou não os aspectos solenes, e sim as minúcias de gênero: um barbeiro arrancava com suas pinças os pelos dos clientes, um taberneiro acudia com um trempe, uma matrona fazia as compras de casa, alguns escravos levavam uma ânfora, outros uma liteira, vadios jogavam dados, uma jovem mulher colocava flores na janela de sua casa. A reevocação histórica, em suma, fragmentou-se em coloridas vinhetas, em cenas de vida comum, ao gosto da pintura russa da segunda metade do século XIX.

No tratamento das massas os dois patriarcas do Teatro de Arte trabalhavam como artesãos de estatuetas, partindo as vastas telas em anedotas e tendendo (por estímulo de Stanislavski) ao bizarro, ao insólito, aos pormenores curiosos. Lembramos o enxame de *berendiéi* em *Snegúrotchka*, os desesperados e marginalizados em *Ralé* e, em *Czar Fiodor*, a plebe russa da época das agitações. O que dizer daqueles mendigos que, em *Anátema*, entreteciam uma dança arrepiante, guiados pelo hórrido Nullus?[164]. Esta coluvião de maltrapilhos, grotescos como os personagens de Ensor, precede a turba de aleijados do monodrama *Vladímir Maiakóvski* e a chusma de míseros judeus com trajes de lepra que irá dançar em *O Dibuk*, de Vakhtangov.

Visto que a exatidão sempre era pretexto para hipérboles, mesmo na urdidura das cenas de conjunto, o efeito teatral, o empaste de iridescências e de tintas acabavam prevalecendo sobre o anélito de fidelidade. Hipérbole após hipérbole, estes episódios corais, com seu desmedido verismo, transpunham os limites da ficção do teatro para bater à vida.

Inflamado por seus incitamentos proféticos, a multidão erguia Brand soluçando, como que delirando; e quando o pano de boca se

---

163. Cf. Nicolai Efros, *op. cit.*, pp. 178-179, e V. Vilenkin, *Vl. I. Niemiróvitch-Dântchenko*, Moscou, 1941, pp. 126-128.
164. Cf. Nicolai Efros, *op. cit.*, pp. 181-82.

fechava, continuavam a beijar-lhe as mãos, esquecendo que aquele homem já não era Brand, e sim Katchálov[165]. Nos dias angustiantes da revolução de 1905, enquanto o ímpeto dos *progrom* enfurecia, durante a apresentação de *Dieti Solnca* (*Os Filhos do Sol*), de Górki (24 de outubro), o bando bradante que irrompe na morada de Protasov foi confundido com uma facção das centúrias negras que tivessem invadido o teatro pelo palco: ao grito dos figurantes, todos vestidos de branco (pelo menos dessa vez, todos na mesma cor), respondeu o uivo histérico dos espectadores que, pulando das respectivas poltronas, lançaram-se em direção à saída num ofegante atropelo[166].

13

Konstantin Sierguiêivitch dedicava-se com o mesmo desvelo ao concerto do desenho acústico de seus espetáculos, particularmente – como já dissemos – às obras de Tchékhov.

Balanços rangiam, ábacos estalavam, cavalos tropeavam os cascos sobre uma ponte de madeira, de longe ecoavam acordes de orquestra. Os grilos atrás do aquecedor, no último ato de *Tio Vânia*[167], tornaram-se proverbiais.

Grande parte do fascínio das direções tchekhovianas de Stanislavski brotava exatamente da sagacidade das misturas sonoras. Em *A Gaivota*, por exemplo, ao fim do primeiro ato, enquanto Macha, destruída pela indiferença de Trepliov, cai de joelhos, aos soluços, apoiando a cabeça nas pernas de Dorn, afluíam ondas de uma valsa banal e, junto à valsa – tilintar de sinos, o canto de um camponês, coaxar de rãs, o guincho de uma codorna, o toc-toc de um vigia e outros ruídos noturnos[168]. No quarto ato, onde Macha escande, com voz monótona, os números da tômbola, ouviam-se os gritos do vento, o vibrar dos vidros e uma valsa de Chopin, que Trepliov executava numa sala apartada[169]. Fragor de chuva e vento acompanhavam as palavras de Nina e sua fuga, na cena final, era expressa por uma seqüência acossante de ruídos *off*: batia uma porta, outra porta ainda, o baque surdo de passos pelo terraço; depois o mugido do vento, os

165. *Idem*, p. 177.
166. *Idem*, pp. 179-180, e K. Stanislavski, *Moiá jizn v iskústvie,* p. 347; Aleksandr Tairov, *Zapíski riejissiera*, Moscou, 1921, p. 179; N. Telechov, *op. cit.*, p. 237.
167. Cf. Nicolai Efros, *op. cit.*, p. 232.
168. Cf. Marianna Stroeva, *op. cit.*, p. 30.
169. *Idem*, p. 31.

repiques de um sino, o bater da matraca de ferro-gusa de um guardião, uma explosão de tolas risadas vindas da sala de jantar[170].

No segundo ato de *As Três Irmãs* um rato raspava sob o sofá durante o colóquio entre Macha e Verchínin, enquanto do aposento de Andriéi ouvia-se primeiramente a entristecedora melodia de um violino e depois o rascar de serra[171]. O mesmo melancólico rato voltava no momento em que Irina diz desiludida: "O trabalho sem poesia, sem pensamentos..." Lá onde Irina recomeça a sonhar com Moscou, Verchínin sacudia o arlequim com os pratos, como para extrair-lhe um contracanto irônico. De igual modo Tuzenbách comentava com o pipio lamentoso de um realejo de brinquedo o vão filosofar dos outros[172].

O fraco de Stanislavski pelas sutilezas sonoras também arraigou-se em Niemiróvitch, como demonstra a rica paleta fônica do *Ivânov*, de Tchékhov, por ele encenado. Ouvia-se, vindo dos bastidores, até mesmo o vascolejamento do lavabo no quarto de Sara. Para sugerir a "atmosfera" do anoitecer da aldeia, o diretor alternou o tropel de um rebanho que voltava do pasto, o vozear de um cocheiro, as risadas de moças campestres, o estrépito da ordenha, os gorjeios dos pássaros no jardim. Bem no meio desta sinfonia agreste, deste Segantini acústico, a camareira de Ivânov abria as venezianas para espantar as moscas com um guardanapo[173].

Moscas e pernilongos; pernilongos e moscas: sem trégua. Um torneio de insetos. Uma divagação sobre o tema: os dípteros e o teatro. Malária das "atmosferas". Stanislavski conta que Tchékhov lhe disse: "Escuta! Escreverei uma peça nova que começará deste modo: 'Que maravilha! Que silêncio! Não se ouvem pássaros, nem cães, nem cucos, nenhuma coruja, nenhum rouxinol, nenhum relógio, nem guizos, um grilo sequer' "[174].

Um detalhismo sonoro tamburelava o universo do Teatro de Arte, modulando "atmosferas" esticadas como vibrantes cordas de aço. Aqueles ruídos e dobres campestres, aqueles gritos noturnos de aves, aquele martelar de vigias – em suma, a sonoridade desconsolada da província russa do fim do século XIX – foram emitidos mesmo em outras comédias, bem distantes da essência de Tchékhov (até mesmo no *Júlio César*).

170. *Idem*, p. 32.
171. *Idem*, p. 117.
172. *Idem*, pp. 117-18.
173. Cf. Gueórgui Krijítzki, *Niemiróvitch-Dântchenko o rabote nad spektaklem*, p. 57.
174. Cf. K. Stanislavski, *Moiá jizn v iskústvie*, p. 329.

À intensidade das invenções acústicas correspondia a discrição da luz. Stanislavski amava com predileção as luzes submissas e veladas, os tênues vislumbres cercados de trevas, a opacidade dos crepúsculos. Não hesitou em afogar cenas inteiras na escuridão[175].

As eloqüentes penumbras, as progressões sonoras, a linguagem simbólica dos adereços: tudo isso demonstra que Stanislavski não era, como dizem, alheio aos expedientes teatrais. Aliás ele mesmo escreveu: "Agrada-me imaginar, em teatro, expedientes diabólicos. Alegro-me quando consigo inventar truques que enganam o espectador"[176].

Freqüentemente sua fantasia desenfreava-se em "prodígios" e metamorfoses de teatro de feira, como se percebe, por exemplo, em *Snegúrotchka*, na cena das árvores-fauno que, encrustadas de musgo e líquen, despertavam da hibernação invernal. Árvores com pelagem de raposa, cortiças enrugadas com galhos retorcidos espreguiçavam-se como marmotas surpreendidas pela nova estação. Ásperos troncos chamuscados, negros abrolhos contorcidos libertavam-se do aperto da neve, transformando-se em fantasiosas criaturas silvestres. Um fauno enorme, salpicado de musgo e vergônteas, saía com dificuldade da cavidade de um pútrido cepo, agarrando-se com as patas aduncas; outro, ainda sonolento, esfregava seu ventre redondo e avermelhado, o rostro porcino, os olhos remelosos de fungos[177]. Uma floresta animada, um *tableau vivant* vegetal, uma vitrina de desajeitados espantalhos arbóreos.

Stanislavski colocava algo de pueril nessas suas fantasias (daqui provém, é claro, o malicioso "infantilismo" da *Turandot* de Vakhtangov). Não por acaso, no argumento cênico de *Snegúrotchka*, encontram-se assíduas referências aos jogos da meninice[178]. Não casualmente marcou a tempestade de neve com um ondear de véus de tule e um fluxo de brancos papeizinhos esparramados por ventiladores, e para produzir o grito ferino do vento, o "bestiário" da tormenta, juntou uma banda de matracas, apitos, pífaros, instrumentos rangentes e toda espécie de maquininhas ruidosas[179]. Daqui, obviamente, provém a orquestra de pentes que Vakhtangov introduzirá em sua *Turandot*.

175. *Idem*, p. 241.
176. *Idem*, p. 198.
177. *Idem*, pp. 265-267, e I. Bazilevskaia, *"Snegúrotchka", "Vlast tmi", "Na dne"*, p. 558.
178. Cf. I. Bazilevskaia, *op. cit.*, p. 567.
179. Cf. K. Stanislavski, *op. cit*, pp. 267-268, e G. Kristi, *Rabota Stanislavskovo v Opernom tieatr*, Moscou, 1952, p. 53.

7. Stanislavski (Gaev) em *O Jardim das Cerejeiras* de Tchékhov, 1904.

14

Em suas interpretações Stanislavski ostentava, epecialmente no início, a mesma amplitude de hipérboles que até aqui nos foi revelada por suas seleções de objetos, suas tramas acústicas, suas cenas de conjunto. Agradava-lhe exceder-se, salientando as particularidades bizarras, os *rictus*, os tiques, os andares insólitos, as extravagâncias dadaístas, seja nas personagens por ele encarnadas, seja nas dos outros[180].

Em *Os Pilares da Sociedade*, de Ibsen (24 de novembro de 1903) deu às suas falas (era o cônsul Bernick) um sotaque que pretendia imitar as inflexões do norueguês[181]. Em *O Poder das Trevas* obrigou os atores a falar e a moverem-se como autênticos camponeses de Tula (mantendo as mãos à feição de pás, com os dedos apertados) e ele próprio, no papel de Mitritch, grudou no rosto verrugas e cerdas[182].

Tais sinais distintivos, é claro, nem sempre emanavam da essência psicológica da personagem, ao contrário: tratava-se amiúde de características prontas, coladas do exterior. Stanislavski explicou mais tarde que esta abundância de pormenores de efeito servia, principalmente, para esconder a inexperiência dos jovens intérpretes[183]. Mas na realidade ele é que teimava nas atitudes excêntricas e nas aparências curiosas.

Não raro, por causa daquele amor pela mascarada que já mencionamos, Konstantin Sierguiêivitch vestia mesmo fora de cena os trajes do espetáculo. Enquanto descia o Volga num barco a vapor, à procura de decorações e trajes para *Czar Fiodor*, uma noite, com seus colegas de viagem, disfarçou-se com os tecidos adquiridos nos povoados fluviais. Durante os ensaios de *As Três Irmãs*, Stanislavski-Verchínin e outros atores saíram várias vezes pelas ruas em fardas de oficiais, que vestiam o dia todo. Nos meses em que estava preparando *Michael Krammer*, de Hauptmann (27 de outubro de 1901), ele passeava, fingindo ser Krammer, rijo como uma cegonha, os ombros para trás, as pernas que não se dobravam[184]. Para *Júlio César*, espelhando-se nas estátuas romanas, vestiu por dias inteiros a toga e o manto[185].

---

180. Cf. Nicolai Efros, *Moskóvski Khudójestvieni tieatr*, p. 318, e Leonid Leonidov, "Baseda s tieatralnoi molodejiu v Tzentralnom Dome rabotnikov iskústv", in *Leonidov*, Moscou, 1960, p. 233.
181. Cf. V. Verigina, "K. S. Stanislavski i Studi", in *O Stanislavskom*, p. 353.
182. *Idem*, p. 347.
183. Cf. Nicolai Efros, *op. cit.*, p. 318.
184. Cf. M. F. Andrêieva, "K. S. Stanislavski v Obtchiestvie iskústva i litieraturi", in *O Stanislavskom*, p. 237.
185. Cf. K. Stanislavski, *Moiá jizn v iskústvie*, p. 322.

Não é por acaso então que Stanislavski-intérprete se distinguia exatamente quando o papel lhe oferecia o pretexto para ostentar minúcias de gênero, adjuntos exteriores. Sabemos que, no trágico, era decepcionante; ele mesmo tinha consciência disso. Disse a Efros certa vez: "A minha é uma profissão frustrada, eu deveria ser um ator de opereta"[186]. Aliás a índole e o método do Teatro de Arte, inapropriados (como observa Leonidov) para um Sófocles, um Corneille, um Racine[187], desviavam-no da tragédia.

Ele sofreu, a vida toda, a secreta ambição por papéis heróicos. Mas na área do trágico tomou o rumo certo apenas na personagem Loevborg, em *Hedda Gabler* (19 de novembro de 1899), que impressionou profundamente Meyerhold[188]. Embora habitualmente fosse inapto aos sobretons e aos ardores, naquelas vestes revelou-se borrascoso, veemente, como se tivesse rasgado o invólucro de sua compostura[189].

Nos papéis característicos, aos quais está ligado seu nome de ator, Stanislavski acentuava os sinais específicos, os vezos, as anomalias, comparando a gênese de uma personagem a uma sorte de produção de hipérboles. Escreveu Leonidov:

> Ele, que tinha uma aparência tão admiravelmente harmoniosa, no palco amava o disforme, a caricatura. Remetia-se mais ao macaco do que a Apolo. O Argan, o Chabelski, o Krutitski, o Fámusov de Stanislavski, na primeira versão, não passam de monstros, de amplificações grotescas[190].

Em *Le Malade Imaginaire*, seu Argan – túrgido, piramidal, com um carão farinhento, as maçãs do rosto flácidas, enfaixadas por vendas, um nariz enorme como um bulbo – troneava, embrulhado num gasto gabão, por entre uma barafunda de garrafas, provetas, vidros, clisteres, mastodônticos penicos[191]. Na comédia de Ostróvski *Até o Mais Sabido Cai*, seu Krutitski era um decrépito general de cara amarela e rugosa, uma vagem bolorenta, de orelhas velosas, a voz tumbal, os gestos mecânicos, preocupado somente em acariciar obtusamente a maçaneta de uma porta e em olhar as pessoas de soslaio, através de um jornal enrolado à guisa de telescópio[192].

186. Cf. Nicolai Efros, *op. cit.*, p. 49.
187. Cf. Leonid Leonidov, "Iz dnevnikov", in *Leonidov*, p. 435.
188. Cf. Nicolai Volkov, *Meyerhold*, I, Moscou-Leningrado, 1929, p. 125.
189. Cf. Nicolai Efros, *K. S. Stanislavski*, pp. 88-89.
190. Leonid Leonidov, "K. S. Stanislavski", in *Leonidov*, p. 204.
191. Cf. Ievg. A. Znosko-Boróvski, *Rúski tieatr nátchala XX vieca*, pp. 203-204, e P. Markov, "O Stanislavskom", in *"Tieatr"*, 1962, 1.
192. Cf. Ievg. A. Znosko-Boróvski, *op. cit.*, pp. 176-177; B. Suchkiévitch, "K. S. Stanislavski i Studi", in *O Stanislavskom*, p. 382; P. Markov, "O Stanislavskom", in *"Tieatr"*; E. Poliakova, "Ostróvski i Khudójestvieni tieatr", in *A. N. Ostróvski*, Moscou, 1962, pp. 311-313.

Seu Fámusov, em *Górie ot Umá*, carrancudo, maligno, tinha o torpor de um retrógrado dignatário, de uma relíquia da época de Catarina: Stanislavski exagerava-lhe a pedanteria nobiliária, a chibança, pronunciando suas falas com vagarosidade estudada, avançando lentamente, com desdenhosa altivez[193]. No drama de Ibsen *O Inimigo do Povo* (24 de outubro de 1900) seu Stockmann, míope, um tanto desajeitado, de barbicha, o corpo inclinado para frente, discorria com embaraçado desassossego, apontando o indicador e o dedo médio, como tesouras, para o interlocutor[194].

Em suma, o desenho psicológico unia-se, habitualmente, a uma pontual modelagem dos sinais específicos, a uma paciente procura de marcas e de "adaptações" vistosas. Eram sempre detalhes aumentados a fim de definir uma imagem: a miopia, o andar em passinhos miúdos de Stockmann; a *Kasperlehaltung* do mole Krutitski; o nariz esponjoso de Argan, hipertrofiado como a mão do Parmigianino em seu auto-retrato.

A característica externa às vezes ganhava vantagem sobre o conteúdo, e o jogo do ator acabava por despregar-se do texto, numa criação autônoma. Suas personagens amiúde transformavam-se em "máscaras"; Stanislavski acabava se identificando com elas a tal ponto que continuava a encarná-los mesmo nos intervalos, durante as conversas com os visitantes[195]. A Gurevitch conta tê-lo encontrado, nos bastidores, na "máscara" de Krutitski, e descreve sua surpresa ao apertar aquela mão flácida, ao contemplar aquele rosto com aqueles estúpidos olhos redondos emoldurados por duas suíças, ao ouvir aquela voz árida, senilmente enrouquecida[196].

Krutitski: uma personagem *disquieting* na vitrina de Stanislavski, uma colagem de membros frouxos (com um crânio infantil), um papalvo que emanava uma negra bufonaria. Certa vez, recusando com desdém um traje que havia aprovado durante uma representação de *Até o Mais Sabido Cai*, Konstantin Sierguiêivitch afirmou: "Não fui eu quem o aprovou, e sim meu Krutitski"[197].

Mas esta acentuação dos traços exteriores não diminuía a altíssima espiritualidade do ator Stanislavski. Ainda que não tivesse a vocação do trágico, havia nele, em seu porte elegante, em sua própria presença, algo de magnânimo, uma gentileza poética, que enobrecia o cômico, as distorções caricaturais e até mesmo a monotonia das

---

193. Cf. Nicolai Efros, *K. S. Stanislavski*, pp. 119-120, e Iacov Maliútin, *Akteri moievó pokolenia*, Leningrado-Moscou, 1959, pp. 147-149.
194. Cf. Leonid Leonidov, "K. S. Stanislavski", in *Leonidov*, p. 204.
195. Cf. V. Volkenchtein, *Stanislavski*, Leningrado, 1927, p. 73.
196. Cf. Liubov Gurevitch, "Vospominania", in *O Stanislavskom*, p. 126.
197. Cf. P. Markov, "O Stanislavskom", in *"Tieatr"*.

figurinhas de gênero. Dizem que em *Ralé* seu Satin vestia os trapos do vagabundo como fosse a capa de um grande: como um cavaleiro obrigado, pelos tempos, a se exibir em um *mélo* populista[198].

A nobreza do aspecto, a respeitável efígie de ponderado tabelião de província foram-lhe úteis nas interpretações tchekhovianas. Ele encarnava Astrov revelando o oculto vigor, o desejo veemente de beleza, as solicitudes deste homem ainda não dobrado pela vulgaridade do cotidiano[199]. Em seu Verchínin a rígida austeridade militar disfarçava uma pureza inerme, o desânimo de uma existência vadia, o triste desflorecer da alma[200].

15

Ansiosos por fazer de Stanislavski uma espécie de monstro sagrado do teatro, os estudiosos soviéticos esquecem sua irrequietação, sua instabilidade, suas contínuas mudanças de rota. Habitualmente, todo um período é negligenciado, um período em que, cansado do naturalismo de museu e sob o influxo de Maeterlinck e dos simbolistas, tentou alguns espetáculos oníricos, substituindo a plenitude realística por simples sinais alusivos.

Com procedimentos que evocam as experiências de seu ex-aluno Meyerhold, ele encenou em 1907 *O Drama da Vida* (*Livets Spil*), de Hamsun (8 de novembro), e *Jizn Tchelovieka* (*A Vida do Homem*), de Andriéiev (12 de dezembro). Junto a Meyerhold, já em 1905, havia promovido um Teatro-Estúdio, inspirado nos módulos do simbolismo: deste "laboratório" experimental, que por diversas razões nunca abriu as portas, discorreremos mais adiante.

Por sua tendência às foscas visões alegóricas e às "atmosferas" espectrais, o Stanislavski daquela temporada está próximo à pintura de Munch. Já não era Simov seu colaborador. Agora ele preferia a anemia das cores, a nudez definhada dos cenários de um modernista: Vladímir Egórov[201].

Em *A Vida do Homem* esquemáticas linhas de cordas brancas incidiam sobre o veludo negro do fundo, como gritantes grafites num muro de trevas: valendo-se exatamente dos recursos que, em

198. Cf. V. Volkenchtein, *op. cit.*, pp. 66-67.
199. Cf. Nicolai Efros, *Moskóvski Khudójestvieni tieatr,* pp. 237-238, e Marianna Stroeva, *op. cit.*, pp. 67-70.
200. Cf. Nicolai Efros, *Moskóvski Khudójestvieni tieatr,* pp. 247-248, e *"Tri sestri" v postanóve Moskovskovo Khudojestvienovo tieatra,* Petersburgo, 1919, pp. 58-62.
201. Cf. S. Uchakov, "Khudojnik Vladímir Ievguêni Egórov", in *Mosfilm,* II, Moscou, 1961, pp. 105-116.

8. Esboço de V. Egórov para o baile na casa do Homem em *A Vida do Homem* de Andriéiev, 1907.

teatro, o veludo negro oferece, imergindo a ação numa escuridão estígia, Stanislavski transmitiu admiravelmente o tenebrismo granítico do drama de Andriéiev[202]. Isento de alusões concretas (diria-se que o negro está fora do tempo), o espetáculo – quase fugaz relampaguear de contornos – estava como que colhido na trajetória de um grito.

No entanto no passado toda a porta devia ranger, toda a cortina ondear ao vento, e uma lama convincente realmente atrapalhar os passos das personagens. Antes, para encenar um incêndio, o Teatro de Arte teria recorrido a um perito: agora satisfazia-se com um fulgor vermelho. Antes, para significar o ímpeto de um furacão, teria mostrado um navio cambaleante sobre as vagas: agora bastava-lhe uma sigla musical[203]. Uma feira, que antes teria sugerido ao diretor um completo quadro de gênero, agora era somente o telão de fundo de um vaivém de fantasmas sinistros: vendilhões e compradores, no terceiro ato de *O Drama da Vida*, delineavam-se, como sombras chinesas, sobre os brancos telões das banquinhas[204].

Manequins, sombras de pesadelo, apinharam o campo visual de Stanislavski no período em que ele foi roçado pelo simbolismo. Se antes estudava meticulosamente a maquilagem, modelando cada ruga, cada pinta, cada verruga, agora convertera os atores em silhuetas, em fugazes larvas de duas dimensões, que se destacavam do fundo como películas. O espaço cênico encheu-se de ectoplasmas chispados da escuridão, de formas que evaporavam no nada. No drama de Andriéiev os músicos gríficos, os corpos retorcidos como ganchos (na cena do baile, onde ao negro unia-se o ouro), as negras Parcas com longos mantos rastejantes, as gigantescas projeções das aparências monstruosas que turvavam o extremo delírio do Homem provocaram arrepios[205]. A lúgubre música de Iliá Satz concorreu à dilatação do horror.

Mas tudo isso – as sombras chinesas, a dança de roda de embriagados *pantins* ataviados de preto, a propensão a esmagar o ator contra o telão ou a dissolvê-lo numa foscagem necromântica, a renúncia aos objetos e aos detalhes, a graficidade de gravura – tudo isso não provém do exemplo de Meyerhold?

Naqueles anos Stanislavski atormentou-se no desejo de expressar, com os maquinismos do teatro, a musicalidade, a essência impalpável da poesia simbolista. A maior realização desta busca foi a

202. Cf. K. Stanislavski, *op. cit.*, pp. 378-385.
203. Cf. Nicolai Efros, *Moskóvski Khudójestvieni tieatr*, p. 162, e K. Stanislavski, *op. cit.*, p. 108.
204. Cf. K. Stanislavski, *op. cit.*, pp. 385-388.
205. *Idem*, p. 371.

encenação de *L'oiseau Bleu*, de Maeterlinck (30 de setembro de 1908), na qual ele prodigalizou a riqueza de sua imaginação, empenhando-se para reduzir ao concreto um universo mágico e imaterial. Os relógios registram rudemente o submisso fluir do tempo. Da mesma forma os dispositivos atulhantes do palco, a maquinaria de Châtelet tornam grosseiro o que é sutil e impalpável. No entanto, valendo-se dos cenários de Egórov e da partitura de Satz, com truques de ilusionista e com esplêndidos efeitos de luz, Stanislavski conseguiu tornar tangíveis, sem torná-los rudes, os sonhos, os presságios, os milagres, os *cauchemars*, o fervilhar evanescente dos semblantes incorpóreos, das abstrações animadas que aglomeram-se na fábula de Maeterlinck[206]. O poeta polaco Boleslaw Lesmian observou que, com este espetáculo, o diretor havia entrado "no reino do cinema, naquelas esferas ultraterrestres onde os anjos, com um sorriso pirotécnico no rosto, distraem, com maravilhas, suas vidas celestes"[207].

A encenação de *L'oiseau Bleu* testemunha o interesse de Stanislavski pelo mundo infantil e pelo dos animais. Recomendava que os atores ganhassem a amizade dos animais, e ele mesmo seguia os brinquedos, as fantasias das crianças. Para sua música, Satz também procurou inspiração nos passatempos da infância, assim como na natureza: vagava por campos e florestas, brincando com as crianças e ouvindo o farfalhar das folhas, o martelar da chuva sobre os telheiros de metal[208].

16

As férias na irrealidade continuaram por muito tempo. Depois de Egórov, outros cenógrafos estilizadores ampararam Stanislavski. Para *Um Mês no Campo*, de Turguiéniev (09 de dezembro de 1909) ele dirigiu-se a Mstisláv Dobujínski, um pintor idílico, que amava evocar o rebuscamento das moradas campestres dos nobres russos do século XIX.

Seus cenários, entretecidos com rebuscado estilismo, pareciam exalar cheiro de alfazema, de velhas rendas, de arcas caruchadas. Organizados em semicírculo, os interiores assemelhavam-se a nichos para grupos escultóricos, ou antes a conchas de orquestra. A disposição simétrica dos móveis e decorações (pensemos na sala de visitas azul com o enorme sofá florido, no tapete circular, nos espelhos

---

206. Cf. Iúri Oliécha, "O velikom artiste" (1938), in *Pisateli, artisti, riejissieri o Stanislavskom*, Moscou, 1963, p. 196.
207. Boleslaw Lesmian, " 'Ptak niebieski' Maurycego Maeterlincka" (1910), in *Szkice literackie*, Varsóvia, 1959, p. 153.
208. Cf. N. Telechov, *op. cit.*, p. 319.

redondos) coadjuvava com o aspecto côncavo das paredes. Por conseqüência os atores todos (em trajes estilizados) representavam fitando um ponto ilusório, situado no centro daquele hemiciclo[209]. Representavam em câmera lenta, com cadência hesitante e fleumática, regateando cada aceno, cada gesto. Por quase todo o terceiro ato, por exemplo, permaneciam inertes, como figuras pintadas, sobre o grande sofá hemisférico.

Aquele ritmo preguiçoso, aquela dicção apagada, harmonizando-se com a maciez do oval envolvente, transmitiam com exatidão o clima acidioso, a estagnação de uma propriedade da nobreza dos anos quarenta do século XIX. Mas a *jestnaia igrá*, ou seja, o representar sem mímica, a parcimônia gestual não era, afinal, uma variante do teatro da imobilidade propugnado por Meyerhold? É curioso observar que neste espetáculo (primeira aplicação do assim denominado "sistema") Stanislavski adotou os semitons, a música apagada de Tchékhov. A lembrança das cerejeiras abatidas estendeu sua sombra sobre o ninho de nobres; como nas direções tchekhovianas, o triste lirismo do drama converteu-se numa urdidura de palpitações febris, de fatais condenações, de perdas irremediáveis.

O fato de terem chamado Gordon Craig ao Teatro de Arte (1910)[210], para a encenação do *Hamlet* (23 de dezembro de 1911) também é um indício da desconfiança de Stanislavski das fórmulas naturalistas. Em Craig ele buscou uma resposta para suas dúvidas, um pontalete para suas experimentações no campo do irreal, um reforço para sua propensão em solucionar cada direção como um problema do espírito, a insinuar um pouco de matéria celeste num teatro arrebatado pelos pequenos gênios do realismo.

O *Hamlet* de Craig parecia germinar da escuridão de *A Vida do Homem*. O príncipe da Dinamarca é a única criatura efetiva: rodeiam-no sombras, projeções de sua alma, monstruosas crisálidas brotadas de seus delírios. Ele é lento e absorto como alguém que hesita em exorcizar os próprios pesadelos; contemporizando e passando-se por louco ilude-se poder eludir a cega moira que o escolheu para instrumento de vingança[211].

---

209. Cf. Nicolai Efros, *Moskóvskii Khudójestvieni tieatr*, p. 166; Ievg. A. Znosko-Boróvski, *Rúski tieatr nátchala XX vieca*, pp. 201-202; B. Suchkiévitch, "K. S. Stanislavski i Studi", in *O Stanislavskom*, pp. 380-381; Alfred Bassekhes, *Khudojniki na stzêne Mchat*, Moscou, 1960, pp. 43-45.

210. Cf. K. Stanislavski, *op. cit.*, pp. 400-416; Ryszard Ordynski, "Stanislawski – od Moskwy do Nowego Yorku", in *"Scena Polska"*, Varsóvia, 1938, 2-3; Leonid Leonidov, "Prochloe i nastoiachtchee", in *Leonidov*, pp. 121-122; Nicolai Pietróv, *50 i 500*, Moscou, 1960, pp. 58-63.

211. Cf. Ievg. A. Znosko-Boróvski, *op. cit.*, pp. 206-208; Sierguiêi Makovski, "Gamlet-Katchalov", in *Potreti sovriemiênikov*, New York, 1955, pp. 359-373.

9. *L'Oiseau Bleu* de Maeterlinck, Teatro de Arte, 30 de setembro de 1908 (direção: Stanislavski/Sulierjitski).

Craig extraía do texto de Shakespeare um monodrama simbólico, o solilóquio de um herói sofredor, perdido num orbe de pútrido ouropel, numa solidão prenha de espectros maléficos. Não por acaso, justamente naqueles anos, o diretor Ievriéinov estava alinhavando uma teoria completa sobre os valores do monodrama: do teatro baseado sobre um único herói, de quem as outras figuras são somente revérberos e prolongamentos.

À concepção de Craig conecta-se o *Hamlet* que Mikhaíl Tchékhov dirigiu e interpretou em 1924, no Segundo Teatro de Arte. Os acontecimentos desenrolam-se na psique enferma do príncipe, as personagens com que ele se encontra nada mais são que encarnações grotescas de seus pensamentos mórbidos, "truques de ar", não há realidade. Ofélia assemelha-se a um rato branco, o rei Cláudio a uma toupeira, ou melhor a um sapo iluminado por um reflexo escarlate de chamas infernais. Quando *Hamlet* sucumbe, os outros habitantes de Elsinore murcham, porque sua vida é fruto das obsessões do príncipe[212]. O *Hamlet* de Mikhaíl Tchékhov poderia ter repetido as palavras que Dostoiévski faz seu "homem ridículo" pronunciar: "talvez, aliás certamente, depois de mim não haverá mais nada para ninguém; e o mundo todo, assim que minha consciência tiver se apagado, repentinamente se apagará como um fantasma, como algo que só a ela pertence; desaparecerá porque talvez este mundo todo e estes homens todos sejam somente eu mesmo".

Para significar a gélida obstinação do destino e o desdobramento do espírito enfermo, Craig imaginou um âmbito abstrato, articulado por gigantescas colunas, flutuantes velários, prumos de muros, pilhas de escadas; um espaço ecoante de tropel subterrâneo, golpes arcanos, fanfarras, assobios de vento.

Mas que abismo entre as maquetes de Craig, que haviam ofuscado Stanislavski, e a realização que as depauperava! Os pesados maquinismos estragavam a diafaneidade espiritual de suas fantasias. Por isso tiveram de abrir mão de muitos "prodígios" irrealizáveis no palco. Do ambicioso projeto de Craig ficaram poucas invenções, entre as quais os enormes "biombos móveis" (*Peredvijnie chirmi*), armações enfaixadas por tela grosseira (e, nas cenas do palácio, de papel dourado de árvore de Natal), que deslizavam sobre rodinhas, agrupando-se em várias combinações, sugerindo paisagens, torres, salas, ruelas.

Aliás a metafísica e o misticismo de Craig destoavam dos métodos do Teatro de Arte. Na vastidão escorregadia, sem os suportes do teatro de gênero, os atores, acostumados que estavam a uma gama de sons realistas que constituíam uma espécie de tiptologia do interior da Rússia, acabaram se perdendo, desviados por aquelas ressonâncias espectrais que sopravam como que vindas da infinidade dos

---

212. Cf. Mikhaíl Morózov, "Chekspir na Soviétskoi stzêne", in *Izbrannie stati i perevodi*, Moscou, 1954, p. 62.

espaços, por aquelas pulsações obscuras, por aqueles clangores de trompas. Katchálov, o protagonista, teve de penar para não incorrer na habitual abulia dos heróis tchekhovianos.

É notório que Stanislavski teve grande participação na preparação do *Hamlet*, mesmo porque Craig, desiludido, foi-se embora, voltando somente para o ensaio geral. Este trabalho auxiliar, que o obrigou a mover-se numa esfera de sortilégios e quimeras, marcou profundamente sua evolução.

Assim temos diante de nós dois Stanislavski. O primeiro coleta bagatelas, inépcias, com o olho implacável de um entomólogo; o segundo brinca com as sombras e descarna, como um incisor do grupo *Die Brücke*. De um lado um bazar de antiguidades, uma federação de heteróclitos objetos; de outro apenas vislumbres e contornos que afloram do negro magma dos sonhos. De um lado o homem na vitrina com suas panóplias; de outro o espaço viscoso, no qual o homem, já privado de todos os suportes que o verismo lhe oferecia, agita-se e emaranha-se, como uma mosca numa teia pegajosa.

Stanislavski voltará aos espetáculos oníricos, ao negro veludo, ao exemplo de Craig, ainda após a revolução, com *Caim*, de Byron (04 de abril de 1920), concebido como um majestoso oratório[213]. Seu desejo era transformar o teatro inteiro numa catedral, com o altar sobre o palco, substituindo até os lampiões da platéia, que eram em forma de cubo, por outros em espiral, como contorsões de chamas. O que em outra época era diorama animado, aqui tornou-se procissão. Figurantes vestidos de preto levavam, sobre varas compridas, telões enormes figurando planetas: os perfis negros e as varas negras desapareciam no veludo negro, dando impressão de astros a fluir sobre o firmamento. As volumosas colunas, os maciços degraus, as descomunais estátuas dos predecessores do homem – que se destacavam, horripilantes como gárgulas, sobre o veludo negro do fundo –, o dilatar-se do palco às dimensões do cosmo: tudo isso provinha do inventário de Craig.

O itinerário nos domínios da irrealidade levou Stanislavski para longe de Niemiróvitch. Não que este não percebesse também a necessidade de inovar. Pensemos na impostação dada por sua direção aos *Karamázov* (12/13 de outubro de 1910), em que reduziu a cenografia a relampejantes alusões, mostrando de cada interior ou paisagem somente um farrapo, um detalhe, segundo um princípio que foi definido como *metóda ugolkóv* (princípio dos ângulos). Sobre um telão constituído de tecidos esverdeados, perfilavam-se escorços

---

213. Cf. K. Stanislavski, *op. cit.*, pp. 452-457; Alfred Bassekhes, *op. cit.*, pp. 58-60; Vl. Gaidarov, "Bez veri tcheloviek ne mojet!", in *"Tieatr"*, 1962, 12.

10. O baile na casa do Homem em *A Vida do Homem* de Andrêéiev, 1907.

e recortes de cenas: ora um divã preto de tela impermeável, ora um portão amarelo banhado no fogo do sol vespertino, ora uma mesa redonda, de mogno, com xícaras e copos, ora fragmentos de um cercado, ora uma pequena ponte com sua esquálida lanterna de petróleo[214].

Mas Niemiróvitch não renunciava à espessura e às tintas do naturalismo, como se viu no forte espetáculo dostoievskiano e em algumas direções dilacerantes de dramas de Andriéiev. Após 1910, por causa dos freqüentes desvios do credo inicial, Konstantin Sierguiêivitch acabou ficando isolado em seu próprio teatro. A velha guarda opunha-se às experimentações, considerando um capricho sua perene insatisfação. Envencilhados à solidez do real, os atores mal suportavam serem transformados em assombrações, de se evaporarem no negro veludo ou servirem de arabescos para os cenógrafos estilizadores.

É reveladora, a este propósito, uma carta que Meyerhold e Golovin enviaram à Stanislavski a 1º de fevereiro de 1912: "Aqui em Petersburgo espalhou-se o boato de que Vós levais sozinho, sobre Vossos ombros, todo o peso da desagradável crise provocada pela luta entre duas correntes no Teatro de Arte de Moscou: a antiga, representada por um grupo de partidários do teatro naturalista e a nova, da qual Vós sois o porta-voz, junto àqueles jovens que buscam novos caminhos para a arte cênica. Estamos do Vosso lado nessa luta, com toda a alma!"[215].

17

Com a encenação do *Caim*, evidente alusão às angústias da guerra civil e ao mesmo tempo reflexo daqueles *pageants* e daqueles "mistérios" que as multidões representavam então nas praças de Petrogrado, inicia-se o capítulo da atividade de Stanislavski nos anos soviéticos. Após a revolução o Teatro de Arte conheceu momentos espinhosos. Os teatros de vanguarda atacavam-no como albergue de métodos fossilizados, como velharia e academia. Por causa da guerra civil, uma parte do grupo, que estava em *tournée*, havia ficado isolada na Rússia meridional, e dali havia iniciado uma volta transversal por países estrangeiros, para finalmente ancorar em Praga. A deserção ou a ausência de alguns de seus mais valiosos atores empobreceu o Teatro de Arte. Além disso não era nada fácil verter aos temas

---

214. Cf. Nicolai Efros, *op. cit.*, pp. 169-170; V. Vilenkin, *Vl. I. Niemiróvitch-Dântchenko*, Moscou, 1941, pp. 168-170; Alfred Bassekhes, *op. cit.*, pp. 49-50.
215. Cf. K. Stanislavski, *Pisma 1886-1917*, vol. VII, di *Sobránie sotchniêni*, Moscou, 1960, pp. 752-753.

soviéticos um realismo de atmosferas ou harmonizar com a despojada e despachada crueza da época as meias-tintas de Tchékhov, as sutis filigranas psicológicas, as transbordantes arcas de objetos.

O Teatro de Arte recuperou-se após a triunfal *tournée* europeu-americana de 1922-1924. Novas levas providenciaram-lhe novo sangue. Mas Konstantin Sierguiêivitch assinou poucos espetáculos, praticamente limitando-se a polir e corrigir o trabalho dos alunos.

Sua direção pós-revolucionária mais criativa foi a de *Goriátcheie Siérdtze* (*Coração Ardente*), de Ostróvski (23 de janeiro de 1926). Num período em que, nos palcos russos, reinava a aridez dos trampolins construtivistas, das nuas ossaturas tubulares, ele ostentou, em contrapartida, uma colorida plenitude. Com o fogo das maquiagens, com o *bariolage* dos figurinos deu uma generosa contribuição àquele teatralismo que afirmava abominar. Da comédia de Ostróvski extraiu, em suma, uma tela de *lazzi* e *clownades*, transformando seus personagens em focinhos porcinos, em máscaras: tórpidas máscaras de uma *Commedia dell'Arte* mercantil.

Moskvin, por exemplo, igualava o extravagante mercador Khlinov a um palhaço de terça-feira de carnaval, àqueles "avós das cavalhadas", que do terraço dos barracões granjeavam o público. Com seu verde colete de seda, carregado de penduricalhos, as bragas flutuantes listradinhas, a barba de estopa amarela, ele revelou-se mais versátil do que um excêntrico ao alternar improvisos, bufonarias, *calembours*, piruetas de bailarina de teatro de revista provinciano[216]. A Matriona da Chevtchenko era um enorme boneco pintado, uma bruxa desmilingüida e carnuda, com olhinhos suínos, nariz arrebitado e boca em formato de cofrinho: mesmo assim aquele embrulho de roupas jaspeadas punha-se à vezes a dançar sobre os grossos sabugos das pernas com a agilidade de uma atrapalhada borboleta[217]. Tarkhanov reduziu seu Gradoboev a um velhinho bilioso e ratinheiro, em cuja amarelada carranca hemorroidal, contido numa auréola de costeletas cheias de falhas, sentava um nariz em forma de fogaça[218].

Excogitando camuflagens tão ostensivas, Stanislavski desmentia as duras palavras que havia arremessado contra o grotesco (tachando-o de futurismo), num famoso colóquio com Vakhtangov[219]. Uma teatralidade truculenta, suja e ensebada, endemoniava este espetáculo digno de carnaval, inspirado nas representações populares ao ar livre.

216. Cf. D. Talnikov, *"Goriátcheie siérdtze" na stzêne Mchat,* Moscou-Leningrado, 1940, pp. 63-66.
217. *Idem*, pp. 79-81.
218. *Idem*, pp. 66-67.
219. K. Stanislavski, "Iz Posliednievó razgovora s I. B. Vakhtangovim (O groteske)", in *Stati. Retchi. Besedi, Pisma*, Moscou, 1953, pp. 255-258.

A dilatar-lhe o aspecto de embarcação de loucos concorreram as cenografias de Krimov, que soube reconstituir com o tom de um Gaudí moscovita as babilônias grosseiras dos mercadores de Ostróvski: basta pensar no jardim de Khlinov, onde conviviam, em rude mescla de estilos, colunas torcidas à guisa de tocheiros rosa-azúis, uma cadeira que mais parecia o trono de um sátrapa, estátuas pseudo-clássicas, descomunais leões de pedra e um urso empalhado, que estendia uma bandeja com champanhe, coadjuvando com absurdos pajens em sarapintadas casacas de jóquei[220].

Mas é claro: neste modo de ler Ostróvski percebe-se a influência da encenação de *Liés* (*A Floresta*), dirigida, dois anos antes, por Meyerhold. Stanislavski reelabora referências e achados de seu ex-aluno, assim como Klee, que no quadro *Hommage à Picasso*, retoma e modula temas do pintor cubista. Meyerhold havia dado destaque aos vínculos de Ostróvski com a *Commedia dell'Arte* e com o grande repertório espanhol: para competir com ele, Stanislavski escolheu, deste fértil autor, o texto mais rico em fanfarronadas, em quiproquós, em disfarces farsescos, aquele em que melhor se adverte o influxo do teatro cômico ocidental[221]. Eis por que seria apropriado chamar este espetáculo *Hommage à Meyerhold*: de um mestre para outro mestre.

Poderíamos falar das outras direções a que Konstantin Sierguiêivitch dedicou-se em época soviética: *Le mariage de Figaro*, *Otelo*, *As Almas Mortas*, *Talentos e Admiradores*... Mas nos parece que o Stanislavski da velhice deva ser estudado antes como teórico do que como ator ou diretor. Aliás, a doença que o acometeu a 29 de outubro de 1928, enquanto interpretava Verchínin, impediu-o definitivamente de voltar a representar; os planos que esboçava longe do palco, nunca mais tiveram o brilho e a intensidade de outros tempos.

Tampouco devemos esquecer que, depois da revolução, os dois patriarcas tornaram-se mornos com o Teatro de Arte, dedicando-se Niemiróvitch ao Estúdio Musical (Muzikalnaia Studia: 1919), que encenava óperas e operetas[222] e Konstantin Sierguiêivitch a diversos Estúdios: em primeiro lugar ao de Ópera (Opernaia Studia, 1918), que, em 1928, passaria a se chamar Teatro Stanislavski.

Os trabalhos deste Estúdio realizavam-se na casa do diretor, na viela Leontiév n. 6, um palacete do século XVIII, um entre os poucos

---

220. Cf. D. Talnikov, *op. cit.*, p. 59.
221. *Idem*, p. 29.
222. Cf. Páviel Markov, *Riejissura Vl. I. Niemiróvitch-Dântchenko v Muzikalnom tieatre*, Moscou, 1960.

edifícios de Moscou que haviam sobrevivido ao incêndio de 1812[223]. Os alunos exercitavam-se em quartos contíguos à sua habitação, ele necessitava viver em meio ao cicio: se os gorjeios desistiam, imediatamente mandava perguntar a razão do silêncio[224].

Havia, na morada de Stanislavski, uma sala dividida em duas partes desiguais por quatro colunas neoclássicas: naquela sala, a 1º de maio de 1922, ele encenou o *Oniégin*, de Tchaikóvski. Casa e oficina, como os antigos artesãos: novamente possuía um teatro doméstico, como nos anos da juventude. As quatro colunas constituíam um fundo ideal para se projetar a época puchkiniana. Com a junção de praticáveis e oportunos retoques, assumiam um aspecto diferente a cada cena[225]. No episódio do duelo, por exemplo, seus troncos cilíndricos, envolvidos em bainhas imitando cortiças borrifadas de neve, tornaram-se árvores numa floresta invernal[226].

Ainda no campo da ópera, a atividade pedagógica de Stanislavski foi certamente mais significativa do que suas direções, que aliás, não raro, não passavam de sumários esboços, geniais sugestões entregues aos cuidados de solícitos alunos. Ele propunha-se inocular nos cantores a disciplina e os métodos do Teatro de Arte, obtendo até mesmo que os solistas não desdenhassem se misturar, se necessário, à turba dos figurantes[227]. Propunha-se livrar a ópera das incrustações de moldes irrisórios, das lantejoulas ordinárias, transformando em autêntico drama musical o que antes era rígido "concerto à fantasia".

Almejava um *diéistvennoe penie*, ou seja, um canto ativo, que unisse à essência vocal um exato desenho cinético, visualizando a ação inserida na partitura[228]. Mas, sobretudo, preocupou-se com que o espectador pudesse decifrar as palavras. Abominava o *bessloviésnoe penie*, o canto que desvaloriza o discurso e sufoca-lhe o sentido num bolo de virtuosistas guturalizações[229]. Apontando o exemplo de Chaliápin, exortava os cantores a não descuidarem dos conceitos e a comunicar pensamentos, isto é, "ideonotas", como ele dizia[230].

223. Cf. Gueórgui Krijítzki, *Veliki refomator stzêni*, Moscou, 1962, p. 22.
224. Cf. Páviel Rumiántzev, "K. S. Stanislavski i opera", in *O Stanislavskom*, p. 396.
225. *Idem*, p. 391, e Alfred Bassekhes, *op. cit.*, pp. 66-67.
226. Cf. Páviel Rumiántzev, *op. cit.*, pp. 409-410.
227. Cf. G. Kristi, *Rabota Stanislavskovo v Opernom tieatre*, p. 139, e Páviel Rumiántzev, *Rabota Stanislavskovo nad operoi "Rigoletto"*, Moscou, 1955, pp. 110-111.
228. Cf. G. Kristi, *op. cit.*, pp. 257-258.
229. *Idem*, pp. 89 e 259.
230. *Idem*, p. 153.

A enfermidade, portanto, não desviou Stanislavski de seu trabalho. Até em 1936, animado por inesgotáveis fervores, organizou um novo Estúdio, o Estúdio de Ópera e Drama (Operno-dramatitcheskaia Studia), para formar diretores de música e prosa. O velho não parava quieto. Acompanhavam-no, de braços dados, à sala das quatro colunas, onde parecia rejuvenescer de repente. Os cabelos brancos, a gravata borboleta, o *pince-nez* amarrado à fitinha preta, ensaiava sem se cansar, até que a enfermeira intervisse para interrompê-lo. Se não tinha forças para seguir até a sala, ensaiava em sua suíte, recostando-se a um divã; se a febre não lhe consentia levantar-se, reúnia os atores, às vezes maquiados e nos figurinos de cena, em volta de sua cama[231]. Se não podia recebê-los, pendurava-se ao telefone. Seus proverbiais telefonemas. Por horas a fio. Escutava papéis inteiros pelo telefone[232].

Nos dias em que o tempo estava bonito, sentava-se no pátio diante de sua casa, como um demiurgo doente, sob um enorme guarda-sol de praia, a polir suas anotações. Acumulava papeizinhos pelo chão, defendendo-os do vento com pedras que as crianças a traquinar pelo pátio lhe arranjavam[233].

Exigia notícias minuciosas dos ensaios, verificava os trajes, emendava as soluções baseando-se em desenhos e fotografias. Nos últimos anos, havia nele a ansiedade de transmitir as próprias experiências, de transfundir a si mesmo nos jovens. Dizia: "Venham roubar-me, meus armários arrebentam de tão abarrotados que estão de livros, e minha cabeça de tantos pensamentos"[234]. "Tomem de mim, enquanto ainda estou vivo"[235].

Mas, ao falecer, a 7 de agosto de 1938, os burocratas do estalinismo e os partidários medíocres já haviam começado a fazer dele uma capela de adoração permanente. Sua arte, mutável e inquieta, era reduzida às estéreis fórmulas de um realismo pedestre, àquele mesquinho realismo sem asas contrabandeado sob seu nome.

18

Tudo o que foi dito até agora sobre o teatralismo e sobre o gosto de Stanislavski pelas vistosidades parece impugnar sua famosa

231. *Idem*, p. 184.
232. *Idem*, p. 200.
233. *Idem*, p. 218.
234. *Idem*, p. 148.
235. Cf. Borís Gladkov, "K. S. Stanislavski i opera", in *O Stanislavskom*, p. 455.

doutrina, que impõe ao intérprete o proceder da imagem interior à imagem física, do escorço psicológico à característica exterior, e não vice-versa. Stanislavski é, de fato, por antonomásia, o diretor da absoluta interioridade, o arauto de um psicologismo anedótico, que foge das ênfases teatrais. Mas, na realidade, durante as atuações não raro ele desviava de seus assuntos teóricos: aliás, o que há de mais maquinoso e hiperbólico que seus preceitos?

Acabaríamos empobrecendo a significação de Stanislavski se continuássemos a ver nele um restrito naturalista, ansioso apenas por reproduzir a vida. Sim, nos primórdios ele desejava, em teoria, que o espectador avistasse no palco rasgos da diária realidade, refugos triviais, como se estivesse olhando pelo buraco da fechadura, esquecendo-se assim de estar numa encenação. Desejava, como observou Vakhtangov, que o público fosse não ao teatro, e sim visitar as irmãs Prozórov[236].

Ao pensarmos no *Canto do Cisne*, de Tchékhov, ou no *Balagántchik*, de Blok, o proscênio parece-nos um gritante recanto de tortura, onde os atores estão no pelourinho. Mas imaginamos o palco de Stanislavski como as "janelas" pintadas por Schlemmer em seus últimos anos: o tear dos batentes divide em comportas a opaca e gasta existência que geme além dos vidros embaçados. Em teoria o espectador deveria descobrir, além da boca de cena, a mesma realidade verruguenta que o rodeia e fere no mundo, uma cópia fiel de sua esqualidez e de seus afãs. Sabemos que no Teatro de Arte uma série de efeitos teatrais e colônias de coisas bizarras afinal aviventavam o definhamento reprodutivo. Mas, que conseqüências acarretou esta mania de cópia! As cortinas imundas, as concreções de lama. Um diretor de ópera de Petersburgo, Iosif Lapicki, ao representar o *Oniégin*, de Tchaikóvski, exigiu até mesmo que, no episódio do duelo, nos sapatos de Liênski, aparecessem flocos de neve[237]. O que dizer do lânguido naturalismo dos subencenadores que prosperaram pela era stalinista?

A lei do ator de Stanislavski era a de fundir-se com a personagem, a de ser e não parecer, a de não interpretar e sim viver, ignorando o público (daqui a quarta parede). Desta lei jorrava o conceito de *perejivanie* (revivescência), contraposto ao de *predstavlenie* (representação): encaixando-se sem reservas na figura encarnada, o intérprete deveria sofrer o papel, como um trecho de vida autêntica.

---

236. Ievguêni Vakhtangov, "Dve besedi s utchenikami", (1922), in *Ievg. Vakhtangov: Materiali i Stati*, Moscou, 1959, p. 206.
237. Cf. Páviel Markov, *Riejissura Vl. I. Niemiróvitch-Dântchenko v Muzikalnom tieatre*, pp. 55-56.

11. Stanislavski (Valerian Liubin) e M. Lilina (Daria Ivanovna) em *A Provinciana* de Turguiéniev, Teatro de Arte, 5 de março de 1912 (direção: Stanislavski).

No Teatro de Arte afirmavam: se o ator sabe "reviver" de modo sincero e profundo, os "sinais" exteriores, ou seja, a mímica, os tiques, as cadências, nascerão sozinhos, espontaneamente. Mas, na verdade, como notamos, os sinais marcantes surgiam mais do capricho do que da "revivescência".

O termo *perejivanie* é infeliz, porque indica uma atitude passiva, uma espécie de resignado e quase abúlico fotografismo, enquanto, obviamente, a interpretação implica em gosto, em ardor inventivo, em aguda escolha de adaptações e de imagens. Diga-se também que no palco subsiste, de qualquer modo, um dissídio entre personagem e ator: por mais sincera que possa ser a "revivescência", o ator jamais se dissolverá totalmente na personagem. Se aquele que interpreta "X" – que, no decorrer da peça, enlouquece – tivesse de, a cada noite, "reviver" seu papel, exatamente como na vida, logo acabaria fazendo companhia para Poprítchin, o herói gogoliano de *Diário de um Louco*.

Obviamente, por trás da *perejivanie* há um século inteirinho de literatura realista russa. Mas as elaborações de Stanislavski e de seus numerosos prosélitas, sobre a necessidade de o ator se identificar com o fantasma determinado pelo diretor, não conseguem desviar nossa memória do exemplo citado por Diderot em seu *Paradoxe*: Le Kain, bem no meio de uma terrífica interpretação, enroscado em novelos de horror, não hesita em empurrar com o pé, em direção aos bastidores, um *pendeloque de diamants*, que havia caído da orelha de uma atriz.

Uma "revivescência" cênica nunca poderá repetir cegamente a vida, porque o ator experimenta um duplo processo psicológico: se, suponhamos, ele conseguir encarnar completamente um sofrimento, um espasmo, não poderá deixar de, naquele momento, regozijar-se por sua maestria. Aliás, o próprio Stanislavski, às vezes, em lugar de mergulhar de olhos fechados no papel, como prescreve a regra da *perejivanie*, mostrava com exageros grotescos sua distância da personagem. É interessante, a este propósito, uma nota de Leonidov: "*Konstantin Sierguiêivitch* [reconheceu] não ser um acusador – não há nele fastio ou injúria, mas ele ama rir da personagem. Acima de tudo gosta de interpretar papéis de idiotas"[238]. Rir da personagem significa, justamente, não se identificar com ele, manter um distanciamento, representar: não "reviver".

O conceito angusto de *perejivanie* manou, em Stanislavski, do desejo fanático por verossimilhança, da aversão aos artifícios, ao falso *pathos*, ao histrionismo, aos modelos: aqueles modelos que o

---

238. Leonid Leonidov, "Iz dnevnikov" (1930), in *Leonidov*, p. 397.

torturaram a vida toda, multiplicando-se diante de seus olhos como as cabeças de um dragão.

Ele tinha convicção (mas, convicção mesmo?) de que até para um ator modesto bastaria uma série de "revivescências" exatas para erradicar os clichês e alcançar o vértice da criação. A *perejivanie* tornou-se um cilício, uma atrapalhação, uma dura limitação, assim como a "fatografia" para Maiakóvski, no período do LEF. Acontecia de atores insossos durante os ensaios (nos quais eram obrigados a "reviver" conscienciosamente) revelarem-se brilhantes durante as apresentações, quando se abstraíam da obstinada procura de "revivescências"; havia também quem, ao contrário, mesmo conseguindo "revivescências" autênticas, deixava o público completamente frio, porque – como ensina Diderot – não basta derramar cataratas de lágrimas... Enfim, os medíocres que de cada figura dramática faziam um obtuso e insignificante *bonhomme* de província, oh, a *perejivanie* era um maná: servia de álibi para a fraqueza da imaginação. Que tédio pluvioso!

O mesmo Stanislavski percebeu a sovinice deste princípio, quando sua inexpressiva interpretação de Salieri, no microdrama de Púchkin, resultou num fiasco: ansioso por "reviver" o personagem nas minúcias, havia negligenciado os valores poéticos do texto, arrastando e resmungando os admiráveis versos como prosa desleixada[239]. A atriz polonesa Stanislawa Wysocka conta: "...minha indignação era tão forte, que ao final do espetáculo irrompi em seu camarim, exclamando: 'Konstantin Sierguiêivitch, como pôde!' Percebi um sorriso desarmante e ouvi uma voz submissa: 'Paciência, eu preciso 'reviver', preciso marcar as pausas entre as 'revivescências' "[240].

Mas a lembrança deste insucesso sempre o acompanhou em seu trabalho no Estúdio de Ópera, onde teve muitos cuidados com a *Sprechform* dos cantores e assiduamente os incitava a não descuidarem da plasticidade da frase e da clareza incisiva. Nos escritos dos últimos tempos deu grande ênfase aos problemas da dicção que anteriormente, ao se preocupar somente com a *perejivanie*, havia negligenciado.

Tampouco pode-se sustentar que todos os atores do Teatro de Arte adorassem a pequena verdade, a *pravdionka* da "revivescência"[241]. Katchálov, Moskvin, Gzovskaia, Gérmanova e especialmente Leonidov evitaram amiúde as sirtes da *perejivanie*, agarrando-se aos

---

239. Cf. K. Stanislavski, *Moiá jizn v iskústvie*, pp. 438-442, e Nicolai Efros, *K. S. Stanislavski*, pp. 126-127.
240. Stanislawa Wysocka, "Moje wspomnienia", in *"Scena Polska"*, Varsóvia, 1938, 2-3, pp. 328-329.
241. Leonid Leonidov, "Iz zapisnikh knijek" (1934-36), in *Leonidov*, p. 419.

virtuosismos exteriores, aos recursos de uma teatralidade abrasada. Leonidov, por exemplo, representava Dmítri Karamazóv com furores embriagados e perturbações repentinas, com altos e baixos de impulsos e quedas vertiginosas, com tal tensão e tal arrepio que transpunham soberbamente as fronteiras da "revivescência"[242].

19

O conceito de *perejivanie* é o fundamento do dito "sistema", ou seja, daquele *corpus* de regras que Stanislavski sugere ao intérprete para a composição da personagem. Como salvar o papel do hábito, do desgaste das apresentações? Como conseguir que o ator possa "revivê-lo" intacto a cada apresentação? Como evitar que ele acabe reconstituindo somente a técnica externa, sem uma autêntica "revivescência"? Como alcançar com meios conscientes o inconsciente da criação?

Sim, porque um pintor ou um poeta sempre poderão esperar pela inspiração e operarem afastados dos desconhecidos, ao passo que o ator é obrigado a "reviver" a tal hora, em tal dia, com imutável verdade e comoção, exposto à curiosidade de mil olhos vorazes. Como lê-se em Blok: "É o báratro que crava os olhos entre as lâmpadas – ávida aranha insaciável".

Durante longos anos de pertinaz esforço, de tentativas, de guinadas de opinião, Stanislavski procurou a solução para estes complexos quesitos. Matutava axiomas e prescrições que ajudassem o ator não somente a entrar na personagem, bem como a permanecer em seu âmbito numa concentração criativa, a não se distrair e para aí voltar se uma casualidade o tivesse desviado, a conservar íntegros os sentimentos, mesmo na centésima apresentação.

O "sistema" foi se delineando como uma espécie de romance teórico em capítulos, através de um ziguezague de indagações, de análises, de ensaios exaustivos. Uma formulação definitiva obteve-se somente com o volume em duas partes (1938 e 1948) *Rabota Aktiora nad Sobói**, concebido como diário de um estudante de arte dramática, no qual Stanislavski aparece nas vestes do diretor e professor Arcádi Nicolaiévitch Tórtsov.

Mas, além de neste volume, as teorias do "sistema" são ilustradas em numerosos fragmentos editados e inéditos. Poderia se dizer

---

242. Cf. Nicolai Efros, *Moskóvski Khudójestvieni tieatr*, cit, pp. 370-372.

* *O Trabalho do Ator sobre Si Mesmo*; publicado no Brasil com os títulos *A Preparação do Ator* e *A Construção do Personagem*, pela Editora Civilização Brasileira. (N. da T.)

que os arquivos de Stanislavski são inesgotáveis. Um mar de esboços, notas, glosas, anotações. Uma biblioteca de Babel. Isso sem levar em conta as exegeses, nem sempre confiáveis, dos alunos zelosos.

Na exposição meticulosa e obsessiva de seus princípios ele colocou a mesma obstinação, a mesma teima que outrora o guiavam nas viagens à procura de objetos, na urdidura das cenas de conjunto.

A palavra "sistema" faz pensar em algo de concertado e metódico mas, na realidade, é muito difícil extrair as idéias basilares desta genial farragem de fórmulas e conjeturas. Stanislavski não coordena: amontoa, contradiz a si mesmo, consolida, restaura e piora o já dito, transformando-se às vezes no Viollet-le-Duc do próprio edifício.

Que o próprio diretor se embaraçava em suas embrulhadas, vê-se através de uma maliciosa anedota inventada por Leonidov. Um professor de interpretação anuncia-lhe com entusiasmo: "Konstantin Sierguiêivitch, finalmente compreendi seu 'sistema' ". E Stanislavski: "Sorte sua, eu ainda não o compreendi inteiramente"[243].

Não se deve crer, porém, que aqueles cânones, aquelas apostilas se baseiam num repertório de cognições filosóficas e de amplas leituras. Pois a bagagem cultural e os gostos literários de Stanislavski desiludem. Suas bravatas sobre a literatura francesa![244] A ingenuidade deprimente de algumas asserções! Ainda que alardeie termos tomados dos manuais de psicologia, termos nem sempre apropriados, o "sistema" ergue-se sobre dados ordinários da experiência, sobre observações concretas, sobre os frutos de seus laboriosíssimos ensaios.

Stanislavski diferencia o "sentimento do ator" (*aktiorskoe samotchuvstvie*) do "sentimento criativo" (*tvórtcheskoe samotchúvstvie*). O primeiro denota uma "desarticulação" (*vívikh*), um desequilíbrio pelo qual o ator, enquanto remexe na alma de suas aflições e inquietudes, é obrigado a exprimir as estranhas paixões da personagem; para mascarar a grande cissura, serve-se de artifícios, de moldes. O segundo indica, ao contrário, a condição pela qual o intérprete desvia das próprias ansiedades, da rotina diária e, investindo-se da personagem, fecha-se em si mesmo de modo a não consentir descarrilamentos ou fugas.

O trabalho do ator sobre si mesmo consiste na busca de um conjunto de normas que lhe permitam provocar em seu íntimo o "sentimento criativo". É preciso conseguir, com ações pré-estabelecidas, que aquela dose mínima de consciente que se abriga na alma se insurja e governe a massa do inconsciente, os nove décimos. A célula germinal do "sistema" é, de fato, o querer (o *khotiénie*).

---

243. Cf. Leonid Leonidov, "Osnovasteli MCHAT", in *Leonidov*, p. 390.
244. Cf. N. Gortchakóv, *Riejissierskie uroki K. S. Stanislavskovo*, Moscou, 1950, pp. 273-274.

Para Stanislavski a criação cênica tem que ser, antes de mais nada, recolhimento: o intérprete deve saber concentrar-se, soltar os músculos, submeter a essência física à vontade, acostumar-se ao domínio absoluto dos próprios nervos; em suma, adquirir total autodomínio: qualidade que havia admirado nos grandes trágicos do século XIX[245].

Por isto exigia que cada um, antes de entrar na personagem, se preparasse no íntimo, como que fazendo uma limpeza espiritual que devolveria frescor às "revivescências"; no Estúdio Dramático e de Ópera, em 1936, organizou-se até mesmo uma aula de "limpeza do ator", ou seja, de "treino e adestramento"[246].

Somente ao afrouxar a própria tensão, o ator esquecerá que se encontra num palco e se distrairá da multidão que espreita "além da negra, terrível cova do portal cênico"[247]. Stanislavski negligencia a necessidade de que um fluido mútuo deslize entre ator e platéia. Seu intérprete preocupa-se somente em esquivar os olhares do público, como um Bambi perseguido por caçadores, trata somente de subtrair-se mentalmente aos ávidos olhos que o farejam.

Stanislavski não percebe a metafísica da participação do público, metafísica que encantará Meyerhold e muitos outros diretores (até culminar em Okhlópkov). Não percebe, ao contrário: fortalece os limites do proscênio; não sente o impulso de transgredi-lo para projetar os atores num aparente espaço sem fronteiras, onde se possa representar – para dizê-lo com as palavras de Diderot – a *grande comédie, la comédie du monde*. Não deseja envolver, e sim manter à distância o público-Argo: embora seu teatro pretenda imitar a vida, os seres vivos, ou seja, mesmo os que estão na platéia, pelas "janelas" do palco aparecem-lhe como estranhos e funestos manequins estacados nas cadeiras de uma negra espelunca, manequins que *é preciso ignorar*.

No ânimo do ator que soube segregar-se numa "solidão pública" (*publitchnoe odinótchestvo*), nascem improvisamente o "sentimento do verdadeiro" (*tchúvstvo pravdi*) e aquele mágico "se" (*iésli bi*), aquele poético dubitativo, que lhe permitirá passar, como as crianças em suas brincadeiras, da vida real para uma esfera ilusória[248].

O "se" é um *abre-te Sésamo*, algo entre uma manobra ontológica e um ato de bruxaria. Somente a suposição oferece-lhe outra realidade, imaginária: o ator aceita-a como verdadeira e habita-a com a

---

245. Cf. K. Antarova, *Besedi K. S. Stanislavskovo*, Moscou, 1947, pp. 72-73 (*Beseda trinadcataia*).
246. Cf. G. Kristi, *op. cit*, p. 229.
247. K. Stanislavski, *Moiá jizn v iskústvie*, p. 364.
248. *Idem*, p. 368.

mesma fé com que um selvagem, ao transpassar de alfinetes a estatuinha de cera de um inimigo, pensa já tê-lo em seu poder. Estes conceitos, que têm sabor de fábula, são sustentados por assíduas referências aos jogos infantis, perene fonte de inspiração para Stanislavski. No Estúdio de Ópera induzia os cantores a brincarem, com acompanhamento musical, de cabra-cega, de "vizinhos"...[249]

De cada obra é preciso descobrir a *skvoznóe diéistvie*, ou seja, a "ação transversal", a longa linha que a percorre de uma ponta à outra, o guia luminescente, que é, além disso, a tendência, o propósito, o fim do protagonista. Assim, por exemplo, a *skvoznóe diéistvie* que sulca o *Hamlet* é a simulada loucura do príncipe, o lento amadurecer da vingança. Cada papel isolado tem sua própria "transversal" (diremos sua "contra-ação"), que coincide ou contrasta com a do herói dominante. Investigando bem, a *skvoznóe diéistvie*, também chamada *fervater* (água navegável)[250], não é uma descoberta rara, apesar de ter feito derramar rios de tinta: o mesmo conceito era conhecido pelos atores veteranos do Mali como "fio vermelho"[251].

Trazido à luz este princípio vetor, é preciso fragmentar cada papel em diversos objetivos (*volevíe zadátchi*, ao pé da letra: "tarefas de vontade"), ou seja, numa série de pequenos exercícios psicológicos, numa cadeia de "quero", separadas por paradas (*kalítki*: "cancelinhas"): estes "objetivos" confluirão num "super-objetivo" (*sverkhzadátcha*), eixo do espetáculo, idéia condutora, que coincide, por sua vez, com a "transversal".

O ator não pode interpretar os sentimentos *ex abrupto*, mas somente executar "tarefas de vontade" que estimularão seu nascimento. O trabalho ao redor do papel fundamenta-se, portanto, num obstinado voluntarismo, a arte cênica torna-se a solução dos individuais atos de vontade. Por certo tempo Stanislavski chegou até a pensar na elaboração de um catálogo das "tarefas volitivas"[252].

Para efetuar seus "objetivos", o ator recorre à "memória afetiva" (*affektivnaia pámiat*), mais tarde chamada "emotiva" (*emocionalnaia pámiat*), ou seja, recorre à própria reserva de antigas emoções, extrai, das chagas da alma, relíquias de perturbações, e as adapta ao papel. Em suma, a "memória emotiva" é como um depósito ou um arquivo, de onde se extraem, no momento oportuno, os necessários sentimentos cênicos, que nada mais são do que fósseis de sentimentos, moedas usadas, despertares do já vivido. Estas manobras ressuscitadoras poderiam ser talvez resumidas com uma quadra pasternakiana:

---

249. Cf. G. Kristi, *op. cit.*, p. 96.
250. *Idem*, p. 191.
251. Cf. Osaf Litovski, *Tak i bilo*, Moscou, 1958, p. 213.
252. Cf. V. Volkenchtein, *Stanislavski*, Leningrado, 1927, p. 16.

> Aqui será tudo: o que vivi
> e o de que eu ainda vivo,
> minhas aspirações e princípios
> e o que eu vi na realidade.

A teoria das provisões emotivas, extraídas de um *armoire à souvenirs*, de um porta-jóias particular, corresponde à idéia da "solidão pública", da quarta parede que, como um diafragma, isola o ator dos olhos indiscretos, à doutrina que sombreia a insularidade do palco, camada de tênues luzes num mar de trevas. Nisso tudo expressa-se uma estranha propensão para transformar o universo do teatro numa espécie de retiro anacorético. Aliás a concepção do papel como fruto da memória, a endosmose "revivescência"-recordação, também são testemunhos da tendência de Stanislavski de cobrir todas as coisas com a pátina do passado, de filtrar o presente no cristal do tempo. Em suas direções muitos objetos eram objetos-recordação, e as "revivescências", emergindo do *flou* da memória, tomavam um quê de velado, de apagado, que as aparentava às poses de desbotadas imagens de álbum.

Devemos insistir ainda no desdobramento em que qualquer *perejivanie* implica. Porque o intérprete, ao revolver, ao "reviver" as próprias emoções, efetua uma escolha, compara estas emoções com as da personagem que encarna, move-se sobre duas superfícies, reinventa as recordações de acordo com as necessidades do papel. Aqui vem em nosso socorro uma frase de Gaston Bachelard: *Toda memória deve ser re-imaginada. Nós temos na memória microfilmes que só podem ser lidos ao receber a luz viva da imaginação*[253].

A identificação da "revivescência" com a recordação provocou, várias vezes, efeitos curiosos. Olga Knipper, por exemplo, no papel da Raniévskaia, naquele momento em que Lopákhin comunica-lhe ter adquirido o jardim das cerejeiras, derramava lágrimas autênticas; mas era capaz de fazê-lo *somente* se toda uma série de inalteráveis circunstâncias não falhasse: devia usar sempre o mesmo vestido, o perfume que Tchékhov lhe presenteara, e a cena devia desenrolar-se ao som da valsa *Die Donauwellen*. Certa vez, numa *tournée*, a orquestra atacou com uma valsa diferente: a Knipper *não rompeu em prantos*[254].

Sujeitando-se a estas solicitações hipnóticas, o ator da *perejivanie* estava arriscando-se a parecer com uma foca de circo, daquelas que somente as notas de uma imutável marcha são capazes de lan-

---

253. Gaston Bachelard, *La poétique de l'espace*, Paris, 1961, p. 161. (Em francês no original. N. da T.)

254. Cf. Aleksiéi Popov, "Vospominania i razmichlenia", cap. 7, in *"Tieatr"*, 1959, 12.

12. Stanislavski (fotografia feita entre 1922 e 1924).

çá-las a subir por uma escadinha, equilibrando uma bola variegada sobre o focinho ou a bater maquinalmente as patas em forma de remo.

O papel é, então, um comboio de "objetivos", uma implacável acumulação de pedaços, que, como vagões, correm em direção à meta do "super-objetivo", estrela-guia do intérprete. Para complicar as coisas, o diretor, mais tarde, discorrerá sobre o "super-super-objetivo" (*sverkh-sverkhzadatcha*)[255].

A preparação do papel, assim desmontado numa seqüência mecanicista de fragmentos, consiste em fantasiar sobre aquela fieira de peças de mosaico psicológicas, estimando as contingências que as acompanham. Deste trabalho de avaliação e bordado, a personagem deveria surgir de modo espontâneo, porque os recursos conscientes servem somente de estímulo à criação, que sempre é processo arcano, lampejo do inconsciente.

Perguntamo-nos então se os estimulantes psicotécnicos prescritos por Stanislavski não resultariam, por fim, num aparato atulhante. Todas aquelas "tarefas", que parecem tocar violinos, como figuras de Chagall, para que a intuição desperte e se ponha a dançar e a "reviver", revistando no impalpável cofre da memória... Analisando bem, todavia, o esmiuçamento do papel em desfiles de "tarefas", o jogo dos devaneios, o próprio arbítrio dos atos de vontade deixam espaço à imaginação, apesar da pertinaz insistência de Stanislavski nos modelos da *perejivanie*.

Eis o grande paradoxo: mesmo surgindo dos termos do realismo, o "sistema" favorece o círculo dos fantasmas interiores, o mundo oculto do indivíduo, e negligencia suas relações com a realidade circunstante. Este conjunto de regras participa, é claro, daquele espiritualismo que inundou as obras e os dias do Teatro de Arte. Ele também germina, como as vegetações de sons e as cercas de objetos, de uma área subtchekhoviana. Trazer à luz a vida abismal da personagem, sua *texture* psicológica; este é o objetivo. Mas, espiando no poço da alma, extraindo dos subterrâneos da memória, o ator da *perejivanie* acaba segregando-se do *Umwelt* (assim como deseja apartar-se do público). A verdade do intérprete é, portanto, a soma de suas "revivescências", de suas recordações pessoais, em suma, sua *Eigenwelt*.

Era exatamente este férvido espiritualismo, esta cadência interior dos atores de Stanislavski o que seduzia os contemporâneos. No início do século a atriz boêmia Hana Kvapilová escrevia, em carta

---

255. Cf. K. Stanislavski, "Iz pervikh besed v Operno-Dramatitcheskoi Studii" (1935) e "Iz besed s masterami MCHAT" (1936), in *Stati. Retchi. Besedi. Pisma*, Moscou, 1953, pp. 330-331 e 677.

endereçada a um crítico: "Eles fizeram ascender a arte até o cume mais alto dos sentimentos, onde tudo já é diáfano, distante das perturbações fúteis da vida. Oferecem a arte a nós todos, para nos dar conforto; como uma límpida essência num cálice de cristal; oferecem-na com benignidade e ternura. Nunca tive, em teatro algum, uma impressão tão pura. Depois de tantas penas, pareceu-me ser necessário viver *com alegria*, se no mundo existe tamanha beleza"[256].

Aqui deve ser recordado que em Stanislavski, por muito tempo, o denso psicologismo, a sonda do íntimo, o gosto pelo isolamento andaram no mesmo passo da recusa às tendências políticas, da convicção de que a arte deve defender sua autonomia. "A tendência e a arte", ele escreveu, "são incompatíveis, uma exclui a outra. Assim que nos aproximamos da criação com idéias tendenciosas, utilitárias ou não-artísticas em geral, ela murcha como a flor na mão de Siebel"[257].

20

*najpiekniejszy jest przedmiot
którego nie ma
(o objeto mais bonito é o
que não existe)*

ZBIGNIEW HERBERT,
Studium przedmiotu, 1961.

O "sistema" que Leonidov denominou "incubadora para a criação dos pintinhos"[258], pretendia ser, no começo, uma simples ginástica dos sentimentos, um subsídio, mas com sua sutileza hipertrófica, com sua ansiedade de análise, Stanislavski acabou esquecendo seus objetivos práticos, transformando-o num aglomerado de manobras abstratas e de puros teoremas.

Dedicou-se anos a fio à sua elaboração, com o encarniçamento de uma paixão absoluta que queimava a terra em volta. Ficamos perplexos, estupefatos, pensando no que ele disse em 1937, depois de tanto esforço, aos atores do Teatro Vakhtangov, que foram visitá-lo e cumprimentá-lo por seu septuagésimo quinto aniversário. Estava acamado, doente; brindando à arte teatral, afirmou: "Interpretar personagens como Hamlet, Otelo, Macbeth ou Ricardo III fundamentando-se do início ao fim no sentimento, é impossível. As forças

---

256. Jindrich Vodák, *Tri herecké podobizny*, Praga, 1953, p. 102.
257. K. Stanislavski, *Moiájizn v iskústvie*, p. 308. Siebel é um personagem do *Fausto* de Gounod.
258. Leonid Leonidov, "Zamiétki o knigue 'Rabota aktiora nad soboi' ", in *Leonidov*, p. 394.

humanas não são suficientes. Cinco minutos com o sentimento, o resto com a alta técnica – somente desta forma poderão ser representados os dramas de Shakespeare"[259].

E então: anos de atormentadoras pesquisas, para chegar a esta demolidora certeza? O "sistema" é mais uma (das tantas) demonstração da obstinação martelante de Stanislavski, de sua mania de meticulosidade que beira o ridículo, de seu hábito de fragmentar cada coisa em moléculas de minúcias. Um conjunto de procedimentos pedagógicos úteis tornou-se, por excessiva insistência, uma arquitetura obsessiva, um labirinto de ditames capilares e de pedantíssimas normas, entrelaçado com a mesma paciência com que os detentos constroem navios dentro de garrafas.

Para isso aqueles ensaios desgastantes, aqueles longuíssimos ensaios durante os quais dissecavam o papel como vivisseccionistas; substituíam as falas do texto por palavras próprias, escreviam o diário da personagem e lhe inventavam a biografia anterior ao momento em que ele entra em cena. "O artista", afirmou Stanislavski, "deve sentir constantemente, às suas costas, o passado do papel, como uma cauda que sempre o segue"[260].

Seria um erro – pensavam – decorar de imediato o texto, porque as palavras aprendidas antes de se identificar com o personagem atraem gestos genéricos, entonações postiças[261]. Por isto agarravam-se amiúde ao *tatatírovanie*, substituindo as frases do diálogo por sílabas sem sentido, por fonemas vazios, parecidos com o *scat* dos cantores de *jazz*, como faz quem murmura uma melodia não conhecendo os versos. Ah, realismo, realismo. Sem desejá-lo, acabavam caindo naqueles *collages* verbais, naqueles *Lautgedichte* a que nos acostumaram muitos poetas do século; um Krutchionikh, um Ball, um Schwitters.

De ano para ano, abismando-se nas tortuosas ramificações desta selva teórica, Stanislavski tornou-se cada vez mais exasperante, como se quisesse secar, em desertos de fórmulas, a própria imaginação. Torturando a si mesmo e aos atores, conduzia as experimentações com furor analítico e com o mesmo desvelo meticuloso com que, na juventude, havia pesado em diminutas balanças os carretéis e as migalhas de canutilho na loja paterna. Recomeçava inúmeras vezes do mesmo ponto, para voltar a trechos que mal roçariam o

---

259. Cf. Borís Zakháva, "Za sintez tieatra 'predstavlenia' i 'perejivania' ", in *"Tieatr"*, 1957, 1, e Ruben Simonov, *S Vakhtangovim*, Moscou, 1959, pp. 34-35.
260. K. Stanislavski, "Materiali knigui 'Rabota aktiora nad roliu' ", in *Stati. Retchi. Besedi. Pisma*, p. 575.
261. Cf. V. Toporkov, *K. S. Stanislavski na repetitzi*, Moscou, 1950, pp. 84 e 137.

ouvido do público. Perscrutava as inépcias mais imperceptíveis, como fazem os relojoeiros quando, com pequenos cilindros nos olhos, observam o fervilhar de microscópicas engrenagens. Ouvia os intérpretes absorto: de repente os interrompia com seu famoso (e aviltante) *ne viériu*: "não acredito".

Há uma anedota a este propósito. Nos ensaios Moskvin tem de entrar em cena, tirar o chapéu e pendurá-lo no cabide. Mal o ator começa, Stanislavski interrompe-o com seu "não acredito". Assim por dezenas de vezes. No fim, duas as soluções possíveis: Moskvin desespera-se e confessa ter errado de profissão, ou então roga ao diretor que lhe mostre como deve ser interpretada aquela passagem, e a cada demonstração ele também o interrompe com um seco *ne viériu*.

Nos complicados exercícios que Stanislavski pretendia dos próprios atores, freqüentemente reaparece o objeto; até mesmo o objeto imaginário. Os ensaios de fato incluíam não somente os exercícios de "reciprocidade com as coisas" (*obchtchenie s predmiétami*) e de "dedilhamento" (*nachtchúpivanie*), bem como experimentações com adereços hipotéticos, que denominavam *pustíchki*, ou seja, bugigangas inexistentes[262]. Estas "ações não objetivas" (*bespredmiétnie diéistvia*) deviam incrementar a postura de recolhimento, desatar as maranhas dos músculos, impedir os espasmos. Era um treinamento antitensão, mas ao mesmo tempo uma espécie de auto-hipnose.

Stanislavski introduziu ainda exercícios de "irradiação" (*lutcheispuskánie*) e de "recepção de raios" (*lutchevospriátie*). O ator devia fixar-se nos "olhos vivos" do parceiro para procurar sua luz interior e ali descobrir a "fosforescência da alma" (*svetchiénie duchí*). Konstantin Sierguiêivitch sustentava que tal comunhão amalgamaria os intérpretes em um único sopro vital.

Os ensaios tornavam-se, portanto, um recíproco revérbero de íris, um contrajogo de espelhos interiores. Nas faces de cada ator repetiam-se sinais de cílios e pálpebras, como em certas pinturas de Picabia. Parecia que os alvéolos do espaço faiscavam de olhos: olhos francos, minúsculos sóis e não falsos avelórios, não *stekliárus* como os de Chprikh, personagem liermontoviano. Ao preparar *Um Mês no Campo*, ensaiaram quase sem palavras, estacados, com um torpor de répteis: movendo apenas os lábios mas, em compensação, olhando-se bem nas pupilas, comunicando com a ávida expressão dos olhos. Um verdadeiro teatro do olhar...

Stanislavski pensava: "Se os olhos são o espelho da alma, as pontas dos dedos são os olhos de nosso corpo"[263]. E pedia aos atores

262. *Idem*, p. 140.
263. Cf. *Masterstvo aktiora v terminakh i opredeleniakh K. Stanislavskovo*, org. de M. Venetzianova, Moscou, 1961, p. 78.

que esticassem os dedos, como a emitir raios, escandindo aqueles gestos com o ritmo da respiração. Apertá-los devagar, expirando; inspirar devagarinho, alargando-os um por um[264]. A mão, que em Meyerhold se tornará – usando as palavras de Ponge – *ao mesmo tempo marionete e cavalo da arado*[265], era, para Stanislavski, instrumento de sugestão magnética.

Durante os ensaios, avulsos do mundo, os atores de Stanislavski estreitavam-se em volta do diretor, como filhos em volta do pai, nas noites de inverno, numa cabana perdida. Para aumentar a concentração, que salva dos perigos externos, aquele pai fazia seus filhos imaginarem que se encontravam no centro de círculos orlados de escuridão, de círculos cada vez mais largos, quase numa encantada topografia de auréolas fosforescentes.

Dentro daqueles círculos, o ator, passando de um para o outro, conforme o adensar-se ou a rarefação do recolhimento, poderia se trancar numa "solidão pública", como "um caracol em sua concha"[266]. Mudando constantemente de amplidão, como os laços que os *cowboys* de circo rodam sobre a pista, aqueles círculos simulariam paredes fluentes a seu redor, porque – já sabemos – Stanislavski achava que, tal como um filho, o ator necessitava se sentir protegido, a salvo, atrás de abrigos ilusórios.

Há algo, no artifício pedante daqueles ensaios, que nos remete às devoções dos hesicastas paleocristãos e às preces sincronizadas com a respiração dos dervixes e dos iogues. Aliás, a idéia do "círculo de atenção" (*krug vnimánia*), a influência dos raios emanados pelos olhos, a magia dos dedos que se prolongam em trajetórias hipnóticas, a tendência à preguiçosa meditação, a própria ritualidade dos austeros exercícios: tudo isso está ligado às doutrinas da Ásia.

Por alguns anos (aproximadamente de 1910 a 1914), na pesquisa de métodos de relaxamento e de autodomínio, Stanislavski recorreu às práticas Zen e a outros ensinamentos orientais, entre os quais o do *prana*[267]. Foi um breve período, mas deixou marcas profundas nas teorias do "sistema". As "imagens da visão interior" (*vídenia vnútrennego zriénia*), que Stanislavski menciona nos últimos tempos, também derivam do misticismo do Oriente[268].

264. Cf. K. Antarova, *Besedi K. S. Stanislavskovo*, Moscou, 1947, pp. 81-82 (*Beseda piatnadtzataia*).
265. Francis Ponge, "Première ébauche d'une main", in *Le grand recueil*, vol. III, Paris, 1961, p. 134. (Em francês no original. N. da T.)
266. K. Stanislavski, *Rabota aktiora nad soboi*, Moscou, 1951, pp. 116-121.
267. Cf. V. Volkenchtein, *Stanislavski*, p. 32, e Nicolai Abalkin, *Sistema Stanislavskovo i Soviétski tieatr*, Moscou, 1954, pp. 115-117.
268. Cf. K. Stanislavski, *Rabota aktiora nad soboi*, pp. 88-93, e G. Kristi, *op. cit.*, p. 230.

Nos primórdios os veteranos do Teatro de Arte executavam a contragosto os extenuantes exercícios; viam aquelas tentativas como os absurdos experimentos de um cientista louco; sem nenhuma vocação para cobaias, procuravam ficar de fora. Stanislavski relembra: "A teimosia tornava-me cada vez mais impopular. Trabalhavam de má vontade comigo, preferiam os outros. Entre mim e a companhia surgiu uma parede. Por anos a fio, a relação com os artistas foi fria; fechava-me em meu camarim, acusando-os de falta de motivação, *routine*, ingratidão, infidelidade e defecção; prosseguia com maior determinação em minhas pesquisas"[269]. Todavia Stanislavski teve um aliado em Leopold Sulierjitski, homem de rara pureza e de grandes fervores, que tinha sido seu assistente nas direções de *A Vida do Homem*, *L'Oiseau Bleu* e *Hamlet*. A ele Stanislavski confiou a direção daquele primeiro Estúdio que, em 1912, cansado da relutância dos veteranos para com seus módulos, inaugurou como laboratório. Ali poderia experimentar, com os jovens, as virtudes do "sistema". De Sulierjitski e do Primeiro Estúdio falaremos mais adiante. Enquanto isso lembramos que, naquele viveiro, amadureceram os dois "sistemistas" mais típicos: Vakhtangov e Tchékhov (Mikhaíl).

Mesmo afinando a sensibilidade e o ouvido interior, os exercícios de concentração mudavam a dinâmica do teatro para quietismo e indolência contemplativa. A perplexidade e a depressão com as quais foi interpretado o *Hamlet* explicam-se também pelo fato de que naqueles dias os atores treinavam com os métodos do Za-zen[270]. Mas, a bem da verdade, existia uma relação entre a fleuma destes exercícios e as cansadas cadências sulcadas de pausas, a concentrada preguiça dos espetáculos tchekhovianos. É estranho que os ritmos sem vontade do poeta de uma época inerte, de um mundo sopitado coincidissem, nas "revivescências" do teatro, com as técnicas de relaxamento orientais.

Por um certo período o "sistema" levou a um estado de transe aquela estagnação, aquela fixidade de águas mortas, aquela *adligste Lässigkeit* (como disse Alfred Kerr)[271], que eram os sinais essenciais das direções stanislavskianas. Falamos em voluntarismo, mas seria mais exato nos expressarmos com uma antítese: *voluntarismo abúlico*. Teimando nos exercícios de volição, o "sistema" acabava reduzindo os intérpretes a manequins sonolentos, a ponto de superar em letargo as figuras da blokiana *Violeta Noturna*.

Stanislavski percebeu mais tarde a angústia deste conjunto de fórmulas e de treinamentos, que, com um termo de Irzykowski, poderíamos chamar de "espiritologia"[272]. Então cuidou para que o ator aprendesse a mover-se ritmadamente, aprendendo dos bailarinos; sonhou em fundar um Estúdio de Ballet[273]; nas dissertações de seu

269. K. Stanislavski, *Moiá jizn v iskústvie*, p. 418.
270. Cf. V. Volkenchtein, *op. cit.*, pp. 46-47.
271. Alfred Kerr, *Die Welt im Drama*, Colônia-Berlim, 1954, pp. 548-549.
272. Cf. Karol Irzykowski, *Paluba*, Varsóvia, 1957, p. 19.
273. Cf. G. Kristi, *op. cit.*, p. 125.

último livro destinou largo espaço à dança, à acrobacia, à ginástica rítmica. Acima de tudo porém, substituiu as "tarefas volitivas" pelas "ações físicas" (*fizítcheskie diéistvia*)[274].

Se antes exigia graduais exercícios de aproximação, sutilezas retardantes, – agora dizia aos intérpretes: *ajam*. Ajam sem se preocupar com os sentimentos, porque estes se manifestarão espontaneamente. Fazia desmontar cada papel numa seqüência de "ações físicas" que, pela teoria dos reflexos condicionados, provocariam reações psicológicas.

O ator devia tratar somente de mergulhar subitamente na personagem, como se as vicissitudes do papel se dessem diante dele, naquele instante; realizar, de improviso, "esboços" físicos, para suscitar em si mesmo correspondências interiores. A "ação física", similar a uma bobina sobre a qual os fios da emoção se enrolariam por si mesmos, era no fundo uma astúcia, um *manók*, ou seja, um espelhinho para engodar as cotovias dos sentimentos, uma alavanca para que a lembrança fizesse precipitar oportunas "revivescências".

Em teoria as seqüências de "ações físicas", concebidas como uma "linha incessante" (*neprerívnaia linia*), substituíam a desconexão e os obstáculos das "tarefas volitivas" com uma fluidez inspirada na *cantilena* da ópera[275]. Na prática porém, mesmo nesta variante, Stanislavski revela sua inclinação para disjungir, para esmiuçar. Nos ensaios do *Tartuffe*, de Molière (que acabou sendo dirigido por Kédrov), afirmou: "Todos os nossos cinco sentidos podem ser decompostos em miudíssimas 'ações físicas', que devem ser gravadas como anotações mnemônicas"[276].

Julgando as "ações físicas" um simples estimulante, Konstantin Sierguiêivitch tinha por objetivo uma relação orgânica de impulsos externos e de êxitos psicológicos. O ator enfrentava, em seu papel, a "vida do corpo humano", para incitar e chacoalhar os engenhos do espírito[277]. Na realidade, porém, mesmo neste último estágio, os "sinais exteriores" acabavam ganhando vantagem.

Não raramente as "ações físicas" viravam meros artifícios, reduziam-se a embriões de pantomima, sem despertar correspondências no íntimo. Ao se refletir sobre a essência destas "ações", percebe-se, com grande surpresa, que elas não são muito diferentes daqueles processos produtivos, daqueles números acrobáticos que Meyerhold colocava como fundamento de sua Biomecânica.

---

274. Cf. Gueórgui Krijítzki, *Veliki refomator stzêni*, Moscou, 1962, pp. 103-107.
275. Cf. G. Kristi, *op. cit.*, p. 245.
276. Cf. V. Toporkov, *op. cit.*, p. 140.
277. Cf. G. Kristi, *op. cit.*, pp. 217-218.

21

A carreira teatral de Stanislavski é portanto um contínuo contraste entre minuciosidade pedantesca e férvida fantasia.

Num campo que antes dele era descuidado e caótico ele nos oferece esplêndidos exemplos de severidade inconciliável, de rigor ético, de disciplina: uma disciplina impiedosa, as vezes forçada até a automortificação. No teatro tratava todos formalmente, excetuando-se os jovens que conhecia desde crianças; não tolerava os excessos de intimidade[278]. Para não derrogar as regras, não suspendeu os ensaios nem mesmo no dia em que sua mãe foi enterrada[279].

Sempre estava disposto a ceder às sugestões. Numa carta de Niemiróvitch a Tchékhov, datada de 23 de outubro de 1899, a propósito de *Tio Vânia*, lê-se: "Devo fazer-te notar que ensaiei com ele Astrov, como o faria com um jovem ator. Ele decidiu entregar-se a mim neste papel; docilmente aceitou todas as minhas indicações". Em outra, datada do dia 27: "... impôs-se sobre os outros Aleksiêiev, que interpreta de modo admirável Astrov (orgulho-me por isso, pois ele ensaiou e reensaiou o papel comigo, como um discipulozinho, literalmente)"[280].

Quando, após o ensaio geral da *Aldeia de Stepántchikovo* (13 de setembro de 1917), Niemiróvitch tirou-lhe a personagem do coronel Róstanev, para entregá-lo a Massalítinov, ele não amarrou a cara e nem replicou, mesmo tendo certeza de que estava se saindo especialmente bem naquele papel. Nos dias em que foi preparado *Até o Mais Sabido Cai*, com ares de um tímido principiante anotava, em seu caderno, todas as observações de Niemiróvitch[281]. Em 1919, no Estúdio de Ópera ele, o próprio diretor, freqüentava escrupulosamente, tomando notas, os cursos de pronúncia e dicção[282].

Tudo isso justifica as palavras do *stage-director* sobre o Teatro de Arte, no *Second Dialogue* (1910), de Craig: ...*o teatro deles é uma escola... São todos estudantes. Para começar, lá há dois diretores... e esses dois diretores são estudantes como qualquer outro: estão estudando o tempo todo*[283].

Stanislavski foi, acima de tudo, inflexível consigo mesmo. Construía suas personagens com custo, com melindrosa lentidão, sempre

278. Cf. P. Markov, "Stanislavskom", in *"Tieatr"*, 1962, 1.
279. Cf. Leonid Leonidov, "K. S. Stanislavski", in *Leonidov*, p. 205.
280. *Tchekhóv i tieatr*, Moscou, 1961, pp. 320-321.
281. Cf. V. Verbitzki, "K. S. Stanislavski v Khudójestvienom tieatr", in *O Stanislavskom*, p. 328.
282. Cf. G. Kristi, *op. cit.*, pp. 72-73.
283. Edward Gordon Craig, *On the Art of the Theatre*, Londres, 1957, pp. 199-200. (Em inglês no original. N. da T.)

insatisfeito, variando-lhes constantemente o desenho. Se não acertava o papel, pedia que os colegas lhe indicassem os defeitos; sofria de maneira doentia, desesperando-se até as lágrimas quando não conseguia construir uma figura que saísse a contento; seu sofrimento era similar, segundo Leonidov, "aos tormentos de uma mãe que tivesse gerado uma criança morta"[284]. Quando naufragou com o Salieri do microdrama de Púchkin, foi procurar Chaliápin, para ouvir de sua voz expressiva o monólogo no qual, estorvado pelas "revivescências", havia falhado[285].

Chegava ao teatro algumas horas antes do espetáculo, para penetrar devotamente no âmbito do personagem. Gortchakóv narrou-nos o modo de Stanislavski se preparar, a cada apresentação, para reencarnar Fámusov, em *Górie ot Umá*[286]. Os maquinistas, ao encontrá-lo, deviam reverenciá-lo em silêncio e não deviam proferir nem seu nome, nem seu patronímico. Maquiava-se vagarosamente: espalhava o carmim sobre o rosto, olhando-se num largo espelho de três faces. Os lábios, entrementes, murmuravam farrapos de frases casuais, como se estivesse confabulando com um alter-ego através do espelho. Depois vestia-se com o majestoso esmero de um nobre de outros tempos.

Atrás dos bastidores costumava mover-se na ponta dos pés[287]. Não raro, enquanto a sala ainda estava vazia e imersa na escuridão, vagueava pela penumbra do palco, nas vestes da personagem, retocando os detalhes de um papel já interpretado inúmeras vezes[288]. Estava sempre disposto a sujeitar-se aos mais estranhos exercícios. Ao ensaiar o *Barbeiro*, no Estúdio de Ópera, ainda que doente, fingiu ser Bartolo e quis que Figaro se sentasse a cavalo sobre suas costas e o puxasse por uma corda que ele mesmo havia amarrado a seu pé. "A juventude", repetia, "deve escarnecer de todos os modos um velho estúpido, que lhe impede de viver"[289].

Aliás, já vimos o quanto ele exigia dos outros. O ator começa com ímpeto, mas ele o detém: "E as mãos? Que fazem as mãos? Porque se agitam como um moinho? Novamente!" O ator calibra os gestos, interpreta pacatamente. Ele: "Fraquíssimo, falta energia, você esqueceu as relações com o parceiro, não despertou sua natureza. De novo!" E assim, sem trégua[290]. Leonidov, encarnando Lopákhin,

---

284. Leonid Leonidov, "K. S. Stanislavski", in *Leonidov*, p. 205.
285. *Idem*, p. 205.
286. Cf. N. Gortchakóv, *Riejissierskie uroki K. S. Stanislavskovo*, p. 211.
287. Cf. M. Knebel, "Riadom s nim", in *"Tieatr"*, 1962, 12.
288. Cf. V. Verbitzki, *op. cit.*, p. 328.
289. Cf. G. Kristi, *op. cit.*, p. 177.
290. Cf. N. Gortchakóv, *op. cit.*, pp. 43-44.

gesticula e cerra as mãos. Stanislavski grita-lhe: "Nada de punhos, ou amarro suas mãos!" Leonidov força a voz e, com as palavras de Arkachka em *A Floresta* (ato IV, cena 4), Konstantin Sierguiêivitch repreende-o: "Os trombones não estão na moda"[291]. "Interpretando", relembra Suchkiévitch, "de repente você percebe que, sob a máscara de Argan, transparece o olhar atento de Stanislavski-diretor, e sabe que, no fim, uma inevitável frase está à sua espera: 'Venha a meu camarim... Colou-se em você um leve clichê, é preciso arrancá-lo' "[292].

Recorria a bizarras astúcias para estimular os atores. Toporkov, no papel de Tchitchikov (em *Almas Mortas*, 28 de novembro de 1932), devia acostumar-se à afetação das reverências segurando uma gota de mercúrio no alto da cabeça[293]. Para que não gesticulassem, obrigava os cantores a sentarem com as mãos sob as pernas[294]. Cena do baile na casa dos Gremin, em *Oniégin*, de Tchaikóvski: a fim de que se acostumassem a ficar retos e empertigados como oficiais, obrigou os atores a segurar sob as axilas bolas de papel jornal e a grudar as costas no batente; ele mesmo verificava-lhes a rigidez, enfiando seus dedos entre o batente e as costas[295]. Nos ensaios de *Júlio César*, para conseguir que o jovem intérprete do adivinho falasse com o tom da velhice, fê-lo virar e desprevenidamente saltou-lhe sobre os ombros. O ator, atordoado, irrompeu num grito rouco e estrangulado; Stanislavski ficou todo satisfeito com seu insosso expediente[296].

Sabia louvar com pueril júbilo os êxitos alheios e dar assistência às dúvidas sem a arrogância de um mentor; com os que achavascavam ou trangrediam a ética do teatro porém, era rude e implacável. Não poupava as expressões contundentes e, às vezes, desencadeava tempestades de hiperbólicos desdéns, sem distinções ou piedade para com as lágrimas. Considerava uma afronta toda evasiva. Quando ainda ensaiavam em Púchkino, houve um litígio entre atrizes: Stanislavski chorou como uma criança, afligindo-se porque assuntos mesquinhos estavam estragando o idealismo do empreendimento[297].

291. Cf. Leonid Leonidov, "K. S. Stanislavski", in *Leonidov*, p. 206.
292. Cf. B. Suchkiévitch, "K. S. Stanislavski i Studi", in *O Stanislavskom*, p. 383.
293. Cf. V. Toporkov, *op. cit.*, p. 177.
294. Cf. G. Kristi, *op. cit.*, p. 89.
295. Cf. Páviel Rumiántzev, "K. S. Stanislavski i opera", in *O Stanislavskom*, pp. 410-411.
296. Cf. Leonid Leonidov, "Beseda s tieatralnoi molodejiu v Tzentralnom dome rabotnikov iskústv", in *Leonidov*, p. 233.
297. Cf. M. Andrêieva, "K. S. Stanislavski v Obtchiestvie iskústva i litieraturi", in *O Stanislavskom*, pp. 233.

13. *Coração Ardente* de Ostróvski, Teatro de Arte, 23 de janeiro de 1926 (direção: Stanislavski).

Com uma dedicação tão inesgotável e premente, o diretor tinha por objetivo excluir dos limites do espetáculo o risco, a casualidade, o inexato. Objetivava um *théâtre sans hasard*, em que nem um botão, nem uma minúcia faltasse à chamada. No intento de transformar a arte teatral numa ciência rigorosa, almejou uma interpretação tão regrada quanto a música, mensurável enredo de "tempo-ritmos". Cogitou até mesmo um diretor de orquestra automático, uma espécie de metrônomo (invisível para o público) que, com a luz alternada de duas lâmpadas, assinalasse as cadências aos intérpretes[298]; a pedanteria, as vezes, exorbitava em invenções surreais. O "diretor de orquestra elétrico" parece um fantasma de *Zaubertheater*. Em *O Trabalho do Ator sobre Si Mesmo* há um trecho em que Stanislavski imagina, sobre o palco, uma assembléia de metrônomos, uma parada de absurdas maquininhas pulsantes, cada uma batendo em velocidade diferente[299].

Eis que na ciência enxertou-se a fantasia. Ele quebrava freqüentemente com turbilhões de metáforas, com hipérboles, com iluminações, o recolhimento ascético dos ensaios, perturbando assim a própria doutrina do lento, orgânico amadurecer do papel. Desembainhava fulminantes e brilhantes soluções, sem recear incorrer nos execrados expedientes do teatralismo. Impaciente com a aridez de um ator, transferia-se para sua personagem, improvisando, inventando – e adeus *perejivanie*[300].

"Quem não viu Stanislavski nos ensaios", escreveu Leonidov, "nada sabe dele. Suas demonstrações de diretor eram impulsos à Motchálov"[301]. Suchkiévitch relembra o ensaio do quinto ato de *O Inspetor Geral* (18 de dezembro de 1908), durante o qual ele, aparecendo e desaparecendo como um transformista, indicou, um por um, para nada menos do que trinta atores (que interpretavam os hóspedes), os específicos modos de interpretação[302].

Assim acontecia que, apesar dos preceitos das "revivescências", muitos papéis não passassem de cópias de seus desenhos de direção (de seus *pokázi*), especialmente nos primeiros anos, quando os atores ainda inexperientes imitavam-no sem reservas. Era, para eles, como um sacerdote-feiticeiro a dançar em volta de um doente. Agarravam-se a ele, alimentando-se de suas fantasias, confiando na milagrosa

---

298. Cf. K. Stanislavski, *Rabota aktiora nad soboi*, pp. 580-581, e G. Kristi, *op. cit.*, pp. 250-251.
299. Cf. K. Stanislavski, *Rabota aktiora nad soboi*, pp. 552-555.
300. Cf. V. Volkenchtein, *op. cit.*, p. 60.
301. Cf. Leonid Leonidov, "Iz zapisnikh knijek", in *Leonidov*, p. 446.
302. Cf. B. Suchkiévitch, "K. S. Stanislavski i Studi", in *O Stanislavskom*, p. 380.

eficácia de suas intervenções corretivas. Isto explica porque mais tarde, no Estúdio Dramático e de Ópera, ele se recusaria a nutrir os intérpretes de instruções e demonstrações, desejoso que estava de atores que não repetissem servilmente o diretor[303].

Na arte de Stanislavski a perseverança e a fantasia equilibram-se uma à outra. Ele pratica teatro com a paciência e a devoção inabalável de um cenobita, revelando – como disse Alfred Kerr – "beatitude na criação" e "monocato no trabalho"[304]. A perseverança, a severidade das regras eram nele reavivadas pela inquietude, por um desejo constante de recomeçar do nada, de não ceder às situações já prontas, por uma ânsia de juventude. A idéia da juventude que abala a embaraçosa velhice foi o "super-objetivo" de sua concepção do *Barbeiro* e do *Dom Pascoal*. É estranho reencontrar, nos anos tardios de Stanislavski, durante os ensaios de *Tchio-tchio-san* (*Madame Butterfly*), os exercícios de virtuosismo com leque que ele havia aprendido, para a opereta de Sullivan, numa remota primavera[305].

Mas, infelizmente, aquele que a vida toda havia lutado contra os modelos tornou-se, nas mãos dos stalinistas, o modelo mais atroz, o símbolo da *routine*, uma personagem plastificada, um aridíssimo doutrinário. Multidões de improvisados teólogos se dedicaram a discutir o sacro "sistema", distorcendo, em próprio benefício, as fórmulas de Stanislavski. E o "sistema", que deveria ser apenas um antídoto contra os clichês ou, segundo Leonidov, uma "caixa de primeiros socorros"[306], foi imposto como breviário e irrevogável código para todos, absolutamente *todos* os teatros. Quem não tivesse adotado aqueles cânones, remanejados e corrompidos pelos olheiros casuístas, caía imediatamente em suspeita. Quem não aprovava o "sistema" era digno da fogueira.

Da figura de Stanislavski, os burocratas apagaram a fantasia, azafamando-se para sepultar seus achados poéticos e suas prestigiosas incoerências. Dissolvido o engenhoso Konstan, de quem fala Craig[307], deixaram de pé, para a edificação dos jovens, o Stanislavski-Tórtsov, assim como aparece em seu último livro, arquétipo do sabe-tudo infalível, ou seja, o Stanislavski da velhice que, obrigado

---

303. Cf. G. Kristi, *op. cit.*, p. 219.
304. Cf. Alfred Kerr, *Die Welt im Drama*, pp. 548-549. (Em alemão no original. N. da T.)
305. Cf. G. Kristi, *op. cit.*, p. 239.
306. Leonid Leonidov, "Osnovasteli MCHAT", in *Leonidov*, p. 389.
307. Cf. Edward Gordon Craig, "The Second Dialogue", in *On the Art of the Theatre*, pp. 197 e ss.

pela doença a ficar longe do teatro, havia perdido o vivo contato com o palco, empedernindo-se cada vez mais na glacialidade da análise. Ele próprio tinha consciência disso, como pode se verificar pelo epistolário e pelo nome com que, ironicamente, apresentou-se naquelas páginas: Tórtsov, o nome de um mercador cabeçudo, protagonista de *Pobreza Não é Vício*.

Aqui cabe perguntar: Konstantin Sierguiêivitch tem culpa pela involução do teatro soviético e eslavo nos anos do stalinismo? É culpado pela caça às bruxas que os hierofantes do pseudo-realismo empreenderam, então, em seu nome?

Responde o encenador polonês Bohdan Korzeniewski:

> Édipo Rei certamente não queria matar o pai; tampouco se casar com a própria mãe. Assim Stanislavski não tencionava usar de violência com todos os teatros dos países conquistados pela revolução; ou mesmo lhes impor uma idêntica forma morta, ou seja, uma mixórdia de lugares-comuns. Porque, na arte, este é um crime semelhante ao parricídio e ao incesto. Ainda assim, Édipo matou o pai e casou-se com a mãe. Ainda assim, Stanislavski – com sua ação póstuma – contribuiu largamente para o extermínio de cada pensamento original em teatro e para a difusão, nos palcos, de um enfado quase igual à morte[308].

Os burocratas agarraram-se à toda aridez, às escórias de suas construções, transformando em um remédio infalível cada preceito óbvio. Assumiram como paradigmas de teatro e de vida as dissertações que mais destilam tédio, aquelas em que Stanislavski torna-se pesado e irritante, como um colegial envelhecido. Tudo o que no "sistema" era supérfluo e forçado, frio exercício de obstinação ("sistema" do qual, talvez, o próprio Stanislavski nem sempre estivesse convicto), se enquadrava perfeitamente à mesquinhez daqueles tempos de intolerância que reduziram a arte a um esquálido catecismo. Compreende-se porque, depois de despertarem da narcose stalinista, muitos jovens na Rússia começaram a olhar seus ensinamentos com pouca simpatia e desconfiança.

As teorias logo tornam-se cascas vazias. Muitos princípios desta sintaxe teatral envelheceram rapidamente. Aliás o conjunto é tão maquinoso e prolixo que se o ator tivesse de se ater minuciosamente a ele, perderia o impulso e a imediatez e se transformaria em gélido gravador de fórmulas. Talvez Leonidov estivesse certo ao asseverar que o "sistema" todo possa ser resumido numa só página, condensando-o numa lacônica advertência, como a de *Hamlet* para os atores[309].

---

308. Bohdan Korzeniewski, "Posmiertna tragedia Stanislawskiego", in *"Pamietnik Teatralny"*, Varsóvia, 1956, n. 4.
309. Cf. Leonid Leonidov, "Iz zapisnikh knijek", in *Leonidov*, pp. 444-445.

Trágico destino, o de Stanislavski. À imagem fascinante daquele que outrora, pelas pesquisas obsessivas, pelas utopias, pelo generoso maximalismo, era chamado de "Dom Quixote do Teatro de Arte"[310], sobrepôs-se o venerável simulacro do chato Tórtsov, protetor e patrono de enjoativas oleografias. O processo de beatificação parece não ter fim. É necessário abrir caminho através de uma densa camada de dogmas, de enfeites interpretativos, de exegeses escolares, para redescobrir sua verdadeira efígie, sua grandeza, sua solidão.

---

310. Cf. B. Alpers, "Godi artistitcheskikh stranstvi Stanislavskovo", in *"Tieatr"*, 1963, 5.

2. Liberty* e Demonia

1

Antes de tudo seus olhos. Os olhos de Viera Fiodorovna Komissarjévskaia. "Olhos azuis sem fundo", como os da Desconhecida blokiana; largos olhos arregalados e assustados, como nos enigmáticos retratos femininos de Jawlensky[1]. Andriéi Biéli assim recorda-a: "toda olhos: dois azul-verde-cinza, absurdamente enormes olhos de órbitas profundas eletrizavam-me"[2]. Georges Pitoëff recordará até o fim *o pequeno rosto trágico, os olhos imensos e atormentados desta mulher que parecia trazer consigo a paixão da Rússia inteira pelo teatro*[3]. Os olhos e a voz encantadora, que mesmo às frases mais desgastadas dava cadências de melancólica musicalidade, velaturas de sonho.

Nascida em Petersburgo a 27 de outubro de 1864, do tenor Fiodor Komissarjévski e de uma cantora, cresceu num clima saturado de cultura, mesmo que enturvado pela discórdia dos pais. Foi a fa-

---

* Tecido leve e estampado, em estilo *Art Nouveau*, muito usado em moda e decoração na virada do século. (N. da T.)

1. Cf. Angelo M. Ripellino, *Studio introduttivo a* Poesie *de Aleksandr Blok*, Milão, 1960, pp. 44-46.

2. Andriei Biéli, *Mejdu dvukh rievoliútzii*, Leningrado, 1934, pp. 386-387.

3. Aniouta Pitoëff, *Ludmilla ma mère*, Paris, 1955, p. 47. (Em francês no original. N. da T.)

lência da fugaz experiência matrimonial (muito jovem ainda, havia se casado com um pintor) a endereçá-la à música e ao teatro. Em 1891 participou de um espetáculo da Sociedade de Arte e Literatura de Moscou, personificando, ao lado de Stanislavski, a Betsy de *Os Frutos da Instrução*[4]. Naqueles dias – relembra o diretor – "escondendo-se de todos, acompanhando-se ao violão, cantarolava a meia voz tristes romanças ciganas sobre o amor perdido, a traição e os espasmos de um coração de mulher"[5].

Surgiu em 1893 como *ingénue* em Novotcherkassk na companhia de Siniélnikov e depois de duas temporadas em Vilno (1894-1895 e 1895-1896), foi contratada pelo Aleksandrinski de Petersburgo, onde estreou, a 4 de abril de 1896, em *Die Schmetterlingsschlacht*, de Sudermann.

A Komissarjévskaia foi, acima de tudo, uma intérprete ideal de imagens contemporâneas. Em seu desenho, a Nora de *Casa de Bonecas*, a Sonia de *Tio Vânia*, a Hilde de *Solnes, o Construtor*, a Nina de *A Gaivota* eram como que variações melódicas de uma idêntica personagem. Até mesmo nos antigos textos emitia a mórbida inquietude da própria época. Em *Bespridánnica (A Donzela sem Dote)*, por exemplo, aproximando Ostróvski à dramaturgia *fin de siècle*, esboçava Larissa como uma irmã de Nina, com o mesmo ardor intelectual, com a mesma carga de padecimento. A heroína de Ostróvski transfigurava-se numa moderna e sensível criatura, numa "gaivota" partida pela rudeza mesquinha dos homens, pela aridez da vida cotidiana[6].

Embora de início desconfiasse dela, Tchékhov apreciou seu prestígio: foi a única a impressioná-lo em sua infeliz representação petersburguenha de *Tchaika (A Gaivota)*[7]. Como que gerada no mundo deste escritor, ela inclinava-se ao lirismo, um lirismo do qual transpareciam sempre os fios da tristeza. Lunatchárski observou: "Nunca pôde sacudir das asas de seu próprio talento uma cinza de luto; mesmo ao encarnar Mirandolina, estas asas, ainda que cintilantes de arco-íris, conservavam à sua volta uma negra ourela"[8].

4. Cf. "Viera Fiodorovna Komissarjévskaia v vospominainiakh ee sovriemiênikov", in *Sbornik pamiati V. F. Komissarjevskoi*, Moscou, 1931, pp. 119-120.
5. Konstantin Stanislavski, *Moiá jizn v iskústvie*, p. 177.
6. Cf. Konstantin Dierjávin, *Epokhi Aleksandrinskoi stzêni*, Leningrado, 1932, p. 138; P. Markov, *Viera Fiodorovna Komissarjévskaia*, Moscou, 1950, pp. 29-33; Aleksandra Bruchtein, *Stranitzi prochlogo*, Moscou, 1952, pp. 46-56.
7. Cf. a carta de Tchékhov a Niemiróvitch-Dântchenko de 20 de novembro de 1896, in *Tchékhov i tieatr*, p. 91.
8. A. Lunatchárski, "Artistitcheski janr Vieri Fiodorovni Komissarjevskoi", in *Sbornik pamiati V. F. Komissarjevskoi*, p. 34.

Compunha seus negros pastéis, como que envolvendo as personagens numa preexistente aflição, num imutável halo de lágrimas, inoculando no ânimo delas toda a gama dos próprios desalentos, das próprias dúvidas e tormentos. Todos os seus papéis resolviam-se numa tensão espasmódica, numa vertigem que a arremessava ao delíquio, deixando-a exausta e eriçada como um pássaro agonizante. No que lhe dizia respeito, teatro coincidia com sofrimento, com êxtase: representar era como padecer, queimar, destruir-se no fogo da personagem. Indicativo é seu amor pelas romanças ciganas, que freqüentemente intercalava nos papéis, despertando frêmitos de comoção[9].

Desdenhando as imitações e a pletora das minúcias, via com perplexidade o Teatro de Arte, sua mania de recolher os detalhes naturalistas "num macinho de belíssimas flores, admiravelmente semelhantes às flores verdadeiras". Dos atores de Stanislavski dizia: "Surpreendem-me com sua maestria, mas não sinto neles um aroma vivo"[10]. Havia nela a ânsia de viver verticalmente, a despeito da gravidade terrena. Suas interpretações foram sempre tentativas de ascensão ibseniana, fragmentos de desvairada verticalidade. Desejava que a arte teatral se elevasse das reproduções de gênero, do argiloso verismo, em direção a ideais de abstrata beleza, entreabrindo respiradouros na topografia do espírito.

Claramente, nesta sua avidez por elevação e pureza, neste seu esforço por atingir o absoluto através da labuta da interpretação, (porque a personagem somos nós mesmos, um reflexo de nossa dor) advertem-se os sinais de um estetismo que, por excesso de refinação, acaba no vazio e no vago. Mas aqui entra em jogo a sorte de toda uma geração. Esta frágil atriz, inconstante, atormentada e fanática, de fato expressou e assumiu sobre seus frágeis ombros, tal qual um cireneu, as esperanças e as angústias, as desilusões e os furores da *intelligentsia* dos anos entre Tchékhov e Blok. Em seus papéis vibrava o presságio febril de tempestuosas vicissitudes, de cataclismos. Acima de tudo porém, Viera Fiodorovna sentiu ardentemente, tal como Trepliov, a necessidade de renovar as formas. Sua vida foi uma contínua, insatisfeita busca de insólitos caminhos que, após tê-la fascinado, logo a desiludiam. Isto explica porque na estagnação e no maquinal aparato do teatro oficial logo sentiu-se pouco à vontade. Embora já famosa, a 1º de agosto de 1902 deixou o Aleksandrinski. Há quem associe este abandono às intrigas de Maria Sávina. Na realidade entre as duas intérpretes existia um antagonismo azedo: Sávina denominava a perigosa rival de "atriz de teatro de bonecas com um rostinho parecendo um punhozinho" ou "modista inspirada",

---

9. Cf. Nicolai Khodotov, *Blizkoe-daliekoe*, Moscou-Leningrado, 1932, p. 180.
10. *Idem*, pp. 142-143.

a Komissarjévskaia retribuia-lhe o apelativo de "grande atriz para pequenos negócios"[11]. Mas a profunda razão de sua deserção reside no fato de que receava entorpecer em meio à *routine* acadêmica da cena imperial. A 15 de setembro de 1904, a Komissarjévskaia abriu em Petersburgo seu próprio Teatro Dramático, que durou duas temporadas. Aquele teatro viveu do fascínio de sua melodiosa figura, de suas intensas interpretações de Ibsen, mas não trouxe nada de novo no campo da direção, que se manteve nos limites de um modesto naturalismo. Isto não podia satisfazer a atriz, que entrementes havia se aproximado das correntes modernistas.

Na *rêverie*, na névoa teológica dos simbolistas pareceu-lhe avistar uma consonância com suas aspirações em seu desejo de opor a higiene espiritual das altitudes à rudeza terrena. Soube que se planejava constituir um teatro místico de nome *Os Archotes* (*Fákely*) e de entregar sua direção a Meyerhold. No início de 1906, quase na ânsia de evitar o fato, foi ter com este diretor, que havia provocado barulho com suas experimentações na província e no Teatro Estúdio de Moscou. Encontraram-se em maio, em Moscou. A Komissarjévskaia entusiasmou-se, convenceu-se de que somente Meyerhold poderia conduzi-la àquele espiritualismo teatral que estava há tempo no ápice de seus pensamentos. Contratou-o como ator e diretor para o novo Teatro Dramático, que planejava inaugurar, no fim do outono, em Petersburgo[12].

2

Vsiévolod Emilevitch Meyerhold havia nascido em Penza a 28 de janeiro de 1874. O pai, Emil Fiodorovitch, oriundo da Alemanha e súdito alemão, possuía uma grande destilaria de aguardente. O futuro diretor, oitavo filho, batizado pelo rito luterano, recebeu os nomes de Karl Theodor Kasimir[13].

Emil Fiodorovitch interessava-se mais por vinhos e mulheres do que pela família. Sobre o jovem Meyerhold teve influxo a mãe, Alvina Danílovna, uma alemã de Riga, amante do teatro e da música: foi ela que o fez aprender piano e violino. Na casa dos Meyerhold apareciam freqüentemente atores de fama e ali davam-se, às vezes, concertos. Penza aliás contava com seu próprio teatro, onde o estudante Karl Theodor Kasimir pôde admirar as vistosas representações

---

11. *Idem*, pp. 161-162, e I. Chneiderman, *Maria Gavrilovna Sávina*, Leningrado-Moscou, 1956, pp. 279-283.
12. Cf. Nicolai Volkov, *Meyerhold*, I, Moscou-Leningrado, 1929, p. 240.
13. *Idem*, p. 7.

de célebres atores trágicos de província. Ele próprio, a partir de 1892, começou a pisar em cena em espetáculos de amadores: interpretou Repetilov em *Górie ot Umá* (*Que Desgraça o Engenho*) de Griboiedov e o seminarista Kutiéikin em *Niédorosl* (*O Menor*) de Fonvízin[14]; visto que a direção do ginásio desaprovava a atividade filodramática de seus alunos, ele assumiu o nome artístico de Ukhtomski (de Ukhtomka, a propriedade paterna nos arredores de Penza)[15].

Conseguindo se formar no curso clássico em 1895, Meyerhold, tendo em vista seu iminente casamento (a 17 de abril de 1896 se casaria com Olga Mikhailovna Munt) e para não servir o exército na Alemanha, solicitou a nacionalidade russa e converteu-se à ortodoxia, mudando o tríplice nome para Vsiévolod, em homenagem a Vsiévolod Gárchin, seu escritor predileto[16]. Foi esta a primeira de suas numerosas metamorfoses.

Em agosto de 1895 mudou-se para Moscou, matriculando-se na faculdade de direito. Apesar disso, mais do que a lei, aliciava-o o teatro. Tornou-se um assíduo freqüentador do Mali. Mais tarde dirá:

Nos anos vinte guerreei com o Mali, enquanto nos tempos de estudante estava lá praticamente todas as noites, no galinheiro. Os funcionários dos últimos andares do teatro conheciam tão bem o meu rosto e o dos meus colegas, a ponto de nos cumprimentarem cada vez que nos encontravam nas *toilettes*. Extasiávamo-nos com Iermólova, com Fiedótova com Liênski e Muzil, com os Sadóvski seniores[17].

Na Sociedade de Arte e Literatura de Moscou, a 29 de janeiro de 1896, impressionou-o o *Otelo* dirigido e interpretado por Stanislavski[18]. No verão de 1896 (e ainda no de 97), transferindo-se para Penza nas férias, representou, copiando o ator do Mali, Mikhaíl Sadóvski, vários papéis do repertório russo no Naródni Tieatr (o Teatro do Povo), ali constituído pelos exilados políticos (entre os quais estava também Aleksiéi Riêmizov)[19].

Fortalecido por essa experiência, no outono de 1896, enfrentou os exames do Instituto Dramático-Musical da Filarmônica de Moscou e, admitido diretamente no segundo ano, assistiu às aulas de Niemiróvitch-Dântchenko[20]. Em fevereiro-março de 1898, nos exames finais, representou sete personagens, entre os quais, em *Vassílisa Melenteva*

14. *Idem*, pp. 30-32.
15. *Idem*, p. 33.
16. *Idem*, p. 41.
17. Aleksandr Gladkov, "Meyerhold govorit", in *"Novi Mir"*, 1961, 8, e "Repliki Meyerholdia", in *"Tieatralnaia Jizn"*, 1960, 5.
18. Cf. Nicolai Volkov, *op. cit.*, p. 57.
19. *Idem*, pp. 60-66.
20. *Idem*, p. 67.

de Ostróvski, Ivan, o Terrível, que reduziu a um velhote rabugento, rançoso e imbecil, mas ainda arrebatado por impossíveis desejos[21]. Junto à Knipper e outros discípulos de Niemiróvitch, Meyerhold foi acolhido na companhia do nascente Teatro de Arte. A 14 de junho de 1898 ele também estava em Púchkino para o início dos ensaios.

Permaneceu no Teatro de Arte durante quatro temporadas (1898-1902). Desempenhou papéis de gênero e papéis grotescos, como, por exemplo, o do príncipe de Aragona em *Shylock* (*The Merchant of Venice*), fazendo deste um infeliz ridículo, quase uma aparição quixotesca. Mas seu papel principal foi o de neurastênico. Um papel bastante difundido naquela época pelos palcos russos.

Jorrando da falência e das cinzas do populismo, o neurastênico de teatro representava com impulsos, espasmos e sobressaltos o intelectual infeliz dos anos noventa, dilacerado por intrincadas meditações, contraído pelo gelo da alma[22]. A neurastenia teve por campeões Páviel Orliénev, Nicolai Khodotov, Illarion Pevtzov e em seguida, no Mali, Vladímir Maksímov, garboso "neurastênico de salão" que, diferentemente dos outros, exasperados e convulsos, ocultava, sob uma máscara de refinada frieza, sob o brilho de uma casaca impecável, amarguras e tormentos[23].

Com todas as atribuições e as esquisitices do papel, Meyerhold encarnou Trepliov em *A Gaivota;* Tuzenbách em *As Três Irmãs;* Johannes Vockerat em *Einsame Menschen,* de Hauptmann; Ivan, o Terrível em *Smert Ioanna Groznogo* (*A Morte de Ivan, o Terrível*), de Aleksiéi Tolstói. Varapau suspenso sobre pernas de flamingo, seco, brusco, anguloso, com uma espécie de febriculosidade estorvadora, de ofegante entorpecimento, Meyerhold era alheio aos tons líricos.

Em seu traço Trepliov mutou-se numa criatura impaciente e colérica, num emaranhado de nervos, perdendo assim a suavidade e a brandura[24]. Tuzenbách, em sua execução, não foi diferente: pedante, fosco, irritável, empastado de tédio, sem aquela maleabilidade espiritual que, ao contrário, Katchálov teria lhe dado[25]. Aliás certas falas desta personagem condiziam-lhe perfeitamente: "Sou russo, palavra de honra, nem mesmo sei falar alemão. Meu pai é ortodoxo ..." (ato I);

---

21. *Idem*, p. 87.
22. Cf. Sierguiêi Tzimbal, *Tvortcheskaia sudba Pevcova*, Leningrado-Moscou, 1957, p. 37.
23. Cf. B. Glovatzki, *Vladímir Maksimov*, Leningrado-Moscou, 1961, pp. 38-39.
24. Cf. Nicolai Efros, *Moskóvski Khudojestvieni tieatr*, p. 224 e E. Polotzkaia, "Tchékhov i Meyerhold", in *Tchékhov* (*Litieraturnoe nasledstvo*), Moscou, 1960, pp. 419-420.
25. Cf. Nicolai Efros, *op. cit.*, pp. 249-250, e E. Polotzkaia, *op. cit.*, pp. 420-421.

"Meu nome é barão Tuzenbách-Krone-Altschauer, mas sou russo, ortodoxo, como vós. De alemão restou-me bem pouco, a não ser talvez a paciência, a teimosia com a qual vos importuno" (ato II).

No papel de Johannes Vockerat, transbordando de inquietude, debatia-se furioso e enviesado como uma coruja cega; era tão fremente em suas escandescências, que alguns críticos compararam-no a um mentecapto foragido de um hospital psiquiátrico[26]. Kúgiel recorda-o naquele espetáculo: "autêntico grou solitário, sustentado-se sobre uma única perna, tal como era representado nas caricaturas"[27]. Baseando-se numa alucinante tela de Répin, que o havia impressionado na Galeria Trietiakóv, Meyerhold moldou a figura de Ivan, o Terrível exacerbando-lhe os lúgubres surtos de cólera, a decrepitude que causa escárnio[28]. Todos estes fantasmas adquiriam em seu desenho a tenebrosa essência de heróis de *roman feuilleton*. Já continham aquele elemento luciferino, que será o motor de toda a arte de Meyerhold.

Todavia, embora forçasse o azedume, extinguindo a musicalidade da imagem, Meyerhold tinha muito em comum com Kóstia Trepliov, sobretudo a repugnância pela *routine*, o desejo pungente por novas formas. Pode-se dizer que ele realmente "sofria" aquela personagem, ligando-se a ela carnalmente, como convinha, afinal, a um ator do Teatro de Arte. Noutras palavras, Meyerhold identificava-se com Kóstia, assim como a Komissarjévskaia identificava-se com Nina.

Desde o início porém, seu interesse voltou-se mais à direção do que à atuação. Aprendeu preciosas noções com Stanislavski, cujas intuição e imaginação ele exaltava[29]. Desde o início mostrou-se desfavorável aos inventários meticulosos, ao parasitismo das minúcias; em suma, à estratégia dos Meininger, àquele gênero de teatro míope que faz de cada espetáculo um obsessivo festival de detalhes.

Durante aquelas temporadas Meyerhold travou amizade com Tchékhov. Já na Filarmônica, Niemiróvitch o havia contagiado com seu próprio entusiasmo por *A Gaivota*. Eis que em Moscou, a 9 de setembro de 1898, durante os ensaios desta obra, Trepliov conhece seu poeta. Entrelaçou-se entre os dois uma intensa correspondência: as cartas do escritor ao ator perderam-se quase todas, mas conservam-se as de Meyerhold, ébrias de admiração e de afeto. Tchékhov

---

26. Cf. Nicolai Volkov, *op. cit.*, pp. 129-132 e 135-136, e E. Polotzkaia, *op. cit.*, pp. 421-424.
27. Cf. A. R. Kúgiel, "V. E. Meyerhold", in *Profili Tieatra*, Moscou, 1929, p. 66.
28. Cf. Nicolai Volkov, *op. cit.*, pp. 127-128.
29. Cf. Nicolai Efros, *op. cit.*, pp. 115-116 e Nicolai Volkov, *op. cit.*, pp. 103 e 105.

considerava com grande apreço os dotes intelectuais e as virtudes literárias do futuro diretor; Vsiévolod Emilevitch, com ardor juvenil, fez de Tchékhov seu nume. Como testemunho do tom exaltado daquelas missivas bastarão as seguintes frases:

> Ouvimos dizer que vos preparais para vir a Moscou em dezembro. Vinde logo! Não receeis o frio. Sabei que a afeição dos vossos inúmeros devotos aquecer-vos-á não somente em Moscou, mas até mesmo no pólo boreal (23 de outubro de 1899)[30].
> [...] Como podeis haver pensado que vos tenha esquecido? Seria concebível? Penso em vós sempre, sempre. Quando vos leio, quando represento vossas comédias, quando medito sobre o sentido da vida, quando encontro-me em dissídio com o que me cerca e comigo mesmo, quando sofro na solidão... (18 de abril de 1901)[31].
> Rogo-vos, não me esqueçais, porque sou-vos tão devoto quanto um cão fiel (abril 1903)[32].

Por outro lado Antón Pávlovitch também era todo cuidados: "Tchékhov queria-me bem", contará Meyerhold, "é um dos orgulhos de minha vida, uma das minhas mais caras lembranças"[33]. O ator confiava-lhe seus males, solicitava seus conselhos. Antes de interpretar Johannes Vockerat, por exemplo, recorreu a ele para sugestões. Tchékhov, que muito estimava Hauptmann[34], exortou-o a mitigar a excitação e os furores, para que a excessiva neurose não ofuscasse o autêntico sofrimento da personagem: "Eu sei, Konstantin Sierguiêivitch irá insistir neste nervosismo supérfluo, atribuindo-lhe uma exagerada importância, mas vós não cedais; não sacrifiqueis as belezas e a força da voz e da linguagem por uma inépcia como o sotaque. Não as sacrifiqueis, porque a irritação é, na realidade, somente um detalhe, uma inépcia"[35].

Pouco importa se depois, sob a influência de Stanislavski sempre à procura de hipérboles, Meyerhold não se ativesse aos conselhos, se seu obsecado Johannes, antes que conter-se, barafustava como uma mandrágora enfurecida. Para o Meyerhold dos primórdios não havia teatro fora da dramaturgia tchekhoviana; afligia-se quando o Teatro de Arte representava obras que se distanciavam demais da linha de Tchékhov; e até mesmo a dissensão com as fórmulas de Stanislavski foi se delineando nele em nome deste escritor.

30. "Pisma Meyerholda k Tchekhovu", in *Tchékhov* (*Litieraturnoe nasledstvo*), p. 436.
31. *Idem*, p. 442.
32. *Idem*, p. 444.
33. A. Gladkov, "Meyerhold govorit", in *"Novi Mir"*, e "Repliki Meyerholda", in *"Tieatralnaia jizn"*, cit.
34. Cf. a carta de Tchékhov a A. Suvórin de 19 de agosto de 1899, in *Tchékhov i tieatr*, p. 104.
35. "Novonaidienie i nesobránie pisma Tchékhova", in *Tchékhov* (*litieraturnoe nasledstvo*), pp. 227-228. Cf. também in *Tchékhov i tieatr*, pp. 109-110, e além disso a carta de Tchékhov a Knipper de 2 de janeiro de 1900, *idem*, p. 110.

Sabem quem fez despertar em mim a dúvida de que nem todos os caminhos do Teatro de Arte fossem válidos? Antón Pávlovitch Tchékhov... Sua amizade com Stanislavski e com Niemiróvitch-Dântchenko não era absolutamente tão idílica e tão desanuviada como se lê nos almanaques. Discordava em muitos pontos daquele teatro, e muitos os criticava com toda franqueza. Mas não aprovou minha deserção. Escreveu-me dizendo que era lá que eu deveria permanecer, para contestar internamente aquilo com o que não concordava[36].

A discordância com certos princípios stanislavskianos, a convicção de que seus dotes de atuação já não fossem tão apreciados, a monotonia de seu papel e, acima de tudo, a cobiça pelo novo levaram-no, na primavera de 1902, a abandonar o Teatro de Arte. Em agosto do mesmo ano, como já dissemos, a Komissarjévskaia desligou-se do Aleksandrinski.

3

"Os critérios dos Meiniger tornaram-se meus principais inimigos", afirma Meyerhold, "e visto que, de certa forma, o Teatro de Arte seguia o método dos Meininger, em minha luta por novas formas cênicas fui obrigado a também declarar inimigo o Teatro de Arte."[37]

Não se pode afirmar, porém, que no momento de sua saída da esfera de Stanislavski ele já tivesse idéias muito exatas. Aliás em sua inquietude adverte-se algo de artificioso, uma certa ostentação, como em todos os langores dos decadentes. Numa carta a Tchékhov de 18 de abril de 1901 havia até mesmo mencionado propósitos suicidas. O papel de neurastênico havia-se colado a seu ser, numa espécie de "revivescência" às avessas: "sou irascível, caviloso, desconfiado, todos consideram-me um homem desagradável"; "minha vida me parece a longa, penosa crise de uma terrível doença crônica. Aguardo, aguardo somente que se resolva, de um modo ou de outro"[38].

Com Alieksandr Kocheverov, outro trânsfuga do Teatro de Arte, fundou uma "Companhia de Artistas Dramáticos Russos", que viria a trabalhar em Kherson, na Ucrânia. Tchékhov escreveu então à Knipper: "Gostaria de me encontrar com Meyerhold e falar-lhe, dar-lhe ânimo; em Kherson não terá uma tarefa fácil. Lá não há um

36. Cf. Aleksandr Gladkov, "Vospominania, zamiétki, zapisi o V. E. Meyerholde", in *Tarúskie stranitzi*, Kaluga, 1961, p. 302.
37. Vsiévolod Meyerhold, *O tieatre*, Petersburgo, 1913, p. 14.
38. "Pisma Meyerholda k Tchekhovu", in *Tchékhov (Litieraturnoe nasledstvo)*, pp. 442-443.

verdadeiro público de teatro, ainda precisam do teatro de feira. Kherson não é a Rússia, tampouco a Europa"[39].

Mesmo na província, Meyerhold não desviou sua atenção de Tchékhov. Abriu a temporada a 22 de setembro de 1902, com *As Três Irmãs* e concluiu-a, a 16 de fevereiro de 1903, com a mesma obra. Embora em teoria não aceitasse as receitas de Stanislavski, na prática seu repertório e os seus espetáculos favoreciam a tal ponto aqueles métodos que a companhia tinha todo o aspecto de uma remota filial do Teatro de Arte[40]. Pela primeira vez os espectadores da província, acostumados àqueles *cabotins* que atamancavam seus números de declamação sem cuidar do conjunto, compreenderam os méritos de uma estrutura harmoniosa e consciente.

Na segunda temporada em Kherson, ficando sozinho a dirigi-la, Meyerhold rebatizou a companhia de "Associação do Novo Drama" (*Továritchestvo Novoi Drami*) e continuou no rastro do Teatro de Arte, enriquecendo todavia o repertório (talvez por mérito de Riêmizov, seu consulente) com textos de Maeterlinck, Schnitzler, Sudermann, Przybyszewski. Igual incerteza de diretrizes marca sua terceira temporada na província, desta vez em Tiflís, aberta a 26 de setembro de 1904 com *As Três Irmãs*, e encerrada a 27 de fevereiro de 1905 com a mesma comédia. Se por um lado Meyerhold tentou romper com o realismo habitual, representando textos modernos como *Snieg* (*A Neve*), de Przybyszewski, por outro, nas direções tchekhovianas, retomou meticulosamente todas as fórmulas visuais e acústicas do Teatro de Arte[41].

Naqueles anos, contudo, Tchékhov era para ele uma bandeira da oposição teórica aos "moscovitas"; em cada palavra de Tchékhov ele procurava incentivos ao combate contra o naturalismo; engenhava-se para descobrir em seus "poemas" dramáticos uma filigrana simbólica, que permitisse lê-los com propostas diferentes das de Stanislavski. Numa carta para Antón Pávlovitch – a última – de 8 de maio de 1904, analisa com expedientes caprichosos *O Jardim das Cerejeiras*, colhendo neste indícios imperscrutáveis, dimensões misteriosas:

> Vossa comédia é abstrata como uma sinfonia de Tchaikóvski. E o diretor deve captá-la antes de mais nada com a audição. No terceiro ato, sobre o fundo do banal *tropel* – este *tropel* é necessário ouvi-lo –, imperceptível o Horror adentra. "O jardim das cerejeiras está vendido". Dança-se. "Está vendido". Dança-se. Assim até o fim. À leitura, o terceiro ato suscita uma impressão análoga à do assobio insistente nos

---

39. Cf. E. Polotzkaia, "Tchékhov i Meyerhold", in *Tchékhov.(Litieraturnoe nasledstvo)*, p. 429.
40. Cf. Nicolai Volkov, *op. cit.*, p. 161, e S. Tzimbal, *Tvortcheskaia sudba Pevcoca*, pp. 31-33.
41. *Idem.*, pp. 184-186.

ouvidos do enfermo, em vosso conto *O Tifo*. Não sei que estranho prurido. Uma alegria em que se ouvem os sons da morte. Neste ato há algo de maeterlinckiano, de pavoroso[42].

Esta interpretação coincide com o julgamento dos simbolistas, que também flagraram, nas comédias de Tchékhov, rugas de arrepios, deslumbres de negra metafísica, igualando seus personagens a "máscaras do horror", a "encarnações do caos universal"[43]: em suma, a trágicas larvas de um mundo em esfacelo. Ou seja, um Tchékhov que já não é cinema de miragens, nem contraponto de sons naturalistas, e sim emaranhado de pressentimentos fatais, de ruídos sinistros, alvoroço de aparições espíritas.

Mais tarde, para escorar as próprias teorias que negavam as reproduções cênicas, Meyerhold lembrará um episódio dos primórdios do Teatro de Arte, episódio que mostra a desconfiança de Tchékhov em relação às amplificações de Stanislavski, aos sub-rogados e ao abuso de detalhes:

> Um ator conta a Antón Pávlovitch, assistindo pela segunda vez aos ensaios de *Tchaika* (11 de setembro de 1898), que durante o espetáculo, atrás dos bastidores, haverá sapos coaxando, cigarras estridulando, e cães latindo.
> – Com que fim? – pergunta contrariado A. P.
> – Para que tudo seja real – responde o ator.
> – Real – repete A. P., sorrindo de escárnio; após uma pequena pausa, acrescenta:
> – A cena é arte. Kramskói pintou um quadro, onde estão magnificamente representados alguns vultos. E se substituíssemos o nariz de um desses vultos por um vivo? O nariz seria "real", mas a tela estaria arruinada.
> Um ator anuncia, orgulhoso, que no fim do terceiro ato o diretor quer colocar em cena todos os criados e uma criada com uma criança em prantos.
> A. P. diz:
> – Não é necessário. É como se vocês tocassem um *pianíssimo*, e naquele instante a tampa do piano caísse.
> – Na vida acontece amiúde que no *pianíssimo* irrompa um *forte* de modo totalmente inesperado – procura contestar alguém do grupo dos atores.
> – Sim, mas a cena – diz A. P. – exige uma certa convenção. Não existe uma quarta parede. Além disso a cena é arte, a cena reverbera em si a quintessência da vida, não há necessidade de lhe imitir nada de supérfluo[44].

"Convenção", "quintessência da vida": eis os termos mágicos que guiarão as experiências de Meyerhold. Sua pesquisa por um teatro simbólico motiva-se das máximas, da criação, e diria até da essência tonal de Tchékhov. Enquanto isso, porém, seu trabalho na província patenteia uma estranha duplicidade, uma paradoxal incon-

---

42. "Pisma Meyerholda k Tchekhovu", in *Tchékhov* (*Litieraturnoe nasledstvo*), p. 448.
43. Cf. Andriei Biéli, "Vichnievi sad", in *"Vesí"*, 1904, n. 2.
44. Vsiévolod Meyerhold, *O Tieatre*, p. 24.

gruência. Ele afasta-se do âmbito dos "moscovitas" em nome de Tchékhov, apega-se aos pensamentos do dramaturgo para opugnar as reproduções veristas, o teatro *fac-simile* – apesar disso continua a representar suas obras, inclusive *O Jardim das Cerejeiras*[45], com os esquemas de direção e o pedante minuciosismo de Stanislavski.

4

Eis porém que Stanislavski também intui a exigência de inovação. Ele sabe que seu teatro está cada vez mais se tornando – como dizia Kúgiel – *gramofone de arte trivial*[46], fareja no ar o cheiro do simbolismo (em outubro de 1904 haviam sido publicados os *Versos sobre a Belíssima Dama*, de Blok), compreende que os hábitos naturalistas (aquele modo de ver o mundo por uma perspectiva de rã) não se ajustam à dramática moderna, que é mais avançada e mais audaz do que a direção. Enquanto Meyerhold azafama-se à procura de fórmulas inéditas, embora sem conseguir desvencilhar-se dos preceitos de Stanislavski, Stanislavski investe numa saída do fortim do naturalismo em direção às nebulosas posições de Meyerhold.

Encontrando-se em Moscou, determinaram-se a dar vida a uma sucursal do Teatro de Arte, onde Meyerhold realizaria uma série de experimentações com textos modernos. Nasceu assim, a 5 de maio de 1905, o Teatro-Estúdio, conhecido também pelo nome de Teatro-Estúdio da Rua Povarskáia[47]. É curioso que justamente Konstantin Sierguiêivitch promovesse as primeiras tentativas do chamado "teatro convencional" (*uslovni tieatr*), ou seja do anti-realismo: "capricho" que certamente a velha guarda não lhe perdoaria. Primeiramente Meyerhold providenciou a substituição da maquete verista pelo esboço pintado, dirigindo-se a cenógrafos próximos aos simbolistas: Sapunov e Sudiéikin para *La Mort de Tintagiles*, de Maeterlinck, Nicolai Ulianov para *Schluck und Jau* de Hauptmann. Aos "pavilhões" completos, às meticulosas decorações de um Simov, seguiram-se os cenários-painéis, os telões de fundo alusivos.

O ator devia harmonizar-se com o telão de fundo, quase perdendo espessura, transformando-se numa mancha decorativa. Seus gestos, afastados da balbúrdia da vida, seriam majestosos e fleumáticos, porque não se devia turvar com ímpetos ou vacilações a composição pictórica, a plasticidade do conjunto. Suas falas, escandidas

---

45. Cf. E. Polotzkaia, "Tchékhov i Meyerhold", in *Tchékhov* (*Litieraturnoe nasledstvo*), pp. 432-433.
46. Cf. Nicolai Khodotov, *Blizkoe-daliekoe*, p. 218.
47. Cf. Nicolai Volkov, *op. cit.*, pp. 196-199.

com frieza impassível e o cinzel nítido das palavras, assumiriam o acento de siglas perenes, uma absorta gravidade batismal. Ou seja, Meyerhold exigia que o atuar se transformasse num enredo de posturas sublimes, de *clins d'oeil*, de lentas trajetórias gestuais, que os atores se delineassem contra o achatado telão de fundo como uma vegetação cromática de fantoches sonâmbulos, de congeladas figuras egípcias⁴⁸.

Desta forma veio se delineando aquele teatro da imobilidade, que poderia ter escolhido por emblema o que diz de si a Beleza num soneto de Baudelaire:

> je hais le mouvement qui déplace les lignes
> et jamais je ne pleure et jamais je ne ris*

Estamos portanto em intenso simbolismo. Não por acaso o Teatro-Estúdio foi apoiado pelos redatores da revista *Vesí* (*A Balança*) e teve seu próprio escritório literário, presidido pelo poeta Valiéri Briúsov⁴⁹. Não por acaso deu tanto destaque às tramas musicais. Com a assistência do compositor Iliá Satz, Meyerhold impostou a obra de Maeterlinck como uma espécie de "drama em música", em que um coro *a cappella* pontuaria a ação, expressando o cicio da multidão, o mugido do vento, o fragor da ressaca⁵⁰.

Começa no teatro russo a grande época da estilização e do maneirismo. Do *Scherzspiel* de Hauptmann o diretor propunha-se extrair um elegante jogo setecentista, ao gosto dos dengosíssimos quadros de Sómov, com crinolinas e perucas brancas e bosquezinhos e variações de madrepérola. No terceiro ato, por exemplo, as damas da corte, com exageradas crinolinas e perucas enormes, parecendo camadas de nuvens, deviam sentar-se na ribalta, como uma fila de bonecas dentro de cestas de verdura. Todas, ritmicamente, ao som de um distante dueto de harpa e cravo, deviam bordar com agulhas de marfim uma única e longuíssima fita, que escorria sobre seus joelhos⁵¹.

Os ensaios tiveram início a 1º de junho de 1905, na propriedade de Mamontovka, numa "cocheira" análoga à de Púchkino. Ensaiaram

---

48. *Idem*, pp. 207-208, e Ievg. A. Znosko-Boróvski, *Rúski tieatr nátchala XX vieca*, pp. 264-265.
* "Odeio o movimento que desloca as linhas / e nunca choro e nunca rio". (N. da T.)
49. *Idem, op. cit.*, pp. 211-212, e S. Popov, "K. S. Stanislavski i Studi", in *O Stanislavskom*, p. 342.
50. *Idem, op. cit.*, pp. 206-207.
51. Cf. Vsiévolod Meyerhold, *O Tieatre*, pp. 9-10; Ievg. A. Znosko-Boróski, *op. cit.*, pp. 261-262; V. Verigina, "K. S. Stanislavski i Studi", in *O Stanislavskom*, pp. 359-360.

durante todo o verão. O Teatro-Estúdio deveria ser inaugurado a 10 de outubro. Mas as vicissitudes da revolução adiaram forçosamente a estréia. De adiamento em adiamento acabou não abrindo, limitando-se a uma só apresentação, para convidados, do drama maeterlinckiano[52].

Não é muito difícil compreender que a brusca suspensão deste empreendimento não deve ser imputada apenas às tempestades revolucionárias. Com o mesmo ardor com que havia saído dos baluartes do naturalismo, Stanislavski voltou para sua toca ao perceber que Meyerhold, levado pelo ímpeto, estava conduzindo as experimentações até imprevisíveis conseqüências. Amedrontava-o, antes de mais nada, a idéia de que o intérprete pudesse se transformar num frígido signo pictórico. Sem levar em conta que os veteranos do Teatro de Arte podiam, no máximo, acatar pacatas modificações e não uma subversão tão radical de seus princípios.

Vencidas enfim as incertezas que ainda o atrapalhavam na província, Meyerhold agora estava decidido a "esmagar e queimar os procedimentos antiquados do teatro naturalista"[53]. Era preciso impedi-lo. Por outro lado, no âmbito do Teatro de Arte, de modo algum teria conseguido efetuar integralmente suas reformas. Como inocular, por exemplo, aqueles tipos de interpretação inautêntica em atores educados pela escola de Stanislavski, que quebravam, com imprevistos recursos realísticos, no gesto e no tom, a majestosidade, a abstração convencional?

Falido o empreendimento, foi-se à Petersburgo, para se aproximar dos simbolistas que, a cada quarta-feira, reuniam-se na "torre" de Viatcheslav Ivânov, e de lá para Tiflís, onde, no início de 1906, foi alcançado pelo convite da Komissarjévskaia.

5

O (novo) Teatro Dramático de Viera Komissarjévskaia (ou seja, o Teatro da rua Oficiérskaia) foi inaugurado a 10 de novembro de 1906 com *Hedda Gabler*, de Ibsen. Era uma sala simples e severa, sem estuques ou falsas decorações, onde a nitidez de um semicírculo de colunas brancas rivalizava com o colorismo vistoso do pano de boca de Bakst[54].

A partir do fim de setembro, à espera da inauguração do teatro, a Komissarjévskaia promoveu, todos os sábados, reuniões literárias.

---

52. Cf. Nicolai Volkov, *op. cit.*, pp. 213-214.
53. Vsiévolod Meyerhold, *O Tieatre*, p. 7.
54. Cf. Aleksandra Bruchtein, *Stranitzi prochlogo*, Moscou 1952, pp. 84-85.

14. Vsiévolod Meyerhold.

Nestes "sábados", que na história da moderna cultura russa ladearam as "quartas-feiras" da "torre" de Ivânov e as "segundas-feiras" do teatro RSFSR Primeiro, Viera Fiodorovna e sua companhia irmanaram-se aos simbolistas. À sua volta e à de suas jovens atrizes afluíam poetas como Blok, Kuzmín, Sologúb; pintores como Sudiéikin, Sómov, Bakst, Sapunov, e místicos, e *snobs*, e fanáticos das novas tendências[55].

A direção de *Hedda Gabler* tumultuou o mundo da arte. Meyerhold tinha se proposto a depurar a obra ibseniana de qualquer referência concreta, de qualquer expediente de gênero. Queria que o tema melódico do espetáculo fosse o outono agonizante, o frio outono dourado (como nos quadros de Isaac Levitán), que a representação tivesse uma apagada e espectral cadência nórdica. Hedda devia encarnar o espírito do outono, seu luxo, seu esvaecimento[56].

A idéia do outono, à qual Ibsen alude fugazmente, havia se ampliado em Meyerhold durante a breve *tournée* que em agosto-setembro havia realizado com Viera Fiodorovna nas regiões ocidentais do império russo. Numa carta de Kaunas, datada de 9 de setembro, encontram-se estas palavras: "Como brancas e vermelhas manchas em brancas e vermelhas tiras ofereciam-se ao céu as igrejas, com orgãos e incenso. O Niemen estava congelado e o outono, em seu invólucro dourado, não receava extinguir-se. O ouro tinia, o ouro vibrava, o ouro inebriava, o ouro do outono morrente"[57].

Estamos transpondo, leitor, o limiar do impressionismo teatral. Os cenários de Sapunov representavam esplendidamente o delírio congelado das cores outonais, mesmo que não correspondendo exatamente ao contexto do drama. Fiodor Komissarjévski, irmão da atriz, insinuou que o cenógrafo sequer conhecia o texto, ou que no máximo havia dado uma olhadela no início da obra[58].

Rendas de prata emolduravam a boca de cena. O telão de fundo era ocupado à direita por uma enorme vidraçaria sobre a qual arraigavam-se sarmentos de madressilva (vidraçaria que permitia entrever um céu azul-esverdeado, repleto de estrelas no último ato) e à esquerda por um gobelino azul, onde se delineavam as imagens diáfanas de uma mulher e de um cervo. Sob o gobelino havia um longo e estreito divã, cujo revestimento azul ficava ocultado por peles alvas.

---

55. Cf. Sierguêi Gorodietzki, "V. F. Komissarjévskaia i simvolisti", in *Sbornik pamiati V. F. Komissarjevskoi,* cit, pp. 62-66.
56. Cf. Nicolai Volkov, *op. cit.,* pp. 262-263, e Pável Novitzki, *Sovriemiênie tieatrálnie sistiêmi,* Moscou, 1933, p. 53.
57. Cf. Nicolai Volkov, *op. cit.,* p. 257.
58. Fiodor Komissarjévski, "Sapunov-dekorator", in *"Apollon",* 1914, 4.

A maciça poltrona de Hedda, que dominava o lado direito, também estava coberta por brancas e macias peles (poderia se compor uma história das direções meyerholdianas através de uma cuidadosa resenha das esquisitas e atulhantes poltronas: do branco assento de Hedda à otomana floral de *O Inspetor Geral* até a poltrona estofada de Pobedonósikov em *Vânia*). Ao lado dessa, num suporte coberto por tecidos azuis, oferecia-se ao olhar uma descomunal ânfora verde, envolta por heras. À esquerda, através dos bastidores, avançava um piano branco, do qual pendiam, até sobre o tapete azul de reflexos dourados, tiras de tecido ouro-azul. Sobre o piano e sobre a mesa cândidos crisântemos encaravam-nos insistentes de seus vasos brancos e azuizinhos. Havia crisântemos até mesmo no espaldar da poltrona de Hedda. A volumosa poltrona, o divã sob o gobelino e os bancos eram de linhas fantasiosas, histericamente contorcidas[59]. A sala de Hedda tornou-se uma espécie de estufa exótica, de capela decadente, comparável ao Éden subterrâneo onde vive o andróide Hadaly em *L'Eve Future*, de Viliers de l'Isle-Adam, e ao extravagante Museu de Angelika em *Paluba* (*O Ídolo*), de Irzykowski.

Os figurinos "bombom" de Vassíli Miliotti, também sem nenhuma atinência real, harmonizavam plenamente com aquele artifício. Cada figura foi marcada por uma dominante cromática. Assim, na roupa de Jörgen Tesman prevalecia o cinza-chumbo; o cinzento nos panos do assessor Brack; o marrom era a cor de Eilert Lövborg, o rosa era a de Thea Elvsted, enquanto Hedda (Komissarjévskaia) vestia um figurino verde-rusalka* brilhante como de fagulhas, uma desgrenhada peruca avermelhada, e requintados sapatinhos que, despontando por debaixo do vestido, "pareciam cabecinhas afiadas de serpente, a olhar cautelosamente através de uma densidão de juncos palustres"[60]. Usando as palavras de Fiodor Komissarjévski, Hedda parecia o espectro de uma verde-azulada Belíssima Dama do Norte, num nórdico reino de contos de fadas"[61].

Meyerhold já havia dado um sinal deste colorismo em junho-julho, em alguns espetáculos realizados pela Associação do Novo Drama em Poltava, espetáculos que lhe haviam servido para afinar as fórmulas de direção simbolista. Em *Os Espectros*, por exemplo, em que Regine Engstrand estava de vermelho-flamejante e ele próprio,

---

59. Cf. Fiodor Komissarjévski, *Sapunov-dekorator* cit.; Ievg. A. Znosko-Boróvski, *op. cit.*, p. 275; Nicolai Volkov, *op. cit.*, pp. 263-264; D. Talnikov, "Jivopis v tieatre", in "*Litieraturni Sovriemiênik*", 1935, 7; Aleksandra Bruchtein, *op. cit.*, pp. 86-89.

* Rusalka; princesa que, segundo a lenda popular russa, transformou-se em sereia por não acatar as determinações matrimoniais do pai. (N. da T.)

60. Aleksandra Bruchtein, *op. cit.*, p. 88.
61. Fiodor Komissarjévski, *Sapunov-dekorator,* cit.

nas vestes de Osvald, estava todo ataviado de negro[62]. Mais tarde, ao montar *Niu*, de Osip Dimov, Mardjánov levará aos extremos tais sutilezas cromáticas: sobre o fundo de telas marrons, entre móveis revestidos de tecidos marrons, atores em marrom, das perucas aos sapatos, fumavam cigarros marrons e cheiravam rosas marrons[63]. Que pesadelo!

Em *Hedda Gabler* cada intérprete devia emprestar à sua personagem um constante comportamento estatuário: Brack imitava os movimentos de um fauno sobre um pedestal; Hedda, sentando na poltrona coberta por brancas peles como num trono, posava de rainha impassível. Estando o fundo muito próximo ao proscênio, o espaço de ação resultava estreito e os atores viam-se obrigados a cuidar minuciosamente da precisão do gesto, da eloqüência pictórica do porte. Mais do que representar, passavam de pose em pose como modelos, rodavam a cabeça sem virar o busto, deslizavam com passos felpados, como sobre o feltro de uma floresta, com uma gravidade pela qual as paixões e os afãs mal transpareciam, desfiando-se em fracas vibrações, em sobressaltos, em rebarbas de tédio.

A rigidez contraída, a frieza dos movimentos, a brancura de *Alpentraum* e o dialogar assonado, monótono, fizeram do espetáculo um inabalável bloco de gelo. Como se do compósito fasto outonal exalasse um cheiro de coisas murchas, um frio de morte. Poderíamos comparar a encenação de *Hedda Gabler* às líricas de *Ouro em Azul* ou antes à *Sinfonia Nórdica* de Biéli, onde também uma abstrata princesa boreal vagueia num lampejante reino encantado.

Bastaram poucas apresentações para que a crítica se revoltasse, encabeçada no ataque por Kúgiel, que desatou nesta diatribe: "No teatro semi-asfixiado e em delíquio, baixou uma áspide, que se pôs a chutá-lo. O que nós chamamos de teatro está se transformando em Exerzierhaus, em caserna, em falanstério*, em colônia militar de Araktcheev"[64]. O diretor foi acusado de sufocar o talento da Komissarjévskaia, usando-o como a uma cobaia, obrigando-a a apagar sua admirável voz numa rouca e velada "trepidação mística".

No entanto tal trepidação, similar ao frêmito de uma vela lutando contra o vento, demonstrou-se extremamente apropriada na montagem de *Soeur Béatrice*, de Maeterlinck (com cenário de Sudiéikin), a 22 de novembro[65]. Esta direção também foi inspirada por impressões colhidas

---

62. Cf. Nicolai Volkov, *op. cit.*, pp. 245-246.
63. Cf. Gueórgui Krijítzki, *K. A. Mardjánov i Rúski tieatr*, Moscou, 1958, p. 64.

* Comunidade de produção preconizada pelo socialista utópico Fourier, no século 19. (N. da T.)

64. Cit. in *Sbornik parmiati V. F. Komissarjevskoi,* p. 18.
65. Cf. Aleksandra Bruchtein, *op. cit.*, pp. 90-95.

por Meyerhold em sua viagem à Lituânia. Numa carta de Kaunas, de 8 de setembro, ele havia descrito assim uma função religiosa:

...o orgão tocava. Longas alamedas de véus brancos. Um suave tilintar de sininhos de prata, sacudidos pelas delicadas maõs de moços pálidos. Um coro de anjos. Estandartes de rendas macias e cheirosas. Velas e luz do dia filtradas pelos vidros. Incenso, espirais de fumaça subindo dos turíbulos, outono dourado às janelas[66].

Cheio de encanto pelo "exotismo" católico, Meyerhold propôs-se a imergir o espetáculo num austero clima de devoção. Reduziu mais uma vez o espaço cênico, levando os painéis pictóricos quase à beira da ribalta[67], moldou a postura das figuras sobre a das personagens de antigas pinturas sacras, sobretudo de Memling e de Botticelli[68]. O espetáculo desenrolava-se como uma seqüência de quadros vivos[69]; os contemporâneos relembram especialmente o "afresco" da morte de Beatriz (Komissarjévskaia), baseado nas "deposições" dos primitivos[70].

Nas cenas de conjunto, o teatro "convencional", à diferença dos naturalistas, abstinha-se de caracterizar um a um os figurantes, recolhendo-os, ao contrário, num coro uniforme nas poses e nos movimentos. Todas iguais, as freiras de hábitos azuis deslizavam cautelosas, com gestos sovinas, cuidando para não alterar a harmonia do conjunto: de perfil, achatadas contra as pinturas do fundo, "como um maravilhoso arabesco sobre a pedra cinza de uma vetusta catedral"[71]. Suas falas eram débeis murmúrios, escandidos por longas lacunas de pausas. A representação toda possuía uma desesperada preguiça ritual, como se o ritmo idêntico daquelas figuras não retratasse o afã dos homens, e sim o lento movimento dos astros.

Iguais pesquisas de simetria cênica e de composição dos grupos em frígidos baixo-relevos, igual tendência a oferecer os atores de perfil como valetes de baralho, igual aspiração de congelar o dinamismo do teatro numa cerimoniosa imobilidade revelou a direção de outros espetáculos, principalmente a de *Odwieczna Basn* (*O Poema Eterno*), de Przybyszewski, a 4 de dezembro, concebida como uma brincadeira de crianças adultas. Mas o espetáculo-eixo destas experimentações foi *Balagántchik* (*A Pequena Barraca**), de Blok,

66. Cf. Nicolai Volkov, *op. cit.*, pp. 256-257.
67. Cf. Vsiévolod Meyerhold, *op. cit.*, p. 196.
68. Cf. Aleksandr Tairov, *Zapíski riejissiera*, Moscou, 1921, p. 27.
69. Cf. A. Kúgiel, "V. E. Meyerhold", in *Profili tieatra*, pp. 85-86.
70. Cf. Ievg. A. Znosko-Boróvski, *op. cit.*, pp. 283-284.
71. *Idem*, p. 281.
* Trata-se aqui das barracas de feira, nas quais tradicionalmente havia espetáculos populares (N. da T.)

apresentado a 31 de dezembro, junto ao *Miracle de Saint-Antoine*, de Maeterlinck.

6

A obra, que Blok havia composto em janeiro para o sonhado e projetado teatro Os Archotes, era extraordinariamente apta às invenções meyerholdianas. O encontro com este poeta foi um momento decisivo na vida do encenador, como o seria mais tarde a sociedade com Maiakóvski. A história de Colombina, "namorada de papelão", surrupiada por Arlequim ao ingênuo Pierrot; o deslumbramento dos místicos que nela distinguem uma alegoria da morte; o desengano do tintinante Arlequim que, ansioso de evadir-se para o mundo real, pula pela janela do teatro mas acaba de pernas para o ar no vazio, dilacerando o horizonte de papel de seda (porque a realidade também é fictícia): tudo isso forneceu a Meyerhold a oportunidade de um espetáculo excêntrico e inquietante[72].

Se em *Hedda Gabler* e em *Sœur Béatrice* havia empregado chapados e exornativos telões de fundo, comprimindo o espaço cênico numa delgada tira em cujos limites os intérpretes executavam um equilibrismo de poses, uma espécie de *statuary act* – agora, assistido por Sapunov, abre a cena em profundidade.

Telas azuis cobriam as laterais do palco e neste perímetro azul surgia um teatrinho, que nós imaginamos como certos teatrinhos encantados de Klee. Seu urdimento não tinha bambolinas, para que cada um pudesse distinguir o entrelaçamento de cabos e contra-pesos. Primeiro exemplo de um expediente que reaparecerá freqüentemente nas direções meyerholdianas, o ponto, num bizarro figurino, baixava à vista do público em sua caixa, acendendo as velas à sua frente. O cenário do teatrinho constituía de início um banal "palco interno", evidente paródia dos interiores dos velhos teatros oficiais. Ladeando a janela estavam uma mesinha, um vaso de gerânios e uma cadeira de ouro, onde enlanguescia o enamorado Pierrot. Em frente ao público, em uma longa mesa envolvida de tecido preto (debaixo da qual, daí a pouco, Arlequim despontaria) os místicos tronejavam imóveis, arremessando à platéia suas falas truncadas[73].

72. Cf. Angelo M. Ripellino, "Studio introduttivo", in *Poesie* di Aleksandr Blok, Milão, 1960, pp. 30-32.
73. Cf. Aleksandr Golovin, "Vstriétchi i vpetchatlenia", in *Golovin*, Leningrado-Moscou, 1960, pp. 94-95.

Após a revolução, quando ainda aluno de Meyerhold, Siérguêi Eisenstein concebeu uma direção de *O Gato de Botas* no tom de *Balagántchik*. Ele também almejava construir um teatrinho no teatro, mas do avesso, quase num jogo de espelhos, para que os espectadores o entrevissem como que dos bastidores. As personagens de Tieck teriam assim uma dupla existência, ora representando de costas, voltadas para um público imaginário, ora descendo do teatrinho sobre o tablado, como nos bastidores[74].

Os místicos envergavam negras casacas, que na realidade eram somente perfis de papelão pintados com gesso e fuligem. Os atores enfiavam as mãos em fendas redondas entalhadas nos bustos de papelão e apoiavam estupidamente a cabeça aos colarinhos, também de papelão[75]. Como quando, nas aldeias espanholas, sobre telões de fundo representando arenas de corridas, cola-se a cabeça aos troncos de papelão pintados de toreiros e bailarinas, para tirar-se o retrato. Meneavam ritmadamente a cabeça, como espantalhos agitavam convulsivamente as mãos: sobre a mesa parecia deslizar algo de repugnante, como a sombra de um rato[76].

Mas tão logo despontava a frívola Colombina, as cabeças e as mãos dos místicos precipitavam no abismo, deixando uma fila de bustos inertes, de negros contornos sem articulações. A boneca amarela, travestimento cômico da Belíssima Dama, aterrorizava a tal ponto essas casacas sem alma, estes *bonshommes* Biedermeier que, em nossa fantasia, chegam a aparentar-se aos anacronísticos homenzinhos de cartolas descomunais das caricaturas de Feininger. Assim Meyerhold dilatou até dimensões grotescas o sarcasmo com que Blok havia chasqueado a si mesmo e a seus amigos teósofos. Para aumentar a mordacidade da burla, de tanto em tanto surgia, vindo dos bastidores, o tolo personagem do Autor, para se queixar do espetáculo. A cada vez ele era interrompido por um maquinista invisível, que o puxava pelas abas da sobrecasaca.

Parecia que o diretor quisesse igualar a representação a uma manobra de bonecos mecânicos. Não por acaso, naquela mesma noite, na obra de Maeterlinck, ele compôs os burgueses rapinadores como malignos e insolentes fantoches que se apinhavam em volta da rica defunta. O marionetismo de *Balagántchik* reviverá nas estátuas de cera de *O Inspetor Geral*; assim, a mesa, à qual os místicos se sentam como malignos e insolentes bonecos de trapos molhados, reaparece em *Górie ot Umá* (*Que Desgraça o Engenho*) no episódio dos mexericos sobre Tchátzki.

74. Cf. Sierguêi Iutkiévitch, *Kontrapunkt riejissiera*, Moscou, 1960, p. 228.
75. Cf. Vsiévolod Meyerhold, *op. cit.*, p. 172.
76. Cf. Andriei Biéli, "Simvolitcheski tieatr" (1907), in *Arabeski*, Moscou, 1911, pp. 310-311.

Deve-se notar, porém que neste espetáculo, rico em reminescências do romantismo alemão e principalmente próximo às fabulas dramáticas de Ludwig Tieck, o teatro da imobilidade contradiz os próprios princípios, porque estão imóveis somente os perfis negros dos místicos; todo o resto é dança de roda de máscaras, irrequietude, desordem. Basta pensar que de repente os cenários voavam pelos ares, perdendo-se entre os contrapesos e as roldanas do urdimento, e a caixa cênica desnudava-se, como acontecerá mais tarde, na época do construtivismo dos anos vinte.

A Komissarjévskaia não participou da representação; Meyerhold interpretou Pierrot. Fantasma em branco saio com ampla gorjeira e longuíssimas mangas-asas, seu Pierrot era brusco e impetuoso, todo contorções, com rasgos que lembravam o nervosismo de seu Kóstia. Seus suspiros eram acompanhados pela, usando uma frase de Biéli, "deliciosamente tola e aflita música de Kuzmín"[77]. É estranho imaginar na ribalta, no final do espetáculo, entre os ventos contrários dos aplausos e dos gritos, o branco Pierrot-Meyerhold; e Blok, em sua casaca, tímido, com lírios brancos nas mãos.

A encenação de *Balagántchik* marca o início de uma nova época no teatro russo. Este carrossel de máscaras inaugura um período em que a cena russa será dominada pelo demônio da *Commedia dell'Arte*. Há, na obra de Blok, uma personagem episódica, um palhaço que, golpeado na cabeça pela espada de madeira de um paladino a quem mostrou a língua, afrouxa-se na ribalta, pingando suco de murtinho, em lugar de autêntico sangue. Eis que aquele suco de murtinho (*kliúkvenni sok*) torna-se provérbio, significando a essência dos espetáculos antinaturalistas. O teatro não deseja mais limitar-se a narrar as vicissitudes das personagens, mas aspira desnudar a própria "matéria", ironizá-la, brincar livremente com os próprios engenhos.

Com *Balagántchik,* portanto, a cena adquire um sentido hoffmanniano de duplicidade do real. É irrompida por uma quente rajada de *clownerie* metafísica, de burlesco devassador. Deve-se considerar no entanto que Meyerhold incluiu uma veia folclórica àquele jogo abstrato, ambientando a ação numa colorida província que tinha o ar de sua nativa Penza e, como de costume nos teatros de feira, misturando aos semblantes da *commedia* italiana algumas figuras típicas das máscaras distritais russas.

Balagántchik parece adiantar a estrutura e os truques do *Petruchka*, de Benois-Stravinski, que seria encenado alguns anos depois. A comédia e o *ballet* baseiam-se, de fato, num triângulo análogo (Pierrot-Colombina-Arlequim; Petruchka-Bailarina-Mouro) e

77. *Idem.*

mostram igual atinência às feiras e às pantomimas que se davam em Petersburgo sob as "montanhas geladas". Do teatrinho de Meyerhold irá se passar à barraca, em cujos três compartimentos o Charlatão guarda, como que em três caixas, seus vistosos fantoches. Brotados daquela poesia de crepúsculo que amava atribuir caretas e paixões humanas às marionetes, Petruchka e Pierrot são ambos hipocondríacos e infelizes; consomem-se em vão por volúveis bonecas com coração de papel. Petruchka, ceifado pela cimitarra do mouro, remete-nos ainda ao palhaço que jorra murtinho pela ferida. Pierrot e Petruchka: eis as *Schlüsselfiguren* do teatro russo nos anos que precederam a revolução.

Hoje [dirá noutros tempos Meyerhold] poderia encenar *Balagántchik* como uma chapliniada *sui generis*. Releiam *Balagántchik* e aí encontrarão todos os elementos dos temas chaplinianos. Somente o invólucro das circunstâncias é diferente. Heine também é parente de Chaplin e de *Balagántchik*. Na grande arte costuma existir um tão complexo parentesco[78].

A última novidade da temporada foi, no início de 1907, *Jizn Tchelovieka* (*A Vida do Homem*), de Andriéiev, que em dezembro Stanislavski também encenaria em seu teatro. Agarrando-se à essência onírica da obra, Meyerhold (que desta vez assumiu a tarefa de cenógrafo também) resolveu delinear-lhe a ação dentro de um espaço enfumaçado para significar a noite, a espectralidade de nossa existência. Tecidos cinzentos esconderam as paredes de fundo do palco, desprovido de ribalta e urdimento.

O diretor extraía da cinzenta névoa ora um ponto ora outro, mas sempre com uma única fonte de débil luz monocromática, com um tênue vislumbre que, clareando os pormenores agigantados de móveis e utensílios, incrementava a tetricidade do espetáculo, desfolhado com extremo vagar[79]. Alongando-se como arborescências de fumaça, as silhuetas dos atores saltavam no espaço funéreo com uma agitação desordenada de larvas.

Aquele palco enlutado assemelhava-se às salas mortuárias dos quadros de Munch, ou antes à macabra cela forrada de negros paramentos, onde se trancava o poeta decadente Alieksandr Dobroliúbov. Num canto do proscênio o agourento Alguém, em cinza, comentava a funesta parábola com tom de declamador de cabaré que, em vez de *calembours* ou anedotas, estivesse recitando uma lengalenga de *De Profundis*. Tudo isso, é lógico, vestia como uma luva o pessimismo ardente do dramaturgo. "Havia em alguns atores e no

78. "Repliki Meyerholda", in *"Tieatralnaia jizn"*, 1960, 5.
79. Cf. Vsiévolod Meyerhold, *op. cit.*, p. 199, e Nicolai Volkov, *op. cit.*, pp. 285-286.

diretor da companhia da Komissarjévskaia", observou Blok, "algo de congenial com Andriéiev; até mesmo os mais fracos conseguiram suscitar neles mesmos aquele caos que com tanta insistência o seguia"[80].

Imerso na densíssima treva, Blok pôde assistir ao espetáculo pelo palco:

... estando na escuridão, quase ao lado dos atores, olhava a platéia, os rubis dos binóculos que aqui e ali fulguravam. A vida do Homem acontecia ao meu lado; próxima a mim, tomada pelas dores do parto, a Mãe gritava até perder o fôlego; ao meu lado, em diagonal, o doutor de avental branco e cigarro corria nervosamente; e principalmente junto a mim erguiam-se as costas quadrangulares do Alguém em cinza que, de uma coluna de luz opaca, despejava na platéia suas palavras[81].

Os "rubis dos binóculos" apontados para a cena, as "costas quadrangulares" do Alguém em cinza, o lúgubre formiguejar das silhuetas enlouquecidas; neste *remue-ménage* de pompas fúnebres, o poeta, escondido na escuridão, na fumaça, no nada, a espiar o público. É de arrepiar.

7

O idílio não durou muito: entre Meyerhold e a Komissarjévskaia, já durante a primeira temporada manifestaram-se discrepâncias e dissabores. A atriz dava ouvidos à maledicência dos críticos, que viam nela uma frágil criatura languente na presa de um vampiro, obrigada a tropeçar como uma sonâmbula e a engasgar a voz num balbuciar; aliás estava contrariada por seu teatro estar se tornando, cada vez mais, o teatro de Meyerhold. Começou a misturar vinagre no *cocktail* do entusiasmo, a transgredir os ditames e a contender as soluções daquele que, contudo, lhe parecera o mais apto a satisfazer suas aspirações. Na *tournée* de abril, na província, renunciou até mesmo aos dramas modernos em favor do velho repertório.

A segunda temporada (1907-1908) estreou a 15 de setembro com *Frühlings Erwachen* (*O Despertar da Primavera*), em que o diretor deslocava continuamente a ação de um ângulo ao outro, recortando com a luz, em meio à escuridão, cada vez um enquadramento diferente do palco. Nem a obra de Wedekind, nem *Pelléas et Mélisande*, de Maeterlinck (10 de outubro), representado sobre uma pequena plataforma redonda erigida no meio do palco e cercada

---

80. Aleksandr Blok, "Pamiati Leonida Andrêieva" (1919), in *Sotchiniênia v dvukh tomakh*, Moscou, 1955, p. 331.

81. *Idem*, p. 332.

pela orquestra, tiveram algum sucesso. A crítica enfurecia. Kúgiel definiu Meyerhold "mandril da concupiscência de encenador"[82]. Até mesmo os simbolistas já duvidavam da validade das experimentações.

O complexo cênico de Stanislavski [escreveu Andriei Biéli] relegou a segundo plano a individualidade, fazendo com que o artista se expresse dentro dos modestos limites a ele conferidos. O método do teatro da Komissarjévskaia, a estilização, exclui completamente a iniciativa pessoal do artista: o talento aqui é definível em termos de negação: como *habilidade em não se fazer notar*. Todavia os dotes da Komissarjévskaia são dotes positivos. *Menos* vezes *menos* é igual a *mais*. *Menos* é o método de encenação dos dramas simbólicos no Teatro de Petersburgo. *Mais* é a própria Komissarjévskaia. *Menos* vezes *mais* é igual a *menos*[83].

A fria reação do público em *Pelléas et Mélisande* foi a última gota. Os sucessos anteriores foram esquecidos. Na mesma noite a atriz convocou a direção, dizendo: "o teatro deve reconhecer por errôneo todo o caminho percorrido e o diretor desistir do próprio método ou então abandonar o teatro"[84].

No descontentamento da Komissarjévskaia deitavam lenha o irmão Fiodor e o primeiro ator Casímir Brávitch. De qualquer maneira era inegável que aquela representação amarrada e mecânica, que convertia os intérpretes em áridos sarrafos pregados sobre um telão de fundo, teria levado o teatro para um beco sem saída.

Numa reunião, a 12 de outubro, Meyerhold apressou-se em admitir que o ciclo iniciado com *Tintagiles* havia se concluído com *Pelléas* e prometeu que daí em diante ressaltaria as três dimensões do corpo, sem obrigar os atores a colarem-se aos lisos painéis. Tempestuosa reunião: "Então", perguntou repentinamente Meyerhold, "devo ir-me?" Ainda que a contragosto e com escassa confiança, a Komissarjévskaia resolveu continuar. Mas a experiência já estava esgotada[85]. O bom êxito de *Pobiéda Smerti* (*A Vitória da Morte*), de Sologúb, apresentada a 6 de novembro com uma cenografia arquitetônica (uma colunata e uma larga escada por todo o palco) de nada adiantou. Na manhã de 9 de novembro Viera Fiodorovna enviou a Meyerhold esta carta:

Nos últimos dias, Vsiévolod Emilevitch, refleti muito, chegando à profunda convicção de que nós dois consideramos de maneira diferente o teatro e que as nossas pesquisas são divergentes. Deixando de lado os espetáculos em que conseguistes unir os princípios do "velho" teatro com os do teatro de marionetes, como por exemplo

82. Cf. Nicolai Volkov, *op. cit.*, p. 333.
83. Cf. Andriei Biéli, "Simvolitcheski tieatr" (1907), in *Arabeski*, Moscou, 1911, p. 307.
84. Cf. Nicolai Volkov, *op. cit.*, p. 335.
85. *Idem*, pp. 341-343, e *Sbornik pamiati V. F. Komissarjevskoi*, p. 23.

na *Comédia do Amor* e em *A Vitória da Morte*, vós tendes explorado, o tempo todo, o caminho que leva aos fantoches. Com profundo pesar esta certeza se me revelou plenamente apenas nos últimos dias, após longas meditações. Eu olho o futuro nos olhos e afirmo que por tal caminho nós não podemos prosseguir juntos – este caminho é o vosso, não o meu, e à frase por vós pronunciada na última reunião de nosso conselho artístico: "Então devo ir-me?", eu respondo agora: sim, é necessário ir. Portanto não posso mais vos considerar meu colaborador e roguei a C. Brávitch que informe à companhia, explicando-lhe a situação, porque não quero que os que me são próximos trabalhem com os olhos vendados[86].

Meyerhold replicou num jornal, com uma carta aberta em que, sustentando que a decisão contradízia as normas da ética teatral, desafiava a Komissarjévskaia para um julgamento de honra. Movimentaram-se moinhos de fofocas, quem elogiava a atriz que soubera subtrair-se dos artelhos de um pesadelo, quem defendia o diretor, enxotado como um intruso. A 20 de dezembro de 1907 o tribunal rejeitou o recurso de Meyerhold e exculpou Viera Fiodorovna da acusação de falta de ética, justificando-lhe o comportamento com as superiores razões da arte[87].

8

A *Stilbühne* de Meyerhold fundamenta-se portanto nas experimentações de pintura cênica. O teatro do simbolismo é em essência um teatro pictórico. A cenografia prevalecia sobre o drama (em *Hedda Gabler* as pinceladas e os empastes de Sapunov contavam mais do que o enredo) e dominava o próprio diretor, fazendo do palco uma sala de exposições. Pode-se dizer que a maquete tivesse sido abolida nem tanto para combater o ilusionismo perspéctico dos naturalistas ou substituir por impressões alusivas as cenas *fac-simile*, e sim para permitir que os pintores expusessem seus quadros na ribalta. Neste sentido o teatro "convencional" é um prenúncio dos *Ballets Russes* de Diáguilev, o primeiro indício de uma época em que o palco se tornaria privilégio da *imagerie* resplandecente de cenógrafos-magos.

Meyerhold, como já vimos, não se limitou à estilização frontal, e executou outras pesquisas: pensemos no teatrinho paródico de *Balagántchik*, no "infinito" enfumaçado de *Jizn Tchelovieka*, nas soluções iluminatórias de *Frühlings Erwachen*, em que, a cada episódio, a luz destacava da sombra uma diferente porção do palco, no tablado elevado de *Pelléas et Mélisande*. Ele havia mesmo planejado representar

---

86. Cf. *Sbornik pamiati V. F. Komissarjevskoi*, pp. 23-24.
87. *Idem*, pp. 24-26.

Dar Mudrych Ptchel (*O Dom das Sábias Abelhas*), de Sologúb, na platéia, adiantando-se ao *théâtre en rond*, de seu discípulo Okhlópkov.

Todavia, a experiência principal deste período foi o cenário-quadro, nos moldes da *Reliefszene,* de Fuchs, a representação encostada timidamente aos telões de fundo. O problema chave era o de sujeitar o ator às linhas e aos acordes cromáticos, de comprimi-lo contra as telas pictóricas. Com este objetivo até os figurinos eram escolhidos de modo que as figuras parecessem bordadas ou pintadas sobre os painéis. Mas, já que no intento de facilitar a visão dos quadros a profundidade do palco foi reduzida ao mínimo, o ator acabou se encontrando espremido entre proscênio e pano de fundo, num pequeno espaço, que, segundo Tairov "mal dava para um túmulo"[88].

Em outras palavras, o telão de fundo assumiu uma proeminência despótica, deglutindo os intérpretes. Pareciam imagens que acabavam de se despregar da *tapisserie* de um *Schloss* decadente. Daí derivou um exasperado estetismo de poses e atitudes, uma tendência ao afresco animado, à *stylisation de vitrail*, como escreveu Dullin[89]. Evoque-se aqui as monjinhas em azul que, comprimidas contra um telão da mesma cor, constituíam como que um buquê de graciosas campânulas sobre Béatrice agonizante.

Representar tornou-se assim uma lenta gravitação mediúnica, euritmicamente integrada ao telão de fundo, desatando-se e entrelaçando-se com a flexuosa preguiça de plantas aquáticas; um refinado traçado de preciosas hesitações, uma coleção de gestos solenes, de gestos de áugures absortos em celebrar uma espécie de "liturgia da beleza" (para nos servirmos do título de uma coletânea de Balmont). A *Stilbühne* embridou o dinamismo do teatro numa estática trama gestual, aproximando o desenho dos movimentos a harpejos, intervalos e cadências melódicas. Um personagem de Blok, na terceira "visão" de *Neznakómka* (*A Desconhecida*), pergunta-se: "Porventura o corpo, seus traços, seus movimentos harmoniosos não cantam por si mesmos como sons?"

O diretor exigia distanciamento, autocontrole e postura glacial. Nem tensão nem gemidos nem saracoteios nem esvoaçar de mãos nem golpes no peito, e sim uma "calma exterior numa 'revivescência' vulcânica". O intérprete devia expressar os golpes da tragédia "de sorriso no rosto", exteriorizar impassível com um único piscar de olhos ou com um murmúrio o pesar, os frêmitos, o remoer da alma. Meyerhold fala em "*frio cinzel das palavras*, totalmente liberado do trêmulo e sem choramingo" : "sempre é preciso que o som",

---

88. Aleksandr Tairov, *Zapíski riejissiera*, Moscou, 1921, p. 29.
89. Charles Dullin, "Rencontre avec Meyerhold", in *Souvernirs et notes de travail d'un acteur*, Paris, 1946, p. 68.

acrescenta, "tenha seu *apoio* próprio e que as palavras caiam como gotas num poço profundo: ouve-se o distinto toc-toc das gotas, sem que o som vibre dentro do espaço"[90]. Diria-se que a insistência de Meyerhold por uma representação fleumática, sem fogo, queria ser um corretivo para sua tendência em transformar toda personagem que interpretava em neurastênica, em possessa.

Perguntamo-nos se neste achatar-se do ator em duas dimensões e nesta aproximação da dicção ao silêncio não haveríamos de reconhecer uma influência do cinema. É verdade que o teatro "convencional", por sua vez, influenciará muitas fitas, especialmente as de Ievguêni Bauer, que cuidava minuciosamente do equilíbrio de composição e da paginação pictórica dos enquadramentos, fazendo os intérpretes posarem em salões suntuosos e *boudoirs*, entre móveis brancos, brocados, rendas, colunas, divãs cobertos de peles e profusões de flores[91]. Igual estilismo e sabedoria de ritmos, igual pesquisa de elegância de linhas vão moldar um filme de Meyerhold, rodado em 1915: *Portriét Doriana Greia* (*O Retrato de Dorian Gray*). Beneficiando-se da experiência da *Stilbühne*, o diretor (com o cenógrafo Egórov) armou a fita como uma suíte de composições pictóricas[92].

Considerando bem, a lenta ondulação dos intérpretes à guisa de ramificações e arabescos contra o telão de fundo pintado, a fusão de seus figurinos com a superfície cromática são um exemplo patente de *Jugendstil*; como nos versos de Blok os serpenteamentos de arcanas criaturas com caudas longuíssimas. As personagens do teatro dissolvem-se nos *décors* como as figuras de um Klimt ou de um Vrubel na intensidade de entrelaçamentos vegetais e de mosaicos.

Isso tudo, é obvio, não podia agradar aos atores, porque lhes cortava as asas dos impulsos, reduzindo-os a manchas decorativas, a enfeites e adejos de uma faustuosa *Flächenornamentik*. Stanislavski não estava errado ao asseverar:

> Que importa a mim, ator, se atrás de minhas costas está pendurado um telão de fundo que se deve ao pincel de um grande pintor. Eu não o vejo, não me inspira, não me ajuda. Ao contrário, sinto-me somente obrigado a ser tão genial quanto o fundo, diante do qual eu me encontro e que eu não consigo ver. Sem contar que freqüentemente este admirável e resplandecente telão de fundo perturba-me, visto que

---

90. Vsiévolod Meyerhold, *op. cit.*, pp. 42-43.
91. Cf. Romil Sobolev, *Liudi i filmi rúskovo dorievoliutzionovo kinó*, Moscou, 1961, pp. 96-111; Ivan Perestiani, *75 liét jizni v iskústvie*, Moscou, 1962, pp. 257-259; Semen Ginzburg, *Kinematógrafia dorievoliutzioni Rosi*, Moscou, 1963, pp. 227 e 310-316.
92. Cf. Nicolai Volkov, *op. cit.*, II, pp. 385-398; B. Likhatchev, "Materiali k istóiri kinó v Rosi", in *Iz istóiri kinó: Materiali i dokumenti*, 3, Moscou, 1960, pp. 78-80; S. Uchakov, "Khudojnik Vladímir Ievguênevitch Egórov", in *Mosfilm*, II, Moscou, 1961, pp. 107-108; Semen Ginzburg, *op. cit.*, pp. 301-304.

não foi combinado com o pintor e, na maior parte dos casos, seguiram-se direções diferentes...[93]

O preponderar da pintura no teatro coincide com o enfraquecimento do ator oitocentista, e no lugar de sua exuberância caótica os diretores agora preferem a rigidez e a disciplina instrumental de marionete. A aspiração de Meyerhold de transformar os atores em fantoches sofre a influência das tendências que estavam então no ar. Justamente naqueles anos Gordon Craig apontou a marionete como arquétipo de atuação e Valiéri Briúsov, tirando conclusões da Stilbühne de Petersburgo, propôs substituir os atores por bonecos de mola, equipados com um gramofone interno[94], paradoxal prenúncio da *mechanische Kunstfigur,* de Oskar Schlemmer, e dos *Spielkörper,* de El Lissítzki.

A predileção de Meyerhold pelo marionetismo esclarece-nos o motivo de Maeterlinck ser seu nume naqueles anos. Seria curioso reconstituir a história da sorte deste autor dramático na Rússia. Nesta resenha entrariam duas cartas, de 2 de novembro de 1895 e de 12 de julho de 1897 – nas quais Tchékhov manifesta a Suvórin o próprio entusiasmo por Maeterlinck: "se tivesse um teatro, encenaria sem dúvida *Les Aveugles*"[95]; e a representação de *L'Oiseau Bleu* no Teatro de Arte; e os espetáculos de Meyerhold; e as duas direções do *Miracle* realizadas por Ievguêni Vakhtangov; e um delicioso desenho, no qual Eisenstein representa o dramaturgo de Gand como um híbrido de monge e foca, uma ameba sem sexo ou idade, o oval do rosto aguçado em ogiva gótica, um fio de lábios sinuosos. A redução das personagens a aparências indiferenciadas, o clima de obscuros presságios e sonhos, a renúncia a efetivas referências, o sentido do inefável, das palavras veladas, a inércia contemplativa: o teatro "convencional" derivou do inventário de Maeterlinck toda uma série de recursos e predileções.

Com a direção simbolista a cena russa descobre um universo número dois, uma "verdade" diferente da terrena, gasta até a corda pelos naturalistas, um espaço onírico, onde os atores se movem como abstrações lunáticas. E, renunciando às amostras de cinzenta realidade, ela se fia nas portentosas vigas mestras da fantasia.

Trata-se, é verdade, de uma fantasia sobrecarregada de enfeites do maneirismo, inclinada aos rabiscos e aos requintes enjoativos. Contudo o recente *revival* da *Art Nouveau,* a experiência do informal, a propensão de certo cinema em imergir personagens larvais em *décors*

---

93. Konstantin Stanislavski, *Moiá jizn v iskústvie,* pp. 226-227.
94. Valiéri Briusov, "Realizm i islovnost no stzêne", in *Kniga o novom tieatre,* Petersburgo, 1908, p. 253.
95. Cf. *Tchékhov i tieatr,* pp. 82 e 95-96.

caligráficos, em dar à ação uma transtornada vagarosidade, desbastando-a com frígidas pausas: tudo isso nos aproxima dos expedientes do teatro "convencional". Aqueles atores subjugados ao telão de fundo, que avançam mecanicamente ao longo de traçados pré-estabelecidos, amalgamando-se aos cenários florais, aqueles manequins-arabescos, por sua vez amostras de um gélido intelectualismo, hoje poderiam ser ladeadas às figuras em letargo do mito de Marienbad.

Em sua qualidade incontestável de árbitro do espetáculo e, usando as palavras de Biéli, de mistagogo[96], o diretor da *Stilbühne* ambiciona identificar-se com o destino; o diretor-destino manobra seus autômatos, espremendo-os numa delgada tira que roça um telão de fundo vistoso mas esticado no vazio num aperto sufocante, que parece simbolizar a angústia da existência.

9

Ah, a desilusão da atriz que em nome da revolta contra o naturalismo havia renunciado ao teatro oficial, curvando-se às receitas dos dramas modernos e aos "abusos" da direção estetizante! É necessário porém varrer a lenda segundo a qual Meyerhold teria arruinado a Komissarjévskaia. Na realidade ele cometeu dois erros: o de querer resolver o problema da relação entre o pano de fundo e o intérprete recorrendo a uma atriz já consagrada em vez de dóceis principiantes; e o de desenvolver experimentações num teatro aberto ao grande público, antes que num pequeno "Estúdio". A *Stilbühne* de qualquer modo marcou – para servirmo-nos das palavras de Blok – a "fronteira entre duas épocas"[97].

Quando – após uma fraca *tournée* na América – a 1º de outubro de 1908 ela retomou as apresentações, agora sem Meyerhold, os críticos exultaram ao revê-la desperta da hibernação a que fora obrigada pelo malefício de um *necromante*. Seu repertório era ainda o do teatro "convencional" e os diretores (Ievriéinov e Komissarjévski) pertenciam ao campo dos inovadores. Mas algo havia se partido naquele mecanismo, custavam a prosseguir.

Cada vez mais insatisfeita, ansiosa e incapaz de conciliar-se com as meias-medidas, a Komissarjévskaia empreendeu, em agosto de 1909, uma imensa e desconexa *tournée* que, através da Polônia, da Ucrânia, do Caucáso e dos Urais, deveria conduzi-la à Ásia central.

---

96. Cf. Andriei Biéli, "Tieatr i sovriemiênaia drama" (1907), in *Arabeski*, Moscou, 1911, p. 39.
97. Aleksandr Blok, "Pamiati K. V. Bravitcha" (1912), in *Sotchiniênia v dvukn tomakh*, II, Moscou, 1955, p. 181.

15. Vera Komissarjévskaia, 1907.

Durante esta épica vagabundagem em ziguezague, como uma corrida num extenuante tobogã, em Kharkov, a 16 de novembro de 1909, anunciou à companhia que no fim da temporada abandonaria definitivamente a cena: "Retiro-me porque o teatro, na forma em que existe agora, cessou de parecer-me necessário, o caminho que até agora trilhei à procura de novas formas não me parece mais correto"[98].

Falando de seus olhos eternamente assustados, Aleksiéi Riêmizov relembra: "Certa vez sonhei com a Komissarjévskaia com o semblante da Esfinge – naquele medo residia todo o enigma"[99]. Pois bem, sua grande renúncia não nasceu certamente do pudor da velhice (tinha apenas 45 anos), nem do declínio dos dotes, nem da indiferença do público (em Kharkov quando, terminada a apresentação subia em sua carruagem, multidões de admiradores paravam os cavalos, para avistar ainda pelas janelas seu rosto na penumbra). Aquela renúncia foi um adeus à vida: de fato, após alguns meses faleceria: no início de 1910, no mesmo ano em que a cultura russa perdeu Vrubel e Tolstói.

Toda evocação acaba virando narração, todo discurso sobre os outros é sempre um diário disfarçado. A um escritor de histórias distantes pede-se o comportamento de um frio e mecânico gravador. No entanto ele se apaixona por suas personagens, chora por sua sorte. Esta participação afetiva ditou-nos a seguinte

NARRAÇÃO LÍRICA DA MORTE DE KOMISSARJÉVSKAIA

... De Bakú a companhia chegara a Krasnovodsk, após uma desastrosa noite sobre o Cáspio em tempestade. De Krasnovodsk foi-se de trem para as estepes da Ásia central. Uma estrela verde e aveludada, um longo cometa aparecia a cada noite, como um presságio, no percurso do trem entre as planícies desertas que se dissipavam no horizonte em azuis cadeias de montanhas.

Chegaram tarde da noite em Samarcanda. A lua iluminava a velha cidade, os minaretes; pequenos fogos brilhavam nas tendas dos mercadores; ouvia-se música submissa de instrumentos orientais. A lenda sempre oculta ameaças.

Na manhã seguinte Viera Fiodorovna, junto a seus atores, visitou as mesquitas, o negro sepulcro de Tamerlano, o bazar pitoresco. Demoraram hesitantes nas lojas e entre os balcões, onde se amontoavam jarros, vasos, barretes, toalhas floridas, tecidos, gabões e toda a espécie de inépcias. Era janeiro, um sol quente inflamava aquele fervilhar

---

98. Cf. M. Zagorski, "O Traguedi V. F. Komissarjevskoi", in *Sbornik pamiati V. F. Komissarjevskoi*, p. 42.

99. Aleksiéi Riêmizov, "Bespridánnica", in *Pliachutchchi demon*, Paris, 1949, p. 41.

iridescente. A atriz não podia desviar os olhos dos tapetes luxuosos. Mas, entrementes, ao remexer as velharias, aspiravam o pó venéfico que ali tinha-se aninhado. À noite, no hotel, durante o jantar, a Komissarjévskaia estremeceu com o ruído de algo que se partia: no quarto vizinho, onde alojavam dois de seus atores, um espelho havia se quebrado.

Em Samarcanda fizeram somente umas poucas apresentações, numa sórdida barraca caindo aos pedaços. Alguns dias depois, em Tachként, onde a companhia havia chegado a 17 de janeiro, os atores começaram a adoecer, um após o outro. Num primeiro momento os médicos não reconheceram a natureza da infecção. Supunham tratar-se de tifo. Somente no dia 26 ficou claro que se tratava de varíola. Viera Fiodorovna continuou a trabalhar com os raros remanecentes, nas terríveis condições da remota satrápia russa, alternando as representações com a assistência aos enfermos.

Até que uma noite, no auge de um espetáculo, ela também foi investida pelos calafrios. Esforçando-se, mal conseguiu terminar a representação (Sudermann: *Die Schmetterlingsschlacht*). Levaram-na ao esquálido hotel. Embora envolta no casaco de pele de arminho, batia os dentes de frio. A febre alta. O delírio. Um abismo abrasado, sem máscaras ou painéis decorativos, uma viscosa caligem atravessada por purulentos rios negros.

Foi piorando rapidamente, sem esperanças. A erupção da varíola tinha-a coberto de uma horrorosa crosta, o pus corroia-lhe as ataduras, qualquer movimento lhe provocava dores agudas. Em breve uma atrofia gradual começou a entorpecê-la. Petersburgo estava longe, no fundo de uma despropositada voragem, como uma lamparina imperceptível atrás das faldas do inverno. Num instante de lucidez, dando-se conta que as pústulas já lhe deturpavam o rosto, rogou a um ator de impedir que os outros a vissem morta, e de queimar as cartas que guardava num cofre. Apagou-se a 10 de fevereiro.

Eis o caixão que viaja em direção à Petersburgo. Multidões em lágrimas saúdam-na a cada estação. Oito dias de viagem. A 19 de fevereiro, a capital. Um céu coberto de cinzentos escombros de neblina, uma manhã gelada. Caía nevasca. Desde o amanhecer a praça diante da estação Nicolau e as ruas adjacentes fervilhavam com uma multidão comovida. Cantando *Eterna Memória,* cem mil pessoas seguiram o féretro ocultado por efusões de flores. "Ao lírio partido", "Ao branco lírio-do-vale", diziam as faixas das coroas, com aquela linguagem floral querendo enfeitar a aridez da morte. Os jovens choravam a vítima da incompreensão, da mesquinhez petulante, a Joana D'Arc das tendências modernas; os protetores da tradição choravam a vítima do modernismo[100].

---

100. Cf. Vl. Podgorni, "Pamiati", in *Sbornik pamiati V. F. Komissarjevskoi*, pp. 97-102; A. Stavrogin, *Posliedni put, idem*, pp. 103-108; Aleksandra Bruchtein, *Stra-*

Meyerhold: "De fato ela morreu, não de varíola, mas do mal de que morreu Gogol – a angústia. O organismo, extenuado pelo desequilíbrio entre a força da vocação e as reais tarefas artísticas, absorveu o contágio da varíola. Gogol também tinha uma doença de longo nome latim, mas isso não tem nada a ver"[101].

Por sua perda afiligiram-se sobretudo os simbolistas. Como eles, a Komissarjévskaia era criatura de fronteira, suspensa sobre o divisor de águas de duas épocas contrárias. Encarnava as ansiedades, os tormentos, os medos da *intelligentsia* naqueles anos de premonições e pesadelos, onde artistas e poetas viviam na expectativa febril de cataclismos iminentes. "A atriz que nos obrigou a chorar com ela", observou Gueórgui Tchulkóv, "a acreditar e não acreditar no impossível e no belo, esta atriz é nossa irmã carnal, irmã dos líricos esgotados pelas visões que começaram a amar a tristeza e a dor mais do que a alegria e o prazer". Siérguêi Auslender comparou-a a uma Belíssima Dama, que os simbolistas rodeavam como uma romântica multidão de cavaleiros[102]. Blok escreveu:

> Viera Fiodorovna Komissarjévskaia via muito além de quanto possa ver um olho comum; não poderia ser de outra forma, porque tinha nos olhos uma lasca de espelho mágico, como o menino Kai na fabula de Andersen. Por isso estes grandes olhos azuis, olhando-nos do palco surpreendiam-nos e fascinavam-nos tanto: seu olhar aludia algo de imensamente maior do que ela própria[103].

10

O rompimento com a Komissarjévskaia colocou Meyerhold numa situação difícil. Voltar para sempre à província? Procurar trabalho em qualquer cena burguesa? Eis que, inesperadamente, Vladímir Teliakovski, diretor dos teatros imperiais, admitiu-o como ator

nitzi prochlogo, pp. 101-104; Valiéria Nosova, *Komissarjévskaia*, Moscou, 1964, pp. 312-329; *Viera Fiodorovna Komissarjévskaia*, org. de A. Altchuller, Leningrado-Moscou, 1964.

101. "Repliki Meyerholda", in *"Tieatralnaia jizn"*, 1960, 5, e "Meyerhold govorit", in *"Novi mir"*, 1961, 8.

102. Gueórgi Tchulkóv, "Pamiati V. F. Komissarjevskoi", in *"Apollon"*, 1910, 6; Sierguiêi Auslender, *Nacha Komissarjévskaia, idem*. Cf. também Iúri Ozarovski, *V. F. Komissarjévskaia za kulisami i na stezêne*, e Nicolai Ievriéinov, *V. F. Komissarjévskaia i tolpa*.

103. Aleksandr Blok, "Pamiati V. F. Komissarjevskoi" (1910), in *Sotchiniênia v dvukh tomakh*, II, Moscou, 1955, p. 140.

dramático e como diretor de prosa e de ópera no Aleksandrinski e no Marinski de Petersburgo.

No início do século o ministro da casa real, barão Frederiks, grande conhecedor de cavalos, deleitava-se em confiar os cargos mais prestigiosos a pessoas que tivessem militado em seu regimento. Inclinado a confundir teatro com equitação e considerando que uma quádriga enfeitava o tímpano do Aleksandrinski, ele havia colocado na direção dos cinco teatros imperiais de Moscou e de Petersburgo o "camarista da corte de Sua Majestade" Vladímir Teliakovski, justamente porque ex-oficial da guarda montada[104].

Teliakovski, no entanto, demonstrou-se iluminado e até sensível e perspicaz. Isso não significa que tivesse extirpado de vez os hábitos enferrujados e a *routine* daqueles teatros, mas não se recusou a dar andamento a moderadas reformas. Ter chamado Meyerhold deveu-se a este desejo de renovar um mundo embolorado como um velho armário; além de atender às solicitações do cenógrafo Golovin, que seguira com interesse a atividade do encenador no teatro da Komissarjévskaia. Os críticos gritaram ao escândalo. O camarista, numa entrevista, declarou friamente ter contratado Meyerhold justamente porque a seu respeito corriam os comentários mais desfavoráveis: se um artista é alvo de tanta aversão – acrescentou – significa que tem algum valor.

O Aleksandrinski era uma estrutura faraônica, um ninho de pretensiosos burocratas, de uniformes empertigados, devotados ao gosto da família real e ao dos dignatários. Ali atuava uma esplêndida plêiade de atores, atores porém de índole oitocentista, nada dispostos a tolerarem a hegemonia do encenador. Seus espetáculos transformavam-se sempre num *match* de monstros sagrados, numa vitrina de virtuosismos individuais. Devido a um acaso curioso Meyerhold se encontraria realizando as próprias idéias inovadoras justamente naquele teatro retrógrado, de onde Viera Fiodorovna havia desertado por ansiar reformas radicais. Não era tarefa fácil. Era preciso vencer a aversão dos conservadores, ciumentos de seu primado e indiferentes às "diabruras" dos diretores.

Roman Apollonski foi o mais hostil a Meyerhold; intérprete de ostentada elegância, de postura glacial e arrogante, polido como um ovo mas urso, maranha de espessa tenebrosidade[105]. Este indivíduo, ainda após a revolução, quando o Aleksandrinski foi submerso pelo caos dos dissídios políticos e dos rancores particulares, esgueirou-se

---

104. Cf. Nicolai Volkov, "Tieatr v epokhu kruchenia monarkhi", in *Sto liét*: *Aleksandrinski tieatr – Tieatr Gosdrami*, Leningrado, 1932, pp. 311-313; Ia. Maliútin, *Akteri moievó pokolenia*, Leningrado-Moscou, 1959, pp. 332-333.

105. Cf. Ia. Maliútin, *op. cit.*, pp. 237-256.

contra o diretor, comparando sua alacridade "corruptora" à de Rasputin[106].

Primeiramente Meyerhold preocupou-se em amansar os veteranos, explicando em carta à revista *Zolotóe Runó* (*O Velo de Ouro*) que dali em diante teria se desdobrado em duas figuras distintas: o audaz pesquisador de novas experimentações e o diretor das cenas imperiais. Enquanto viverem os grandes atores do século passado, afirma em essência Meyerhold, o teatro em que eles atuam deve tirar seu alimento deles. Mas, ao lado destes admiráveis intérpretes, no palco também há lugar para o cenógrafo e o diretor: removendo os banais "pavilhões" sem alma, o primeiro desenhará *croquis* que se harmonizem com a representação à moda antiga daqueles veteranos e com o veludo das poltronas, com o dourado dos palcos, em suma, com a decoração do teatro; o segundo, além de enfocar o desenho cinético, o ritmo, o equilíbrio do espetáculo, reconduzirá os velhos textos no clima de suas épocas, libertando-os dos inúteis cacos e "enfeites" que as inúmeras representações lhe aplicaram. Em outras palavras, diretor e cenógrafo usarão recursos modernos para redescobrir o encantamento dos tempos passados. Assim, de um compromisso com os conservadores, que para muitos provavelmente pareceu, naqueles dias, uma prova de incoerência, Meyerhold faz derivar aquele "tradicionalismo" que será um de seus motivos condutores até a Revolução de Outubro.

Para a estréia porém, a 30 de agosto de 1908, preferiu um drama moderno: *Às Portas do Reino,* de Knut Hamsun. O espetáculo não teve sucesso: alguns atores, para provocá-lo, atuaram mal, especialmente Apollonski, que interpretou Endre Bondesen em tom farsesco, como um Dom Juan de concurso hípico[107]. Como de costume, Meyerhold também encarnou Ivar Kareno com os espasmos e a impetuosidade do papel de neurastênico: naquela personagem, que é obstinadamente fiel a seus próprios princípios e incapaz de entrar em acordos, buscava analogia com sua situação, ainda que o compromisso aceito entrando para o Aleksandrinski aproximava-o antes à figura de Jerven do que à de Ivar Kareno.

Mas a direção de *Às Portas do Reino* é especialmente notável por marcar o início da colaboração (que durou 15 anos) entre Meyerhold e Golovin. Este pintor do grupo *Mir Iskusstva* (*O Mundo da Arte*) trabalhava desde 1902 nos teatros imperiais, mas não havia tido a possibilidade de desenfrear sua flamejante inventividade. Os atores mal suportavam a presença do cenógrafo: a Sávina, por exemplo, recusava-se a aparecer diante do pano de fundo com aque-

---

106. Cf. Nicolai Khodotov, *Blizkoe-daliekoe,* pp. 382-383.
107. *Idem*, pp. 323-324.

les minúsculos traços de pincel, que costumava chamar "vibriões de cólera"[108].

Meyerhold e Aleksandr Iakovlevitch Golovin entenderam-se às maravilhas, integrando-se num acordo que os enriquecia mutuamente. Os propósitos do diretor, que dava tão amplo espaço à pintura no teatro, correspondiam plenamente às aspirações de Golovin; por outro lado a fantasia e o colorismo do cenógrafo influenciaram freqüentemente a criatividade de Meyerhold.

A impostação do drama de Hamsun sofreu a influência das fórmulas do teatro "convencional". Não por acaso destacava-se no cenário um outono similar ao que Sapunov havia derramado em profusão em *Hedda Gabler*. O diretor não queria mostrar o mal estar e a penúria com que Ivar se debate, e sim a festividade de seu espírito que triunfa sobre as privações. Por isso Golovin em vez de oferecer ao olhar um cômodo pobre de paredes leprosas, dá vida a um interior soberbo, inundado de luz, com vidros amplos através dos quais apareciam as fulvas folhagens outonais; à distância, as nuvens[109].

Trataremos das direções musicais de Meyerhold somente no caso de conterem elementos necessários para nos esclarecer as direções dramáticas. A encenação, por exemplo, de *Tristão e Isolda*, de Wagner, no Teatro Marinski (30 de outubro de 1909) deve ser lembrada porque nela o diretor articulou o palco em dois setores nitidamente distintos, reservando o fundo aos preciosos *décors* estilizados de Chervachidze e o proscênio, como um pedestal, ao ator. Completamente libertado da pintura, da servilidade às duas dimensões, o intérprete poderia exibir, sem o embaraço do quadro pregado às costas, a própria habilidade escultórea, a plasticidade de seu corpo[110].

Meyerhold, que estudou à perfeição as doutrinas de Appia, Craig, Fuchs, agora sente-se atraído pelos méritos da pantomima; pede que até o cantor dê destaque ao desenho plástico, que teça ritmos gestuais capazes de expressar as sutilezas da partitura; em suma, que represente dançando. Ao ator-arabesco sucede o ator dançante, não mais enredado no telão de fundo, mas extremamente atento às poses sofisticadas, à harmonia das linhas, à dosagem do gesto.

Continuamos no âmbito da Stilbühne. Meyerhold não renunciava aos contrastes das manchas cromáticas, à marchetaria dos grupos em movimentos congelados, aos enquadramentos de *ex-libris* no es-

---

108. Cf. Aleksandr Golovin, "Vstriétchi i vpetchatlenia", in *Golovin*, Leningrado-Moscou, 1960, p. 120, e D. Talnikov, "Jivopis v tieatre", in *"Litieraturni sovriemiênik"*, 1935, 7.
109. Cf. Nicolai Volkov, *Meyerhold*, II, p. 26; Id., "Tieatr v epokhu kruchenia monarkhi", in *Sto Liét: Aleksandrinski tieatr – Tieatr Gosdrami*, pp. 333-334.
110. Cf. Vsiévolod Meyerhold, *op. cit.*, p. 69.

pírito do *Jugendstil*. Verificou-se isso a 9 de março de 1910, com a direção do drama *Tantris der Narr*, de Ernst Hardt, que também se alicerça na lenda de Tristão e Isolda. Aqui, como já em *Soeur Béatrice*, ele atribuiu poses estatuárias às figuras, aproximando-as por afinidade de cores em entrelaçamentos decorativos. Como esculturas animadas conseguiu plasmar principalmente os leprosos, que, em ritmo obsessivo, loucos de ansiedade, agitando as maõs vermelhas, mimavam uma dança lasciva ao redor de Isolda vestida de branco[111]. A dança destes leprosos parece ser precursora do demoníaco baile dos esfarrapados em volta de Lea no *Gadibúk*, de Vakhtangov.

11

Trabalhando no Aleksandrinski com a austeridade de um diretor em libré e alamares, Meyerhold prosseguia, enquanto isso, com suas experimentações e "caprichos" em cabarés e microscópicos palcos particulares. A 19 de abril de 1910 um grupo de poetas (entre os quais Mikhaíl Kuzmín e Vladímir Piast) representou, sob sua direção, *La Devoción de la Cruz*, de Calderón de la Barca, no Báchenni tieatr, o Teatro-torre na casa de Viatcheslav Ivánov. Esta "comédia religiosa" foi a deixa para Meyerhold ressuscitar os procedimentos e o clima do teatro espanhol do *siglo de oro*, que se tornaria, daí em diante, um de seus mais altos modelos.

O Teatro-torre era uma pequena sala sem palco. Dois "negrinhos" fantasiados (novas figuras da "mitologia" de Meyerhold) manobravam um fastuoso pano de boca ouro-em-pó. Explorando as ricas reservas de velharias da casa dos Ivânov, o diretor e Sudiéikin revestiram o espaço de representação com uma fartura de drapejos, de peças de seda, damascos, retalhos e cortes de tecidos retorcidos e avolumados que faziam a cena parecer uma lojinha de brechó. Rolos de feltro amontoados no chão formavam praticáveis e relevos, os figurinos foram idealizados de modo a que os atores pudessem se fundir àqueles tecidos. Os atores entravam e saíam pela platéia e, se o enredo exigia que se escondessem, eles se envolviam nas dobras do pano de boca ou num verde tapete como dentro de uma moita[112].

---

111. Cf. Ievg. A. Znosko-Boróvski, *Rústri tieatr nátchala XX vieca*, pp. 304-305; Nicolai Volkov, *Meyerhold*, II, pp. 89-91; Id., "Tieatr v epokhu kruchenia monarkhi", in *Sto liét: Aleksandrinski tieatr – Tieatr Gosdrami*, pp. 335-337; Ia. Maliútin, *op. cit.*, pp. 81-84.

112. Cf. Ievg. A Znosko-Boróvski, "Bachenni tieatr", in *"Apollon"*, 1910, 8; Id., *Rúski tieatr nátchala XX vieca*, p. 314; Nicolai Volkov, *Meyerhold*, II, pp. 94-95; Vladímir Piast, "Bachenni tieatr", in *Vstriétchi*, Moscou, 1929, pp. 166-180.

No mesmo ano Meyerhold prodigalizou-se na Casa dos Entreatos. Os promotores deste cabaré, Borís Pronin e M. Bontch-Tomachevski, desejavam apresentar, numa atmosfera de festivo desenfreio artístico, um repertório de farsas, operetas, *vaudevilles*, pantomimas e números de variedades. A ribalta foi abolida: uma escadinha, na qual freqüentemente os atores se aninhavam para conversar com o público sentado às mesinhas de café, unia o minúsculo palco à platéia.

Diretor das cenas imperiais, Meyerhold não podia aparecer nos cartazes daquele teatrinho com seu próprio nome. Então Kuzmín inventou para ele o pseudônimo de Dottor Dapertutto (Doutor Emtodaparte), extraindo-o do conto de Hoffmann *Die Abenteuer der Sylvester-Nacht*, contido na segunda parte dos *Fantasiestücke in Callot's Manier*. De fato a imagem ambígua do *Wunderdoktor,* de Hoffmann, do senhor Emtodaparte, dito também "o vermelho", parece o retrato do diretor: *"um homem espigado e magro, com agudo nariz aquilino, olhos cintilantes, boca torcida num* rictus, *em um casaco vermelho cor-de-fogo com botões de aço brilhante"**. Assim Meyerhold, sendo também misto de Lúcifer e de Charlatão, teve seu *Doppelgänger*, um seu *Spiegelbild*, uma projeção tão diabólica a ponto de conseguir superar os negros alter-egos que chispam, misteriosos e inquietantes, nos versos de Blok.

A Casa dos Entreatos foi inaugurada a 9 de outubro de 1910 com um espetáculo que compreendia duas obras de Kuzmín: a comédia com música *Isprávlenni Tchudák* (*O Extravagante Correto*) e a pastoral *Gollandka Liza* (*Lisa, a Holandesa*), além de *Charf Colombini* (*A Echarpe de Colombina*), livre adaptação da pantomima *Der Schleier der Pierrette*, de Schnitzler-Dohnányi; o burlesco de Konstantin Gíbchman e P. Potiomkin *Black and White, ili Negritiánskaia Tragediia* (*Black and White, ou seja, Uma Tragédia de Negros*).

O eixo do espetáculo foi *Charf Colombini*, com direção de Meyerhold, com cenários e figurinos de Sapunov[113]. Na véspera de seu casamento com Arlequim, a frívola Colombina transcorre a última noite com o enamorado Pierrot, assegurando-lhe ainda estar apaixonada por ele. Pierrot propõe-lhe então de morrer com ele e toma antes o veneno. Mas a moça foge desorientada para a cerimônia nupcial. Durante o baile, pelas janelas vislumbra-se, embriagada, a manga das vestes de Pierrot.

Burlescas larvas hoffmannianas, silhuetas de pesadelo contorcem-se no turbilhão das danças, dando voltas em torno do *maître*

---
* Em alemão no original. (N. da T.)
113. Cf. M. Bontch-Tomachevski, " 'Pokriválo Pieretti' v Svobodnom tieatre", in *"Máski"*, 1913-1914, n. 2-3; Ievg. A. Znosko-Boróvski, *Rúski tieatr nátchala XX vieca,* pp. 310-312; Nicolai Volkov, *op. cit.*, II, pp. 126-132.

des quadrilles Gigolo, fúnebre palito com topete de papagaio, fincado num fraque pendente, irmão de Valentin le Désossé. Dirigidos por um mal talhado e hidrocéfalo martelador de bailados, quatro mirrados hectoplasmas de músicos, análogos aos da horrenda orquestra que Stanislavski introduzira em *Jizn Tchelovieka*[114], arranham, de instrumentos trincados, um ronrom insidioso de polcas e galopes.

Após ter piruetado entre estas aparições quiméricas, que no ardor do baile transbordam até a platéia, Colombina, exausta, volta para Pierrot morto, mas Arlequim a segue e a obriga a banquetear diante do cadáver e depois foge, trancando-a no lúgubre aposento. Colombina tenta em vão evadir-se de sua gaiola. Irrompe num redemoinho que vai se tornando mais e mais desvairado, turbilha na alvura de sua roupa que é como um estouro de luz irreal; enfim, ensandecida, bebe aos goles o veneno e cai morta ao lado de Pierrot. Neste ofuscante fervilhar mímico os objetos desempenhavam papel importante: a echarpe, o sapato, a rosa, o retrato, as cartas de Colombina. Havia entre as personagens um "negrinho" vindo de *La Devoción de la Cruz*, que oferecia bebidas e refrescos aos espectadores.

Na encenação de *Charf Colombini* descobrimos os engenhos e as malícias de *Balagántchik*: a mesma triangulação de máscaras, o mesmo dilema dos contraplanos românticos, a poesia do "suco de murtinho". Mas o grotesco atinge notas mais dilacerantes: um grotesco que debanda para o delírio, uma nascente de calafrios, uma sinistra *clownerie* que no futuro será o baixo contínuo de Meyerhold. Híbridos e deformações transmudam o teatro em *panopticum*, há um cheiro de enxofre, cada achado tem um reforço demoníaco, a direção identifica-se com o ilusionismo, ou seja, com a arte capciosa dos engenhosos doutores e dos arquivistas de Hoffmann.

Nessa sua propensão ao absurdo e ao impuro, ao sulfúreo, Meyerhold encontrou uma correspondência perfeita no cenógrafo. Como todas as imagens de Sapunov, até os hóspedes e os músicos do baile eram *durákie róji*, ou seja, caras de bocós, plúmbeos coboldes*, mascarões incômodos, nos quais uma espécie de metafísico filisteísmo hoffmanniano unia-se à uma estrábica e piscante duplicidade mongólica.

Com sua risível instabilidade psicofísica, as personagens-piloto desta *unheimliche Szenerie*, o mestre de cerimônias Gigolo e o *Tapiór*, o "arranha-bailados", pareciam a encarnação de um poder funesto que, arremessando os homens no redemoinho das quadrilhas,

---

114. Cf. Konstantin Stanislavski, *Moiá jizn v iskústvie,* p. 387.

* Duende ou espírito alegre e malicioso da mitologia alemã, protetor do lar. (N. da T.)

os conduzia à ruína. Era uma época, na Rússia, de bailes, de espirais maléficas, de giros no vazio. Um impetuoso repuxo de danças inundou Petersburgo após o baque da revolução de 1905: os cartazes anunciavam "bailes beneficentes, bailes-bazar, bailes de fantasia, bailes azuis, bailes de todas as nuances do espectro solar"[115]. Justamente naquele ano, a 20 de fevereiro, havia-se dado um fastuoso entretenimento dançante, promovido pela revista *Satirikon* com a colaboração de cenógrafos como Bakst, Benois, Dobujínski e com números arlequinescos coreografados por Fokin.

Na obra de Meyerhold voltarão com insistência os bailes grotescos, os turbilhões, as pândegas desenfreadas, alargando-se freqüentemente às obscuras dimensões do cosmos. Ele inspira-se nas danças vertiginosas que suscitam os versos de Blok, nas quais o destino comprime os pares de máscaras em círculos compactos, cada vez mais estreitos, até dissolvê-los. É curioso que no romance *Petersburgo,* de Biéli, encontra-se um possesso, diabólico pianista completamente idêntico ao zangarreador deste espetáculo.

A pantomima de Schnitzler-Dohnányi atraiu diversas vezes os diretores russos. Foi representada, como veremos, por Tairov com o título *Pokriválo Pieretti* (*O Véu de Pierrette*) e, após a revolução, Eisenstein, junto a Iutkiévitch (também aluno de Meyerhold), projetou para este texto uma bizarra encenação para a Mastfor, o teatrinho experimental de Foregger. A enorme janela inclinada da água-furtada de Pierrot deveria também servir de plano cênico, e os atores-acrobatas teriam de trepar até lá, agarrando-se a barras e suportes. Os diretores queriam que pela janela não se avistasse a velha e romântica Paris, e sim uma moderna metrópole com propagandas luminosas e lampejos de néon. Pierrot foi transformado em *bohémien* dos anos vinte, Arlequim em banqueiro, e o mestre de danças (as danças se dariam ao som de uma banda de *jazz*) substituído por um autômato à guisa dos cubistas *managers* do balé *Parade.* Naquele esboço de direção surpreendem-se os primeiros indícios da "montagem das atrações": Arlequim devia chegar pela platéia numa corda suspensa, como faria um pouco mais tarde o *népman* Golutvin na encenação de *Até o Mais Sabido Cai,* de Ostróvski, dirigida por Eisenstein no Proletkult[116]. Os dois jovens diretores intitularam seu argumento *Podviázka Colombini* (*A Liga de Colombina*) e neste escreveram a dedicatória: "Para Vsiévolod Meyerhold, mestre da Echarpe – os aprendizes da liga"[117].

O segundo e último programa da Casa dos Entreatos (3 de dezembro de 1910) incluía, entre outras, uma ópera cômica do século XVIII, *Biéchenaia Semiá* (*Uma Família Furiosa*), de Ivan Krilov (com cenários de Sapunov), e uma comédia moderna, *Obratchionni*

---

115. Aleksandra Bruchtein, *Stranitzi prochlogo,* pp. 81-82.
116. Cf. Angelo M. Ripellino, *Majakovski e il teatro russo d'avanguardia,* Turim, 1959, pp. 157-158 (*Maiakóvski e o Teatro de Vanguarda,* São Paulo, Perspectiva, 1986.).
117. Cf. Sierguiêi Iutkiévitch, *Kontrapunkt riejissiera,* Moscou, 1960, pp. 237-238.

Princ (*O Príncipe Mudado*), de Ievguêni Znosko-Boróvski (com cenário de Sudiéikin).

Na direção da obra de Znosko-Boróvski, Meyerhold exacerbou os elementos "convencionais" e os truques de teatro popular[118]. Como as *klibny* do teatro folclórico boêmio, os corcéis do príncipe-protagonista e de seu séquito eram simulados por maquinistas que, aos pares, se ocultavam sob xairéis, levando na ponta de varas cabeças eqüinas de papelão, enfeitadas com plumas de avestruz. Para indicar que o príncipe já estava idoso, contra-regras colocavam-lhe, à vista do público, uma branca peruca e uma longa barba encanecida. Os atores executavam gestos em mímica, como os dos cortesãos que seguram a inexistente cauda do imperador na fábula de Andersen.

Além disso neste espetáculo Meyerhold quis envolver o público na história, abolindo a fronteira entre a platéia e o palco. Num episódio, o teatro todo representava uma taberna, e uma dançarina, exibindo-se sobre uma mesa da platéia, competia com uma mímica que dançava sobre o palco. Em outro episódio um vivo telão de fundo ouro-sangue e um crescendo de estrondos sugeriam a aproximação de uma tempestade de fogo. Ofegante, um guerreiro aparecia, narrando o desfecho da batalha. Mas, concentrando-se as detonações, apavorado, rolava na platéia, para esconder-se entre as pernas de uma mesa. Retomado o fôlego, esticava a cabeça, mas novos estrondos desencovavam-no deste abrigo também, e ele sumia no foyer gritando: "Salve-se quem puder!"[119]

Tais soluções serão reproduzidas em grande número nos teatros russos, sobretudo nos anos trinta, sobre as plataformas multiformes do teatro em forma de pista de circo de Okhlópkov. Aqui a intérprete da Mãe, no drama extraído do romance de Górki, oferecia a um dos espectadores um pão e uma faca, para que lhe cortasse uma fatia; um ator no papel de operário distribuía panfletos na platéia; um figurante vestido como um soldado vermelho pedia para um espectador acender-lhe o cigarro. Em *Jeliézni Potók* (*A Torrente de Ferro*), do romance de Serafimovitch, quebrando o cerco da armada branca, os guerrilheiros irrompiam feito avalanche por escorregadores, pontes, estacas, escadinhas, correndo para abraçar os espectadores no final do espetáculo. Em *Colas Breugnon*, do romance de Romain Rolland, durante o festim inicial os intérpretes ofereciam laranjas, maçãs e outras frutas ao público, para colocá-lo numa atmosfera de plenitude flamenga[120].

---

118. Cf. Vsiévolod Meyerhold, *op. cit.*, p. 171, e Nicolai Volkov, *op. cit.*, II, pp. 155-158.
119. Cf. Ievg. A Znosko-Boróvski, *op. cit.*, pp. 302-304.
120. Cf. Ígor Nejni, "Tieatr Okhlopkova", in *Biloe pered glazami*, Moscou, 1963, pp. 249-302. Cf. também Friedrich Wolf, "Das Ochlopkow-Theater und der westliche Zuschauer" (1934-1935), in *Aufsätze über Theater*, Berlim, 1957, pp. 280-283.

Nos espetáculos da Casa dos Entreatos, Meyerhold tende a transformar o teatro de relação frontal a enredo de cumplicidade e interferência entre o espectador e o ator, dilatando a ação para a sala toda. Lembramo-nos dos axiomas de Artaud: *"paroxismos nascerão de repente, se acenderão como incêndios em lugares diferentes"*[121]. Provavelmente seja este o ponto mais alto do teatro, a superação da dicotomia platéia-palco, a evasão da *boîte à illusions*, o regresso através de espessas camadas de intelectualismo à simples comunhão com o público; o ator, mensageiro que desce do perímetro da "Ilusolândia" em meio a um fogo de olhares, entre um público que não mais descansa mas que deseja intrometer-se e intervir, o ator tanto mais sozinho quanto mais mergulhado na platéia, porque inerme, indefeso, sem suportes às costas (e daí saudade dos telões de fundo pintados!) "transpassado" pelos olhos dos espectadores e obrigado a nada falsear, a ponderar cada gesto porque, como que na palma de uma multidão ardente e participante, não há onde esconder-se, não se pode recuar. Tudo isso começa com Meyerhold.

12

A 9 de novembro de 1910, Meyerhold encenou *Dom Juan* no Aleksandrinski[122]. Certo de que cada texto dramático é condicionado pelo caráter dos espetáculos da época a que pertence, determinou-se a reconduzir a comédia de Molière, adulterada por incrustações de modelos, no âmbito do teatro francês do século XVII. Queria evocar, segundo os ditames do "tradicionalismo", o clima das representações na corte de Luís XIV em Versalhes; expressar a futilidade dançante, o cerimonial de ouropel, o brilho do *grand siècle*; sugerir o aroma e a essência de um mundo rico em ornamentos, franjas, cinzeladuras, espelhos, *appliques* de bronze dourado: o mundo afetado dos artesãos que trabalhavam sob Charles Le Brun[123].

Nem por isso o espetáculo brotava de uma ansiedade de restaurações arqueológicas nem de um detalhista descritivismo museológico, e sim do propósito de reexaminar Molière e seu tempo nos

---

121. Antonin Artaud, "Le Théâtre de la Cruauté" (Premier manifeste), in *Le théâtre et son double*, Paris, 1938, p. 104. (Em francês no original. N. da T.)
122. Cf. Ievg. A. Znosko-Boróvski, *Rúski tieatr nátchala XX vieca,* pp. 305-308; Aleksandr Golovin, "Vstriétchi i vpetchatlenia", in *Golovin,* pp. 107-114; Nicolai Volkov, *Meyerhold,* II, pp. 132-146; Id., "Tieatr v epokhu kruchenia monarkhi", in *Sto liét: Aleksandrinski tieatr – Tieatr Gosdrami,* pp. 340-342; Konstantin Dierjávin, *Epokhi Aleksandrinskoi stezêni,* Leningrado, 1932, pp. 169-172; Dora Kogan, *Golovin,* Moscou, 1960, pp. 31-35.
123. Cf. Vsiévolod Meyerhold, *op. cit.,* p. 126.

termos do estetismo em moda, através de uma estilização à Beardsley e de reviver os procedimentos, os trajes, a maquinaria de uma época na qual "o teatro tintina dos guizos da pura teatralidade"[124].

Meyerhold primeiramente suprimiu o pano de boca, para que os espectadores pudessem respirar o ar da época antes do início da peça e durante os intervalos, enquanto os maquinistas aprontavam os cenários à vista do público. Durante a ação, a luz permanecia acesa na platéia, esmorecendo somente nos momentos patéticos. A luz acesa, segundo Meyerhold, conferia à sala um calor festivo, que aqueceria os intérpretes: o protagonista, por exemplo,

> vendo o sorriso nos lábios do público, começa a enfatuar-se da própria pessoa, como que diante de um espelho. Vestida a máscara de Dom Juan, roubará os corações; não somente os de Mathurine e Charlotte também mascaradas, como também os das mulheres elegantes que da sala responderão ao sorriso de sua personagem com uma cintilação de seus olhos magníficos[125].

Jonglerie do olhar, luz alcoviteira, ricochete de espelhações.

Meyerhold julgava que Molière, para ressaltar sua palavra mordaz, a ousadia sulfurosa de suas alusões satíricas, e para atenuar o distanciamento entre ator e público, costumasse levar a ação à beira do palco. Por esse motivo, tendo se desfeito da ribalta, manobrou as personagens sobre um amplo proscênio, que se alongava em semicírculo sobre a orquestra. Ressaltando cada gesto, cada ruga, cada careta, o proscênio exigia do ator um perspicaz *Nuancenspiel*, uma sutil micromímica: iluminado pela dúplice luz do palco e da platéia, sem nichos ou espaldares, desaprumado sobre o público, o intérprete devia saber balancear as poses flexuosamente, tecer com circunspecta minúcia a teia de aranha de seus movimentos[126].

O espaço cênico foi harmonizado com a arquitetura do teatro. Golovin realizou um ostentoso projeto pictórico que, comensurando as cores ao revestimento das poltronas e dos parques, ligava as severas estruturas do Aleksandrinski ao fausto da época representada. Esta moldura amorteceu a cisão habitual entre platéia e palco, de tal maneira que o teatro parecia um conjunto de salas suntuosas, uma reminiscência daquela Versalhes que nos mesmos anos era o tema principal dos quadros de Benois.

Em seus espetáculos Meyerhold e Golovin buscaram sempre amalgamar palco e sala. No *Orfeu e Eurídice,* de Gluck, por exemplo, a 21 de dezembro de 1911, um vistoso pano de boca cor de framboesa e fantasmagóricas lanternas azuis na platéia, acesas du-

---

124. *Idem*, p. 124.
125. *Idem*, p. 128.
126. *Idem*, p. 124.

rante toda a representação como guias luminescentes a acompanhar o espectador por entre as névoas do mito iam de encontro às paredes ouro-turquesa do Teatro Marinski[127].

No *Dom Juan*, com aliás em *Orfeu e Eurídice*[128], Meyerhold relegou a pintura ao fundo. Preguiçosos painéis, aparecendo por baixo de um velário em gobelino, representavam ostensivamente o lugar da ação. Uma fuga de bastidores em perspectiva convergia do "frontispício" para estes telões de fundo, que não passaram de quadros na vitrina, separados do alvoroço dos atores. Golovin suspendeu sobre o palco três lustres com centenas de velas, colocou dois pesados tocheiros nas laterais do proscênio. Curiosos empastes de luzes e jogos de sombras surgiam da variedade das nascentes luminosas: se o relampejar seguido de velas dava um quê de irreal e de arcano às personagens e às dobras de seus figurinos, a luz elétrica da sala aumentava a teatralidade das astúcias e dos expedientes.

Reaparecem, em mais consistente formação, os contra-regras de *La Devoción de la Cruz* e de *Charf Colombini*. "Negrinhos" em librés de bordados dourados acendiam as velas amarelas dos lustres, chamavam o público com sininhos de prata, pingavam aromas de uma grande garrafa de cristal sobre uma chapa em brasa, abriam o velário em gobelino, aproximavam cadeiras aos intérpretes cansados, amarravam as fitas dos sapatos de Dom Juan, catavam um lenço de renda que tinha escorregado de sua mão, ofereciam lanternas aos personagens sempre que a luz enfraquecia, rastejavam amedrontados sob a mesa quando, acolhida por um grito asinino de Sganarelle, aparecia, no final, a estátua do Comendador.

Meyerhold derivou estas figuras dos *zanni* da *commedia* italiana e também daqueles "homens negros" do teatro japonês, daqueles *kurombo* que, envolvidos em túnicas negras, levam e retiram utensílios, armas, mantos, ajeitam caudas e penteados dos *onnagata*, ajustam os figurinos dos heróis depois das rixas ou dos episódios de virtuosismo acrobático, cobrem com um véu negro a personagem morta para que esta possa sair de cena e, na escuridão, aclaram o rosto dos atores com uma vela enfiada num longo bastão, para que as variações mímicas da fisionomia possam ser discernidas.

Cada invenção do diretor no *Dom Juan* objetivava sublinhar a essência ilusiva do jogo. Labaredas postiças subiam do alçapão no qual o herói punido precipita; se tivessem de simular uma viagem, os intérpretes percorriam o oval do proscênio, demorando-se a con-

---

127. Cf. V. Dmítriev, "Dekoratzi Golovina", in *Golivin*, p. 338; Dora Kogan, *op. cit.*, p. 37.
128. Aleksandr Golovin, "Vstriétchi i vpetchatlenia", in *Golovin*, p. 115; Nicolai Volkov, *Meyerhold*, II, p. 207.

versar com o público. Os expedientes teatrais eram tão aparentes e acentuados a ponto de sugerir uma comparação com as representações das "barracas" dos comediantes de feira. Aleksandr Benois, que também estava submerso naquele maneirismo até o pescoço, falou em "barraca elegante", sentença que para Meyerhold equivaleu ao mais lisonjeiro dos elogios[129]. Por outro lado, até Fiodor Komissarjévski que, a 1º de setembro de 1911, dirigiria com análogos floreados *Le Bourgeois Gentilhomme,* no Nezlobin, de Moscou, julgava ser o teatro de Molière uma "refinada barraca real"[130].

Para melhor expressar o espírito de uma época propensa a transformar a vida em figurações de dança e ainda sob a influência dos espetáculos de Diáguilev, Meyerhold impostou *Dom Juan* como comédia-*ballet,* intercalando no espetáculo músicas extraídas de *Hippolyte et Aricie* e de *Les Indes Galantes* de Rameau. A crítica se insurgiu: "Um *ballet* no Aleksandrinski!" Os atores de fato movimentavam-se com passos curtos e deslizantes, entrelaçando um enredo de reverências, simetrias, *promenades,* lentos giros, querendo assemelhar-se às danças do Rei Sol. Pois bem, até no *Dom Juan* (até em *Orfeu e Eurídice,* representado como ópera-*ballet*) reverbera a paixão pelos bailes que, naqueles anos, aqueciam os petersburguenhos.

À concepção de direção de Meyerhold adaptava-se magnificamente o intérprete de Dom Juan, Iúri Iúriev, um dos atores mais decorativos do teatro russo, gélido cinzelador de gestos nobres, zeloso das vistosidades, da dicção sonante, das poses de quadro. Embora proviesse de Moscou, do Mali, Iúriev tornou-se o típico ator de Petersburgo: sua arte harmonizava-se com o túrgido esplendor dos uniformes, com a austeridade de parada das arquiteturas[131]. Devido à gravidade impecável, à filigrana dos movimentos e ao abstrato acabamento formal, parecia estar retomando vigor, no Aleksandrinski, o alto estilo de Karatígin, um intérprete estudado e solene que a historiografia de teatro costuma apresentar em contraste com o tumultuoso e inconstante Motchálov (de Moscou)[132].

Mais do que um dissoluto sedutor de mulheres, mais do que um usuário de eróticos ardis, o Dom Juan de Iúri Iúriev era um cavaleiro galante, propenso a transformar as falsas labaredas de amor em reverências, sorrisos e *dégagés* de minueto. Empavonado com fitas, cordõezinhos de seda, laços, rendilhas, com uma grande peruca

---

129. Vsiévolod Meyerhold, *op. cit.,* p. 162.
130. Fiodor Komissarjévski, *Tieatralnia preliudi,* Moscou, 1916, p. 113.
131. Cf. A. Kúgiel, "Iu. M. Iúriev", in *Profili tieatra,* Moscou, 1929; Konstantin Dierjávin, *Iúri Mikhaillovitch Iúriev,* Leningrado, 1939; Ia. Maliútin, *Akteri moievó pokolenia,* Leningrado-Moscou, 1959, pp. 71-105.
132. Cf. Iúri Dmítriev, *Motchálov, akter-romantik,* Moscou, 1961.

com cachos de ouro, parecia – usando as palavras de Komissarjévski – "um Vestris a executar pulinhos e passinhos absolutamente desconectados da ação"[133].

Apesar da obesidade, até Konstantin Varlámov representou o papel de Sganarelle em ritmo de dança. Este cômico-bufo, chamado familiarmente de Tio Kóstia, possuía semblante esférico: um ventre-balão, a cabeça redonda, o rosto flácido: feminil. De sua constituição jorrava uma comicidade elementar, sem nebulosidades, biológica, uma festividade de barraca. Varlámov levava em cena sua proeminente pessoa, seu excesso hídrico, sem nunca ajustar-se às personagens, sempre permanecendo, fosse qual fosse o disfarce, Tio Kóstia: bastava despontar a enorme vela de suas calças e sua adiposidade dos bastidores, para provocar salvas de riso.

Não somente pela argúcia e corpulência, mas também pela gula e pelo apetite irrefreável, ele pertencia à família dos bufões barrigudos, dos *hanswurst* que vemos retratados nas velhas gravuras folclóricas. Existem inúmeras anedotas sobre os transbordantes festins para os quais Varlámov convidava a alta sociedade de Petersburgo, acolhendo com abraços e mimos os desconhecidos, tratando a todos por tu, interessando-se com curiosidade de mocinha pelos mexericos e pelas maledicências[134].

Como se dá freqüentemente com os obesos, este globo sobre pernas elefantescas, este "Hércules pateta"[135] era ágil e dançaricava com graça; o que condizia com o espetáculo meyerholdiano. Mas, infelizmente, ele também era famoso pela escassa memória: relutando em decorar o texto, que logo esqueceria, confiava nos pontos. Qual não foi seu abalo ao saber que Meyerhold, alongando o proscênio, decidira remover a caixa do ponto, esta casca de noz na qual ele costumava buscar salvação.

Nem as súplicas e nem os sermões do diretor fizeram com que Varlámov decorasse seu papel. Meyerhold teve de recorrer a um expediente adequado ao maneirismo de todo o espetáculo. No início de cada ato, segurando grandes in-fólios sob as axilas, dois pontos de camisas verdes e perucas empoadas de pó-de-arroz, colocavam-se atrás de dois biombos vistosos, que os "negrinhos" em librés haviam colocado nos lados do proscênio: abertas as cortinas verdes, cochi-

---

133. Fiodor Komissarjévski, *op. cit.*, p. 90.
134. Cf. N. Dolgov, "K. A. Varlamov", in *"Apollon"*, 1915, 8-9; Nicolai Khodotov, *Blizkoe-daliekoe,* pp. 105-106; Konstantin Dierjávin, *Epokhi Aleksandrinskoi stezêni,* pp. 150-152; N. Tiraspolskaia, *Iz prochlogo ruskoi stzêni,* Moscou, 1950, pp. 126-133; Aleksandra Bruchtein, *Stranitzi prochlogo,* pp. 283-288; Ia. Maliútin, *op. cit.,* pp. 106-136; G. Krutchinin, "Diadia Kóstia", in *"Tieatralnaia jizn"*, 1960, n. 24.
135. Nicolai Khodotov, *op. cit.*, p. 47.

16. Vera Komissarjévskaia (Nina Zarétchnaia) em *A Gaivota* de Tchékhov.

chavam como que pelas janelinhas de liteiras arabescadas. Esta solução, porém, causou outra desvantagem: para ouvir melhor os "sopros", Varlámov não desencostava daqueles biombos: longe das janelinhas sentia-se perdido[136].

No entanto, apesar dos bate-bocas e resistências, Meyerhold encontrou neste cômico um ator extremamente apropriado à sua partitura. Devido à sua tendência a revelar os artifícios, a alinhavar improvisos e discursos com o público e a rir-se da personagem encarnada, Varlámov correspondia em cheio às suas intenções. Por isso Meyerhold permitiu-lhe ostentar sem limites estes seus dotes e improvisar segundo seus caprichos, gracejando como os "avós do carrossel" dos balcõezinhos das barracas.

De lanterna na mão, Sganarelle esperneia pelo proscênio nas pegadas de Dom Juan, verifica se por acaso na platéia não se encontrava algum conhecido:

"Ah, Nicolai Platónovitch", exclama de repente, avistando um ilustre advogado, "o que vos parece nossa comédia? Não sei se vos agrada, mas eu me sinto muito à vontade! Não esqueçais de almoçar em minha casa na terça-feira. Vireis?". Aguça os olhos e, ao ver um amigo junto a uma jovem senhora, irrompe: "Ah, ei-la então, vossa metade! Trazei-a ao teatro sem dignar-vos a apresentá-la...ai, ai. É uma vergonha, Ivan Ivânovitch, fazer destas ofensas a um velho". Depois, dirigindo-se ao diretor que estava no camarote a ele reservado: "Meu caro", lhe diz, "amanhã ao meio-dia estarei convosco, para discutir nossos assuntos... Não deixeis ninguém mais passar na minha frente!"[137]

Reviviam em Varlámov, que tinha uma grande experiência de *vaudevilles* e operetas, as tradições dos mimos de praça, dos grandes palhaços russos, de um Jivokíni, por exemplo, um ator do Mali que também improvisava livremente, safando-se dos limites da personagem para brincar com o público[138]. Assim, neste espetáculo, o estetismo, o *grand siècle* uniram-se, numa curiosa miscelânea, aos costumes dos *guitti*, às burlas do teatro popular.

13

Em *La Devoción de la Cruz*, em *Dom Juan*, em *Orfeu e Eurídice,* culmina, portanto, o "tradicionalismo", ou seja, a tendência de recompor os estilos do passado, reinventando para cada trabalho a

---

136. Cf. Ia. Maliútin, *op. cit.*, pp. 110-113, e E. Time, "A. Ia. Golovin", in *Golovin,* pp. 328-329.
137. Cf. Nicolai Khodotov, *op. cit.*, p. 376.
138. Cf. Iúri Dmítriev, "Maskovskovo Malovo tieatra artist Jivokíni", in *"Tieatr"*, 1960, 9.

atmosfera e as estruturas teatrais do tempo em que o autor vivera. Ora o barroco espanhol, ora a era do Rei Sol e, para *Orfeu e Eurícide*, a antigüidade mitológica, tal como parecia aos artistas do século XVIII (O Século de Gluck)[139].

Fruto de uma cultura rebuscada e exausta, o "tradicionalismo" é uma reconquista de velhas formas, uma tentativa de transferir para o presente os cânones de outras épocas idealizadas. O diretor beneficia-se dos artifícios do teatro de períodos remotos não para expor um arrogante bazar de engenhos defuntos ou para reconstituir modelos dignos de museu de figurinos, e sim para incluir sopros de teatralidade nas cenas que haviam se tornado áridas pela rotina e pelo desleixo parasítico do naturalismo. Mesmo assim é estranho este tipo de vanguarda composta de tradição, uma vanguarda querendo rechaçar a banalidade reprodutiva dos procedimentos naturalistas, revolvendo os apagados (e por vezes bolorentos) hábitos cênicos de eras longínquas.

Observando atentamente, não foi Meyerhold o iniciador do "tradicionalismo", e sim o *Starínni Tieatr* (Antigo Teatro), organizado em 1907 em Petersburgo pelo diretor Nicolai Ievriéinov, junto ao censor dramático Nicolai Drizen e à atriz Natalia Butkóvskaia. Esta empresa aspirava ressuscitar, em síntese estilizadora, os critérios do espetáculo nas épocas de maior viço teatral, ou seja, percorrer novamente as áreas cruciais da história do teatro à luz do maneirismo imperante.

O *Starínni* conseguiu alinhavar somente dois ciclos: um de *moralités* e de *miracles* da Idade Média francesa (1907-1908) e um de textos espanhóis dos séculos XVI e XVII (1911-1912). Um terceiro ciclo sobre a *Commedia dell'Arte* não foi realizado, mas forneceu a deixa para uma monografia de Konstantin Miklachevski sobre o ofício dos mimos italianos (1917). Com o auxílio de cenógrafos estetizantes (Benois, Dobujínski, Rerikh, Bilíbin, Chervachidze, Tchukó etc.), os diretores destes ciclos (Ievriéinov, Drizen, Butkóvskaia, Miklachevski) empenharam-se em reavivar não somente as fórmulas de representação e encenação das épocas selecionadas, como também o ambiente no qual tais obras eram representadas[140]. Assim, por exemplo, durante a representação de um drama litúrgico na soleira de uma fictícia catedral, multidões de flagelantes entusiasmados passavam pelo palco, e o público, reunido diante da igreja, participava

---

139. Cf. Vsiévolod Meyerhold, *op. cit.*, p. 204.
140. Cf. Ievg. A. Znosko-Boróvski, *Rúski tieatr nátchala XX vieca*, pp. 333-343; A. Mguebróv, *Jizn v tieatre*, II, Moscou-Leningrado, 1932, pp. 5-146; Nicolas Évreïnoff, *Histoire du théâtre russe*, Paris, 1947, pp. 383-388.

da ação com gritos e orações, irrompendo depois no adro da igreja, assim que Herodes ordenava a matança dos inocentes.

Não é improvável que a direção meyerholdiana de *Soeur Béatrice* tenha influenciado o ciclo medieval do *Starínni* (pelo menos o *Jeu de Robin et Marion*, com ares de teatro de bonecos, com adereços-brinquedos e gestos mecânicos) e a de *La Devoción de la Cruz* sobre o ciclo espanhol. Ouvindo Meyerhold se tem a impressão de que os atores de Ievriéinov, na obsessão de primitivismo, acabavam parodiando a representação fleumática de *Soeur Béatrice*[141].

Em todo caso, muitos elementos confraternizam as pesquisas meyerholdianas e a atividade do Antigo Teatro no campo dos espetáculos "tradicionalistas". Se Vsiévolod Emilevitch, ao encenar *Dom Juan*, quis reacender o clima dourado do reino de Luís XIV, o *Starínni* imaginou *El Gran Duque de Moscóvia,* de Lope, como faustuoso espetáculo no parque real de *Buen Retiro*, à claridade de tochas sustentadas por negros de turbante. *El Purgatório de San Patrício*, de Calderón, como polida representação no teatro da corte de Felipe IV, *Marta la Piadosa*, de Tirso, como jogo de saltimbancos no pátio de uma taberna espanhola da época, com gente que replicava dos balcões adjacentes.

Tudo isso estava no ar da época. O estetizante *remake* de vetustos espetáculos pode-se, afinal, definir como um aspecto daquele "sentimentalismo retrospectivo" que marcava a cultura russa nos anos da pré-revolução. Basta pensar nos pintores-cenógrafos de *Mir Iskusstva* e dos grupos afins (Sómov, Sudiéikin, Bilíbin, Arapov, Bakst, Feofilaktov, Benois, Sapunov, Dobujínski) que, em quadros de essência teatral, em quadros-pantomima, estilizavam os hábitos e as decorações do Biedermeier, o Oriente de fábula, o mundo dos *zanni* italianos, os ninhos de nobres russos dos primórdios do século XIX e sobretudo Versalhes, com seus parques simétricos, os mármores, os chafarizes, as estátuas, os bosquezinhos, os espelhos, os labirintos de cercas vivas[142]. A época do Rei Sol e o século de Watteau, das *fêtes galantes*, permaneceram sendo por muito tempo os ideais da maioria desses pintores, que amavam tracejar arlequins, negrinhos, cavaleiros em tricórnio, lânguidas damas mascaradas e vestindo crinolinas, arabescos de luminárias entre o verde, com uma *Liniensprache* com ares dos desenhos de Beardsley e o rococó do *Jugendstil* muniquense.

141. Cf. Vsiévolod Meyerhold, *op. cit.*, p. 119.
142. Cf. Sierguiêi Makovski, *Silueti ruskych umelcu*, Praga, 1922, pp. 69-89; Id., "Aleksandr Benois i 'Mir iskústva' ", in *Portriéti sovriemiênikov*, New York, 1955, pp. 401-409. Cf. também Aleksandr Golovin, "Vstriétchi v vpetchatlenia", in *Golovin*, pp. 104-105.

A cultura russa à beira do esfacelo afoba-se à procura de semelhanças e pretextos na antiquária, nas épocas mais pretensiosas, deseja viver de cimélios, laquear o passado, perder o fio do presente. Tais "ingredientes" retrospectivos (bosquezinhos, perucas, cravos, máscaras, anjinhos, faunos, gobelinos) encontram-se nas líricas de Ellis, Biéli, Kuzmín, Gumiliov; nos Ballets Diáguilev; nos números do cabaré *Letutchaia Mich* (*O Morcego*); até mesmo nas adocicadas romanças *Kartinki XVIII Veká* (*Quadrinhos do Século XVIII*) que o ator Vladímir Maksímov cantava nos espetáculos de variedades[143].

Quem deseja compreender profundamente o teatro desta época, deve acima de tudo observar as pinturas de Siérguei Sudiéikin, pinturas que sempre são fábulas cênicas, miniaturas de espetáculos imaginários[144]. Aí encontrará pierrots e arlequins moldados nas poesias de Verlaine, pastorinhas, cupidos brincalhões, bailarinas-*biscuit* (como que saídas da tampa de velhas caixas de música), mercadoras encorpadas e avermelhadas, figurazinhas da Saxônia em poses de dança, daminhas maneirosas do Biedermeier, bonecas andersenianas com calcinhas *en dentelle de Hollande* – em suma, uma galeria de *bibelots*.

Com enjoativo refinamento, Sudiéikin transforma cada tema em idílio retrospectivo, em artificiosa pastoral de outros tempos. Neste carrossel alegórico, nesta oficina de cenários de balé, as criaturas tornam-se bugigangas de porcelana, marionetes contíguas às personagens de Maeterlinck. As vazias funâmbulas e pastorinhas de Sudiéikin são da mesma estirpe dos "negrinhos" meyerholdianos; seus desconjuntados fantoches executam *pliés* e *relevés*, como os intérpretes do *Dom Juan*.

Todos os aspectos do "tradicionalismo" têm, portanto, natureza de brinquedo (*igrúchetchnost*), estofo de bonecos (*kúkolinosti*): linfa de murtinho. E o que importa se lá fora a Rússia bate os dentes e se precipita em direção ao abismo. Os artistas cultivam com indiferença um limbo particular de estilizações teatrais. Presos no engodo do maneirismo, eles agitam-se como abelhas num pote fechado, entre as simulações e os enganos de épocas fabulizadas, de esplendores ilusórios, que gostariam de assumir como exemplo. Aterroriza-os a brutalidade do presente. Como sabe ser ausente, inútil, cheia de criancices, por vezes, a não-verdade do teatro.

---

143. Cf. Ievg. Kuznietzóv, *Iz prochlogo ruskoi estradi*, Moscou, 1958, p. 329.
144. Cf. Sierguiêi Makovski, "S. Iu. Sudiéikin", in *"Apollon"*, 1911, 8; V. N. Solovióv, *Sudiéikin, idem*, 1917, 8-10; Aleksiéi Tolstói, "Pered kartinami Sudiéikina", in *"Jar-ptica"*, 1921, 1.

14

No verão de 1912, no *Kursaal* de Terioki, um local de veraneio próximo a Petersburgo, desfraldava-se um estandarte pintado por Sapunov: num fundo violáceo a trágica careta de um pierrot branco. Ali se dava, sob a direção do Doutor Dapertutto, uma série de representações da "Associação de atores, pintores, escritores e músicos", constituída por Aleksandr Mguebróv e por Borís Prónin, já diretor da Casa dos Entreatos[145].

Como todos os empreendimentos do Doutor Dapertutto, mesmo aquela temporada foi concebida sob o signo de Blok. Não por obra do acaso, Vakhtangov, que ali havia sido convidado, denomina-a, numa missiva, de "teatro de Blok"[146]. Não por obra do acaso, entre as intérpretes figurava também Liubov Dmítrievna, a mulher do poeta. E o poeta foi freqüentemente, naquele verão[147], até a grande e cheirosa datcha à beira-mar, onde os atores moravam juntos, como num falanstério[148].

O repertório de Terioki reflete as predileções de Meyerhold, sua inclinação pelo teatro espanhol e pelos *canovacci* italianos. Estrearam a 3 de junho com o esboço cômico de Cervantes *Los Habladores*, a pantomima *Vliublionnie* (*Os Enamorados*), sobre temas de quadros de Hermen Anglada e músicas de Debussy, e uma arlequinada de Vladímir Nicoláevitch Soloviov, *Arlekin-khodatai Svadeb* (*Arlequim Paraninfo*), que Meyerhold havia dirigido pela primeira vez a 8 de novembro de 1911 no Círculo dos Nobres de Petersburgo numa noite cujo tema era "A antigüidade reanimada" (*stariná ojivlionnaia*)[149].

É preciso dizer algo deste Soloviov, que esteve muito próximo do diretor naqueles anos (e em Terioki encenou dois *entremeses* de Cervantes: *El Viejo Celoso* e *La Cueva de Salamanca*). Fazia-se chamar Volmar Luscinius (*soloviéi* = rouxinol), e era uma campeão fanático do "tradicionalismo", um extravagante entusiasta de atelanas, de antigos espetáculos russos (como, por exemplo, a "Ação da Fornalha"), de dramas espanhóis e sobretudo de máscaras. "Onde quer que se encontrasse, disparava a falar das personagens da *Commedia dell'Arte* – de Pantaleão, Pierrot, Colombina, e enquanto isso seus olhos cinzentos de criança fitavam loucos e estáticos"[150].

---

145. Cf. Nicolai Volkov, *Meyerhold*, pp. 232-233.
146. Cf. *Ievguêni Vachtangov: Materiali i stati*, Moscou, 1959, p. 30.
147. Cf. M. Beketova, *Aleksandr Blok*, Petersburgo, 1922, pp. 174-178.
148. Cf. A. Mguebróv, *Jizn v tieatre*, II, p. 193.
149. Cf. Nicolai Volkov, *op. cit.*, II, p. 217.
150. A. Mguebróv, *op. cit.*, p. 175.

Inventário de truques, de gracejos, de "brincadeiras próprias ao teatro", a arlequinada de Solovióv, que Meyerhold retomou várias vezes em diferentes variantes, copiava os roteiros dos cômicos italianos. Espadas de madeira que truncam narizes de papel, narizes que aparecem por trás dos bastidores, travestimentos de magos com barbas postiças e chapéus em forma de cone, fuga de mimos carregando o parceiro nas costas, cambalhotas e golpes de espátula*, trambolhões, balbúrdias, trancos, chutes, e, no final, cortejo com piscadelas para o público: eis o enredo seguido por essa bufonaria retrospectiva, esse florilégio de *lazzi*, que Meyerhold acompanhava com músicas de Haydin e de Araja[151].

Tais "malícias", aliás, ainda perduram entre os comediantes modernos: basta pensar no espetáculo *Cesta* (*A Viagem*, 1963) do mímico de Praga Ladislav Fialka, que ressuscita os estratagemas e as burlas da comédia improvisada. Sobre o fundo de dois biombos borrados de cores vistosas, as máscaras de Solovióv (Pantaleão, Silvio, Arlequim, Esmeraldina, Aurélia, o Doutor) registravam na tessitura musical um traçado preciso de movimentos cinzelados e simétricos, variando com improvisações as "astúcias" tradicionais prescritas pelo *canovaccio*. Na versão representada em Terioki, note-se, Arlequim estava *vestido de preto*.

[Death by water] – Em Terioki viviam enfeitiçados por um mundo ilusório, construído sobre os prodígios de Hoffmann e as proezas dos histriões italianos. Resolveram preparar para o dia de São Pedro e Paulo, a 29 de junho, uma "Alegre noite à beira do golfo Fínico", ou seja, um daqueles vistosos carnavais que, nos brevíssimos e desbotados verões do Norte deflagram como relâmpagos de *demonia* e demência.

Sapunov imaginou uma série de barracas, por entre as quais devia aglomerar-se uma multidão de aparência ébria e grotesca: criaturas blokianas e "caras de bocós". Personagem precípua seria um charlatão, um vendedor de pílulas contra o amor infeliz, uma espécie de Celionati com chapéu de astrólogo, salpicado de serpentes e estrelas. Uma ambígua "mocinha com trança de papel" (análoga à Colombina de *Balagántchik*, que também tem trança: *kosá*, mas *kosá* também significa *foice*) aproxima-se dele sorrateiramente e o charlatão fica prostrado na poeira. Em seu lugar, de sua própria beca sai um homúnculo que retoma a venda das pastilhas miraculosas.

---

* Espada típica de arlequim. (N. da T.)
151. Cf. Vsiévolod Meyerhold, *op. cit.*, p. 201.

Sapunov queria que a mascarada se articulasse numa seqüência de vários episódios, reacendendo-se em pontos diversos, como uma sucessão de "relâmpagos". Assim, por exemplo, diante de uma barraca, um cartaz anuncia a representação de *A Força do Amor e do Ódio*, "autêntico drama espanhol" (na realidade o título é o de uma ópera de Francisco Araja, cujo libreto foi traduzido para o russo por Trediakovski): as pessoas acorrem, mas quando, após demorada espera, ergue-se a cortina em que está pintada uma horrorosa "cara de bocó", lê-se: "Vocês que exigem a execução de um texto espanhol ainda não são capazes de entendê-lo. Pelo dinheiro pago no caixa poderão ver *gratuitamente* a vossa própria imagem"[152]. Neste passatempo de Tibidabo o pano de boca deveria, portanto, transformar-se num espelho deformante que, amedrontando os espectadores profanos, incrementaria a arcanidade do teatro, capela dourada do "tradicionalismo".

Nos dias em que se aprontava a mascarada, dia 15 à noite, Sapunov participou de uma excursão pelo golfo Fínico, junto ao poeta Kuzmín e algumas moças. O barco virou. Os outros, agarrados à quilha, conseguiram salvar-se, mas Sapunov, a quem pouco antes uma cigana havia predito a morte pela água, afogou-se; tinha apenas 32 anos[153].

A "mocinha da trança de papel" saíra da ficção para dissolver o "mago". Assim, sobre o fundo de um "bastidor insuportavelmente azul" (como escreveu Kuzmín numa ode dedicada à memória de Sapunov)[154], o bastidor do mar – um divertimento de máscaras extrapolou-se em lúgubre farsa, em estarrecido pesar, desvelando a maquinária tenebrosa do fado. As ondas jogaram o corpo de Sapunov duas semanas depois sobre uma faixa de areia diante de Kronchtadt.

Estrambótico, lunático, inclinado às poses de *dandy*, esse pintor passava de acessos de trabalho febris a bebedeiras sem lucidez em tabernas de ínfima categoria, buscando conforto para os próprios desequilíbrios na amizade de Blok[155]. Sua pintura era um teatro de autômatos, de pérfidos homens de cara sinistra, de bonecas com maçãzinhas avermelhadas[156]. À diferença das máscaras afetadas e iridescentes de Siérguiei Sudiéikin, suas máscaras possuíam, como já foi dito, um torpor maligno, uma túrgida carranca oriental, o sorriso polivalente das imagens asiáticas. Naqueles gnomos impressionava,

---

152. Cf. Nicolai Volkov, *op. cit.*, II, pp. 236-237.
153. Cf. Maksimilian Volochin, "Pamiati N. N. Sapunova", in *"Apollon"*, 1914, 4; A. Mguebróv, *op. cit.*, II, pp. 203-207; Aleksandr Golovin, "Vstriétchi i vpetchatlenia", in *Golovin,* p. 124.
154. Michail Kuzmín, *Nezdechnie vetchera*, Petersburgo, 1921.
155. Cf. Vladímir Piast, "Terioski tieatr", in *Vstriétchi*, Moscou, 1929, p. 243.
156. Cf. Fiodor Komissarjévski, "Sapunov-Dekorator", in *"Apollon"*, 1914, 4; N. Punin, *Tri khudojnika*. II: *N. Sapunov, idem,* 1915, pp. 8-9.

usando as palavras de Kafka, "um certo irrequieto lampejar de seus olhinhos amendoados".

O blokismo, a ironia, a tendência para produzir desfigurações grotescas, para transformar as personagens em "focinhos de idiotas", de fazer do mundo uma feira de palhaços delirantes, uma fantasia de Callot, dilatando-lhe a duplicidade fantasmagórica: tudo isso aproxima os "caprichos" de Sapunov às "diabruras" do Doutor Dapertutto. O diretor relembrou o pintor, ainda após a revolução, ao moldar, no *Mandat*, de Erdman, empoladas "caras" de resíduos burgueses. É estranho surpreender reminescências de Sapunov na literatura dos primórdios soviéticos: os filisteus altivos e insolentes de Zabolocki são também, no fundo, "caras de bocós".

A morte de Sapunov pousou um véu de amargura sobre os sucessivos espetáculos daquela temporada, especialmente sobre *Delito e Delito*, de Strindberg, representado a 14 de julho com direção de Meyerhold e cenários de Iúri Bondi. Na abertura, o poeta Vladímir Piast, sentado à uma negra mesa, sob um retrato de Strindberg emoldurado por tiras de seda negra (o proscênio verdejava com densas samambaias), pronunciou em voz baixa o necrológio do dramaturgo desaparecido dois meses antes.

Lutuoso espetáculo, submerso num clima cimério[157]. As molduras de portas e janelas estavam envolvidas por drapejos funestos. Os atores anichavam-se no fundo do palco contra os cenários de véus (que propiciaram efeitos de transparência), avançando sobre o largo e deserto proscênio na penumbra apenas para silabar alguma frase de solilóquio. O diretor restabeleceu alguns expedientes dos tempos da Komissarjévskaia: as atitudes estáticas, a dicção cansada e lenta, as oscilações de sombras, os enquadramentos pictóricos, e sobretudo a simbologia das cores.

Um assíduo dissídio de amarelo e preto sulcava o espetáculo inteiro. Manchas amarelas (revérberos, luvas, crisântemos, acessórios) insinuavam a infidelidade e o remorso do protagonista; o negro significava a tétrica aspereza do destino, que pune Maurice por seu erro, matando-lhe a filha pequena. Muitas cenas foram idealizadas como gravuras em bicromia: quando, por exemplo, Henriette e Maurice sentam, arrependidos, num banco do Jardin du Luxembourg, uma negra *japoneserie* de delicados galhos talhava-se contra o amarelíssimo céu.

---

157. Cf. Nicolai Volkov, *op. cit.*, II, pp. 238-241; A. Mguebróv, *op. cit.*, II, pp. 215-221; V. Piast, "Teriokski tieatr", in *Vstriétchi,* pp. 235-244.

Segundo Mguebróv, o Doutor Dapertutto almejou, naquele verão, representar *La Devoción de la Cruz* à noite, à luz de tochas, no parque de uma datcha próxima a Terioki, entre árvores frutíferas e moitas de rosas e lilazes[158]. A obra de Calderón foi representada, no entanto, em Kursaal, no fim da temporada. Se, no Teatro-torre, Meyerhold deu à obra uma variante de direção emplumada e faustuosa, agora (com o cenógrafo Bondi) deliberou impostá-la em tons ascéticos.

Substituiu o amarelo-negro do drama de Strindberg por um equilíbrio de azul e branco, um empaste suave, querendo expressar a pureza da fé. Plantou no palco um pavilhão branco, em cujo fundo de tela, cortado em estreitas tiras verticais para o ingresso dos atores, destacava-se uma fila de cruzes azuis, diminuindo gradualmente em direção ao centro. A abóbada triangular deste pavilhão, fortaleza e fronteira do mundo católico, era salpicada de estrelas. Aos lados, altíssimas e brancas lanternas de papel opaco emitiam uma débil luz. Somente na "jornada segunda", para os episódios diante do convento e na cela de Júlia, os contra-regras (*ótroki*: adolescentes entre o pajem e o noviço, vestidos em *negro*), ao som de um sino, traziam divisórias de percal branco com três batentes onde, com tracejado azul, estava perfilada uma fileira de santos[159].

Como já fizera no Teatro-torre, Meyerhold desnudou os maquinismos da ficção, sobretudo no jogo do vilão Gil, o "gracioso". Em harmonia com o texto de Calderón, que é uma obsessiva repetição de cruzes, prodigalizou no espetáculo inúmeros simulacros deste símbolo. A cruz, que nas telas de um Maliévitch irá se tornar componente de constelações geométricas, é para Meyerhold um instrumento do "tradicionalismo", não diferente, no plano teatral, dos narizes de papelão e das espadas de madeira das arlequinadas.

15

Naqueles anos Meyerhold buscava nos funâmbulos, nos *paradistes*, na tosca profissão dos atores cômicos ambulantes de última categoria os modelos do próprio universo teatral. Já vimos como Varlámov, com seus lépidos vezos de *cabotin*, sua massa hidrópica, sua espessura animal, servia perfeitamente aos intentos dessa direção. Revalorizando os alçapões do teatro popular e os sortilégios dos *canovacci* improvisados, o Doutor Dapertutto e seus acólitos alme-

---

158. Cf. A. Mguebróv, *op. cit.*, II, p. 202.
159. Cf. Vsiévolod Meyerhold, *op. cit.*, pp. 202-203.

javam dar vida a um teatro no qual mais do que o texto, valesse a mímica, o virtuosismo acrobático dos comediantes.

A técnica nua dos ásperos *brûleurs de planches*, dos histriões que permanecem à margem da personagem, era a única idônea a expressar aquela duplicidade grotesca e cúmplice que Meyerhold julgava agora essência da representação. Num ensaio sobre a arte das barracas, escrito em Terioki, ele insiste, de fato, sobre a necessidade de que o intérprete saia o tempo todo da figura encarnada, desnorteando assim o espectador que, a cada passo, vai de um plano semântico mal entrevisto para outro inesperado, de um acontecimento efetivo para seu avesso metafísico; para que o espectador não esqueça, por um instante sequer, que a representação nada mais é que ficção e jogo.

Barraca, grotesco, máscara: talismãs da época. A época fervilha de máscaras, desde a de neve de Blok até o dominó vermelho de Biéli; dos arlequins anacreônticos de Sudiéikin e Sómov ao figurino de Pierrot do cantor Vertinski[160]. A *intelligentsia* russa refunde a *Commedia dell'Arte* no cadinho mágico de Hoffmann. A Veneza do século XVIII transluz pelas dobras do tempo com um plexo de máscaras, um constante relampejar de mantos e dominós. O Doutor Dapertutto convence-se de que as fábulas de Gozzi eram precursoras das obras de Hoffmann e de Maeterlinck[161], e seus fiéis (como os adeptos de uma arcádia dedicada ao culto do teatro de máscaras) adotam nomes que ecoam o mundo dos comediantes da *Commedia dell'Arte* filtrado através das invenções hoffmannianas: Solovióv rebatiza-se Luscinius, o pintor Kulbin escolhe o apelido de Culminanti, Mguebróv transforma-se em Anselmi (coligando-se talvez a Anselmus, o estudante de *Der Goldne Topf*).

Meyerhold é o primeiro a fomentar na cena russa aquele fervor pela comédia de improviso, que em seguida solicitou as experimentações de Radlov, Vakhtangov, Mtchedelov, do Teatro Semperante, – é justamente ele quem suscita aquela paixão pelas ambivalências fantásticas, a *jonglerie* diabólica, as mascaradas de Hoffmann, que inspirará a Tairov espetáculos rutilantes. Misturem agora a *Commedia dell'Arte*, os "abracadabras" hoffmannianos, os dramas espanhóis do *siglo de oro*, o teatro oriental e, como num número de ilusionista, surgirá diante de vocês o Estúdio, que Meyerhold inaugurou em Petersburgo em setembro de 1913.

Propugnáculo do "tradicionalismo" o Estúdio (Rua Tróickaia nº 13 e, a partir do outono de 1914: Rua Borodínskaia nº 6) durou

---

160. Cf. Ievguêni Kuznietzóv, *Iz prochlogo ruskoi estradi,* p. 331, e Leonid Utesov, *S pesnei po jizni*, Moscou, 1961, p. 79.
161. Cf. Nicolai Volkov, *op. cit.*, II, p. 183.

quatro temporadas: até a primavera de 1917. Meyerhold ensinava ali a "técnica do movimento cênico", o compositor Gniésin "dicção musical no drama", e Vladímir Solovióv *Commedia dell'Arte*: doutrina de travestimentos, prodígios, cambalhotas, *lazzi*, piruetas, tirando noções e exemplos de sua arlequinada dos *canovacci* dos cômicos, dos entreatos de Cervantes e de Lope de Rueda, do Marivaux de *Arlequin Poli par l'Amour*, do *divertissement Liubov k Trem Apelsinam* (*O Amor das Três Laranjas*), paráfrase "reflexiva" da fábula homônima de Gozzi, por ele composto com Meyerhold e K. Vogak.

Eixo e motivo vetor desta escola-oficina foi a pantomima, costela primogenitora do teatro. Os alunos, treinados como ginastas, deviam ter prontidão acrobática, ritmo saltitante e festivo, a flexibilidade da chama. Meyerhold treinava-os a encaixar-se na essência da música-guia, a comedir a dialética dos movimentos às dimensões do palco, a colocar o corpo com harmonia no espaço designado, segundo as leis de Guglielmo Ebreo. Estamos longe dos abúlicos autômatos do teatro estatuário; no entanto, em alguns detalhes do Estúdio, como a topo-análise detalhista do espaço de ação e o cuidado dirigido aos contrapesos geométricos de pares e ímpares em cena, parece-nos colher um eco, um resíduo do plúmbeo determinismo que presidia a vida do espetáculo "convencional" nos dias da Komissarjévskaia.

O Doutor Dapertutto sonhava que o ator educado pelo Estúdio se igualasse, pela perícia e pela álgebra dos movimentos, aos intérpretes do teatro *kabuki*. Comprimindo em escorços expressivos a prolixidade do real, despindo a representação de todo o supérfluo, ele queria instituir uma série imutável de gestos sintéticos, como na arte do *kabuki*, onde cada gesto é pré-fixado por uma tradição secular. Deste modo, os impulsos extemporâneos e os *lazzi* da comédia italiana, em seu ator se equilibrariam com um ritual dançante de movimentos e posturas pré-estabelecidos para sempre, no rastro daquele estilo oriental.

A palavra, no Estúdio da Rua Borodínskaia, permaneceu timidamente na sombra. A essência cinética do teatro foi libertada, usando uma frase de Artaud, da ditadura exclusiva da palavra[162]. Com música de piano os alunos executavam miniaturas mímicas, poemetas gestuais, parecidos, em conteúdo e lirismo, às páginas dos simbolistas. Mguebróv relembra uma pantomima ornitológica, na qual dois caçadores matavam um fabuloso pássaro das ilhas, diferente de todos e por isso condenado a morrer – uma espécie de "morte do cisne": "Que incríveis variações Meyerhold soube criar sobre este

---

162. Antonin Artaud, "La mise en scène et la métaphysique", in *Le théâtre et son double*, Paris, 1938, p. 42.

tema! Inúmeras vezes, por vários dias experimentamos desmontar, saltando de cima do outro, estender imaginários arcos e arremessar com ar severo uma chuva de flechas, ao som de uma longínqua melodia, muito espectral, contra aquela que encarnava o palpitante volátil"[163].

Não raro as pantomimas abreviavam fábulas, contos hoffmannianos, dramas de Shakespeare. Quando Marinetti, no início de 1914, visitou o Estúdio, os alunos representaram um compêndio mímico das vicissitudes de Antônio e Cleópatra, improvisando depois, a seu pedido, um extrato do *Otelo* em três minutos[164]. Perguntamo-nos se estes esboços mimados, que poderíamos chamar de "estenogramas visuais", como Eisenstein definiu os próprios desenhos[165], não teriam influído sobre a concepção do teatro sintético de Marinetti.

Espelhando-se no exemplo do *kabuki*, cujos atores manipulam panóplias multicolores, Meyerhold ressaltou intensamente, naqueles mimodramas, os objetos e a flexuosidade das mãos. Os alunos deviam se acostumar a sentir o fascínio tátil dos adereços que, como dirá mais tarde, se tornam "prolongamentos da mão"[166]; a extrair efeitos inebriantes do jogo com flores e folhas de papel, recortes de tule, argolinhas, tirinhas de seda e, com habilidades dignas dos charlatães de Hoffmann, transformá-los em amuletos e talismãs[167].

Para atestar as tendências do Estúdio basta o programa do espetáculo que ali foi representado em 9 de fevereiro de 1915. Além do entreato de Cervantes *La Cueva de Salamanca*, este incluía uma longa seqüência de estilizações retrospectivas, de "porcelanas" mímicas, criadas por Luscinius e pelo Doutor Dapertutto: uma pantomima com o tom das *cabale* dos prestidigitadores de rua na Veneza do século XVIII; uma ceninha ao gosto dos romances sentimentais do século XVIII; a adaptação de um tardio *canovaccio* italiano: *Le Due Smeraldine* (*As Duas Esmeraldinas*); um argumento mímico extraído de dois episódios do *Hamlet* (a representação na corte e o devaneio de Ofélia); uma pantomima no estilo da *arlequinade* parisiense da metade do século passado; uma *clownade* de circo; um *etiud* (*étude*) no estilo galante do pintor Lancret; um fragmento de comédia "chinesa" moldada na *Turandot* gozziana; um *sketch* composto de "brincadeiras próprias ao teatro"[168].

---

163. A. Mguebróv, *op. cit.*, II, p. 286.
164. Cf. Nicolai Volkov, *op. cit.*, II, p. 313.
165. Cf. Sierguiêi Eisenstein, "Neskolko slov o moikh risunkakh", in *Risunki*, Moscou, 1961, p. 193.
166. Cf. Aleksandr Gladkov, "Vospominania, zamiétki, zapisi o V. E. Meyerholde", in *Tarúskie stranitzi*, Kaluga, 1961, p. 303.
167. Cf. A. Mguebróv, *op. cit.*, II, pp. 288-290.
168. Cf. Nicolai Volkov, *op. cit.*, II, pp. 367-368.

O proscênio, separado do corpo do palco e coberto por um semicírculo de pano turquesa, estava colocado ao nível do público. Um pianista acompanhava a representação com improvisações e com peças de Mozart e Rameau. Sentado ao lado do piano, Meyerhold dava o sinal de início de cada número, batendo com martelinhos duas campainhas suspensas. Os "comediantes do Estúdio" vestiam todos um macacão idêntico: lilás-escuro as mulheres, com cinto carmesim e faixa no braço; os homens: carmesim-escuro, com iridescências azuladas e lilás, e cinto laranja.

No Estúdio da Rua Borodínskaia o diretor, antecipando os conceitos de Artaud, promove assim um teatro de ações físicas, de gáudios musculares, fundado antes na linguagem do gesto do que no diálogo, um teatro cuja aspiração é condensar a mímica num alfabeto de signos constantes, de formas-tipo, de movimentações codificadas. Muito do que foi feito neste laboratório preanuncia as realizações de Meyerhold no período soviético. Descobrindo a necessidade de treinar atleticamente o ator, aproximando-o aos funâmbulos, ele lançou a semente de um método que irá se chamar Biomecânica. E os macacões dos "comediantes do Estúdio", embora ainda marcados pela simbologia das cores (o lilás de Blok e de Vrubel!), preludiam os que outros alunos seus iriam vestir na época construtivista.

Embora ainda conservem um certo "tradicionalismo", as invenções mímicas de Meyerhold superam o próprio tempo, e parece-nos encontrá-las ainda hoje – através dos filtros de Chaplin e de Marceau – nas experiências dos jovens mímicos eslavos, por exemplo nas *etudy* do boêmio Fialka; naquelas, digamos, em que finge apertar entre os dedos uma borboleta esvoaçante ou de tocar um piano imaginário, prendendo suas mãos no teclado viscoso. Indústria e fantasquice das mãos! Meyerhold havia desde então intuído a vitalidade dos enredos gestuais no novo teatro, as atitudes modernas da pantomima, este borrifar de mãos-gaviões sobre o rosto do mundo, de mãos-pombas que estendem, como num milagre, pequenas flores de papel, este moinho de mãos que têm olhos, cílios...'

16

Em janeiro de 1914, o Estúdio da Rua Borodínskaia começou a publicar uma revista entitulada *Liubóv k Trem Apelsinam* (*O Amor das Três Laranjas*) que viveu até 1916 (nove números ao todo). Em seus números, permeados do habitual sincretismo "tradicionalista", apareceram ensaios sobre Gozzi, sobre os comediantes da *Commedia dell'Arte*, sobre as máscaras, sobre Hoffmann, sobre o teatro espanhol, *canovacci* de antigas seleções e fábulas gozzianas, novos argumentos moldados sobre os da comédia improvisada. Blok dirigia a rubrica poética.

Deixando Moscou em 1918, Prokófiev, como ele próprio conta em sua autobiografia, levou consigo o primeiro número da "revista do Doutor Dapertutto" na qual estava impresso o homônimo *divertissement* de Vogak-Solovióv-Meyerhold, que lhe serviu de esboço para o libreto de sua ópera gozziana[169]. Alguns anos depois declarou dever a Meyerhold a idéia de *O Amor das Três Laranjas*: "foi ele a recomendar-me o tema"[170].

Em abril de 1914 a redação da revista, junto aos "comediantes do Estúdio" encenou, no anfiteatro do Instituto Tenichev, de Petersburgo, algumas representações de *A Desconhecida* e de *Balagántchik*. Os seguidores do Doutor Dapertutto mantinham imutável fé nos valores de Blok, embora o poeta, com sua imaginação eternamente ferida, com sua desmedida desconfiança, em segredo hesitava entre os dois vértices opostos do teatro, Meyerhold e Stanislavski, entre o "veneno do modernismo"[171] e as tramas psicológicas. Em seu diário lampejam clarões de intolerância:

"Ódio para os acmeístas*, desconfiança por Meyerhold, suspeitas em relação a Kulbin. É preciso então escolher entre Komissarjévskaia e Meyerhold?..." (12 de janeiro de 1913)[172].

"Aflige-me novamente tudo que concerne à 'Meyerholdia', gosto irrefreavelmente do 'sadio realismo', de Stanislavski e do Drama Musical. Tudo o que recebo do teatro, recebo-o *dali*, enquanto que na 'Meyerholdia' me esforço e me encolho. Porque eles me querem bem? Pelo passado e pelo presente, receio: não pelo futuro, não por aquilo que quero" (21 de fevereiro de 1914)[173].

Revolvendo as tortuosas relações e os dissabores com Blok, a desleal mutabilidade da postura do poeta, esta trama de delirante simpatia e de gelo, de calorosa estima e de maldosas farpas, Meyerhold afirmará com a melancolia das lembranças: "...criticando-me, Blok digladiava-se com os demônios que estavam dentro dele. Havia muito em comum entre nós, e os próprios defeitos nunca são tão repugnantes como quando se os reconhecem no outro. Tudo aquilo

---

169. S. Prokófiev, "Avtobiografia", in *S. S. Prokófiev: Materiali, dokumenti, vospominania*, Moscou, 1956, p. 46.

170. Cf. A. Fievrálski, "Prokófiev i Meyerhold", in *Sierguéi Prokófiev 1953-1963: Stati i materiali*, Moscou, 1962, p. 92.

171. Aleksandr Blok, "Iz dnevikov i zapisnikh knijek", in *Sotchiniênia v dvukh tomakh*, II, Moscou, 1955, p. 463.

* Pós-simbolistas da poesia russa. (N. da T.)

172. *Idem*, p. 447.

173. *Idem*, p. 461. O Drama Musical era um teatro de ópera petersburguenho, onde então estava sendo representada a *Carmen*.

por que Blok às vezes me censurava estava nele mesmo, embora quisesse se libertar disso..."[174]

As representações no Instituto Tenichev, como as de Terioki, fluíram numa mágica endosmose de poesia e juventude. Já os ensaios pareciam dar-se numa região enfeitiçada, com aquelas amedrontadoras visões hoffmannianas do cenógrafo Bondi, corcunda e anão, e do Doutor Dapertutto, espeto com longo nariz[175]. Entre parênteses: um nariz digno de Sterne ("Slawkenbergii Fabella"). Dirá posteriormente Iúri Oliécha: "Que nariz. Que esquisito nariz. Um grande, redondo osso nasal. A 'narigudice' tem caráter heróico. Dela freqüentemente faz-se uso nas fábulas, nas ficções"[176].

Na Sala Tenichev, decorada como uma barraca de lanternas multicoloridas de papel e miolo de pão, Meyerhold aventou uma série de truques e malícias teatrais. As falas dos dramas de Blok, é claro, serviram apenas de excipiente às drogas do Grão Charlatão, no entanto suas soluções rutilantes exprimiam maravilhosamente o lunático verticalismo da criação blokiana, e mais exatamente a fase em que a inicial vontade de altitudes místicas transforma-se, como que por um afluxo de vertigens, numa lúgubre, precipitante, arlequinesca queda.

Mais uma vez os pilotos do espetáculo foram os contra-regras, burlesco cruzamento de *kurombo* e de *zanni*. Demoremos um instante na *Desconhecida*[177]. Os *zanni*: ora traziam ritmadamente as mesas, o balcão, os banquinhos da taberna, ora serviam de ponto, ora montavam, à vista do público, uma ponte de madeira (empurrando-a em duas metades pelas duas laterais), ora, alinhados de joelhos, segurando velas, supriam a inexistente ribalta. A íngreme, frágil ponte da "segunda visão", similar, como disse Mguebróv, às delgadas pontes caucasianas, suspensas sem suportes sobre torrentes selvagens[178], foi, na arte de Meyerhold, o primeiro exemplo de tablado instrumental, quase presságio dos "viadutos" assemânticos do construtivismo[179].

Os cenários eram significados por panos de cores variadas, que os *zanni* seguravam esticados em varas de bambu. Para indicar, na "segunda visão", um céu estrelado, eles levantavam, pregado em

---

174. A. Gladkov, "Meyerhold govorit", in *"Novi Mir"*, 1961, 8.
175. Cf. A. Mguebróv, *op. cit.*, II, p. 267.
176. Iúri Oliécha, "Liubov k Meyerholdu", in *"Vetcherniaia Moskva"*, n. 33, 9 de fevereiro de 1934.
177. Cf. M. Beketova, *Aleksandr Blok*, Petersburgo, 1922, p. 194: Ievg. A. Znosko Boróvski, *Rúski tieatr nátchala XX vieca,* pp. 314-316; Nicolai Volkov, *op. cit.*, II, pp. 317-324; A Mguebróv, *op. cit.*, II, pp. 247-254.
178. A. Mguebróv, *op. cit.*, II, p. 249.
179. Cf. *Tieatr imiêni Vsiévoloda Meyerholda: Muzei. Katalog vistavki 5 liét (1920-1925)*, Moscou, 1926, p. 5.

delgadas tiras de cálamo, um véu de tule azul, coberto de estrelas douradas. No reflexo de ofuscações azuis, as estrelas, coladas sobre o véu ondejante, pareciam tremular. Sobre as silhuetas noturnas da ponte, os *zanni* jogavam xales de tarlatana branca, para simular flocos de neve. No instante em que, da abóbada do céu, desprega-se uma estrela que assume posteriormente os semblantes da Desconhecida, o diretor apagava as luzes da sala, e os *zanni* hasteavam até o teto-zênite, num longo bambu, uma língua de chama, um fogo-de-bengala, descrevendo na escuridão girândolas que pareciam elipses de cometas. Assim, na "terceira visão", lá onde a Desconhecida desvanece do salão mundano, um contra-regra ergue, sobre um alto varapau, uma estrela azul. Aqueles panos ondeantes sugerindo a idéia dos barcos a que o poeta freqüentemente alude, os fogos delineantes, a oscilação daqueles astros fictícios, expressavam a transitoriedade, a flutuação, a gélida ebriedade do universo blokiano.

O protótipo disso tudo está nos recursos dos teatros orientais. Pensemos novamente no estilo *kabuki*, em que tecidos de algodão branco nos ombros das personagens e papeizinhos brancos caindo em flocos de um cesto suspenso bastam para resumir o cair da neve; longas fitas de papel prateado para simular os borrifos de uma cachoeira. Está claro então de onde vinham, e por qual trâmite, os expedientes alusivos, as siglas cênicas de que Okhlópkov fez largo uso nos anos trinta, na comédia de Pogódin *Os Aristocratas*. Para mencionar a tempestade de neve, por exemplo, neste "espetáculo-carnaval" uma dança de roda de *zanni-kurombo*, vestindo macacões azuis e máscaras azuis, arremessava nos tablados da ação e sobre o público punhados de confetes brancos[180]. Já em 1914, portanto, Meyerhold, com sua incoercível vontade de metáforas, demarca um tipo de ator que terá desenvolvimento na arte de Okhlópkov[181]: o ator-adereço, o ator-cenário, o ator que supre até mesmo fenômenos naturais no teatro: mudo rapsodo de céus efigiados em telões trepidantes, despenseiro de neve, faroleiro de estrelas. Os *zanni* que encarnam objetos, que se convertem em contra-regragem, em fragmentos de cenografia: até estas contaminações têm raízes orientais. Encontram-se exemplos no teatro dos *beriki* georgeanos (*berikaoba*), dos *kiziktchi* usbeques, dos *maskharabozi* tajikianos, os quais freqüentemente, em suas ceninhas folclóricas, simbolizavam árvores, fornos, montanhas, dobadouras, céspedes de grama, até mesmo edifícios[182].

Nas duas obras blokianas Meyerhold não mediu deformações grotescas. Na taberna os bêbados ostentavam berrantes narizes de *papier-mâché;* as mulheres, medalhões avermelhados sobre as maçãs do rosto, como as bonecas de Viatka. Um dos fregueses ostentava

---

180. Cf. Jindrich Honzl, "Ochlopkovuv divadelní realismus" (1935), in *K novému vyznamu umení*, Praga, 1956, p. 190.
181. Cf. Id. *Pohyb divadelního znaku* (1940), *idem*, p. 252.
182. Cf. Nizam Nurdjanov, *Tadjikski narodni tieatr*, Moscou, 1956, pp. 165-166; Galina Uvarova, *Uzbekski dramatitcheksi tieatr*, Moscou, 1959, pp. 8-9; Dmitri Djanelidze, *Gruzinski tieatr*, Tblisi, 1959, pp. 62, 69, 267, 317.

uma peruca verde, a peruca de outro era de listras escarlates e amarelas. Na "segunda visão" a Desconhecida tinha um círculo rajado de cílios pintados sobre as órbitas, como uma boneca de ilustração infantil; o Astrólogo um nariz flamejante e uma casaca azul; o Azul uma enorme capa azul, que um contra-regra ajeitava-lhe a toda a hora.

Se a representação de *A Desconhecida* resolveu-se num festival de narizes postiços e perucas vistosas, numa resenha de *hollow men*, brilho de vulgares pomadas coloridas, a de *Balagántchik* foi, segundo Mguebróv, "papelão transfigurado, efusão de papelão, de desejos ardentes fabulosamente papeleiros"[183]: sufocante acúmulo de máscaras. No intervalo entre as duas peças uma formação de falsos chineses executava exercícios de prestidigitação, enquanto os atores jogavam para o público não as negras rosas de Blok, e sim as laranjas de Gozzi.

> *Venise pour le bal s'habille.*
> *De paillettes tout étoilé,*
> *scintille, fourmille et babille*
> *le carnaval bariolé**
>
> THÉOPHILE GAUTIER

No conto hoffmanniano *Die Abenteuer der Sylvester-Nacht*, o Doutor Dapertutto apresenta-se a Erasmus *em um casaco vermelho-escarlate com botões de aço resplandescentes***. Era preciso encontrar uma libré parecida para o diretor também. Eis que Sudiéikin desenhou um ressonante figurino de causar inveja a Cagliostro, um figurino composto de um tabardo turquesa, uma camisa de cetim rosa com botões de prata, um tricórnio esmaltado com plumas, uma máscara com bico de mocho. O Doutor Dapertutto teria de vestir tais roupagens para acolher o público no cabaré Privál komediantov (A Estância dos Comediantes)[184].

Este microteatro foi aberto por Borís Pronin em 1916, num subterrâneo do Campo de Marte, em substituição à Casa dos Entreatos e de outro célebre cabaré, Brodiátchaia Sobáka (O Viralatas). No Privál, em abril do mesmo ano, Meyerhold produziu uma nova variante de direção do *Charf Colombini*, rica em sagacidade digna de Châtelet e centrada na figura clorótica de Pierrot, um Pierrot concebido segundo a fórmula do "suco de murtinho"[185].

O embelezamento da úmida gruta foi confiado aos pintores Aleksandr Iakóvliev, Borís Grigóriev e Sudiéikin. Este último apron-

---

183. A. Mguebróv, *op. cit.*, II, p. 268.
* "Veneza para o baile se veste. / De lantejoulas estrelado, / cintila, ferve e tagarela / o carnaval sarapintado." (N. da T.)
** Em alemão no original. (N. da T.)
184. Vladímir Solovióv, "Studiéikin", in *"Apollon"*, 1917, 8-10.
185. Cf. Nicolai Volkov, *op. cit.*, pp. 429-430.

tou a lúgubre "Sala de Gozzi e Hoffmann", uma espécie de tenebroso santuário do "tradicionalismo", guarnecendo de castiçais, espelhos e flores falsas, as paredes negras borrifadas de estuques de ouro e colocando, em cavernosos nichos, painéis representando entre outros o conde Gozzi (de peruca e tricórnio) e as máscaras da comédia improvisada, imitadas no espírito de Hoffmann.

Toda a decoração deste espaço noturno pretendia reevocar a esquecida venustidade da velha Veneza. Os simbolistas russos de fato associavam a fantasmagoria do carnaval de Veneza a relâmpagos e perfídias de espelhos, a deslumbres de morte, de águas palustres, de flores putrefatas. Na topografia onírica dos versos blokianos, por exemplo, Veneza torna-se fúnebre reverberação de uma espectral Petersburgo[186]. As relíquias, as máscaras do século XVIII, a própria lembrança da cidade alagada condiziam em cheio com a liturgia das criptas que naqueles tempos se celebrava nos cabarés da capital nórdica, também sulcada por meandros de córregos e canais.

Em algumas das figuras pintadas por Sudiéikin para esta "sala veneziana" reviveram, como que desfocadas pela neblina boreal, as ambíguas sombras de Pietro Longhi com suas negras capas, os negros tricórnios de galões prateados, as máscaras de cera com bico em forma de gancho. Aliás, o figurino desenhado para o Doutor Dapertutto não provinha, também, do mundo de Longhi? E o modelo ideal do ator popular, almejado pelos "moradores" da "Meyerholdia", não tinha algo dos míseros atores ambulantes, dos arrancadentes e dos adivinhos que surgiam das invenções deste pintor?

O Privál tornou-se lenda[187]. Não representaram muito tempo ali; o local logo caiu no abandono. A umidade começou a rachar seus estuques dourados, a corroer os móveis "venezianos", a cobrir de esquálidas manchas tapetes, painéis, espelhos. Até que um dia, no Grande Degelo da primavera, as tubulações estouraram e a água da Móika inundou o subterrâneo, devastando as pinturas e as decorações, os "lóculos" daquelas larvas em tricórnio.

17

Mesmo nos teatros imperiais Meyerhold continuava, enquanto isso, suas tentativas "tradicionalistas". No *Príncipe Constante,* de

---

186. Cf. Angelo M. Ripellino, *Studio introduttivo a Aleksandr Blok, Poesie,* Milão, 1960, p. 56.
187. Cf. Vladímir Solovióv, *Studiéikin,* cit.; Victor Chklóvski, "O deistviakh odnogo khudojnika", in *"Zvezda",* 1933, 5; Gueórgui Ivanov, *Peterburgskie zimi,* New York, 1952, pp. 61-76; G. Kózintzev, "Gluboki ekran", in *"Novi Mir",* 1961, 3.

Calderón, a 23 de abril de 1915, prolongou novamente o proscênio na platéia e introduziu contra-regras que, nas vestes de mouros, traziam rochas, tronos, árvores-laranjeiras, acendiam lâmpadas, hasteavam em altas varas o pano de boca. Embora os acontecimentos do drama se dêem no século XV, a ambientação aludia ao século XVII, ou seja, ao tempo em que o autor vivera.

Nesta direção Meyerhold obstinou-se no tema da purificação que brota dos padecimentos. Para significar a fé passiva, o desejo veemente de sacrifício, a femínea paciência do príncipe lusitano Fernando, designou para seu papel uma mulher, N. Kovalenskaia[188]. No mesmo ano, no filme *Portret Doriana Greia*, do romance de Wilde *The Portrait of Dorian Gray*, quis que fosse uma jovem atriz, V. Ianova, a encarnar o protagonista[189]. Curioso efeito, ver naqueles fotogramas, num salão atulhado por volumosas poltronas similares às de Hedda, a cheinha Ianova-Dorian, de casaca, ao lado do magro, sinuoso Meyerhold nos semblantes de Lord Henry Wotton, com as polainas brancas, uma orquídea na lapela do fraque, o monóculo pendurado por uma fitinha[190].

Com o passar do tempo, as manias retrospectivas correram o risco de transformar-se em exercício gratuito, em competição de bizantismos insípidos. O olhar medúseo do teatro de outras épocas continua empedernindo os estilizadores; fichários de velhos expedientes tornam-se espetáculos, centões de procedimentos em invólucros de tintas vistosas. É estranha, talvez um reflexo do desvario da época, esta insistência no repertório católico, nos temas do ascetismo.

Sem falarmos das direções, sobrecarregadas até a náusea, da *Electra,* de Strauss, no Marinski (18 de fevereiro de 1913, cenários de Golovin), e de *La Pisanelle* de D'Annunzio, em Paris (10 de junho de 1913, cenários de Bakst), onde Meyerhold desenfreou os aspectos mais decadentes de sua fantasia, modulando uma gama de afetados requintes. Na ânsia de equiparar as fulgurantes composições e as manobras miméticas dos *Ballets Russes*, ele voltava mecanicamente à representação enxugada, à anestesia do gesto, às poses estatuárias, a todos os recursos da já envelhecida *Stilbühne*. Aliás, a necessidade de fazer frente às fanfarras cromáticas de um cenógrafo como Bakst, obrigou-o a inchar e incrementar os expedientes do maneirismo.

188. Cf. Nicolai Volkov, *op. cit.*, II, pp. 378-382.
189. Cf. B. Likhatchev, "Materiali k istóiri kinó v Rosi", in *Iz istóiri kinó: Materiali i dokumenti*, 3, Moscou, 1960, pp. 78-79.
190. Cf. Iúri Oliécha, "Liubov k Meyerholdu", in *"Vetchernaia Moskva"*, n. 33, 9 de fevereiro de 1934.

Nos parece que da estadia parisiense de Meyerhold, mais do que a pretensiosa encenação de *La Pisanelle*, valha, para as futuras evoluções de sua vocação, a visita ao circo Medrano, aonde foi conduzido por Apollinaire: visita que, ainda em 1938, será reevocada numa mensagem aos *clowns* boêmios Voskovec e Werich[191].

O leitor terá percebido que o excitado estetismo associa-se, em Meyerhold, ao baixo contínuo do destino, ou melhor, que o destino serpenteia implacável no bordado das estilizações mais abstratas. Típico exemplo dessa mistura foi a encenação de *Grozá* (*O Furacão*), a 9 de janeiro de 1916, no Aleksandrinski. Afastando-se das interpretações habituais fundadas nas opiniões do crítico Dobroliúbov, o diretor rompeu os esquemas que fazem do drama de Ostróvski uma obra verista, uma imagem fotográfica das distorções do "cavernoso reino" mercantil; baniu as cadências vernáculas com as quais muitos atores empobreciam a musicalidade daqueles diálogos e, intensificando o mistério, os sobressaltos, os *ah* das reviravoltas, os subentendidos simbólicos, transferiu – como o fez Janácek posteriormente na obra *Káta Kabanová*[192] – todo o peso da tensão sobre a dulcíssima figura de Katerina[193].

Aquela que no texto de Ostróvski era criatura sensível em luta contra os preconceitos, contra a selvagem mesquinharia de uma Rússia primordial, na direção de Meyerhold transforma-se numa vítima do destino, pureza aberta às injúrias, nó de tolerância e espasmos: quase numa variante dos heróis católicos dos dramas espanhóis. Não foi por acaso que ele escolheu para interpretar Katerina a atriz Rótchina-Insárova, propensa às poses congeladas e ao cinzel dos gestos. A Katerina de Rótchina-Insárova parecia descer de um ícone de Nésterov: ao cair de joelhos diante das imagens, ajustava de modo pictórico as dobras de seu pesado vestido de seda e, com movimentos graciosos, unia as mãos, empedernindo-se como *dentro de uma tela*[194].

Mesmo este espetáculo foi, portanto, uma procura de empastes decorativos, de ornamentos, uma série de quadros que se desenredavam num tempo lentíssimo. Os habitantes da remota cidadezinha sobre o Volga vestiam ricos e elegantes figurinos, até mesmo a peregrina Feklúcha, até mesmo o relojoeiro autodidata Kulígin, que contudo proclama: "Mesmo que envolvida em trapos, a virtude é

---

191. Cf. "Meyerhold o Voskovcovi a Werichovi", in *10 liét Osvobozeného divadla 1927-1937*, Praga, 1937, p. 105.
192. Cf. Iaroslav Cheda, *Leoch Janácek*, Praga, 1961, p. 279.
193. Cf. Nicolai Volkov, *op. cit.*, II, pp. 403-415.
194. Cf. B. Alpers, *Tieatr sotzialnoi máski*, Moscou-Leningrado, 1931, pp. 104 e 127-128, e Konstantin Dierjávin, *Epokhi Aleksandrinskoi stzêni*, Leningrado, 1932, pp. 180-181.

respeitável", até mesmo a velha senhora louca (usava um vestido prespontado em ouro, talvez resíduo de um baile)[195]. As vestimentas da Rússia provinciana da metade do século XIX assumiram a índole pitoresca das capas espanholas, dos dominós de Longhi. No terceiro ato, os lenços com que Katerina e Varvara, descendo ao precipício, cobrem seus rostos, na inventiva de Meyerhold tornavam-se máscaras.

Com uma recrudescência de marionetismo, aquelas personagens moviam-se em ritmo funéreo como fantoches que estivessem indo em direção ao abismo, traçando espirais de reviravoltas inúteis. E a velha demente, seguida pelos dois servos com tricórnios, tomou os semblantes de uma pérfida lâmia (uma lâmia chiquíssima), identidade de uma força impiedosa que trunca os impulsos e as aspirações, proibindo aos seres humanos o evadir-se do próprio círculo.

Tão denso enredo de referências místicas e de intrusões fatais transformou o drama de Ostróvski num drama romântico, chegando mesmo a aproximá-lo ao teatro de Liérmontov. Os cenários de Golovin evitaram o descritivismo minucioso, procurando, em vez disso, expressar a essência quase irreal daquele mundo funesto[196]. A sociedade mercantil transformou-se num exemplo de colorido exotismo, como os acampamentos dos ciganos ou os *aúl* dos circassianos nos poetas românticos.

Os "fantoches" estilizados pronunciavam suas falas com inflexões submissas, deixando largos silêncios. As palavras encorpadas de Ostróvski adelgaçaram-se num frágil, quase áfono urdido de sussurros misteriosos, de gritos reprimidos, de vibrações imperceptíveis. Um halo romântico envolveu, no terceiro ato, o encontro de Katerina e Borís no despenhadeiro inundado pela luz lunar; a flébil música do violão e o canto de Vânia Kudriách acompanhavam este marejar de lágrimas, beijos, cochichos assustados, amarguras, sobressaltos de felicidade. No quarto ato, a ébria confissão de Katerina não irrompia, como em Ostróvski, numa estreita galeria à beira do Volga, mas numa igrejinha derrocada, de cujos muros descascados sobressaíam fragmentos de afrescos representando o Juízo Final.

Cabe-nos perguntar se em tudo isso não deveríamos ver o influxo dos cinedramas de então, em que paixões abrasadoras levavam à loucura e à ruína figuras amaneiradas, incapazes de opor-se aos ucasses do destino, de safar-se de seu aperto[197]. Se a conjetura não é por demais arrojada, a gélida Katerina da Rótchina-Insárova colo-

---

195. Cf. A. R. Kúgiel, "V. E. Meyerhold", in *Profili tieatra*, Moscou, 1929, p. 94.

196. Cf. Dora Kogan, *Golovin*, Moscou, 1960, pp. 38-41.

197. Cf. Semen Ginzburg, *Kinematógrafia dorevoliutzionoi Rosi*, Moscou, 1936, pp. 214 e 228-229.

ca-se numa área contígua às personagens encarnadas naqueles anos pela atriz de cinema Viera Kholódnaia, imutável imagem de beldade sofredora, ataviada vítima de tempestuosas paixões.

De um espetáculo para outro, em Meyerhold, a idéia fixa do destino aumenta, torna-se mais obsessiva. Em sua encenação da obra de Dargomíjski *O Convidado de Pedra,* no Marinski (29 de janeiro de 1917), a estátua do Comendador, descendo do fundo de um longo corredor lajeado por rombóides brancos e pretos, avançava sobre o público com um andamento resoluto, pesado, em contraste com aquele saltitante, em ziguezague, enlouquecido de Dom Juan[198]. Um contraponto geométrico de linhas retas, inexoráveis (o destino) e de arpejos de lagartixa, de tortuosidade, de expedientes (a marionete do destino).

18

O último lampejo e a grande *kermesse* do "tradicionalismo" foi, a 25 de fevereiro de 1917, a representação de *Maskarad,* o negro drama de Liérmontov. Ao preparo deste espetáculo mirabolante, que convenceu Eisenstein a enveredar pelo caminho do teatro[199], Meyerhold e Golovin dedicaram-se por quase seis anos: seis anos de indagações meticulosas, de pesquisas em arquivos, museus, bibliotecas, de ensaios, de assíduas leituras sobre os hábitos e as modas do início do século XIX.

Testemunhos (em grande parte perdidos) de tanto trabalho, os quatro mil esboços desenhados por Golovin[200], a "papeloteca" de cerca oitocentas fichas nas quais Meyerhold, junto a seu assistente Nicolai Pietróv, registrou detalhe por detalhe as evoluções das 150 figurações envolvidas no episódio do baile de máscaras[201]. Golovin não contentou-se em compor cenários e figurinos, quis também delinear, naquela congérie de esboços, todas as alfaias e as guarnições e os adereços e as bugigangas da contra-regragem[202]: *bibelots* de porcelana, baralhos, bocais, tinteiros, carteiras, brincos, pingentes, pulseiras, leques, estojos, vasos de flores, relógios, *girandoles*, taba-

---

198. Cf. Nicolai Volkov, *op. cit.*, II, p. 446, e Dora Kogan, *op. cit.*, p. 43.
199. Cf. O. Aizenchtat, "Riejissier-grafik", in S. Eisenstein, *Risunki*, Moscou, 1961, pp. 34-35.
200. Cf. M. Beliáiev, " 'Maskarad' i rabota nad ievó postanóvoi A. Ia. Golovina", in *'Maskarad' Liérmontova v tieatralnikh eskizakh A. Ia. Golivina*, Moscou-Leningrado, 1941, p. 34.
201. Cf. Nicolai Pietróv, *50 i 500*, Moscou, 1960, p. 129.
202. Cf. B. Almedingen, "Iz vospominani o rabote Golovina v tieatre", in *Golovin*, p. 270; M. Beliáiev, *op. cit.*, pp. 38-39; Dora Kogan, *op. cit.*, pp. 44-45.

queiras: um enxame de objetos exagerados, capazes de povoar uma insônia.

A partitura de direção de *Maskarad* tinha seu eixo na figura do Desconhecido (Neizviéstni), símbolo do destino implacável que transtorna a vida dos homens. Na idéia de Meyerhold o acontecimento transformou-se num episódio de possessão demoníaca. Arbénin tornou-se súcubo de forças infernais, que o instigavam a matar Nina, para depois disso puni-lo friamente com a demência. Não era mais o paroxismo do ciúme, alimentado por falsas suspeitas, mas o querer maligno do destino a insuflar-lhe cobiça de vingança. O Desconhecido manobrava a intriga, servindo-se também de dois impostores, de dois diabretes mesquinhos, Chprikh e Kazárin, emanações suas, peões de suas intrigas[203].

Esta torpe aparição hoffmanniana irradiava no espetáculo um fúnebre arrepio, relampejando como um espectro, como um herói de melodrama, digno de corresponder às frotas de agentes e de ambíguos investigadores policiais que fervilhavam na Rússia daqueles dias, assumindo por vezes o aspecto de um pérfido *Doppelgänger* de Arbénin, de um negro "sósia" no sentido blokiano. No baile de Engelgardt (segundo episódio) ele vestia um figurino ao gosto de Longhi, parecido com o que Sudiéikin tinha desenhado para o Doutor Dapertutto: máscara cérea com bico de coruja, tricórnio preto com listras de prata, sobretudo arroxeado, longo tabardo corvino, sobre o qual espumejava uma capa de rendas negro-fuligem[204]. Estes trajes transformaram o Desconhecido num simulacro daquela Veneza larval que resplandecia nos sonhos dos simbolistas. Como se ao lúgubre carrossel das máscaras petersburguenhas se sobrepusesse a lembrança dos carnavais na laguna do século XVIII. Da Desconhecida de Blok ao Desconhecido de Liérmontov: o teatro de Meyerhold é um contínuo vaivém de entidades metafísicas.

Segundo os preceitos do "tradicionalismo", o diretor estendeu o proscênio em semicírculo, unindo-o à orquestra com duas escadinhas e pondo a seus lados, simetricamente, balaústres, vasos, divãs. Golovin ergueu uma suntuosa construção arquitetônica, adornada por largos espelhos que, no clarão dos castiçais, reverberavam as luzes da platéia e o variegado *tohu-bohu* das máscaras[205]. Reminescência de Veneza, os espelhos significaram a espectralidade, os subterfúgios, o matagal sem saída do trágico enredo.

203. Cf. Nicolai Volkov, *op. cit.*, II, pp. 473-474; Konstantin Dierjávin, *Epokhi Aleksandrinskoi stzêni*, Leningrado, 1932, pp. 183-184; Id., *Iúri Mikhailovitch Iuriév*, Leningrado, 1939, pp. 21-22.
204. Cf. Vladímir Solovióv, " 'Maskarad' v Aleksandrinskom tieatre", in *Apollon*, 1917, 2-3.
205. Cf. Nicolai Volkov, *op. cit.*, II, p. 477; Aleksandr Golovin, "Vstriétchi i vpetchatlenia", in *Golovin, op. cit.*, p. 129; E. Time, *A. Ia. Golovin, idem*, p. 330; Iúri Iúriev, *Zapíski*, II, Leningrado-Moscou, 1963, pp. 197-198.

A assídua presença de espelhos confirma o narcisismo pomposo e os humores hoffmannianos da direção de Meyerhold. Naquelas duras telas de gelo o teatro desdobra-se, como se sob a representação se desse uma outra, de fantasmas que se libertam de abismos diáfanos, como do brilho do anel do Archivarius Lindhorst, multiplicando o mistério e o alvoroço da mascarada.

Procurando atinências com a decoração do Aleksandrinski, Golovin concebeu o arco cênico como uma paráfrase das estruturas de Rossi. Se na sala as portas apresentavam frisos dourados sobre um fundo de painéis brancos, as duas da fachada mostravam estuques brancos em campo de ouro. E as finas colunas sobre a fachada de seu "frontispício" reproduziam aquelas salientes dos palcos, apoiando-se porém sobre o plano cênico, e não sobre pedestais[206].

O espetáculo foi articulado por uma sucessão de véus fantasiosos, que sugeriam, com a simbologia das cores, o clima dos diferentes episódios. Estas pinturas fluentes, sulcadas pela tremulação de densos arabescos no espírito *Jugendstil*, incrementavam a evanescência daquele mundo ilusório. Vermelho-negro era o primeiro véu, com um leque de cartas de jogo ao centro e uma volta de laços e grinaldas. Para o baile de Engelgardt prepararam um véu esverdeado com fendas, como um denso tapete de grama, conspargido de rombos azuis, de rosas, de mascarazinhas, sobre o qual estava (lembrança dos *Ballets Russes*) um pavilhão oriental de losangos cor-de rosa. Para o outro baile: uma cortina, em cujo fundo prateado, variado por extremidades azuis e cordõezinhos verdes e rosados, ramificava-se um meandro de sarmentos, um delírio de sinuosidades vegetais. De tule branco rendado o véu para o quarto de Nina. E no final uma garça de negra musselina, com uma grande coroa de luto.

Em harmonia com os véus, os cenários, mais uma vez, foram luxuosos painéis, cujo vistoso floreado acabava por sufocar os intérpretes. Logo, outro espetáculo-paleta, outro *salon de peinture*. O ator, forçado a lutar contra o imperialismo do cenógrafo, era uma tênue chama de fósforo no meio de efusões de tórrida luz: entre aquela efervescência de ornamentos o imaginamos como um *homunculus* perdido numa inóspita paisagem *tachiste*.

Meyerhold e Golovin esbanjaram em *Maskarad* toda a vontade de brilhar, seu amor pelo fausto, pelas invenções compósitas, pelas futilidades. Foi um triunfo de lambrequins e nesgas, uma maré equinocial de rendas de seda, canutilhos, pregas, uma insuportável tagarelagem de rabiscos, um torrente de folhagens retalhadas, como se o teatro pudesse ser reduzido a um trabalho de tesourinhas. Meyer-

206. Cf. B. Almedingen, *op. cit.*, p. 270; M. Beliáiev, *op. cit.*, pp. 37-38.

hold e Golovin empilharam mesclas de cores, sem deixar respiradouros ou vazios, como se na arte o mínimo empalidecimento equivalesse a uma piora.

Testemunho da exuberância deste espetáculo é a cerrada galeria de figurinos requintados que Golovin desenhou para o baile de máscaras: dominós em várias cores, as cartas do baralho, figuras das *Mil e Uma Noites*: e a Noite Oriental, Polichinelle, o chinês, a girafa, a turca, a espanhola, a hindu, a normanda, a máscara de ouro, Giangurgolo, Norma, Coviello, Arlequim, a circassiana, a tártara, o mongol, Amor, a vivandeira, Suzanne, o *fantôme*, a florista, Esmeraldina, Dolores, a Dama com máscara redonda (reminescência de Longhi), o *incroyable*, Périchole, a cigana, a Dama do Kashmir, o anão, o tirolês, o mago, o bufão...

Meyerhold combinou os figurinos aos cenários e ao revestimento dos móveis, cuidando de forma obsessiva das correlações cromáticas. Durante a mascarada, afinidade de cores (com uma significativa insistência do preto) achegavam os heróis principais. Arbénin tinha uma casaca negra com colete branco (que substituiria no final por um colete verde-esmeralda), Nina um dominó branco de forro vermelho e uma saia preta guarnecida de verde, a Baronesa Chtral um curto dominó vermelho e uma saia preta. O Pierrot que arrancava o bracelete do pulso de Nina era azul, para não se confundir com o dominó branco da moça: Nina e o Pierrot azul harmonizavam com um canapé forrado de tecido adamascado[207].

Naquele episódio as máscaras turbilhonavam de modo a construir fugazes maranhas e contrastes de manchas pictóricas, enquanto o velário levantava e baixava várias vezes, emaranhando ainda mais o diabólico formigueiro e suscitando a ilusão de uma seqüência de cômodos que iam se abrindo à dança de roda dos bailarinos, despontantes por entre suas fendas[208]. Os espelhos do arco cênico, o grande espelho do meio cercado de lampiõezinhos, os festões flamejantes, a sala pseudochinesa que se entrevia do fundo davam um *pathos* de teatro popular ao alvoroço das frenéticas larvas. Neste bando, de repente, o Desconhecido introduzia seu semblante caliginoso, seu perfil de ave terrificante: as máscaras primeiramente petrificavam e depois, quase fantasmas noturnos ataviados por echarpes multicores, começavam a girar a seu redor, sonâmbulas, sugadas pelo centro magnético da iminente tempestade.

Para denotar a insensibilidade da alta sociedade o diretor encenou o outro baile num gélido, branco salão, com móveis brancos e dourados e espelhos e colunas de malaquita. Austeramente, em an-

207. *Idem, op. cit.*, p. 274.
208. Cf. M. Beliáiev, *op. cit.*, p. 42.

títese com o turbilhão da mascarada, ali rodopiavam uniformes multicolores de ússaros e ulanos, negros fraques avivados por brilhantes coletes, damas em vestidos de gala. Presságio funéreo, uma longa cauda de veludo negro conspargido de rosas pendia do vestido branco-rosáceo de Nina[209].

A música: até a música aderia às fórmulas do "tradicionalismo". Glazunóv não somente inseriu em sua partitura composições de Glinka, como a *Valse-fantaisie* e a romança *A Noite Veneziana*, mas também procurou transfundir-lhe as cadências, os empastes sonoros dos anos de Liérmontov[210]. Os ritmos da *lesgínka* de *Ruslan e Liudmila* ecoavam nas cinco figuras de quadrilha e na mazurca da mascarada, e a polonesa do baile remetia ao segundo ato de *Ivan Susánin*, assim como a romança de Nina retomava os esquemas das do início do século XIX e a *rêverie* do quarto episódio era uma imitação dos noturnos de Field.

Meyerhold esforçou-se em dilatar a arcanidade alucinada da história. A angústia de Arbénin, que na alta madrugada espera a volta de Nina do baile de máscaras, era exarcebada pelos longínquos sons de um *carillon*, pelo fraco tremular de velas, pela lúgubre hera que envolvia o fastígio das paredes brancas e a moldura de dois vastos espelhos[211].

Nos dois episódios dos jogos de azar, pesados lambrequins negros, venados de listras lilás, envencilhavam a moldura de portas e janelas como enormes asas. A ação concentrava-se ao redor de uma mesa redonda, sobre a qual, aclaradas por um cone de tênue luz, mãos convulsivas moviam cartas e notas amarrotadas. Se no primeiro destes episódios um pano de fundo esverdeado e inúmeros biombos de rosáceas arroxeadas cercadas de negro conferiam-lhe apagada tenebrosidade, no outro, ao contrário, paramentos avermelhados como línguas de fogo e uma incandescente parede escarlate (com uma janela pela qual avistava-se, no espesso negrume do céu, uma sangüínea lua bicorne) transmitiam o clima sufocante de um terrível Inferno do Jogo[212].

No nono episódio, o diretor contraiu o espaço cênico, fazendo do quarto de Nina um estreito pavilhão, que parecia abraçar a inerme criatura para protegê-la da tempestade. A proteção de uma gaiola. Uma gaiola ainda mais terrível, já que dourada, faustuosa e tecida

209. *Idem*, p. 47.
210. Cf. Aleksandr Glumov, *Muzika v ruskom dramatitcheskom tieatre*, Moscou, 1955, pp. 333-334; Maria Ganina, *Aleksandr Konstantinovitch Glazunov*, Leningrado, 1961, pp. 256-261.
211. Cf. M. Beliáiev, *op. cit.*, pp. 43-44.
212. *Idem*, pp. 45-46, e Dora Kogan, *op cit*, pp. 46 e 47-48.

de rendas. O branco véu rendado, o dossel com acortinado de tule branco, as cortinas e a colcha de brancas rendas aludiam à inocência de Nina, desvendando ao mesmo tempo o negrume secreto das coisas brancas. O desesperado dobre de relógios de pêndulo em cômodos remotos escandia seus últimos instantes, a longuíssima cerimônia da agonia[213].

No episódio conclusivo, cantatas de réquiem, que um coro executava por trás dos bastidores, acompanhavam o enlouquecer de Arbénin. Esses dobres aflitivos, esses epicédios nos remetem aos recursos da ópera russa. Lutuosas silhuetas de amigos e parentes brilhavam no antigo quarto, revestido de dobras negras e cerrado numa moldura de coroas fúnebres. Por trás do véu negro, como um taciturno porteiro do Inferno, de cartola preta e sobrecasaca de botões de *metal branco*, passava o Desconhecido[214].

Depois de certo tempo, uma tão exasperada profusão de decorações e vestuário provoca náuseas, provoca o desejo por algo despojado, enxuto, sem-cores. Mas, está claro, ainda são os hábitos da época *Jugendstil* (*Vollräumung*, *Übermöblierung*) que solicitam Meyerhold e Golovin a mobiliar tão intensamente o espaço, a preencher-lhe as dobras com objetos preciosos, a barricá-lo com sufocantes drapejos. Cada cena era um *Kunstkabinett*, uma galeria de mobília, um paraíso de tapeceiros. *Buffets*, *secrétaires*, luminárias, poltronas de altos espaldares, cadeiras de todas as formas com forros acetinados, pianos de palissandro ou bétula, com medalhões de porcelana pintada, cristais, ventarolas, biombos, castiçais, estantes transbordantes de *bibelots*. Um manto de tédio pairaria sobre nós se quiséssemos nos demorar em todas as bagatelas desta representação.

Nina foi personificada por Rótchina-Insárova; para Arbénin o diretor recorreu a Iúriev, o intérprete de Dom Juan. Como os *décors* e as instalações, até a bem torneada maestria de Iúri Iúriev, sua pictoricidade digna de um retrato de Briullóv, o seu remontar às formas de Karatígin harmonizavam admiravelmente com a arquitetura do Aleksandrinski. Isto também era "tradicionalismo".

Maskarad foi não somente a síntese e a conclusão do teatro "convencional", como também o réquiem, o apogeu, o monumento de uma época da arte russa. Auspícios tenebrosos pulsavam por baixo do invólucro de suas "maravilhas". Porque, de fato, a magnificência de Semiramis, o fervilhar de presenças maléficas, a redução

213. Cf. M. Beliáiev, *op. cit.*, pp. 47-48.
214. Cf. B. Almedingen, *op. cit.*, p. 274.

das personagens a instrumentos do destino, o redemoinho de máscaras, não passavam de indícios de catástrofes iminentes.

A estréia do espetáculo (ainda o mecanismo do destino!) coincidiu com a revolução de fevereiro. Enquanto o público saía do teatro, colunas de tropas marchavam pelo Nievski prospékt, os primeiros disparos, e a multidão dos manifestantes aglomerava-se, agitando bandeiras[215]. A encenação do drama liermontoviano foi, portanto, a extrema luminária do império czarista e do diretor de Sua Majestade, Meyerhold. As mascaradas, paranóia de um demiurgo, tornaram-se alegorias verídicas de uma sociedade que dançava sobre a voragem.

19

Hurry up please its time*

T. S. ELIOT, *The Waste Land.*

Temos à nossa frente dois retratos de Meyerhold, um pintado por Golovin em 1910, outro por Borís Grigóriev em 1916. No primeiro o diretor está refletido com ar sonhador, num espelho em que disseminam-se florzinhas laranja. Usa um fez escuro sobre a testa alta e convexa, um laço verde no pescoço, uma blusa branca de reflexos azuis que acentuam o frio azul dos olhos. No outro se nos apresenta torta silhueta dançante, de fraque, luvas brancas e uma máscara atada à manga, na companhia de um estranho alter-ego, uma espécie de vermelho Freischütz-semidiabo que, de um bastidor, estica o arco para arremessar uma flecha ao céu.

Se Golovin imerge Meyerhold numa atmosfera floreal de Jugendstil, aludindo às suas feitiçarias com espelhos, Grigóriev salienta a irrequietude, as caretas, a sinuosidade do Doutor Dapertutto, fazendo dele logo uma negra aparência hoffmanniana, um trapaceiro, um Cagliostro. Nos dois quadros destacam-se seus dedos longos e nervosos de esperto manipulador. Mas o mais expressivo retrato de Meyerhold nos é fornecido por Andriei Biéli nas próprias memórias:

...seco demais, magro demais, extraordinariamente alto, anguloso; na pele cinza-escura das faces chupadas o nariz está fincado, como um dedo numa luva apertadíssima; a testa em declive, os lábios, finos, peremptoriamente escondidos do nariz, cuja função assemelha-se à do nariz de um galgo: farejar o que é mais necessário; e prorromper num espirro capaz de varrer do teatro todas as teias de aranha.

---

215. Cf. Iacov Maliútin, *Akteri moievó pokolenia.* Leningrado-Moscou, 1959, pp. 336-338.

* Rápido por favor, já é hora. (N. da T.)

Inicialmente pareceu-me que de todos os órgãos dos sentidos nele prevalecia o "faro" do nariz, que se lançava adiante, precedendo as orelhas, os olhos, os lábios, e dava um destaque magnífico ao perfil da cabeça, de orelhas exatamente coladas ao crânio: não por acaso Ellis, seu admirador, apelidou Meyerhold de "nariz na ponta dos pés"!

Mais tarde compreendi: não somente o "faro"; mas uma visão tão sutil quanto um tato outrossim sutil; um gosto outrossim sutil; na verdade dominava o ouvido interior (e não a orelha apertada ao crânio), o ouvido que brota dos órgãos do equilíbrio, que guiam o movimento das extremidades e os músculos das orelhas e dos olhos: era este ouvido interior a ligar, em Meyerhold, a capacidade de dirigir os ritmos dos movimentos físicos à de perceber a nuance vocal de um conceito qualquer desenvolvido diante dele; rítmico em tudo, ele truncava de sopetão a expressão de seus movimentos físicos e suspendia no ar o próprio gesto, como um sobretudo no prego de um mancebo, ficando estacado e – ouvindo; os músculos retesados seguravam tempestades de movimentos; o rosto não tremia: com um leve bufo somente o nariz estremecia; após ter percebido, espirrava de brincadeira; galhofava com um riso espirrante, encrespando-se, sacudindo a cabeça e jogando na cara a escultura de exageradas expressões dos gestos; Meyerhold falava com uma palavra extraída do movimento do corpo; o deslanche de suas direções, idéias e projetos deriva de sua habilidade de ter bem em mente as coisas vistas; a força de suas produções reside na energia potencial de repensá-las: sem uma só palavra[216].

Cólera e graça, revolta e sedução alternam-se no inventário deste prestidigitador, deste *Schwarzkünstler*, deste "nariz na ponta dos pés". Esquemático, frio-enfurecido, *alemão*, "doutor algébrico"[217], mago despeitado (*ressérjenni volchébnik*), Meyerhold pertence à formação dos *baladins*, que deram sabor ao século.

Diretor-Proteu com inúmeras caras e um raro poder de assimilação, ele capta com olho rapinador e ávido as várias correntes da época, refletindo-as todas no serpejante *ductus* de sua carreira. Volúvel, inquieto, constantemente tenso até a anormalidade, recusa com um dar de ombros aquilo que até o dia anterior jurava, abandonando a cada passo as novidades já alcançadas por outras ainda a conquistar.

A arte de Meyerhold é um *sprint* perpétuo, um encalçar de permutações, com um índice de variabilidades tão alto que é trabalho cansativo seguir seus múltiplos fios. Do anseio de "mineralizar" a atuação, congelando-a, ele passa ao extremo oposto, àquelas manobras de movimento puro, que parecem querer subtrair o ator à lei da gravidade. Eis por que, no distanciamento dos anos, seu universo de direção dá a impressão de um desordenado *collage*, em que se enfeixam o tchekhovianismo, o *Jugendstil*, o *kabuki*, os maquinismos dos dramas do século XVII espanhol, as astúcias do teatro popular

---

216. Andriei Biéli, *Mejdu dvukh rievoliutzi*, Leningrado, 1934, pp. 65-66.
217. Sierguiêi Gorodietzki, "V. F. Komissarjévskaia i simvolisti", in *Sborning pamiati V. F. Komissarjevskoi*, p. 64.

e dos atores ambulantes improvisados, o fabuloso de Gozzi e os covis da negra "Bloklândia".

É bem curioso que nele a inquietude de iconoclasta sempre se junte a um gélido *pathos* de esteta, a um pedantismo erudito, que não raro sufocava a vivacidade do teatro com a aridez dos procedimentos. Por ele procurar sustento e exemplo para suas alquimias na gramática da tradição, até mesmo suas experimentações mais ousadas têm raízes nas velhas culturas teatrais. Este ecletismo de formas, o desejo ardente de se apropriar do passado, de repetir-lhe os truques, e a predileção pelas reconstituições, pelos *pastiches*, pelos recursos retrospectivos, aproximam-no muito de Stravinski. Seu estilo jorra de um mimetismo que visa reconciliar, numa concórdia discorde, numa drogada mistura de preciosidades, os achados e as astúcias dos estilos mais heterogêneos.

O princípio indutivo das direções de Meyerhold é o amor pelo travestimento, a teatralidade exasperada. De toda a inépcia fazia teatro, cavando motes de ilusionismo e imposturas até dos acontecimentos habituais, considerando todos os homens esboços de máscaras, *brouillons* de personagens[218]. Uma arte construída, portanto, sobre grandes artifícios, uma arte de raposa. Aí residem não essências verídicas, e sim falsos rouxinóis cobertos de pedras preciosas: marionetes, drapejos animados, "caras de bocós"... Um microcosmo compósito, todo de trapaças, fictício: e se uma lágrima caía, *i ta jedna – z wosku byla*, como se lê num verso de Norwid: mesmo esta era *de glicerina*.

Meyerhold concebe o teatro como arsenal de portentos cenográficos e labirinto de espelhos, campo de metamorfoses e de operações demoníacas, âmbito em que acontecem *Khárisma* e *Teufelei*, Geometria e Acrobática, para quem a Desmedida e o Grotesco nunca admitem o Vai-por-si dos realistas, as coisas ordinárias, a monotonia enlamaçada da *Alltäglichkeit*. Claro, sua tendência por cabalas e douraduras, sua habilidade em verter em "Abracadabras" cada circunstância propícia, acabam por vezes aborrecendo, demasiadamente escassa que é a dimensão humana de muitas de suas complicadas relojoarias. Cansa-se de vê-lo sempre ao centro do jogo, não como intermediário, mas como um prepotente mestre de cerimônias, um guardião de sombras, um agitador de lêmures. Devemos então nos surpreender se, a certa altura, em quem estuda Meyerhold, surge a nostalgia de um teatro que não seja ouropel para deslumbrar, ou sublime embuste, em poucas palavras, nostalgia de Stanislavski?

---

218. Cf. Nicolai Khodotov, *Blizkoe-daliekoe*, p. 396; Nicolai Pietróv, *50 i 500*, p. 112.

Por outro lado, foi Meyerhold quem dispersou as aglomerações das minúcias diárias, quem partiu a opaca simonia do verismo, quem devolveu à cena sua função de espaço mágico, com seu próprio tempo ilusório e suas próprias leis e fronteiras, diferentes das da existência. Foi ele quem transformou novamente o teatro em "realidade" independente dos modelos concretos, em local de "maravilhas", em "universo completo", usando as palavras do prólogo das *Mamelles de Tirésias*.

No entanto este artifício de máscaras, este enredo de sinais "convencionais", observando bem, manifesta ligações extraordinárias com a condição da Rússia na época. Porque a arte dos primórdios de Meyerhold está relacionada com Petersburgo, cidade fantasmagórica, combinação de arquiteturas soberbas e fardas empertigadas, vitrina mendaz de um país maltrapilho e arquejante: cartola de seda numa cabeça repleta de piolhos. Em Petersburgo a vida transformava-se em cerimonial, em mascarada elegante: exatamente como na arte de Meyerhold; manequins barafustavam dentro de traçados geométricos: exatamente como em Meyerhold.

Até mesmo as personagens de Ostróvski tornam-se delicadas e graciosas, como se saíssem não da cidadezinha às margens do Volga, mas do *panopticum* de Petersburgo. Dá-se assim que as máscaras da comédia improvisada e de Hoffmann e dos quadros de Longhi transformam-se em símbolos da realidade petersburguenha, como se os fúteis autômatos de uma congregação que escorrega em direção ao abismo desejassem dissimular-se ao destino, embrulhando-se em dominós, gabões e túnicas. Herzen teve a impressão de entrever Petersburgo na desmoronante Pompéia de uma famosa pintura de Briullóv[219]. Da mesma forma nos parece que a capital transpareça em contraluz de cada direção do Meyerhold nº 1, mesmo que a luxúria cromática, o fausto *pompeiano* dos cenários-tapetes nos impeça de avistar-lhe os traços.

Meyerhold observa com comprazida frieza, com olho de dissector a pomposa paisagem suspensa no vazio, apaixona-se pela mecânica do inelutável e iguala o palco àquelas fossas de sombras sobre as quais os adivinhos evocavam os mortos. Com o aproximar-se do cataclisma, em suas direções aguça-se o tema do destino, condensam-se as referências ao mundo subterrâneo. O alvoroço das máscaras, o caos das cores escondem a voragem do precipício.

---

219. Cf. *K. P. Briullóv v pismakh, documentakh i vospominaniakh sovriemiênikov*, Moscou, 1961, p. 208.

3. Interlúdio em Três Atos

1

A parte mais alta de uma cidade – coruchéus, cúpulas, campanários, doçura intensa de telhados – dorme; no subsolo, em caminhos subterrâneos e cavas, na enfumaçada penumbra, entre indícios de mofo, no ventre úmido da terra, com pequenos *sketch*, miniaturas mímicas, caretas, com números briosos mas um tanto quanto espectrais, enganam a noite os cabarés, os palcos liliputianos. A alegria intelectual busca dissolver a angústia da escuridão, minúsculas formas gostariam de elaborar um teatro do esquecimento – mas o frio de fora, o que se prepara no mundo, o pesadelo dos cataclismos iminentes penetram até aqui, entre as mesinhas, nas mãos dos mímicos que esvoaçam como escuras borboletas, na falsa estatuificação dos que brincam de poses de estátuas, no canto, nas paródias.

Em *Minha Vida na Arte*, Stanislavski descreve com muitas cores a alegre noitada de 9 de fevereiro de 1910, na qual os intérpretes de seu teatro, na sala decorada por balõezinhos, lampiões chineses, grinaldas e repleta de estrondos de matracas e apitos, como as feiras sob as "montanhas geladas", exibiram-se em caricaturas de circo, de opereta, de café-concerto. O próprio Stanislavski, de casaca, calças pretas de couro de alce, luvas brancas, a cartola de esguelha, uma barba negra e pontuda, um nariz enorme, fingindo-se diretor de circo, dava ordens com o longo chicote aos atores que cavalgavam pangarés de *papier-mâché*. Sulierjitski, vestindo o uniforme de algum grão-ducado de *vaudeville*, fazia-se arremessar em Marte, acabando num aro de picadeiro. E, nas vestes de um maestro, *uma orquídea na lapela do fraque*, Niemiróvitch-Dântchenko dirigia a paródia jocosa do primeiro ato de *La Belle Hélène*[1]. Estava presente Gordon Craig, o hamletista, casaca em rabo de andorinha, *um grande crisântemo na lapela*[2].

Estas noitadas de burlas e paródias de outros gêneros cênicos acontecem freqüentemente na história do Teatro de Arte com o nome de *kapústniki*. A palavra *kapústnik*, de *kapústa*, couve, deve-se ao fato de que aconteciam mais durante a Quaresma, quando se fica sem comer carne. Aquele que tiver do Teatro de Arte uma imagem austera, inflexível, espanta-se com estas diversões na futilidade e na inépcia. Mas na realidade Stanislavski e seus vicários adoravam as bagatelas teatrais, as imitações, os gracejos – e até para isso se aplicavam com a habitual meticulosidade.

Aqueles *kapústniki* deram origem ao cabaré O Morcego (Letútchaia Mich), que abriu as portas a 29 de fevereiro de 1908 numa estreita cantina mal iluminada. No teto cinza, em abóbada, estava pendurado o espantalho de um morcego. A branca gaivota de Tchékhov havia gerado um negro (mas alegre) ser noturno.

Animadores deste empreendimento o ator Nikíta Balíev e o mecenas Nicolai Tarásov, um dos muitos "leigos" que se ligaram ao Teatro de Arte: um refinado *de flor na lapela* que, com sua inclinação para a irrisão esfumando em tristeza elegíaca, para as puerilidades verlainianas, influenciou as tendências do Morcego, mas por pouco tempo: em outubro de 1910 matou-se[3].

No início, mais do que um cabaré, o Morcego queria ser um círculo íntimo, um canto de descanso e de distração para os atores do Teatro de Arte. Ali se refugiavam, à noite, após o espetáculo, longe dos olhares curiosos, e alguns deles executavam sobre o pequeno palco *couplets*, improvisações farsescas, paródias dos acontecimentos do mundo artístico moscovita e do estilo dos comediantes da moda, números de ilusionismo, bufonarias, extravagâncias – qua-

1. Cf. Konstantin Stanislavski, *Moiá jizn v iskústvie*, pp. 432-436; B. Suchkiévitch, "K. S. Stanislavski i Studi", in *O Stanislavskom*, pp. 378-379; Nicolai Pietróv, *50 i 500*, Moscou, 1960, pp. 52-55.
2. Cf. Nicolai Pietróv, *op. cit.*, p. 62.
3. Cf. Nicolai Efros, *Tieatr "Letutchaia Mich" N. F. Balieva*, Moscou, 1918, pp. 16-19; Leonid Leonidov, "Prochloe i nastoiachtchie", in *Leonidov*, Moscou, 1960, pp. 128-129.

se no encalço daquela teatralidade que o Teatro de Arte havia banido e que no entanto ainda emergia por lá, de vez em quando, com o evanescente sorriso de escárnio do gato de Alice.

Balíev fazia-se de intermediário entre a cena e a platéia, mas de fato não havia separação entre atores-elenco e atores-público, que trocavam entre si seqüências de burlas num clima sereno, sem ofensas nem amuos.

Os freqüentadores do Morcego celebravam aniversários fictícios, ironizavam representações do Mali e do próprio Teatro de Arte. Com marionetes satirizaram a encenação de *L'Oiseau Bleu*, mostrando como Stanislavski (Tyltyl) e Niemiróvitch (Mytyl), perseguidos pela Fée Bérylune, andavam à procura do *oiseau bleu* do sucesso. No episódio da floresta, em lugar de árvores hostis, os jornais de Moscou os agrediam com as penas dos críticos. E no cemitério, à sua passagem, dos túmulos surgiam as obras dramáticas que o Teatro de Arte havia "massacrado" e "sepultado"[4].

No Morcego deram-se às vezes noitadas em honra de visitantes ilustres: para o maestro Artur Nikiskh, por exemplo[5]. Duas atrizes vestindo os figurinos do drama *Czar Fiodor* acompanharam-no desde o ingresso do "hipogeu" até o palco, fazendo-o sentar em um trono, entre quatro escudeiros, tendo como fundo um panorama da Praça Vermelha. Moskvin, no semblante de Fiodor, leu-lhe uma homenagem em versos moldados nos de Aleksiéi (Konstantinovitch) Tolstói e pôs-lhe na cabeça a "coroa de Monomacho". E no final, após um programa de brincadeiras e prestidigitação, segurando um copo de champanhe na mão esquerda, Nikiskh dirigiu, *com o longo caule de uma rosa vermelha*, um *pot-pourri* de *A Viúva Alegre*.

Aos poucos, porém, as portas do Morcego começaram a entreabrir-se: ali irromperam escritores, compositores e pintores alheios ao Teatro de Arte. Mesmo quando passou para um local maior (na viela Miliutinski), seus sócios esforçaram-se para conservar seu caráter de clube para eleitos, segurando o afluxo dos não-iniciados.

Mas, apesar disso, a ligação com a "casa mãe" gradualmente abrandou-se; tornaram-se cada vez mais raras as "tômbolas" de família, e por fim transformou-se em teatrinho normal para um vasto público. Em 1915 transfere-se para uma ampla sala com palcos e platéia (não mais mesinhas de café-concerto) num subterrâneo do palácio Nirenze, que era então o mais alto de Moscou. Um descomunal lampião de ferro-gusa com um morcego pregado clareava a

---

4. Cf. Nicolai Efros, *op. cit.*, pp. 24-27.
5. Cf. Nicolai Pietróv, *op. cit.*, pp. 55-58.

entrada, e a cabeça semicalva de Balíev que, na soleira, acolhia os espectadores[6].

Balofo e afável, a cara gorducha, ainda era Balíev, no impecável *smoking com crisântemo na lapela*, Wörterclown, a costurar num canto da ribalta os diversos números com lépidas improvisações e facécias[7]. Foi Balíev quem recriou, após a revolução, o Morcego (La Chauve-Souris) em Paris, levando-o em 1920 e 1921 no Théâtre Fémina a sucessos que se igualaram aos dos Ballets Diáguilev[8]. Em fevereiro de 1922 encontramos a companhia no 49th St. Theatre, de Nova Iorque. Em seguida continuará a exibir-se nos Estados Unidos, agora como "Russian-English entertainment".

Dirigindo-se ao público, e não mais a filiados, o Morcego teve de mudar o registro e substituiu as sátiras cifradas, os motejos alusivos, as brincadeiras entre amigos por um mais inteligível repertório de cenas mímicas, de vinhetas animadas.

Coloridas estatuetas de Viátka movimentavam-se com rígida graça; figuras de velhos retratos desciam da moldura, para entrelaçar gavotas; soldadinhos de estanho marchavam; uma boneca dançava uma polca dos anos oitenta. Destacando-se de um gigantesco relógio, ornamento da antiga *console*, as estatuetas de Sèvres representando uma marquesa e um conde de peruca (como que saídas de poesias de Kuzmín) com movimentos galantes compunham um minueto, na esteira de uma velha canção francesa.

E ainda: um *lubok* popular, uma gravura *en trompe-l'oeil* tomava vida, os intérpretes mostrando os rostos borrados com cores vistosas pelos rasgos da tela pintada. Ou então era um quadro de Maliávin, *O Turbilhão*, a sacudir-se: camponesas de *sarafán* e lenços escarlates, bolotas vermelhas nas maçãs do rosto, lançavam-se em turbilhão, atiçando uma ventania de ébrias labaredas de bombazina e de fitas, um caos vermelho, um incêndio tártaro, asiático.

Balíev, em suma, dramatizou pastorais de século XVIII, vetustas gravuras folclóricas, quadros, aventuras de brinquedos vistosos, longevas cançõezinhas da Rússia e da França, além de aforismos de Kozmá Prutkóv, romanças ciganas e de Glinka, frases históricas de personagens eminentes, charadas, provérbios, mazurcas, cantos de ússaros, imagens de tabaqueiras, cenas típicas da Moscou dos tempos

---

6. Cf. Ígor Ilínski, *Sam o siebié*, Moscou, 1961, p. 42.
7. *Idem*, pp. 42-43, e Nicolai Efros, *op. cit.*, p. 35.
8. Cf. Antoine, *Le Théâtre*, II, Paris, 1932, pp. 229-230. Cf. também Lugné-Poe, "Représentation du Théâtre de la Chauve-Souris de Moscou", in "*Comœdia*", 26 de dezembro de 1920, e Jean Bastia, *Le deuxième spectale de la Chauve-Souris, idem*, 1º de fevereiro de 1921.

passados – extraindo disso lânguidas páginas de álbum, aquarelas gestuais[9]. Raras as vezes em que se arriscaram em tentativas mais árduas, adaptando *A Tesoureira de Támbov*, de Liérmontov; *O Nariz* e *Como Brigaram Ivan Ivânovitch e Ivan Nikíforovitch*, de Gogol; *A Fonte de Bakhtchisarái, O Conde Núlin* e *A Dama de Espadas*, de Púchkin, as duas últimas com música de Aleksiéi Arkhángelski[10].

Nesses graciosos *biscuits* freqüentemente enjoativos, nessas cerimônias de animação, nesses subterfúgios de marionetismos percebia-se um quê da propensão aos *tableaux vivants* do Teatro de Arte, mas, acima de tudo, a lembrança de *ballets* como *O Quebra Nozes*, com seu mágico Konfitürenburg, sua Fada Dragée, sua valsa das flores, as danças de gêneros coloniais personificados e o bando de balas, *pralines*, marzipãs, *fondants*, pães de mel, uvas-de-espinho sobre pernas. Uma doçaria nos limites do *Kitsch*.

Por seu gosto dos tempos idos, suas manias retrospectivas, sua bonecaria, o Morcego partilha do maneirismo difuso nas artes russas dos inícios do século XX. Seus números inventavam um mundo de porcelana, de balas de açúcar, de *bergeries* verlainianas, demasiadamente amável, demasiadamente primoroso, um empório de pastorinhas e crinolinas, de negrinhos-*nougat*, de *bibelots*, de enlaçarotados bonecos dançantes (mas sem tragédia: sem o blokiano "suco de murtinho"). Como escreveu James Agate, nos programas do Morcego mesclavam-se *êxtases bárbaros, galanteios franceses sob o reino dos Luíses, ingênuas bufonarias, o sentimentalismo em porcelana de Sévres e Dresden*[11]. Uma frágil estufa, uma flora de subterrâneo que a revolução varreria.

Apesar da vívida vistosidade, as *miniaturas* dengosas, as *bezdelúchki*, isto é, as ninharias do Morcego tinham, no fundo, o mesmo alvor empalidecido das iridáceas pintadas nas velhas caixinhas de pó-de-arroz, das melífluas imagens rococós que antigamente adornavam as folhinhas dos cabeleireiros.

Naqueles números havia a mesma melancolia do passado que dava um sabor de coisas surrupiadas ao esquecimento, uma pátina de antiquário, aos espetáculos do Teatro de Arte. Em contraste com este maneirismo estilizador, com estes depósitos de bonecos, no entanto, o irreverente *helzapoppin* dos futuristas já enfurecia.

---

9. Ievguêni Kuznietzóv, *Iz prochlogo ruskoi estradi*, pp. 300-302.
10. Cf. Nicolai Efros, *op. cit.*, p. 46-47.
11. James Agate, "La Chauve-Souris", in *The Contemporary Theatre*, Londres, 1925, p. 290. (Em inglês no original. N. da T.)

2

Em dezembro de 1911 alguns escritores, pintores, diretores (entre os quais Aleksiéi Nicoláevitch Tolstói, Dobujínski, Pietróv, Sapunov, Ievriéinov, Sudiéikin) vagavam pelas úmidas ruas de Petersburgo, à procura de um porão para um clube artístico que substituísse a Casa dos Entreatos. Guiava-os um homem da "Meyerholdia", Borís Konstantinovitch Prónin, exuberante, irrequieto organizador de pequenas cenas, vulcão de fantastiquices, misterioso como os diretores de teatro românticos, também extremamente entusiasmado por Hoffmann e pela comédia italiana.

Depois de terem rodado a cidade toda como "viralatas", encontraram enfim asilo num subterrâneo gélido e encharcado de mofo que, em outros tempos, havia servido de adega para um vendedor de vinho. Incrementando com uma nova amostra a fauna dos cabarés europeus, resolveram chamá-lo Brodiátchaia Sobáka, ou seja "o viralatas"[12]. A insígnia pintada por Dobujínski representou um cachorrinho com uma das patas pousada sobre uma máscara trágica.

Espantando a escuridão, o frio, o ranço, Prónin, com a ajuda de Sapunov, Sudiéikin, Aleksandr Iákovliev e Borís Grigóriev, que lhe embelezaram as paredes, transformou aquela estreita adega e sentina de ratos num refúgio cordial. Dois cômodos onde cabiam no máximo cem pessoas e um quartinho escuro, onde se alojou o próprio Prónin, com seu desgrenhado e imundo cachorro, Muchka. Descia-se até lá por uma escada de dez degraus. Na entrada, sobre um grande leitoril, repousava o "Livro porcino-canino" ("Svináia sobátcha kniga"), um grande in-folio, encadernado em pele de porco azul, no qual os visitantes marcavam o nome e apreciações e palavrórios.

Havia um pequeno pódio, e divãs, e fantasiosas lareiras dignas de castelo gótico. Num dos dois cômodos, o mais espaçoso, treze banquinhos rodeavam uma mesa redonda, sobre a qual pendia um largo aro de madeira com treze velas, pendurado por quatro correntes que caíam dos quatro cantos do teto. Naquele lustre funéreo e bruxuleante, idealizado por Sapunov, na primeira noite alguém deixou uma mascarazinha de veludo e longa luva branca de uma atriz, que ali ficaram como relíquias.

---

12. Cf. Nicolai Pietróv, *50 i 500*, pp. 142-147; V. Piast, "Sobaka", in *Vstriétchi*, Moscou, 1929, pp. 245-275; A. Mguebróv, *Jizn v tieatre*, II, Moscou-Leningrado, 1932, pp. 157-189; Benedikt Livchic, *Polutoraglazi Streletz*, Leningrado, 1933, pp. 257-269; Gueórgui Ivânov, *Peterburskie zimi*, New York, 1952, pp. 61-86; Victor Chklóvski, *Jili-bili*, Moscou, 1964, pp. 75-78.

O programa, de costume, ficava entregue ao acaso e à improvisação. Mas houve também noitadas de improvisos, "segundas-feiras musicais", aulas de Kulbin e Piast, uma festa para Max Linder, um banquete em honra ao Teatro de Arte, leituras de versos, um *recital* de danças de Tamara Karsávina, uma resenha de dramas de Mikhaíl Kuzmín.

Para eventos singulares Prónin reservava mais do que uma noite: preparou uma "Semana Caucásica" (com uma mostra de objetos orientais), uma "Semana do Rei dos Poetas Franceses Paul Fort", uma "Semana Marinetti". Este último, em fevereiro de 1914, passou várias noites no Viralatas, ficando perturbado quando escutava o fonema *púchkin*, para ele vazio sinônimo de "passadismo", ou quando tocavam um tango ao piano[13].

O desenfreio artístico petersburguenho constituía a atração principal deste círculo. Ali se encontravam numerosas "máscaras" do carnaval da época: a blusa amarela de Maiakóvski, o crisântemo na lapela de Sievieriánin, a franjinha da Akhmátova... E bailarinos, pintores, intérpretes do teatro de prosa, e músicos, e diversos refugos daqueles subarbustos que vegetam à sombra da criação.

Prónin havia dividido a humanidade em duas categorias: os artistas e os farmacêuticos, ou seja os burgueses, ávidos por conhecer de perto os costumes e o ambiente e os delírios da tão discutida *bohème*. Aos gritos de *Hommage! Hommage!* ele acolhia os farmacêuticos à entrada, e aproveitando de sua curiosidade, arrancava-lhes um ingresso salgado, cujo preço subia nas ocasiões especiais. Aos sábados e nas quartas-feiras chamadas "extraordinárias", também os obrigava a usarem chapeuzinhos de papel colorido, para que, desatinando, os austeros e influentes burgueses manifestassem, na ambígua penumbra do subterrâneo, o seu avesso ridículo, aquela imaturidade que, segundo Gombrowicz, é a verdadeira essência dos homens.

O Viralatas foi o ninho e o reduto dos poetas acmeístas. Frequentaram-no com religiosa assiduidade Mandelstam, Gumiliov, (sempre com uma negra sobrecasaca), Gueórgui Ivânov com seu rosto (como dizia Chklóvski) "como que pintado sobre um ovo amarelo-rosado de galinha, ainda não borrado"[14]. Mas, acima de tudo, aí brilhou, em seu vestido de negra seda furta-cor, a testa coberta pela negra franjinha de laquê, Anna Akhmátova:

---

13. Benedikt Livchic, *op. cit.*, pp. 231-233.
14. Victor Chklóvski, *op. cit.*, p. 76.

> E o rosto parece mais pálido
> devido à seda que tende ao lilás
> chega quase até as sobrancelhas
> minha franjinha não ondulada.

A paisagem destas feições pertence aos mais memoráveis mitos do tempo, como a cauda das criaturas blokianas, como a efígie de ardeídeo de Khliébnikov. Delgada, diáfana, as clavículas muito salientes: "minha negroalada! necromante!" invoca-a Marina Tzvietáieva; sobre os ombros as trevas de uma capa espanhola corvina, conspargida de rosas vermelhas: assim retratou-a Blok em 1913.

Embora menos aceitos por Prónin, porque criadores de escândalos, os futuristas também confluíam ao Viralatas.

Aqui Maiakóvski, a 11 de fevereiro de 1915, estragou o comprazido abandono da facção farmacêutica, recitando as irrisórias quadras de *A Vocês*:

> Vocês que vão de orgia em orgia, vocês
> Que têm mornos bidês e W.C.s,
> Não se envergonham ao ler os noticiários
> Sobre a cruz de São Jorge nos diários?
>
> Sabem vocês, inúteis, diletantes
> Que só pensam encher a pança e o cofre,
> Que talvez uma bomba neste instante
> Arranca as pernas ao tenente Pietróv?...
>
> E se ele, conduzido ao matadouro,
> Pudesse vislumbrar, banhado em sangue,
> Como vocês, lábios untados de gordura,
> Lúbricos trauteiam Sievieriánin!
>
> Vocês, gozadores de fêmeas e de pratos,
> Dar a vida por suas bacanais?
> Mil vezes antes no bar às putas
> Ficar servindo suco de ananás.

(Tradução de Augusto de Campos, em *Maiakóvski – Poemas*, Editora Perspectiva, São Paulo, 1992.)

Aqueles versos, martelados com voz reboante, provocaram gritos e vociferações de horror. Segundo Chklóvski, os burgueses gritavam, como se grita nas montanhas russas, quando o carrinho vai descendo em precipício[15].

---

15. *Idem*, p. 77.

Encontra-se notícia desta cova, deste baixel submerso entre as paludes de Petersburgo no romance de Blaise Cendrars *Le Plan de l'Aiguille* (1927). Não importa se a narração do poeta francês dá-se em setembro de 1904, enquanto que o Viralatas foi na realidade inaugurado na noite de 1º de janeiro de 1912. Cendrars imagina que o milionário inglês Dan Yack, errando pelos traçados geométricos da Palmira boreal, vá dar no cabaré e seja recebido na entrada por Prónin:

> A fumaça do recinto lhe afeta de astigmatismo. A visão é turva, desigual. As personagens em cena se agitam na distância para se aproximar de repente e aparecer deformadas, como em um aquário. Estranhos peixes tropicais sobem das profundezas, trepam pelas paredes para irem se irisar sob a ribalta vitrificada do teto. São as pinturas luminosas de Iákovliev, de Sudiéikim, de Grigóriev[16].

Farmacêuticos e artistas abrigavam-se no Viralatas, como texugos numa toca, para eludir o fragor da verdadeira vida, o encalçar dos acontecimentos. Com sua habitual tetricidade, Blok, em seu diário (7 de outubro de 1912), define aquele subterrâneo como "uma casa de jogo parisiense de cem anos atrás"[17].

Mas de alguma forma é preciso vencer a angústia, é preciso fingir-se alegre. Eis que, naquelas mascaradas de Dia de Reis e Carnaval, os atores chegavam, vindos dos teatros, vestindo seus figurinos. Segundo Cendrars, as camareiras, vestidas de *calcinhas colantes em repes grossos de seda verde*, usavam perucas verde-veronês, e a de Prónin era azul-papagaio[18].

Os assíduos do Viralatas aspiravam parecer impenitentes e pecaminosos, mas, é claro, tratava-se apenas de um pecado *Liberty*, exornativo, uma pose de teatro "convencional". Diz Akhmátova numa poesia de 1913:

> Aqui somos todos alegres, pecadores,
> Como é triste para nós estarmos juntos!
> Pelas paredes voláteis e flores
> dissipam-se pelas nuvens.
>
> Tu aspiras o negro cachimbo
> com estranhos globos de fumaça.
> Eu vesti a saiazinha apertada,
> para parecer ainda mais esbelta.

---

16. Blaise Cendrars, *Dan Yack* (*Le plan de l'aiguille*), Paris, 1960, p. 11. (Em francês no original. N. da T.)

17. Aleksandr Blok, "Iz dnevnikov i zapisnikh knijek", in *Sotchiniênia v dvukh tomakh*, II, Moscou, 1955, p. 441.

18. Cf. Blaise Cendrars, *op. cit.*, p. 12. (Em francês no original. N. da T.)

Estão eternamente pregadas as janelas:
e lá fora o que há, geada ou tempestade?
A olhos de gata cautelosa
assemelham-se teus olhos.

Oh, como se aflige meu coração!
Espero talvez a hora suprema?
Mas aquela que agora está dançando
estará sem dúvida no inferno.

Passavam lá dentro as horas noturnas, como que espremidos em um ovo, observando pequenas representações, alinhando garrafas como pinos de boliche. Dos corpos exalava o cheiro de noite varada, daquele não-lavado da insônia que, nos cabarés, se mescla aos vapores do vinho e aos eflúvios amoniacais dos banheiros.

Denominando-o *Sová (A Coruja)*, Kuzmín, que compôs (letra e música) o hino do Viralatas, no romance *Viajantes Navegadores (Plávaiuchtchie Putechiéstvuiuchtchie*, 1915) descreveu suas longas noitadas, a atmosfera enfumaçada, pesada de vapores de álcool, de ar quente e parado, de suor. As impressões de Cendrars correspondem em cheio às de Kuzmín:

> *O calor escorre como maquiagem e uma pequena lâmpada elétrica nada no fundo de cada copo sobre uma espuma de limão. Como os nativos caçadores de pérolas do lago Titicaca, as pessoas respiram por dois canudos. Estão todos acocorados em um lodo de veludo arroxeado e peles de urso branco. Pequenos glóbulos de éter e de soda vêm estourar contra suas bochechas. Seus olhos piscam. Todos os rostos estão encarquilhados, gretados e granizam como a gota de ópio na ponta da agulha*[19].

A ebriedade e o aperto e a flébil luz davam aos freqüentadores do Viralatas uma espécie de ausência de peso, de levitação surreal, hoffmanniana, derretendo lágrimas, charlas, entusiasmos, conversas de boca a orelha, flertes, ciúmes, lábeis traições.

Ao amanhecer, um quadro de Munch. Vultos cadavéricos, fantoches não mais imponderáveis, e sim afrouxados, inchados, com relances de culpa. Alguém soluça, outros dormem, um estrepita versos, um bate nas teclas do piano. E depois a apreensão de subir oscilando os degraus da escadinha, de sair da taberna, como anjos mancos depois da queda, na imensidão do real, no qual já se percebe o aproximar-se do furacão, as trompas do Juízo proletário.

Em 1917, quando ao Viralatas já sucedera a Estância dos Comediantes (Privál Komediantov), outra *cripta* de Prónin, a Akhmátova escreveu com melancolia:

---

19. *Idem*, p. 11. (Em francês no original. N. da T.)

Sim, eu as amava, aquelas reuniões noturnas,
os copos gelados sobre uma pequena mesa,
o vapor fragrante, sutil, do negro café,
o calor invernal, pesado, da vermelha chaminé,
o gáudio mordaz da burla literária,
e do amigo o primeiro olhar, angustiado e perdido.

3

Que fios sutis ligam paródia a parodiado? Muitos percebem, ao assistirem números de paródia, o quanto são vulneráveis a diligência, o empenho, a austeridade de nossos atos. Quando o teatro pirueta nos pequenos nada da caricatura, como parecem ridículos a gravidade presbiteriana, o zelo com que representamos as minúcias do viver; embora – dada a frivolidade do jogo – isso possa parecer excessivo, um *sketch* cuja proposta é apenas a de nos induzir ao sorriso é capaz de tocar o coração de muitos, como sinal da inanidade e da grosseria do esforço humano.

Teatrinho de paródias e de burlescos foi o Espelho Curvo (ou seja, deformante: Krivóe Ziérkalo), fundado em 1908 em Petersburgo pelo crítico Aleksandr Rafaílovitch Kúgiel (*Homo Novus*) e por sua mulher, a atriz Zinaída Vassílievna Kholmskaia. Seu destino foi guiado pelo diretor e dramaturgo Nicolai Ievriéinov, também caudatário da *Commedia dell'Arte*, teórico da teatralidade universal, com lábia de metafísico charlatão e atitudes de saltimbanco, maestro de minúsculas formas, de gracejos, de pantalonadas.

O que parodiavam os números do Espelho Curvo? Acima de tudo usos e costumes de teatro: o *mélo* parisiense, a opereta vienense, os moldes da ópera e do *ballet* clássico, o folclorismo postiço das companhias ambulantes ucranianas, os textos místicos dos decadentes, os *poncifs* dos comediógrafos de teatro comercial, a execução convulsa e dilacerante das romanças ciganas, os concursos dramáticos, e ainda: as vedetes e os "negreiros" do teatro de variedades, as *duncanistas* dançantes de pés descalços, os *apaches*, os *bosiakí*, ou seja, os intérpretes de uma máscara de maltrapilho rebelde, inspirada nos vagabundos gorkianos, os miseráveis atores ambulantes da província, os virtuoses de "canções íntimas" e de outras lacrimosidades de salão[20]. Numerosas dessas facécias brotaram da imaginação do próprio Ievriéinov.

20. Cf. Ievguêni Kuznietzóv, *Iz prochlogo ruskoi estradi*, pp. 293-295.

Kúgiel comparou o Espelho Curvo, "teatro de ceticismo e de negação", à opereta de Offenbach[21]. Lembra-nos antes o Théâtre Rouge do Ponukélé no romance *Impressions d'Afrique*, no qual, com meticuloso e glacial escárnio, Raymond Roussel alterna e anatomiza os números de um estrambótico espetáculo: de acrobatas, ilusionistas, tenores, funâmbulos, divas trágicas, *clowns*, exibições de feira.

Até mesmo o "conferencista" deste cabaré, Konstantin Gibchman, era no fundo a imagem de uma paródia. Baixo, esférico, os olhinhos salientes, a cabeça calva, aureolada por um anel de densas melenas, encarnava o apresentador inexperiente e apavorado, que precipita as palavras e se atrapalha e não consegue coordenar com o discurso gaguejante os atrapalhados gestos marionetescos[22].

Mencionaremos algumas das paródias. Antes de tudo a mais famosa: *Vampúka, Princesa Africana*, com música de Vladímir Erenberg, representada em 1908. O libretista desta derrisão das afetações da ópera, Mikhaíl Volkonski, compilador de engenhosos romances históricos, havia assinado como Antchár Mancenílov: Antiáris Mancenilha, aproximando os nomes de duas venenosas árvores exóticas[23].

Estamos em pleno deserto. A jovem princesa africana Vampúka, uma *faraônide*, usando as palavras de Gadda, tem uma síncope ao lembrar de seu finado pai. Enquanto seu "desinteressado tutor" Merinos vai à procura de água, o gracioso Lodyré (de *lódyr*: mandrião) reanima-a com um beijo ardente. Seu dueto de amor à claridade da lua é truncado porém pela ameaçadora aproximação de etíopes invasores.

Conquistado o país, o soberano Strofokamil IV (Struthio Camelus) dobra às suas vontades a casta Vampúka. Infiltrando-se em um grupo de *minnesinger* etíopes, Lodyré tenta libertar a amada, mas é descoberto e condenado ao suplício. No final, *deus ex machina*, Merinos, precipitando-se nas vestes de um colonialista europeu, reverte a situação: dispersa os etíopes e manda executar seu soberano, permitindo assim que Vampúka e Lodyré contraiam matrimônio.

Este ameno *libreto exemplar* tencionava escarnecer os enredos afetados, os meandros improváveis, as personagens artificiosas, o ingênuo exotismo do teatro lírico, e também aqueles vocalizes infinitos, aqueles modos falsos, aqueles fingimentos dos cantores, que Landolfi chamou de "melotécnica".

---

21. Cf. A. Kúgiel, *Listia s dereva*, Leningrado, 1926, pp. 207-208.
22. Cf. Ievguêni Kuznietzóv, *op. cit.*, pp. 297-298.
23. Cf. *Ruskaia stikhotvornaia parodia*, Aleksandr Morózov (org.), Leningrado, 1960, p. 806.

O enorme sucesso do espetáculo fez com que a palavra *vampúka* se tornasse em breve sinônimo dos ouropéis e dos lugares-comuns das óperas. Mas a paródia parecerá mais risível a quem conhecer a origem deste termo[24]. Os alunos do Instituto Smolni haviam ido ter com o príncipe Oldenburgski levando brindes florais, cantando com uma música de *Roberto, o Diabo*: *Vam puk, vam puk kvetóv podnósim*, ou seja: *A vós, a vós um buquê, a vós um buquê de flores estendemos*.

Portanto a "princesa africana", que aproximaremos à cantora peituda e majestosa de um desenho de Eisenstein e aos "barítonos bem nutridos" de Maiakóvski, nascendo da fortuita colagem de duas palavrinhas (*vam-puk*), nada mais é do que um agregado sonoro, um simulacro verbal, um *erro* acústico.

Como envelhece a paródia. Como se tornam pesados com o tempo seus hábitos, seus cacos volúveis. Deu grandes sarabandas, piscando com cílios alegres. E depois? Na vasta fugacidade das formas de espetáculo é certamente a mais fugaz, a mais delével. No entanto algo desta sobrevive: o nome *vampúka*, por exemplo, que no fundo poderia se aplicar aos defeitos de qualquer gênero de teatro, não somente aos que assombram a "casa da ópera bufa".

O mundo da ópera aparece novamente na paródia *A Tournée de Ritchálov*, do mesmo Antchár Mancenílov, que debochava do estilo odeonesco dos cantores das províncias sulistas[25]. O esganiçado tenor Ritchálov (de *ritchát*: rugir), a quem a rouquidão e os anos já lhe vetam os palcos das duas capitais, chega a uma cidadezinha remota, para interpretar a ópera *Os Xiuanos*, de um imaginário compositor distrital.

O fiasco, porém, não é tão imputável a seus desafinos, quanto ao comportamento do coro. Porque o cabo das tropas, em vez de enviar os que haviam sido treinados para interpretar os *xiuanos*, envia outros soldados, alheios à ópera, e o diretor, que está com uma terrível dor de dente, vê-se obrigado a instruir muito apressadamente os novos figurantes.

"Ficarei atrás dos bastidores", diz ele, " e vocês repitam os meus gestos". O despreparado bando não tira os olhos de cima do pobre

---

24. Cf. Nicolai Ievriéinov, *Tieatr kak takovoi*, 2ª ed., Moscou, 1923, pp. 77-81; *Ruskaia stikhotvornaia parodia*, p. 806.
25. Cf. Nicolai Ievriéinov, " 'Krivoe zerkalo' v Tzarskom sele", in *"Vozrojdenie"*, Paris, janeiro-fevereiro de 1951, n. 13.

bandalho que, de tanto enxaguar a boca com vodka, já está embriagado. Se ele segura a bochecha por causa das dores agudas, de sopetão os figurantes imitam-no; se faz um gesto, para indicar: "não, não assim", todos movem a mão afetadamente; e se leva as mãos à cabeça por desespero, eis uma fila inteira de desesperados...

Ao melhor do Espelho Curvo tem de se acrescentar uma "bufonaria de direção" de Ievriéinov (11 de dezembro de 1912), que oferecia em cinco estilos diferentes uma síntese de *O Inspetor Geral*: à maneira tradicional, no espírito de Reinhardt, à la Craig, com as *gags* dos filmes de pastelão e com as fórmulas do Teatro de Arte.

Na variante segundo Reinhardt, concebida como se o texto tivesse sido transposto em versos por Hofmannstahl para a música de Humperdinck, a cena representava a fachada de uma casa ucraniana com os ornamentos florais do *Jugendstil* muniquense. Riso, Sátira e Humor executavam um baile à russa. Os funcionários, em tricórnio e uniformes fantásticos, ostentavam carrancas militarescas.

A direção ritualística à la Craig era acompanhada por música de órgão e de violino e por tristes dobres. Na ribalta os policiais Svistunóv e Derjimórda, caracterizados como anjos alados, sopravam trompas. Os burocratas, símbolos de escandalosas paixões, vestiam mantos negros e máscaras. Na versão cinematográfica, transformando o prefeito numa espécie de Ridolini, Ievriéinov fez do texto de Gogol uma agitada seqüência de gestos afobados, aos soluços, de perseguições, de equívocos e de trambolhões.

A encenação no estilo do Teatro de Arte zombava da direção de *O Inspetor Geral* elaborada por Stanislavski em 18 de dezembro de 1908, uma direção minuciosa, teimosa, de um fanatismo arqueológico a ponto de relembrar os Meininger.

A burla de Ievriéinov supôs que o ilusório diretor, aluno de Stanislavski, autor da dissertação *Semipausa e Pausa da "Atmosfera"* – em que demonstrava que "o quadrado da 'atmosfera' é inversamente proporcional à distância do teatro da vida" – tivesse encenado o espetáculo com obsessivo escrúpulo. Tal como seu mestre, após intensas pesquisas, este indivíduo havia se convencido que o lugar de ação de *O Inspetor Geral* era Mírgorod e havia ido até lá, para investigar a história da cidade nos arquivos e para reconhecer a casa do prefeito.

Sua partitura continha todos os ingredientes do teatro naturalista, todas as hipérboles de Stanislavski: penumbra, superfluidade de detalhes (o prefeito espantava as moscas com um chinelo, um sopro de vento inflava a cortina da janela, Anna Andrievna assoava o nariz com um lenço de arabescos), abundância de ruídos *off* (um *carillon*, o cacarejar de um galo, um mugir de vacas, um nitrir de cavalos, latidos, dobre contínuo de sinos, tinintar de guisos, o canto de um postilhão), figurinhas episódicas (por exemplo, uma moça descalça num gasto *sarafán*, que trazia ora um penico meio escondido pelo avental, ora um jarro de água, ora uma vela acesa, estendia o cachimbo ao prefeito, regava as plantas do peitoril), exorbitância de objetos bocejantes de tédio (espelhos, vasos de flores, prateleiras, relógios, uma gaiola com canarinho, um divã que oferecia as costas ao público).

Na encenação de *O Inspetor Geral*, Stanislavski de fato havia excedido nos adereços, amontoando uma diversidade arrogante de cimélios, de bagatelas, louças, bugigangas da época de Gogol[26].

Ievriéinov retomou a sátira do naturalismo na "bufonaria" *A Quarta Parede* (*Tchetviortaia Stená*, 22 de dezembro de 1915), representando os tormentos de um cantor que tem de encarnar o Fausto, de Gounod, segundo os preceitos stanislavskianos. O diretor pedante, feroz paladino da imitação do real, afirmava: "A quarta parede!... Eis o alvorecer do novo teatro! – de um teatro livre da falsidade, do comediantismo, dos compromissos indignos da arte pura!"

Nesta sátira a obsessão da "revivescência" beirava o delírio. Desenredando-se a história na Alemanha, os intérpretes cantariam em alemão. O papel de Mefisto seria suprimido, porque na vida não existem figuras transcendentais. O veneno tinha de ser uma autêntica mistura de ácido prússico e de estricnina. De toda a representação, para o público apareceria somente um exíguo enquadramento através da janela de uma maciça quarta parede. Isso, porém, não impedia que o protagonista, no período dos ensaios, fosse obrigado, para "reviver" melhor, a usar seu figurino o dia inteirinho e a dormir sobre o palco, decorado como uma espécie de laboratório faustiano. De tantas manobras, receitas e torturas, o cantor enlouquece e engole em grandes tragos, matando-se, a taça de estricnina.

Aqueles esboços burlescos ligavam-se, pela estrutura, pelo tom, pelo amor à incongruência, às comédias satíricas do inexistente escritor do século XIX Kozmá Prutkóv, inventado pelos dois irmãos Jemtchújnikov e por Aleksiéi (Konstantinovitch) Tolstói. Não por acaso este simulacro de literato, quimérico como o jardineiro Putois

26. Cf. G. Danilov, *"Revizor" na stzêne*, Kharkov, 1933, pp. 68-70.

de um dos *récits profitables* de Anatole France, foi o nume protetor do Espelho Curvo.

A biografia fantástica de Prutkóv afirma que ele faleceu a 13 de janeiro de 1863. Para celebrar o qüinquagésimo aniversário do "desaparecimento", em 1913, Ievriéinov encenou a "natural-coloquial" representação de seu *O Prométtchivi Turka ili: Priátno li Bit Vnukom* (*O Turco Imprudente ou seja: Sobre a Conveniência de Ser Neto*)[27].

Incoerentes tagarelas encontram-se num salão, para elogiar, diante de uma xícara de chá, o defunto Ivan Semionitch, mas a conversa, desviando totalmente, toca outros assuntos: o Oriente, "topázio e sardônica", o preço do pão, o violino e o colofônio, as distâncias geográficas, até que de repente, indignado, chega o defunto, para anunciar a uma delas, a viúva Razorváki, que ela tem um neto de origem turca.

Novelo de opacos *bavardages* não objetivos, de frases sem pé nem cabeça, de charlas de *samovár*, esta brincadeira de Prutkóv antecipa singularmente o diálogo inerte e alegórico de certos trechos de *As Três Irmãs* e até mesmo a linguagem de vento, o atônito vanilóquio das personagens de Ionesco.

Observando bem, também era uma paródia: paródia do psicologismo de teatro, o monodrama, que Ievriéinov propugnou, cultivando-o no Espelho Curvo. Ou seja, o drama que se identifica com a concepção do protagonista e no qual o mundo aparece assim como ele o percebe.

Se o herói apaixonado vê na própria mulher uma criatura celeste, a mulher avançará em aspecto de anjo. Um estranho que perturba a felicidade do herói terá cara de monstro. Se uma moça compartilha do ardor do protagonista, a cena se ilumina, ecoam músicas de paraíso, o banco de seu encontro torna-se uma cama suntuosa, a mirrada plantinha ao lado transforma-se num bosque de palmas. Mas se um maldoso chega, a o ar se anuvia, as melodias cessam, o palmeiral entristece[28].

A intenção de Ievriéinov era provavelmente a de zombar das desmesuradas análises psicológicas, ilustrando os motos da alma com barroquismos visuais, com desajeitadas personificações e até mesmo com aleatórias mudanças de luz. Em seu monodrama *Entre os Bastidores da Alma* (*V Kulísakh Duchi*, 14 de outubro de 1912) imagi-

---

27. Cf. A. Kúgiel, "Pravo smekha (Kozma Prutkov)", in *Rúskie dramatúrgui*, Moscou, 1934, p. 165; N. Ievriéinov, "Kozma Prutkóv-potchitaemi otcom 'Krivovo zerkala' ", in *"Vozrojdenie"*, Paris, fevereiro de 1956, n. 50.

28. Cf. Ievguêni A. Znosko-Boróvski, *Rúski tieatr nátchala XX vieca*, cit, pp. 329-332.

nou que na psique de um homem disputassem três Eu: o racional (de casaca e óculos, bem penteado), o emotivo (desgrenhado, com camisa de pintor e gravata vermelha de laço), o subconsciente (com casaco de viagem e máscara negra).

O Eu racional refreia os impulsos do emotivo, que gostaria de largar a mulher por uma *chanteuse*. Na consciência as duas mulheres desdobram-se, aparecendo ora idealizadas, ora, ao contrário, disformes, filistéias, desleixadas. O Eu emotivo por fim mata o Eu racional, mas acaba tirando sua própria vida, ao descobrir que a cantora está de olho apenas em seu dinheiro. É quando o terceiro, o subconsciente, acorda: tinha dormitado num bonde.

Moldando o enredo sobre os triângulos e sobre as afetações dos filmes sentimentais da época, com referências ao café-concerto, esta paródia transformava em concreto teatrinho de fantoches as incompreensíveis discordâncias e as nuvens e as contradições do íntimo. Migalhas petulantes, facécias superficiais: mesmo assim, como é intenso nelas o cheiro da época!

Numa página dos caderninhos de notas de Blok (11 de novembro de 1912) lê-se:

> Ontem estive no Espelho Curvo, onde assisti às banalidades e aos sacrilégios absurdamente geniais do senhor Ievriéinov. Vivíssimo exemplo de como pode ser nociva a criatividade. Cinismo absolutamente desprotegido de uma alma nua.
>
> Triste volta ao lar – está úmido. As mulheres regressam dos teatros excitadas e mais bonitas, uma nota cigana[29].

---

29. Aleksandr Blok, "Iz dnenikov i zapisnikh knijek", in Sotchiniênia v dvukh tomakh, cit., II, p. 443.

4. Retrato de um Diretor-Hamlet

1

Moscou estava fria, exausta, esfomeada. Os bondes parados. Sobre as calçadas, altos montes de neve. Pelas janelas despontavam os tubos de exíguos aquecedores de lata chamados *burjúiki*. Nas vitrinas vazias, os quadrados dos cartazes de Maiakóvski. Os habitantes nutriam-se de arenques rançosos, de batatas emboloradas.

Mas quanto mais áspera e difícil a vida durante a guerra civil, tanto mais prosperava o teatro. Anos de teatromania. Como células enlouquecidas, multiplicavam-se os círculos, os pequenos palcos, os estúdios, os laboratórios dramáticos. Nas festas até mesmo as praças transformavam-se em teatros, enfeitando-se de painéis e marchêtes pintados em cores berrantes. Faltava tecido para os vestidos, mas todo diretor sempre acabava conseguindo desencavar preciosos veludos e brocados para os figurinos. À noite, as "largas goelas dos teatros" (como se lê num verso de Mandelstam) derramavam sobre as ruas desertas, entre o gelo, na escuridão, multidões "tétrico-jocosas" de espectadores.

Fevereiro de 1922. No Terceiro Estúdio do Teatro de Arte, sob a direção de Vakhtangov, dava-se a *Turandot*, de Gozzi: um viço de fábula, de extravagantes vestuários, uma *horse play*, uma girândola de alegres achados, uma explosão de juventude. Em contraste com a lúgubre noite de Moscou, lá dentro relampejavam borrifos ilusórios de sol meridional, reminescências da *Commedia dell'Arte*.

Durante os ensaios: "Onde buscar", perguntava-se Vakhtangov, "este céu eternamente azul, estas laranjas?... Digam-me, como representar a fábula de Gozzi... sem as laranjas?" E com fervor narrava, conta-nos Nicolai Gortchakóv, a respeito "das autênticas laranjas de Messina, de como as comem aspergidas de sal e lhes extraem figurinhas ridículas, e nós, acreditando em suas fantasias cintilantes, sentíamos na boca o sabor de casca de laranja"[1].

Continua, portanto, no ápice da guerra civil, o *revival* de Gozzi, a sugestão do mundo de "as três laranjas". Na realidade, devido aos vínculos com a comédia improvisada e o gosto pelos *lazzi* e pelos improvisos, o espetáculo ligava-se às experimentações e à revista gozziana do Doutor Dapertutto. O enredo era conduzido, não casualmente, pelas quatro máscaras de Pantaleão, Briguela, Tartalha e Trufaldino.

À primeira vista, pareceria inoportuna a escolha deste tipo de fábula numa época tão rude, tão pouco propícia. Que nexo com aqueles tempos poderia se encontrar na história de Calaf, filho do rei Astrakan e príncipe dos Tártaros Nogaenses, o qual, arriscando a vida, decifra os três enigmas propostos pela graciosa e cruel princesa chinesa? No entanto, Vakhtangov soube extrair do *canovaccio* de Gozzi um ardente espetáculo, cuja desenfreada incoerência refletia o impulso, a excitação criativa, o delírio da época. Seu cenógrafo, Ignati Nivínski, havia realizado uma plataforma em declive, na qual se amontoavam toscos fragmentos de muros, um bazar de acortinados, vãos de portas arrebentadas, balcões de esguelha, pilastras embriagadas: relíquias de um país revolvido por um cataclisma.

2

Ievguêni Bogratiónovitch Vakhtangov nascera a 1º de fevereiro de 1883 em Vladikavkaz (Ordjonikidze) filho de um industrial do tabaco. Em vez de dedicar-se à fábrica, como seu pai, rude e autoritário, queria (imutável monotonia dos primórdios de atores e diretores!), apaixonou-se desde a infância pelo teatro: acompanhava as representações dos burlões ambulantes da província e organizava representações de amadores.

Em Moscou, quando estudante de direito, esqueceu-se das leis para freqüentar o Teatro de Arte e o Mali e para arriscar-se em espetáculos filodramáticos. Prezou particularmente dois trabalhos neste período: *Flachsmann als Erzieher* (em russo: *Pedagogos*), de

---

1. Nicolai Gortchakóv, *Riejissierskie uroki Vakhtangova*, Moscou, 1957, p. 98.

Otto Ernst, em que personificava o pedante diretor didático Jurgen Flachsmann, almazinha mesquinha, e *Das Friedensfest*, de Hauptmann, em cujo enredo (aqui representava Wilhelm Scholz) parecia-lhe entrever as insanáveis disputas de sua família e sua adolescência oprimida pelo despotismo paterno.

No outono de 1909, Vakhtangov foi admitido pela Escola Dramática de Alieksandr Adáchev, onde ensinavam intérpretes do Teatro de Arte, como Katchálov e Lujski. Cumprido o triênio em um ano e meio (surpresas das biografias de outros tempos!)[2], em março de 1911 entrou para o Teatro de Arte com o grau de *sotrúdnik* (*colaborador*): ali encarnaria somente pequenos papéis episódicos. Eram os dias em que Stanislavski começava a ensaiar o "sistema", procurando sustento nos jovens, ainda imunes aos vícios profissionais e capazes de enfervorar-se.

Não seria possível compreender o caminho de Ievguêni Vakhtangov sem falar de Sulierjitski, que ele conhecera na Escola de Adáchev e acompanhou, em dezembro de 1910, em uma breve estadia em Paris. Pintor (estimado por Vasnietzov), cantor (apreciado por Chaliápin), bailarino (admirado por Isadora Duncan), escritor (elogiado por Górki), diretor (adorado por Stanislavski), Leopold Antónovitch Sulierjitski, que no Teatro de Arte chamavam simplesmente de Súler, era um amador genial, um *bricoleur* à moda antiga, sempre pronto a empreender novos ofícios, a sujeitar-se sem se poupar a qualquer trabalho[3].

Nascera em Jitomir, em 1872, filho de um mísero encadernador: sua irregular biografia assemelha-se às de Górki e Chaliápin. Expulso em 1894 da escola de pintura, escultura e arquitetura de Moscou devido a uma invectiva contra o governo, trabalhou como camponês sazonal, pintor de paredes, vendedor de água e foi marinheiro num navio de longo percurso; como objetor de consciência* foi trancafiado num setor psiquiátrico e depois confinado na fortaleza turcomana de Kushka; mais tarde engenhou-se em transferir do Cáucaso para o Canadá a seita dos *dukhobori*** (os "pneumatólogos"), per-

---

2. Cf. Borís Zakhává, "Tvortcheski put. I. B. Vakhtangova", in *Vakhtangov: Zapíski Pisma, Stati,* Moscou-Leningrado, 1939, p. 327.

3. Cf. Konstantin Stanislavski, *Moiá jizn v iskústvie,* pp. 375-378; Aleksiéi Diki, *Povest o tieatralnoi iunosti,* Moscou, 1957, pp. 261-270; A. Tarasevitch, "L. A. Sulierjitski", in *"Tieatr",* 1957, 1; Id., "Perepiska A. M. Gorkovo s L. A. Sulierjitzkim", in *"Novi Mir",* 1961, 6.

* A pessoa que se recusa a prestar serviço militar, por motivos religiosos, morais ou ideológicos. (N. da T.)

** Seita religiosa que não aceitava os dogmas da Igreja Ortodoxa. (N. da T.)

seguidos pelo regime czarista; permaneceu por algum tempo na América; de volta a Moscou, dormia na guarita de um cantoneiro ou sobre os bancos das alamedas; transportou da Suíça os caracteres de uma tipografia clandestina...

Eis que, em 1905, tendo se inebriado pela "verdade" da cena, une-se ao Teatro de Arte, ali ficando até a morte (17 de dezembro de 1916). Fazia de tudo: tingia os panos de fundo, costurava figurinos, aprontava os adereços; ajudou Stanislavski nas direções da efêmera temporada onírica e Gordon Craig no *Hamlet*. Súler não foi o único "leigo" a se converter ao teatro sob o fascínio de Stanislavski: pensemos no mecenas Stakhovitch, um aristocrata que, já velho, desejando aprender a sutileza do "sistema", abandonou o uniforme de general e cortou a barba, agregando-se aos intérpretes do Teatro de Arte[4].

Cada empresa, cada convicção, Súler derivava-a dos preceitos de Tolstói, de cuja casa era íntimo desde a juventude. O romancista queria-lhe muito bem e para sublinhar seu afeto, chamava-o de *Liovuchka*, o diminutivo de seu próprio nome[5]. É necessário citar, para avivar ainda mais a imagem, o que Meyerhold escreveu para o necrológio de Súler, sobre uma visita que os dois fizeram, em 1905, a Iásnaia Poliana:

> Percebi que o rosto de Liév Nicoláevitch iluminou-se de uma alegria extraordinária ao ver Sulierjitski, que estava atravessando a soleira. Pelas salas do silencioso sobrado, com Súler irromperam os cantos das estepes, e durante o dia inteiro ali reinou aquela alegria de viver, que sempre e com tanta trepidação Tolstói procurava. Então pareceu-me que em Sulierjitski ele amasse não apenas o veículo de suas idéias, mas acima de tudo o espírito da vadiagem. Sulierjitski adorava o mar, adorava, como Tolstói, a romança cigana, a música, poderia ele por acaso não se interessar por teatro? Vagabundo nato, ele deu ao teatro o que nunca poderá lhe dar um artista com alma de filisteu[6].

Embora embebido por teorias tolstoianas, Súler nunca foi tedioso ou de sermões repetitivos. Sempre laborioso e paciente, onde quer que a sorte o arremessasse, contagiava os companheiros com a própria felicidade interior, a própria aceitação serena do absurdo do mundo. Arquiteto de brincadeiras e burlas, com toda a ingenuidade dos anárquicos redentores, transformava em deleite até as tarefas mais desagradáveis, sem nunca desassociar a festividade dos ditames da ética. Lunatchárski observou: "Sulierjitski possuía uma prodigiosa

---

4. Cf. Nicolai Efros, *Moskóvski Khudojestvieni tieatr*, pp. 411-412.
5. Cf. Ievguêni Vakhtangov, "V Tretiu Studiu MCHAT", in *Ievg. Vakhtangov: Materiali i stati*, Moscou, 1959, p. 182.
6. Cf. Nicolai Volkov, *Meyerhold*, II, p. 447.

fantasia e uma inesgotável exultação de histrião. Executava seus magníficos truques com imediatez absoluta, mas nele tudo isso não se separava minimamente da "santidade"... Era justamente um alegre santo, um santo palhaço"[7].

3

A história do teatro, essa evocação de efêmeras catedrais, arrisca amiúde transformar-se em hagiografia. Porque o próprio clima de encantamento do espetáculo dá aos homens que dele fazem parte algo de taumatúrgico, que aumenta na distância do tempo. Não é casual que, nas antigas canções de gesta russas, as bilinas, os palhaços tenham auréolas de santos.

Súler apoiou totalmente Stanislavski na pesquisa do "sistema" e tornou-se seu entusiasta divulgador, num momento em que no Teatro de Arte muitos duvidavam da eficácia dessas experimentações. Visto que a velha guarda, arraigada aos modelos já desgastados da época tchekhoviana, suportava de má vontade suas minuciosíssimas análises, Stanislavski resolveu experimentar separadamente com um grupo de jovens; para tanto, na primavera de 1912, abriu o Primeiro Estúdio[8].

O Estúdio (três pequenos cômodos sobre um cine-teatro, à rua Tverskáia) configurou-se desde os primórdios como escola e laboratório do "sistema". Os alunos que o compunham (Diki, Kolin, Khmara, Vakhtangov, Guiatzíntova, Bírman, Durásova, Mikhaíl Tchékhov, Gotóvtzev, Tcheban, Suchkiévitch, etc.) eram inflamados propagadores daquelas (ainda instáveis) regras. Bem a propósito a definição de Tchékhov (Mikhaíl) do Primeiro Estúdio: "uma assembléia de crentes na religião de Stanislavski"[9].

Konstantin Sierguiêivitch ali manteve colóquios e aulas, mas o verdadeiro animador desta "oficina" de intérpretes foi Sulierjitski. Embora sofrendo de uma nefrite contraída na viagem com os *dukhobori*, Súler dedicou-se inteiramente ao Estúdio: sua consciência, sua vida. De suspensórios, vestindo um suéter azul-escuro e uma faixa de lã vermelha à cintura, como personagem de literatura marítima, sempre estava entre os alunos, esquecido da família[10].

---

7. Anatoli Lunatchárski, "Ievguêni Bogrationovitch Vakhtangov", (1931), in *O Vakhtangove i vakhtangovtzakh*, Moscou, 1959, p. 16.
8. Cf. Aleksiéi Diki, *op. cit.*, pp. 203-206.
9. *Idem*, p. 206.
10. Cf. Serafima Birman, *Put aktrisi*, Moscou, 1959, p. 106, e Nicolai Pietróv, *50 i 500*, p. 40.

17. Ievguêni Vakhtangov.

Considerando o Estúdio uma espécie de monastério apartado dos ruídos do mundo, ou melhor uma sólida nau no oceano em alvoroço, exigia dos jovens atores uma disciplina inabalável, uma intensa concentração, um ardor ascético. Naquele minúsculo aposento os alunos moviam-se na ponta dos pés, evitando murmúrios, segurando a respiração; o atraso era punido; cada transgressão anotada num "protocolo"[11]. A inobservância de um *studíec*, um gesto fútil e grosseiro deprimiam Súler; ele tinha plena convicção de que indelicadezas e infrações minavam a disciplina mística desse "retiro"[12].

Na esteira de Tolstói, Sulierjitski queria que a arte fosse um instrumento ativo de educação social, um mostruário de cânones éticos. E o teatro: busca de Deus, consolação da alma, alívio da aflição, incentivo à fraternidade. O teatro deveria reconduzir os homens do "labirinto do mundo" ao "paraíso do coração",

> despertar neles a linfa da misericórdia
> avezá-los ao perdão, convencê-los
> a suportar serenos a tétrica indigência,
> a hostil mineralidade da vida.

Porque para Súler todo homem era, no fundo, um protótipo de mansidão, mesmo que freqüentemente envolvido por uma casca espinhosa de aspereza e malícia. E a terra uma assembléia de pombas inermes, que as circunstâncias obrigavam a passar-se por negros gaviões.

Almejava que o teatro, como uma máquina dispensadora de clemência, ajudasse os espectadores a retomar o caminho do bem, a reencontrar o amor do próximo: "O objetivo da arte", asseverava Súler, "é o de obrigar os homens a tornarem-se dedicados, amaciarem o coração, enaltecer os hábitos"[13]. Era preciso dirigir-se especialmente aos desventurados (Súler sentia-se culpado pelos padecimentos do povo), porque na desgraça e na miséria resplandece melhor o conhecimento de Deus. "Não cedam à falsa vergonha e pelo menos procurem saber minimamente como vivem aqueles que fazem por vocês o trabalho pesado, e se decidirem pôr uma pequena gota de distração na existência deles, acreditem, aquela gota jamais será desperdiçada"[14].

Um teatro regado à água benta, portanto; um teatro missionário, que tenciona alimentar a ilusão da solidariedade humana, oferecer

---

11. Cf. S. Giatzintova, "K. S. Stanislavski i Studi", in *O Stanislavskom*, p. 369.
12. Cf. Aleksiéi Popov, "Vospominania i razmichlenia", cap. 7, in *"Tieatr"*, 1959, 12.
13. Cf. Ievguêni Vakhtangov, "O L. A. Sulierjitzkom" (25 de janeiro de 1917), in *Ievg. Vakhtangov: Materiali i stati*, p. 74.
14. *Idem.*

um refúgio, uma música consoladora, uma demagogia reparadora. Súler acreditava que, para derrotar o mal, bastava ressuscitar no homem as virtudes adormecidas; que o mundo poderia ser mudado com o bom exemplo e com paradigmas de altruísmo[15]. Os atores seriam os artífices, os sacerdotes desta modificação, os intermediários entre o público e Deus – é bem curioso que poucos anos mais tarde Ievriéinov também, mesmo que com outras intenções, imaginasse os intérpretes como arautos do Espírito Santo e curandeiros prodigiosos.

A arte cênica tornava-se pretexto de comunhão. Súler sonhou adquirir uma propriedade campestre nas proximidades de Moscou, distante do formiguejar urbano, e ali construir um teatro para o Primeiro Estúdio e um hotel para o público. Os espectadores deveriam chegar antecipadamente e prepararem-se para o mistério do espetáculo, passeando pelo parque, procurando alívio para a correria do dia, harmonizando-se com os jovens intérpretes. Era preciso integrar as representações com o trabalho físico (era a lei de Súler); por isso, durante as semeaduras e as colheitas, os alunos participariam das labutas rurais[16].

Este projeto não foi efetivado, mas em compensação Stanislavski comprou nas estepes da Criméia, à beira do Mar Negro, perto de Evpatoria, um terreno onde Súler dispôs, como já havia feito nos campos dos *dukhobori*, cocheiras, venda de alimentos, ferramentas e utensílios, um estábulo, cabanas com teto de tela e cortinas no lugar de portas, assentos de pedra e lampiõezinhos coloridos. Devido à distância do mundo, este brejo recebeu o nome de "Robinson": os alunos do Primeiro Estúdio ali passavam serenamente o verão. Observando uma disciplina severa, levantavam-se ao nascer do sol, comiam sempre em silêncio – porque Súler pensava que o pão exige profunda consideração – e, no espírito do primitivismo em moda, fingiam serem índios, algonquianos moradores de um *wigwam* de pedra. Súler, chamado Grande Xamã, enfeitava-se, como um herói de Fenimore Cooper, com mocassins e chapéu de *cowboy*[17].

4

No anseio de extirpar do teatro o embuste e os clichês do ofício, o Primeiro Estúdio apostou todo seu jogo na "revivescência". Sulierjitski pedia interpretações despojadas, que correspondessem à nu-

---

15. Cf. Aleksiéi Diki, *op. cit.*, pp. 264-265.
16. Cf. Konstantin Stanislavski, *Móia jizn v iskústvie*, pp. 426-428.
17. Cf. Serafima Birman, *op. cit.*, pp. 113-116.

dez daquele eremitério. A cenografia era provida por simples drapejos incolores que corriam sobre argolas[18]: Sobre um fundo descorado a despojada verdade dos sentimentos teria um realce mais intenso.

Esquivando-se da superabundância das tintas e desdenhando a forma, os alunos negligenciavam as nuances teatrais, os contornos expressivos da personagem. Persuadidos de que uma árida sinceridade era o suficiente para fazer nascer uma figura de teatro, tratavam apenas de sofrer humildemente o papel, sem temperá-lo com especiarias, sem recorrer a artifícios.

Este gênero de "psicorepresentação" também tornava-se, de certa forma, um virtuosismo, como se às personagens se aplicassem teses psicológicas preexistentes. Obcecados pela ânsia de experiência interior, os alunos freqüentemente eram imprecisos no gesto, ásperos e insípidos como o avesso de uma luva.

O Primeiro Estúdio debutou a 15 de janeiro de 1913 com *Gibel Nadiéjdi (O Naufrágio do "Esperança")*, de Herman Heijermans, dirigido pelo ator polonês Ryszard Boleslawski, que no Teatro de Arte havia se distinguido interpretando o estudante Beliáiev em *Um Mês no Campo*, de Turguiéniev[19]. O *mélo* naturalista do dramaturgo holandês, história de míseros pescadores que afundam com seu pútrido barco "Esperança", suscitava piedade e ternura, segundo a compreensão de Súler. E Mikhaíl Tchékhov, que mais tarde se tornaria o ator-eixo do Primeiro Estúdio, encarnou o decrépito e seco marinheiro Kobus com amargo lirismo, fazendo deste um quase irmão daquele "pequeno homem" que reaparece freqüentemente nas letras russas e de quem, em cena, deu esplêndidos exemplos, no século XIX, Alieksandr Martinov[20].

Os preceitos de Súler manifestaram-se particularmente na encenação de *Prázdnik Mira (Das Friedensfest), Svertchók na Petchí (O Grilo do Lar)* e *Potóp (O Dilúvio)*, três espetáculos ligados por um único tema: a conciliação, o perdão recíproco, o triunfo do bem. Vakhtangov dirigiu (15 de novembro de 1913) a tenebrosa obra de Hauptmann, que lhe era cara desde os tempos do teatro amador, empenhando-se em encontrar sob a crosta daquelas personagens engolfadas em maranhas de surdos conflitos, um grãozinho de caridade e indulgência. "Dêem-lhes todo o calor do vosso íntimo", recomendou Súler aos intérpretes, "busquem um no outro sustento, por meio

18. Cf. Aleksiéi Diki, *op. cit.*, p. 238.
19. Cf. Nicolai Efros, *Moskóvski Khudójestvieni tieatr*, p. 382; Ryszard Ordynski, "Polak czolowym rezyserem Hollywood", (1930), in *Z mojej wloczegi*, Cracóvia. 1956, p. 103; Aleksiéi Diki, *op. cit.*, p. 211.
20. Cf. Akesiéi Diki, *op. cit.*, p. 224.

dos olhos, incitem-se reciprocamente, afetuosamente a desnudar-lhes as almas"[21].

Vakhtangov canalizou o espetáculo nos esquemas do naturalismo. Mesmo ele iludia-se, naquela época, de que o teatro pudesse se saciar com meras "revivescências", renunciando aos sinais exteriores. Recolhidos em si mesmos, os intérpretes esqueceram os espectadores, estes *seres mortos*, afrouxados nas poltronas em frente, como na escuridão de uma gruta: "viviam" por conta própria, certos de que uma imaginária parede não diáfana os separasse do público. Esta separação platéia-palco repetia-se, no rastro de Stanislavski, na separação do Primeiro Estúdio do mundo, o absurdo de um teatro-clausura.

Vakhtangov ambicionava uma direção fotográfica, mas toda a tomada do real tem suas aberrações; assim, o espetáculo, que pretendia ser um álbum de exemplos tranqüilizadores, mutou-se numa mórbida seqüência de espasmos e acessos, escorregando naquelas "quebras" que Stanislavski execrava[22]. Em vão Súler havia exortado os alunos: "Não há necessidade de histerismos, enxotem-os, não se apaixonem pelo efeito sobre os nervos. Mirem o coração"[23].

A representação mais consoante às teorias humanitárias de Súler foi *Svertchók na Petchí*, do conto de Dickens *The Cricket on the Hearth*, a 24 de novembro de 1914, com direção de Borís Suchkiévitch[24]. Era o primeiro ano de guerra, e naqueles dias repletos de insufladas frases patrióticas, de flagelo e de morte, o espetáculo pareceu um convite à ternura, à fraternidade: um ato de fé. A *imagerie* de *Christmas card*, o populismo melado do texto de Dickens ofereceram aos "noviços" do Primeiro Estúdio ensejo para entretecer uma moralidade sobre os valores da clemência, do compadecimento, da harmonia familiar. As circunstâncias sentimentais daquele episódio deixavam entrever o calor perdido de um universo que a guerra havia destroçado. Até mesmo os objetos, que o teatro dos futuristas representava indóceis e rebeldes, aqui continuavam sendo dóceis, devotados ao homem. Apesar da mania de verdade, a abundância de brinquedos excêntricos no laboratório de Tackleton davam à cena um aspecto irreal, de *féerie* de Méliès.

21. Cf. Ievguêni Vakhtangov, "O L. A. Sulierjitzkom", in *Ievg. Vakhtangov: Materiali i stati*, p. 73.
22. Cf. Serafima Birman, *Put aktrisi*, pp. 119-126; Id., "Sudba talanta", in *Ievg. Vakhtangov: Materiali i stati*, p. 314; Aleksiéi Diki, *op. cit.*, pp. 283-285.
23. Cf. Ievguêni Vakhtangov, "O L. A. Sulierjitzkom", in *Ievg. Vakhtangov: Materiali i stati*, p. 73.
24. Cf. Serafima Birman, *Put aktrisi*, pp. 126-131; Aleksiéi Diki, *op. cit.*, pp. 271-273.

Esta doçura de Natal, este benévolo *Kitsch* (e Deus sabe quanto o *Kitsch* é necessário) propunha-se infundir alegria, distrair dos eventos lutuosos, fazer penetrar nas almas a música refrescante do perdão. Súler quis que o espetáculo tivesse fervor evangélico: "Talvez seja necessário", dizia, "começar os ensaios de forma não habitual, ir em primeiro lugar ao Mosteiro da Paixão, demorar ali em silêncio, depois vir até aqui, atiçar a lareira, sentarmos todos juntos à sua volta e ler, à luz de vela, o Evangelho"[25].

A parábola foi um enorme sucesso. Na pequena casa dos Peerybingle os moscovitas sentiam-se à vontade, como outrora na casa dos Prozórov. Protegendo-os da ferocidade do mundo, o Estúdio os envolvia como se fosse o tronco de uma árvore. O canto do grilo escondido na laje do fogo, a alegre chama da lareira maciça, o borbulhar do caldeirão tornaram-se ninhos e sinais de consolação. E, junto ao mito do "suco de murtinho", o teatro russo também conheceu o mito do "grilo" (o grilo depois da gaivota), simbolizando a mútua misericórdia, a familiaridade entre os homens.

Mikhaíl Tchékhov, ainda alheio àquele grotesco hiperbólico, àquela bufonaria irracional que irão impregnar seu Khliestakóv e seu Malvolio, representou Caleb Plummer no espírito de Súler, expressando com afetuosa tepidez a inerme pureza de um pai infeliz, que se esforça em criar um microcosmo ilusório em volta de sua filha cega, seu único bem[26].

Vakhtangov encarnou Tackleton, o dono da oficina de brinquedos, contradizendo as próprias convicções naturalistas. Ele, que recusava o cinzel exterior, construiu uma interpretação incisiva deste urso maligno, baseada nas aparências, com espessos contornos e um exato diagrama cinético[27]. O colete de listras, a cartola, um meio fraque com as dobras em veludo, as pernas compridíssimas enfiadas em calças tipo tubo de aquecedor, com presilhas, seu Tackleton parecia saído da fantasiosa Inglaterra de Dickens, que Mandelstam esboçou na poesia *Dombey and Son*.

Duro, lenhoso, altivo, com um coração de gelo, era um boneco mecânico, como os que Plummer constrói: um velhote rabugento, pérfido e pedante, empertigado como uma vara, o olho esquerdo semifechado, as pálpebras pesadas como membranas, sobre os lábios

---

25. Cf. Ievguêni Vakhtangov, "O L. A. Sulierjitzkom", in *Ievg. Vakhtangov: Materiali i stati*, p. 72.
26. Cf. Aleksiéi Diki, *op. cit.*, pp. 274-275.
27. Cf. Borís Zakháva, "Tvortcheski put I. B. Vakhtangova", in *Vakhtangov: Zapíski. Pisma. Stati*, 339-341; Aleksiéi Popov, "Vospominania i razmichlenia", in *"Tieatr"*, 1959, 12, cap. 8; Natalia Satz, "Ievguêni Bogrationovitch", in *Ievg. Vakhtangov: Materiali i stati*, pp. 431-432; Aleksiéi Diki, *op. cit.*, pp. 274-275.

um esgar de irônica repugnância. A estrídula voz emperrava continuamente, chiando como um fonógrafo estragado. Movia-se aos puxões, aos solavancos, com rígida *Kasperlehaltung*, sem dobrar os joelhos, estalando os saltos. Parecia que a corda estava para terminar, e que o carrancudo boneco de molas fosse parar subitamente, ficando com os braços imóveis e dependurados.

No final, todavia, seus olhos de peixe se iluminavam, suavizava-se a voz de gralha, soltavam-se os gestos. Como se no emaranhado de enferrujadas charneiras começasse a bater um coração humano, ansioso para participar do grande festival da bondade. E, na onda deste *svétloe umilénie*, deste radiante enternecimento, alguém podia iludir-se com Súler, acreditando que os fabricantes cruéis, os exploradores como Tackleton se tornariam clementes sob o influxo dos Peerybingle, dos humildes.

No meio da multidão de moluscos evangélicos, de evanescentes figurinhas dignas de livro de primeira comunhão, o Tackleton de Vakhtangov foi a única personagem quitinosa e contundente, a *única verdadeira*, mesmo que, no fundo, até Tackleton se deixava enfeitiçar pelo pífaro do arcanjo-grilo. Pela veemência grotesca e o destaque visual, esta figura coloca-se ao lado do Argan e do Krutitski, de Stanislavski.

Era um belo esforço reduzir todo o drama ao motivo comum da piedade e da redenção. Em *Potóp* (*O Dilúvio*), de Henning Berger, que Vakhtangov dirigiu a 14 de dezembro de 1915, o ansioso irmanar-se de fugitivos de uma inundação fornecia a deixa para reafirmar que os homens são em essência mansos e que o perigo revela a verdadeira natureza, a boa massa da alma. Parecia que um festim de hipócritas, unidos pelo pavor, tivessem de se resolver num adocicado idílio dickensiano. Este pelo menos era o propósito de Sulierjitski. Mas Vakhtangov não pôde omitir o terceiro ato, no qual, voltando o bom tempo, tudo retoma o andamento anterior, renascem as diferenças de classe, as inimizades, os rancores[28]. O terceiro ato, maquinado como que a despeito das teorias do Estúdio, mostrava com impiedade a inconsistência do teatro ético, o desesperado utopismo das aspirações de Súler.

5

No Primeiro Estúdio, Vakhtangov foi o mais ardente sustentador do "sistema"[29]. Assimilava com avidez minuciosa as proposições de

---
28. Cf. Aleksiéi Diki, *op. cit.*, pp. 275-279.
29. Cf. Aleksiéi Diki, *op. cit.*, p. 210.

Stanislavski e tornava-se seu hermeneuta entre os companheiros. Estava tão enfeitiçado por aqueles corolários que chegava a repreender Súler e o próprio Stanislavski, se divagassem[30]. Lígio das fórmulas do naturalismo mais estreito, igualava a representação a uma análise psicológica, a um gráfico dos sobressaltos e das cãibras da alma. Suas notas daqueles anos revelam um exagerado respeito por Stanislavski e repetem literalmente as teorias do mestre.

Desconhecia tanto as vistosidades a ponto de escrever: "Expelir do teatro o teatro. Do drama o ator. Banir a maquiagem, o figurino" (12 de abril de 1911)[31]. Sua mania pela reprodução beirava o ridículo. Para que um ator expressasse, por exemplo, que a bebida era amarga, considerava oportuno passar nanquim na borda de seu copo[32]. Assim um dia os prosélitos poloneses de Vakhtangov, no Teatro Reduta, servirão autêntico café nas xícaras, na esperança de que o público perceba seu aroma[33].

Como para Súler, para ele nada havia afora o teatro. Ensaios, pequenos papéis, cenas de conjunto, mais ensaios, e, acima de tudo, exercícios, à noite, sobre as virtudes do "sistema". Contínua liturgia do "sistema" – "sistema" e aulas em círculos, escolas, para difundir o verbo de Stanislavski. Não é de se espantar que um dia sua mulher, sem dizer palavra a ninguém, sem se despedir, fugiu exasperada por suas ausências, deixando-lhe este bilhete: "Odeio Stanislavski, odeio o 'sistema', odeio você"[34].

A disciplina e a dedicação de Vakhtangov beiram o fanatismo do aluno arrogante. Em uma carta a Súler (27 de março de 1913) ele acusa Boleslawski de se comportar, durante os ensaios de Hauptmann, de maneira frívola e desrespeitosa, perturbando as "revivescências" dos outros[35]. Konstantin Sierguiêivitch não poderia ter sonhado com um aluno mais entusiasmado e zeloso. Já naquela época no entanto, sob a desmedida submissão, amadurecia a semente da heresia. É indicativo que Súler, intuindo desde o início que Vakhtangov estava estrangulando, nos mandamentos do Primeiro Estúdio, sua vontade de teatralismo, tenha lhe dito: "Um dia vós estareis no Mali"[36].

30. Cf. Borís Suchkiévitch, "Vstriétchi s Vakhtangovim", in *Ievg. Vakhtangov: Materiali i stati*, p. 367.
31. Ievguêni Vakhtangov, *Iz zapisnikh knijek 1911-1912 godov*, idem, p. 25.
32. Cf. Serafima Birman, *Sudba talanta*, idem, p. 313.
33. Cf. Jerzy Szaniawski, "Reduta", in *W poblizu teatru*, Cracóvia, 1956, p. 208.
34. Cf. N. Vakhtangova, "Vladikavkaz i Moskva", in *Ievg. Vakhtangov: Materiali i stati*, p. 342.
35. Cf. Ievguêni Vakhtangov, *Iz riejissierskovo dnevnika*, idem, pp. 38-39.
36. Cf. Borís Zakháva, "Tvortcheski put I. B. Vakhtangova", in *Vakhtangov: Zapíski. Pisma. Stati*, p. 340.

A leitura de seus blocos de anotações mostra-nos que ele desejava ardentemente verificar os teoremas de Stanislavski em seu *próprio* Estúdio. Como se o seminário de Súler não lhe permitisse aprofundar suficientemente o "sistema", "completá-lo, ou extirpar-lhe a mentira"[37]. Por isso, quando alguns estudantes, que haviam apreciado seu Hauptmann, convidaram-no a dirigir o estúdio dramático que haviam formado em novembro de 1913, ele aceitou de boa vontade a oferta, esperando encontrar ali aquela autonomia de pesquisa que não lhe era concedida no Primeiro Estúdio. Deste tímido embrião de amadores nasceria, em setembro de 1920, o Terceiro Estúdio, o futuro Teatro Vakhtangov[38].

Ávidos por cultura, solícitos por um teatro ético, desdenhosos do *cabotinage*, os catecúmenos desta assembléia estudantil almejavam aproximar-se dos "mistérios" de Stanislavski através de seu profeta Vakhtangov. Haviam escolhido para seu *début* uma modesta obra de Záitzev, *Usadba Laninikh* (*A Propriedade de Lanin*), cujos tons lembravam as "atmosferas" tchekhovianas, ressuscitando o cheiro inebriante de *Tchaika*. Embora não gostasse da comédia, Vakhtangov rendeu-se ao entusiasmo dos estudantes. Resultou uma resenha de "revivescências", uma representação sem casca, uma espécie de homilia dialogada. Foi um fiasco: 26 de março de 1914.

Mas o insucesso não desencorajou os estudantes, não se atemorizaram. Bastou-lhes "reviver" os desgostos e as alegrias do papel, dissolver-se na personagem *a despeito* do espectador[39]. Aliás era o que Vakhtangov desejava: "Esquecer-se do público. Criar para si. Deleitar-se por conta própria. Juízes de si mesmos"[40]. Um teatro portanto que, mesmo querendo espelhar primorosamente a vida, tornava-se, em essência, uma recusa do real, um teatro de fugitivos.

Visto que Stanislavski, depois do fracasso, havia-lhe imposto interromper qualquer atividade fora do Primeiro Estúdio, Vakhtangov viu-se obrigado a trabalhar em segredo com seus prosélitos, e cada um deles teve de se comprometer por escrito a não dizer uma palavra sequer sobre as reuniões do grupo, como se pertencessem a uma organização clandestina[41]. A partir do outono de 1914, a reunião

---

37. Ievguêni Vakhtangov, "Iz zapisnikh knijek 1911-1912 godov", in *Ievg. Vakhtangov: Materiali i stati*, p. 25.
38. O Segundo Estúdio nascera da Escola de Arte Dramática chamada "dos três Nicolai", porque fundada, em 1913, por três atores do Teatro de Arte que se chamavam Nicolai: Aleksandrov, Massalitinov e Podgorni. Foi inaugurado a 7 de dezembro de 1916 com *Zelionoe koltzó* (*O Verde Anel*), de Zinaída Gippius.
39. Cf. Borís Zakháva, *Vakhtangov i ievó Studia*, Leningrado, 1927, pp. 18-19.
40. Ievguêni Vakhtangov, "Iz zapisnikh knijek 1911-1912 godov", in *Ievg. Vaktangov: Materiali i stati*, p. 25.
41. Cf. Borís Zakháva, *Vakhtangov i ievó Studia*, p. 21.

de neófitos teve por morada um palacete de dois andares da rua Mansurov, daí o nome de Estúdio Mansurov. Quatro pequenos cômodos, um dos quais destinado à platéia, 42 lugares. Simplicidade monástica. Paredes forradas de tecido cru[42].

Vakhtangov levou a este laboratório os hábitos do Primeiro Estúdio, imitava até mesmo as atitudes de Súler, movendo-se absorto – as mãos no bolso – pela platéia vazia, cantarolando (como Súler) em surdina[43]. Ele dividiu os alunos em três núcleos ascendentes: os "candidatos", isto é "colaboradores", os "membros", e os "sócios efetivos"[44]. Passava-se por graus que, na idéia de Vakhtangov, eram como degraus de afinamento moral. Ao topo da escada, os "sócios efetivos", campeões e modelos de fidelidade e devoção, constituíam um alto *Conselho* (*Soviét*), também chamado "Organismo central". Mas a hierarquia apoiava-se na autoridade de Vakhtangov, que tinha, "monitor" supremo, direito de veto.

Vakhtangov concebia o Estúdio Mansurov como uma ilha onírica ao centro do universo, um refúgio sereno, no qual os alunos pudessem encontrar alívio para as asperezas do cotidiano, para o fracasso da história, esquentando-se no fogo da arte, ouvindo a fantasmática voz do "grilo", que exortava ao esquecimento das ofensas. Mais do que uma escola de teatro, deveria ser, portanto, um cenóbio, uma consonância de almas ansiosas por bondade e ternura.

Aí reinava uma paz lacustre, um tenso silêncio, uma disciplina obsessiva. Os alunos não podiam se tratar com intimidade, a não ser depois de demorado trabalho comum, e aos mais jovens era proibido intrometer-se nos discursos dos mais velhos. Vakhtangov não suportava que seus discípulos se propusessem a fins práticos, visando apenas a própria carreira de ator. Amava ver à sua volta feições felizes, queria que todos fossem ao Estúdio como se estivessem indo a uma festa, vestindo quiçá a melhor roupa[45], e que os exercícios, os ensaios fossem sempre solenes, como uma função dominical.

Os atrasos, as ausências, a frivolidade, as grosserias, os tons arrogantes e os gestos de *cabotin*, o escasso interesse e as críticas sem fundamento: tudo isso era duramente punido. Mas se um aluno sofresse de solidão, os outros apressavam-se em confortá-lo e, se cedesse aos caprichos do egoísmo, tratavam de enternecer seu coração. Enfim, se dois deles brigassem, o diretor inventava *festins de paz* (*prázdniki mira*), reminescência de Hauptmann.

---

42. Cf. Iú. Zavadski, "Oderjimost tvortchestvom", in *Ievg. Vakhtangov: Materiali i stati*, p. 284.
43. *Idem.*, p. 285.
44. Cf. Borís Zakháva, *Vakhtangov i ievó Studia*, pp. 22-23.
45. *Idem*, *Vakhtangov i ievó Studia*, p. 16.

Os próprios alunos, em turnos, mantinham a ordem. Um deles, destacado como um guardião da lei diante da porta do palco, impedia a passagem dos estranhos. Uma vez, conta Simonov, a *studíka* de sentinela rechaçou até mesmo Niemiróvitch-Dântchenko. "Não me conheceis?", perguntou o patriarca. "Sim, Vladímir Ivânovitch, mas não posso vos permitir a entrada, essas são as nossas regras"[46].

Se, durante os ensaios, alguém bancasse o bobo, então o aluno de vigia levava para lá e para cá, na sala, na ponta de uma vara, um gorro de guizos. Se outro começasse a vomitar sentenças, o guardião estava pronto a pendurar uma tabela com a seguinte inscrição: "O serviço das Musas não tolera a vaidade", ou então a colocar na vitrola um disco riscado, que crocitava uma frase imutável[47].

Havia pois uma tranqüilidade de água estagnada, uma doçura hipnótica entre as paredes deste claustro teatral. Local de culto restrito aos iniciados, era barrado aos profanos, e, como os adeptos de um *óbchtchina*, de uma comunidade religiosa, os alunos guardavam em cioso segredo suas exercitações. Este sectarismo aristocrático, que se confina em si mesmo fugindo do azedume dos conflitos terrenos, que reduz o universo inteiro a um ninho, é um desenvolvimento, entende-se, das premissas de Stanislavski, bem como da *keléinost*, a segregação, o desejo imperioso dos simbolistas de se trancarem em celas, em torres de marfim. Vêm-nos à cabeça dois versos de Blok:

Transponho a soleira dos templos obscuros
cumpro uma cerimônia despojada.

E na verdade palpitava então em Vakhtangov o mesmo desejo de cumes purificadores, o mesmo verticalismo que inspira as poesias teologais dos simbolistas. Daqui brotou o conceito da *studínost*, a "estudeidade", consistente numa integral dedicação ao Estúdio, na renúncia às simulações do profissionalismo, no respeito mútuo, na modéstia, na observância dos cânones, no rigor ético, e acima de tudo na criação de um clima propício ao trabalho fraterno, às estridulações do "grilo".

Estas idéias passarão para grupos teatrais semelhantes de outras regiões eslavas: na Reduta, de Osterwa e Limanowski, em Varsóvia (1919)[48] e no Umelecké Studio (Estúdio artístico), de Vladímir Gam-

46. Cf. Ruben Simonov, *S Vakhtangovim*, Moscou, 1959, p. 59.
47. Nicolai Gortchakóv, *Riejissierskie uroki Vakhtangova*, p. 35.
48. Cf. Jerzy Szaniawski, "Reduta", in *W. poblizu teatru*, pp. 173-233; Jósefa Hennelowa-Jerzy Szaniawski, *Juliusz Osterwa*, Varsóvia, 1956.

za em Praga (1926), que não casualmente inseriu em seu repertório a novela de Dickens (*Cvrtchek u Krbu*)[49].

Ancorando os fundamentos de Súler, Vakhtangov exigia que cada espetáculo fosse um catálogo de bons exemplos, um manar de virtudes, uma incitação ao perdão. Não há maldosos ou viciosos, somente infelizes. O teatro, inspirado pelo canto do "grilo", escavando sob o tártaro do mal, deverá descobrir no homem a inocência oculta, desenfreá-lo à misericórdia. Por isso é necessário evitar a sátira, os sobretons de desdém, a caricatura. O ator não deverá suscitar a menor abominação ou desprezo pela personagem, representando-o em luz de fel; ao contrário, ao mostrá-lo em tintas suaves, deverá suscitar compadecimento pelas fraquezas e erros. O teatro não necessita de escárnios sardônicos ou ímpetos de cólera, e sim de repousantes sorrisos inofensivos. Tudo isso foi chamado *absolvição da personagem* (*opravdánie óbraza*). Ou seja: é preciso amar a imagem que se personifica, mesmo que seja a de um ladrão, de um malfeitor[50].

No início os alunos ensaiaram um *canovaccio* sobre a missão de portador de alegria do teatro: tratava-se de três atores ambulantes (em triângulo, como Arlequim, Pierrot e Colombina na comédia de Blok), que, desejosos de pôr na vida uma jovialidade de comemoração (como é assíduo em Vakhtangov o desejo de festas!), na noite de Natal, sonham levar regozijo com seu jogo (como mais tarde as personagens do drama *O que Mais Importa*, de Ievriéinov): regozijo aos desventurados, aos pobres, aos sofredores[51].

O sulerismo de Vakhtangov triunfará a 15 de setembro de 1918 na encenação de *Tchudo (Le Miracle de Saint-Antoine)*. Ansioso por infundir compaixão e perdão nos espectadores, o diretor excluiu de sua partitura qualquer toque mordaz, buscando transformar a obra de Maeterlinck numa *bergerie idyllique*, numa competição de "grilos". E, para que comovessem o público, transformou as figuras em *bonshommes* impalpáveis, em substâncias flácidas como petardos molhados, em verdadeiras variantes de São Vicente de Paula.

Nenhum escárnio: vagas de ternura. *Umilénie*. Esta retórica alentadora, esta obra evangélica teria purificado os espectadores. *Umilénie. Umilénie.* A fosca história da rapacidade dos herdeiros, que Meyerhold havia traduzido num alvoroço de marionetes grifanhos, tornava-se uma comédia de sorrisos sobre o falecimento de uma

---

49. Cf. Vladímir Kolátor, *O Vladimíru Gamzovi*, Praga, 1931.
50. Páviel Novitzki, *Sovriemiênie tieatralnie sistemi*, Moscou, 1933, pp. 117-118.
51. Borís Zakháva, "Tvortcheski put I. B. Vakhtangova", in *Vakhtangov: Zapíski. Pisma. Stati*, pp. 343-344.

velha senhora, chorada pelos afeiçoados netos e parentes. *Umilénie. Umilénie.* Oh, os caros extravagantes! Oh, o teatro transformado num parlatório de penitentes hipócritas! Oh, a falsa alvura, o brilho todo falso deste mundo tão piegas quanto uma vitrina de Natal! Leitor, entoemos junto à Margarida do *Faust*, de Gounod: *Anges purs! anges radieux!*

6

Fevereiro de 1922. O cenógrafo Ignati Nivínski havia realizado para *Turandot* uma plataforma em declive, na qual se amontoavam toscos fragmentos de muros, um bazar de acortinados, vãos de portas arrebentados, balcões de esguelha, pilastras embriagadas: relíquias de um país revolvido por um cataclisma.

Princípio motor desta *épinalerie* metafísica, deste burlesco chinês, foi, mais uma vez, a *Commedia dell'Arte*. Aos atores era pedido que interpretassem, mais do que as personagens da fábula gozziana, os histriões de improvisos que um dia as tinham encarnado. Em suma, que se transfigurassem em cômicos da arte no ato de representar aquele *canovaccio* com seus habituais clichês. Assim, por exemplo, Zavadski deveria mostrar, ao mesmo tempo, Calaf e o primeiro enamorado italiano, que o representava com ênfase vaidosa, arcadas de gestos e floreios vocais, batendo-se no peito, como Giglio Fava em *A Princesa Brambilla*. A Orotchko devia expressar não tanto Adelma, mas as caretas e os cacos com que uma atriz nômade italiana a teria representado. Vakhtangov imaginava-a esposa do dono da companhia e amante do primeiro enamorado, de calcanhares chapinhantes em sapatos demasiadamente largos, propensa aos papéis "t-r-r-rágicos" e, em qualquer papel, agarrada a um punhal[52].

Como escreveu Toltchanov, que personificou Barach, o espetáculo era em essência um *estudo sobre o teatro ambulante* (*étiud o brodiatchem tieatre*)[53]. Ou seja, uma tentativa de magnificar aquele *cabotinage*, aquela *chmíra* (diríamos, com vocábulo tcheco) que Stanislavski contestava com toda a alma, uma tentativa de prestar homenagem ao ator nômade, tão querido a Blok e a Meyerhold, de exaltar sua fragorosa ingenuidade, o atrevimento, a tagarelice de charlatão.

Com toda sua vontade sonhadora Vakhtangov determinou que o espetáculo tivesse o tom das representações dos comediantes nas praças italianas. Pensava até mesmo que os espectadores pudessem

---

52. Cf. Borís Zakháva, *Vakhtangov i ievó Studia*, p. 136.
53. Iosif Toltchanov, *Moi roli*, Moscou, 1961, p. 44.

jogar cascas de laranjas, se ficassem insatisfeitos com os atores[54].
Para sugerir o ardor e os caprichos da gente do Sul aos alunos, convidou ao Terceiro Estúdio um Esposito, diretor de orquestra do circo de Moscou: figura similar ao "improvisador" napolitano das *Noites Egípcias*, de Púchkin. Velhote expansivo, de barba cinzenta e pontuda e olhinhos espertos sob as densas sobrancelhas, *em austera sobrecasaca*, este rememorou os truques e os *lazzi* da comédia de máscaras, acompanhando seu russo penoso com os recursos de uma desenfreada mímica e contagiando os atores com sua soluçante alegria[55].

Vakhtangov exigia que, desligando-se da história, os intérpretes extrapolassem continuamente os limites do papel, para significar o próprio distanciamento da personagem e ao mesmo tempo ironizar a si mesmos. Os alunos tiveram de:

1) habituar-se a impostar a voz em cadências ressonantes, com uma dicção plástica e nítida, diferente dos pálidos solfejos e dos semitons usuais do Teatro de Arte e dos Estúdios. (Vakhtangov aconselhou-os a tomar o exemplo dos atores do Mali[56], especialmente de Aliecksandr Iujin-Sumbatov, que já em 1920-1921 freqüentemente tinha convidado para seu seminário[57]);
2) dar vida, de repente, após anos de imóvel psicologismo, a um teatro muscular, rico em gestos e ritmo, em ações físicas. Acostumar-se então a abordar agilmente a tolda daquela plataforma inclinada como um navio a banda. Para tomar intimidade com seus desníveis, Tchúchkin, o intérprete de Tartalha, exercitava-se à noite, como um sonâmbulo, com escaladas, cambalhotas e saltos desenfreados[58].

Os atores conseguiram dominar a contento este espaço densamente estruturado, introduzindo-se na obliqüidade cambaleante daquelas armações e adquirindo uma precisão de movimentos que quase beirava o automatismo. Assim, um estúdio, surgido como oficina de sondagens interiores, transformava-se em ginásio de virtuosismos, de autônomas manobras cinéticas. Tendo partido das praias do naturalismo, Vakhtangov havia chegado a um teatro de abstratas tramas gestuais, um teatro alheio a intenções éticas ou reprodutivas, que confiava somente em sua própria magia.

54. Cf. Nicolai Gortchakóv, *Riejissierskie uroki Vakhtangova,* p. 118.
55. Cf. Ruben Simonov, *S. Vakhtangovim,* p. 121.
56. *Idem,* p. 122.
57. *Idem,* pp. 35-36.
58. Cf. N. Liébiediev, *Tchúchkin akter kino,* Moscou, 1944, p. 19; Khrisanf Khersonski, *Borís Tchúchkin: Put aktera,* Moscou, 1954, p. 51; Iú. Zavadski, "Oderjimost tvortchestom", in *Ievg. Vakhtangov: Materiali i stati,* p. 300.

18. A parada de *A Princesa Turandot*, 1922.

7

Anges purs! anges radieux! Oh, os caros extravagantes de Maeterlinck. No entanto, enquanto encenava *Tchudo* com todas as "ternuras" do sulerismo, Vakhtangov intimamente já não estava convicto da eficácia de tal direção terapêutica.

Sua segurança inicial nas teorias do "sistema", sua ansiedade por um teatro limitado a uma edificante resenha de personagens puríssimos, como gansos brancos, foram esmorecendo gradativamente. Embora fizesse de tudo para afastar as tentações e para apagar as dúvidas, o demônio do teatralismo não cessava de infernizá-lo.

Descrevemos seu Tackleton. As anotações de suas aulas no Estúdio Mansurov revelam como se debatia entre o desejo reprimido de uma representação expressiva e o obstinado revolver psicológico, entre a exigência de "embelezamentos", de tintas, e a firme fidelidade à nudez desejada por Súler[59]. A 14 de abril de 1916, no diário, ele anota que todos no Estúdio sentem a necessidade de elevar-se das minúcias de gênero, do círculo da clemência para uma esfera mais elevada e pergunta a si mesmo se este não seria o primeiro passo "em direção a um romanticismo, em direção a uma mudança"[60].

O desejo veemente de metafísica induziu-o a inserir no repertório *A Desconhecida*, para cuja direção designou Aleksiéi Popov, seu colega no Primeiro Estúdio[61]. Dizia aos alunos: é preciso vir aos ensaios com fogo interior, com olhos que queimam. Ao expressar Blok, eles deveriam fazer ecoar na alma "sininhos de prata", evitando os "sinos de bronze" do teatro comum, que empobreceriam o melodismo do texto[62]. Outra música, embora débil também, como o cicio do "grilo".

A Desconhecida não foi apresentada. Em compensação decidiram representar uma fábula do poeta Páviel Antokolski, que também era do Estúdio: *Kúkla Infanty* (*A Boneca da Infanta*): um feiticeiro ergue da profunda tristeza uma infanta, consertando, com fórmulas mágicas, sua boneca quebrada. Os alunos deviam representar como fantoches que interpretam fantoches, e o diretor (Zavadski) considerar-se um fantoche a quem havia sido confiado um espetáculo de marionetes, seus semelhantes[63].

---

59. Cf. Borís Zakháva, "Tvortcheski put I. B. Vakhtangova", in *Vakhtangov: Zapíski. Pisma. Stati*, pp. 340-341.
60. Ievguêni Vakhtangov, "Iz dnevnikov 1915-1917 godov", in *Ievg. Vakhtangov: Materiali i stati*, p. 66.
61. Cf. Aleksiéi Popov, "Vospominania i razmichlenia", in *"Tieatr"*, 1960, 2, cap. 9.
62. Cf. Borís Zakháva, *Vakhtangov i ievó Studia*, pp. 62-63; Id., "Tvortcheski put I. B. Vakhtangova", in *Vakhtangov: Zapíski. Pisma. Stati*, p. 351.
63. Cf. Borís Zakháva, *Tvortcheski put I. B. Vakhtangova*, pp. 351-352.

Este piscar de olhos para Blok, este marionetismo crepuscular, estas evasões por regiões românticas comprovam como Vakhtangov desejava com ardor sair do teatro-*fac-simile* e devolver tonicidade a um teatro descarnado por excesso de preceitos. Não importa se por um bom período não teve coragem de romper com os velhos esquemas e prosseguiu oscilando entre os pólos encantamento-revivescência.

Após a Revolução de Fevereiro, o Estúdio começou a perder a sua disciplina. Foram causas disto o agravamento da doença de Vakhtangov (um câncer no abdome), que por longos períodos o mantinha longe de seus alunos, e o cada vez mais intenso pulsar da época à beira daquela tebaida. Embora tentassem evitar as conversas sobre as circunstâncias do presente, a vida penetrava do mesmo jeito no eremitério, e as divergências políticas trincavam a concórdia.

O desagregamento aumentou em seguida aos eventos de outubro. O diretor, até aquele momento, havia ficado apartado, indiferente à luta. Não podemos certamente asseverar que suas simpatias se voltavam ao proletariado. Na manhã em que os "impuros", usando palavras de Maiakóvski, conquistaram Moscou e o poder, Vakhtangov, observando pela janela de sua casa as fileiras de vermelhos que desfilavam maltrapilhos, sujos, dispersos: "Gentalha!", exclamou, com uma careta de desdém[64].

Mas tão logo se apagou o crepitar dos fuzis, ele desceu às ruas alvoroçadas. Sua atenção foi atraída por um operário que, trepado no vértice de um poste, consertava os fios do bonde. Impressionaram-no sobretudo as *mãos*, a segurança com que aquelas mãos operavam, como se encordoassem de novo um instrumento destruído e, através do ressalto visual, através do involuntário *teatralismo* do gesto, compreendeu a essência da revolução, como o triunfo de mãos operárias[65]. Quando expressou aos alunos a felicidade desta descoberta, a maioria deles, contrária à revolução (por lógica consequência dos postulados éticos do Estúdio), ouviu-o com frieza.

As disputas aumentaram dia após dia, diminuindo a disciplina e a qualidade dos espetáculos. Vakhtangov, entristecido com o dissipar-se da coisa mais querida, tentou restabelecer a unidade de uma vez, recarregar os mecanismos do "grilo", que se haviam partido como os do rouxinol de lata de Andersen – quase como se não percebendo que o frágil ascetismo de seu seminário havia se partido contra a dura metalicidade da história. Foi justamente naquela época (setembro de 1918) que, para reafirmar as idéias de conciliação, encenou a comédia de Maeterlinck.

---

64. Id., *Vakhtangov i ievó Studia*, p. 70.
65. *Idem*, e *Tvortcheski put I. B. Vakhtangova*, pp. 355-356.

Nele novamente haviam se acendido, como numa última labareda, todas as ilusões de Súler. Se por um lado aclamava os revolvimentos da época, sentindo o abafamento daquele purgatório teatral sem janelas, por outro teria desejado reforçar-lhe as muralhas, para que ficasse ainda mais segregado do mundo em turbulência. Entre outubro e dezembro de 1918, enquanto estava hospitalizado, a fratura tornou-se insanável, o eremitério cindiu-se em duas facções adversas. A ética acabou entre as relíquias do nominalismo. E sabe-se lá quantos alunos já não consideravam ter simplesmente perdido o próprio tempo.

Vakhtangov, aflito, escreveu do sanatório três cartas: ao "Conselho", aos "membros" e aos "colaboradores", aos mais jovens[66]. Nestas patéticas missivas ele recorda que o Estúdio é o supremo objetivo de sua vida e, angustiando-se porque as discórdias estavam a desmantelá-lo, exorta os alunos a reencontrar a antiga estabilidade. Atribui o marasmo ao relaxamento da disciplina. Acusa a si mesmo de ter repreendido os veteranos na presença dos jovens, de ter consentido que todos tomassem a palavra e de ter propalado serenamente os segredos do Estúdio. Mas a culpa recai também sobre os "sócios efetivos", que outrora eram ternos e puros "diante do nume das artes" e enxotavam impiedosamente o "fantasma da não estudiosidade", enquanto que agora divulgam os ensinamentos e os "mistérios", não punem as inconveniências, negligenciam a guarda do silêncio nas aulas e já não promovem, nos intervalos, rajadas de alegria. Na ênfase das três cartas percebe-se o narcisismo de um homem doente que implora ao universo todo compaixão por seus sofrimentos:

> Com uma angústia que nenhum de vós ainda viu em mim, com olhos por onde, eu bem sei, ela transparece, olho-vos agora e exijo, escutai-me, exijo resposta.
> Exijo-a porque entre essas paredes vivem os ecos de minha voz, que cobre o vosso fragor, porque nessa caixa agora geme um pedacinho de minha vida, talvez breve, talvez próxima do fim. Porque em cada um dos que agora troneiam aqui há um grãozinho de meu, daquilo que em mim é mais precioso, se em mim há algo de precioso.
> Porque a luz que vós, por mérito meu, levais agora fora daqui, para outros grupos, fui eu quem vos trouxe.
> Eu a trouxe generosamente, talvez com precipitação.
> Trouxe-a sem cálculo, sem mentira, sem galanteios, sem nenhum desejo de dominar, sem vangloriar-me da invejável posição de diretor e sem inebriar-me das perspectivas.
> Porque, não há dúvida, é inegável que eu deixo a mim mesmo em vós: nos livros de vossas vidas, mais longas do que a minha, ficarão páginas escritas por mim.

---

66. Cf. Ievguêni Vakhtangov, "Pisma i Zapíski v Studiu", in *Ievg. Vakhtangov: Materiali e stati*, pp. 120-133.

Não é possível arrancá-las, seja qual for o andamento que irão tomar os dias de cada um.

Como posso sonhar novos caminhos para vós, como posso viver sobre a terra, sabendo que morre a única coisa em que pude ser eu mesmo; onde, para outros que como eu procuram, eu trago – escondendo de todos os demais – o que eu vou encontrando, o que me nasce por dentro; onde descanso, onde sou verdadeiramente obseqüente, onde amo verdadeiramente, onde quero deixar a mim mesmo, ligando-me solidamente a vós.

Ainda não me revelei. O que fiz nada mais é do que a preparação. Falta agora bem pouco para começar a criar, e... de repente começo a sentir que tudo perece[67].

Mas estes sermões de peito aberto de nada adiantaram. Cinco representantes do núcleo que não partilhava de seu consenso à revolução constituíram um novo "Conselho", ameaçando ir embora se o diretor e os colegas não os reconhecessem. E Vakhtangov? Assim que saiu do hospital reuniu certa noite, em sua casa, para um *festim de paz*, os grupos contrários. Sempre convicto de que ao fogo do mal devesse se contrapor o refrigério do bem, a não resistência, e esperando poder recosturar os fragmentos, ao invés de excluir os rebeldes preferiu perdoá-los e dobrar-se ao seu querer; convenceu os fiéis e os indecisos a aceitarem a ditadura do novo "Conselho"[68].

Em pé sobre uma cadeira, cercado por alunos acampados pelo chão, com voz insuflada de angústia incitou as facções ao perdão recíproco. "Todos lembram", narra Zakháva, "seus olhos ardentes, seu rosto inspirado de asceta e as lágrimas, as copiosas lágrimas que lhe escorriam pelas faces cavadas pela enfermidade. Sem enxugar as lágrimas, falava, falava! Como um profeta. Parecia o antigo Moisés, cuja imagem queria encarnar no palco"[69].

O remendado idílio não durou muito. Dispuseram-se a encenar uma outra fábula de fantoches de Antokolski, *Kot v Sapogákh* (*O Gato de Botas*), remastigação de Blok mais Tieck mais Hoffmann. Vakhtangov iludia-se em poder perpetuar o teatro das boas intenções, elevando a uma espécie de marionetismo metafísico a ordinária filantropia. Mesmo que fosse, talvez, mais por birra do que por convicção profunda.

Foi um breve período de entendimento fictício. No início de 1919, o cisma: doze alunos, dos melhores, abandonaram o eremitério. Sobrevieram os dias de desbaratamento. Adeus idéias de Súler. As crendices da probidade universal haviam transformado um refúgio em deserto. Parecia que o Estúdio iria desaparecer para sempre. Depois, aos poucos, na temporada 1919-1920, novos atores afluíram,

---

67. *Idem*, pp. 122 e 124.
68. Borís Zakháva, *Tvortcheski put I. B. Vakhtangova*, pp. 363-365.
69. Id., *Vakhtangov i ievó Studia*, pp. 98-99.

vindos de outros Estúdios, reavivando-o. De início o amargo da desilusão impediu Vakhtangov de acreditar num renascimento, mas aos poucos os jovens conseguiram arremessá-lo ao vórtice de seu entusiasmo.

8

Fevereiro 1922. *Turandot*. Tendo partido das praias do naturalismo, Vakhtangov havia chegado a um teatro de abstratas tramas gestuais, um teatro alheio a intenções éticas e reprodutivas, que confiava somente na própria magia.

No início, introduzidos por Tartalha, os atores, de *smoking* e trajes de gala, desfilavam em ritmo de marcha diante do pano de boca, numa parada de circo, que logo criava uma atmosfera festiva. O pano de boca abria-se às notas de uma valsa, executada com andamento *allegro*. Sobre o praticável inclinado estavam espalhados xales, véus, lantejoulas, retalhos de tecidos: os trapos dos paludamentos bizarros dos heróis da fábula.

Hop: ao sinal de Trufaldino os intérpretes precipitavam-se a apanhar os retalhos, para redemoinhá-los como girândolas. Depois, *presto prestissimo*, em ritmo de dança, maquiavam-se à vista do público e colocavam sobre os vestidos de gala aqueles fragmentos de tecidos berrantes, transformando-se em personagens de Gozzi. O esvoaçar de tantos tecidos enchia o espaço cênico de volúveis composições coloridas, com efeitos de caleidoscópio, fazendo do espetáculo uma "balada de trapos", para servirmo-nos do título (*Balada z Hadru*) de uma comédia dos *clowns* boêmios Voskovec e Werich, onde é realizado um travestimento análogo.

Este expediente deva talvez ser relacionado com aquele trecho de *L'Oiseau bleu*, texto-chave do período onírico de Stanislavski, em que os animais e os elementos, ao empreender a viagem com Tytyl e Mytyl, se camuflam colocando echarpes de fábula sobre seus trajes habituais : "A Gata jogou uma gaze leve sobre seu maiô de seda negra, o Açúcar vestiu um robe de seda em branco e tênue azul, e o Fogo, coroado com um penacho multicor, um longo manto carmesim forrado de ouro...*"
Mas já Meyerhold, numa das partituras de direção do *canovaccio* de Solovióv sobre Arlequim mediador de matrimônios, representada no inverno de 1911-1912 na casa do poeta Fiodor Sologúb, quis que os atores adaptassem à casaca e às *toilettes* de baile os chapéus, as guarnições, os atributos das máscaras[70]. No sentido inverso, mais tarde (1930), no *Tartuffe* encenado por Pietróv, Solovióv e Akímov no Tieatr Drami (ex-Aleksandrinski) de Leningrado, em um determinado momento os intérpretes ar-

* Em francês no original. (N. da T.)
70. Cf. Nicolai Volkov, *Meyerhold,* II, p. 220.

rancavam fora os figurinos da época de Molière, ficando em roupas de nossa época, indicando a perenidade inesgotável do "tartufismo"[71].

Transformados então em figuras chinesas, os atores alinhavam-se em frente ao público, entoando versinhos de lengalenga infantil:

> Eis que vamos começar
> com a nossa cançãozinha,
> aprestamo-nos a transformar
> o íngreme palco numa China.

Depois, longa cauda serpejante, desapareciam, enquanto os contra-regras, acompanhados pelo ronrom de uma polca, erguendo festos sobre varas e baixando do alto pesos sarapintados, convertiam o praticável vazio numa rua de Pequim, por onde, daí a pouco, Barach passaria, cantarolando a canção do mercador indiano da ópera *Sadkó*, de Rimski-Kórsakov[72].

Estes *zanni* de origem meyerholdiana eram jovens alunas em fardas azuis listadas como a libré de Briguela, com um número nas costas (como os jogadores de futebol), um lenço de boneca russa na cabeça e circulozinhos vermelhos nas faces. Sua presença acentuou a natureza ilusória do espetáculo. Assim como os intérpretes haviam juntado farrapos de pano, relíquias de carnaval, às próprias vestimentas, os *zanni* pregavam ao tablado invariável drapejos, penduricalhos de pesos, vistosos velários. O andamento dançante com que cumpriam estas modificações incrementava a leveza efêmera, a mobilidade do jogo. No terceiro ato, ademais, representavam diante do pano de boca uma pantomima que, após resumir o que até então tinha ocorrido, antecipava o fim, mas às avessas, em chave trágica, como um lúgubre sonho[73].

As quatro máscaras (Tartalha, Pantaleão, Briguela, Trufaldino), tomando ares de *clowns* competindo para serem admitidos no circo Truzzi[74], desenrolavam um fogo de paradoxos, de invectivas engraçadas de cabaré, de perspicácias, objetivando revelar as reviravoltas, a relojoaria da representação. Briguela, por exemplo, dirigindo-se ao intérprete de Calaf, dizia-lhe: "Zavadski, não sofra tão desesperadamente, ou acabará inundando de lágrimas a cena"[75]. Obviamente, o teatro psicológico era agora para o Estúdio apenas pretexto de paródia.

71. Cf. Nicolai Pietróv, *50 i 500*, Moscou, 1960, pp. 301-302.
72. Cf. Ruben Simonov, *S. Vakhtangovim*, pp. 129-131.
73. *Idem*, p. 138.
74. Cf. Nicolai Gortchakóv, *Riejissierskie uroki Vakhtangova*, p. 127.
75. Cf. Khrisanf Khersonski, *Borís Tchúchkin: Put aktera*, pp. 49-50.

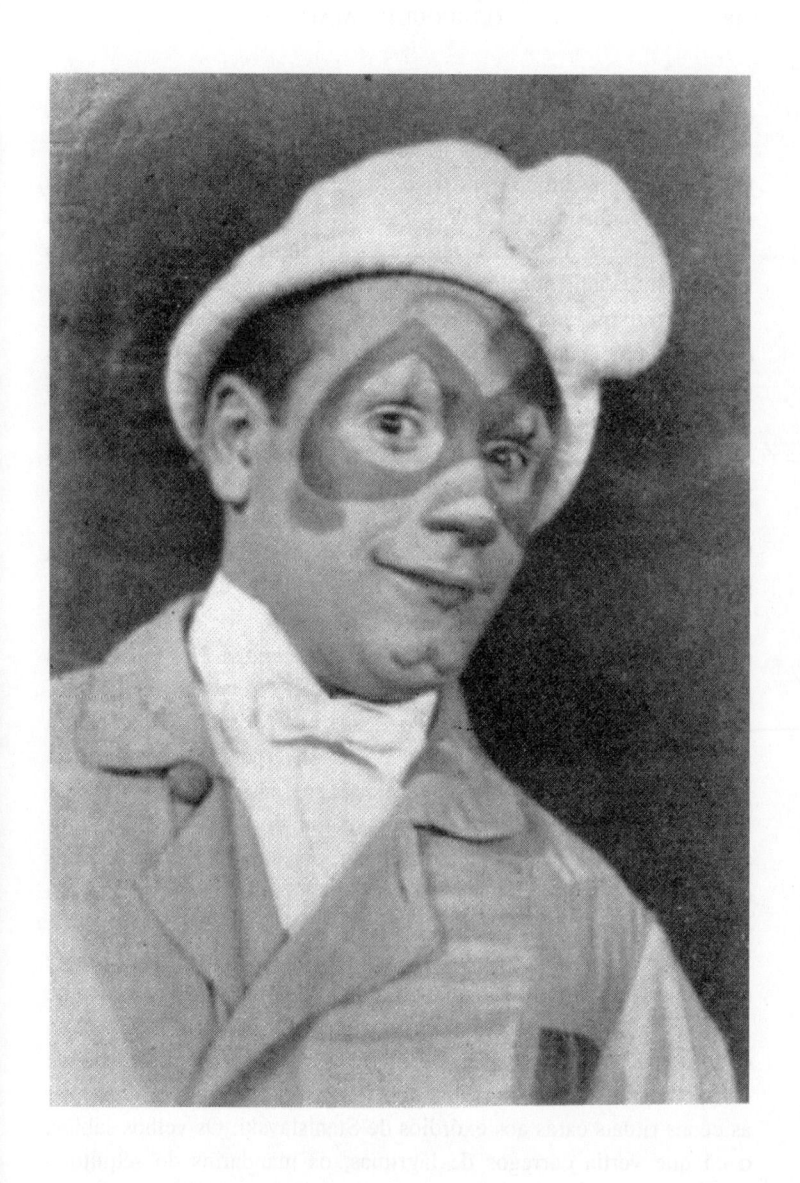

19. A. Gorjunov (Truffaldino) em *A Princesa Turandot* de Gozzi, 1922 (direção: Vakhtangov).

Nas improvisações das máscaras reviveu a tradição de Balíev, do Morcego. Levavam a seus lugares os espectadores atrasados, intrometiam-se nos momentos de tensão mais mordaz: durante os intervalos dialogavam de improviso diante do pano de boca. Vakhtangov havia sonhado que o público se envolvesse nas malícias de seu "capricho" e por isso, de luzes acesas, os chineses e as máscaras se transferiam seguidamente para a platéia[76].

Entre todos sobressaia-se o Grão Chanceler Tartalha, embrulhado num verde jaleco, do qual despontavam as calças do traje de cerimônia. Usava óculos pintados no rosto e nariz de *papier-mâché*, uma branca gorjeira e uma bolsa enorme na qual estava escrito *Musik*. Bonachão, carregava seu ventre em forma de cúpula com graça desajeitada, arrastando as pernas como um boneco varicoso, e de repente tomava impulso e corria, esforçando-se para manter o equilíbrio sobre aquelas asperidades de tobogã. Tchúchkin deu à sua personagem a ingenuidade obesa de um desenho de criança[77].

Visto que, como afirma Hamlet, os atores são "os índices e os resumos das crônicas contemporâneas", no *canovaccio* de Gozzi as máscaras intercalaram carregadas alusões às circunstâncias do momento e aos novos espetáculos dos teatros de Moscou, farpas contra a crítica, sátiras do burocratismo e dos governantes ocidentais, ao gosto das caricaturas políticas[78]. Vakhtangov não havia deixado passar uma só oportunidade para enganchar com burlescos anacronismos a fábula no presente. Na sala do Divan, por exemplo, o cortejo das escravas de Turandot avançava parodiando as danças de Isadora Duncan[79].

Neste congresso os dignatários chineses faziam reverência diante do caduco cã Altoum, balançando a cabeça como aqueles turcos de fez que se viam outrora nas vitrinas das lojas de torrefação. Com os gestos de pêndulo daqueles camaristas obtusos e a minuciosidade exasperada das cerimônias de corte, o episódio parecia ridicularizar as cenas rituais caras aos exórdios de Stanislavski. Os velhos sábios, o cã que vertia córregos de lágrimas, os mandarins do séquito – como se tivessem saído de caricaturas soviéticas, das mordazes vinhetas da ROSTA. E o que dizer do chefe dos pagens, Briguela, que, na "cena noturna", preposto à guarda de Calaf prisioneiro, tremia como vara verde a cada sussurro, a cada dobre?[80]

76. Cf. Ruben Simonov, *op. cit.*, p. 124.
77. Cf. Khrisanf Khersonski, *op. cit.*, pp. 52-54.
78. Cf. Ruben Simonov, *op. cit.*, p. 132.
79. *Idem*, p. 134.
80. *Idem*, pp. 139-40.

No final, os atores, já sem maquiagem, ao som de uma valsa (modulada, não mais com ímpeto alegre, mas com aflito lirismo), despediam-se do público, segurando-se todos pelas mãos. Depois, melancólicos, exaustos, de má vontade, desvaneciam por uma fresta do pano de boca; aparências ilusórias – desvaneciam como as cartas do baralho no sonho de Alice. "Quem conhecia Vakhtangov", escreveu Aleksiéi Popóv, "sabe que no prólogo e no epílogo da *Turandot* manifesta-se um de seus traços mais típicos. Ele amava as passagens da alegria à tristeza. Para ele, ator, era triste separar-se do público, do mundo da comédia representada. Tirava a maquiagem com exausta vagarosidade, sendo amiúde o último a se afastar do teatro"[81].

9

O período entre 1918 e 1919 é para Vakhtangov uma gangorra de dilacerantes contradições. Procura o novo, entrementes obstina-se no naturalismo e na venda do ópio de Súler, num teatro mole, que nos é distante em anos-luz, como demonstra a encenação de *Tchudo*, e mais ainda a de *Romersholm* no Primeiro Estúdio (23 de abril de 1918). Neste espetáculo, retomando o *slogan* "enxotar o teatro do teatro", impôs ao ator o identificar-se milimetricamente com a personagem, num mórbido esforço de encarnação integral: sem expedientes ou estratagemas exteriores ou mesmo anotações nas margens[82].

Agarrava-se aos pretextos do naturalismo, ansioso por defender-se das próprias dúvidas, temendo que estas o desviassem do Teatro de Arte. Insistia nos climas de aposento, na microscopia psicológica, mesmo sabendo que a época exigia outras fórmulas e que o ímpeto cósmico da revolução estava para sufocar a frágil intimidade dos Estúdios. No confessionário do diário, a 24 de novembro de 1918, observando que era hora de tomar coragem e ousar, Vakhtangov declara:

> É preciso encenar *Caim* (tenho um projeto ousado, mesmo que absurdo). É preciso encenar *Les Aubes*, é preciso encenar a Bíblia. É preciso interpretar o espírito sedicioso do povo.
> Iluminou-me neste instante um pensamento: seria bom se alguém escrevesse uma obra sem um papel individual sequer. Em cada ato somente a multidão repre-

---

81. Cf. Aleksiéi Popov, *Khudojestvienaia tzelostnost spektaklia*, Moscou, 1959, p. 72.
82. Cf. Borís Zakháva, *Tvortcheski put I. B. Vakhtangova*, pp. 357-360; Serafima Birman, *Put aktrisi*, p. 144.

senta. Revoltada. Vão ao assalto de uma barreira. Conquistam-na. Exultam. Sepultam os mortos. Cantam a canção universal da liberdade[83].

Assim, enquanto de um lado, a contratempo, ressuscita os "cavalos brancos" de Rosmersholm, dando ao texto ibseniano uma estéril nudez fantasmática, enquanto enpenha-se em eternizar o teatro da clemência (mesmo Johannes Rosmer gostaria de reconduzir alegria e concórdia aos ânimos), do outro pressagia os grandiosos espetáculos de agitação, o amplo alívio dos dramas centrados no homem-massa, e anuncia a direção de *Les Aubes*, que dali a pouco Meyerhold realizaria. Ele sonha extrair rapsódias suntuosas da Bíblia, mostrando em cena Moisés, que do fundo dos séculos guia através do deserto sua gente:

Noite. Longe, além dos limites de tangibilidade do espaço, uma fogueira. Na noite ouve-se a canção de esperança de milhares de peitos que acorrem. Vai o povo, vai construir sua liberdade[84].

Estas linhas nos revelam como até Vakhtangov sentia a obscura vertigem, a sensação de espaço que inebriava os artistas russos naqueles anos. Escancarando-lhe imensos horizontes, dilatando-lhe a fantasia, a revolução multiplica as atividades do diretor, acende-lhe as atitudes organizativas. Nos breves intervalos de trégua da doença que o corroía, entre um hospital e outro, esmiuçou suas delgadas forças trincadas num fervilhar de trabalhos de parcos ganhos. Direções, apresentações, ensaios, mas sobretudo aulas. Desejoso de transfundir a própria experiência nos jovens, ensinava sem se poupar no Primeiro e no Segundo Estúdio, no Estúdio Mansurov, no Estúdio de Anatoli Gunst, no Proletkult, no Estúdio hebraico *Gabima*..."E todo este enorme fardo eu o arrasto, curvando-me, dobrado por minha doença... E não posso, não tenho nenhum direito de abandonar um só destes afazeres: devo transmitir o que sei, ter tempo de dar o que está em mim (se é que há algo em mim)"[85]. Trabalhava com excitação febril, como se o pressentimento da morte o encalçasse.

Em meio a tantas fadigas não cessa de elaborar projetos. Quando, em fevereiro de 1919, foi-lhe oferecido o encargo de presidir a Seção de Diretores do TEO, o departamento teatral do Narkomprós*, Vakhtangov, embora a enfermidade o impedisse de aceitar, pensou em criar um heterogêneo Colégio de direção (de Stanislavski a Tai-

---

83. Cf. Ievguêni Vakhtangov, "Iz dnevnika 1918 g.," in *Vakhtangov: Materiali i stati*, pp. 105-106.
84. *Idem*, p. 104.
85. Id., *O. L. Leonidovu, idem*, p. 100.
* O Comissariado do povo para a instrução. (N. da T.)

rov) e um Teatro do Povo (*Naródni Tieatr*), onde a cada noite se apresentaria um grupo diferente: ora o Teatro de Arte (os textos de Tchékhov), ora o Mali (as comédias de Ostróvski), ora o Kámerni (*A Echarpe de Colombina*), ora o Primeiro Estúdio (*O Dilúvio? O Grilo?*). Desejava também que, naquele edifício, uma mesma obra de caráter heróico, por exemplo *Les Aubes*, fosse representada a cada dia em estilo diferente: pelo Teatro de Arte, pelo Mali, pelo Kámerni, pelo Proletkult, e até mesmo pelos atores de Reinhardt[86].

Vakhtangov apaixonou-se, naquela época, pelo ensaio de Romain Rolland *Le Théâtre du Peuple*: "magnífico, admirável livro. Um livro sobre o qual pode-se escrever um livro"[87]. No rastro das opiniões do escritor, consolida-se nele o propósito de aproximar-se da essência viva do povo, como de uma nascente, e dela extrair treinamento e sabedoria:

> É preciso ter fé no povo. Em sua força criativa. Em seu instinto sadio. Em sua insciente inclinação à verdade. É preciso amá-lo. É preciso que o coração se encha de alegria ao pensar no caminho triunfal do povo[88].

O populismo inspirado de Vakhtangov tem sabor blokiano, e seu convite para *ouvir* a multidão[89] parece repetir a incitação de Blok à *intelligentsia*: "Com todo o corpo, com o coração, com a consciência escutem a Revolução"[90]. Vakhtangov também adverte, como o poeta dos *Doze*, o fragor, a tonalidade sonora do desabamento do velho mundo, a *acústica* que acompanha a ascensão das multidões.

Quando assevera: "É preciso misturar-se à multidão e inclinar o próprio ouvido de artistas à sua pulsação"[91], poderia parecer que a desmesura deste ideal tivesse definitivamente substituído nele as misticarias do perdão. Contudo, enquanto se embriaga do *pathos* da revolta, enquanto estica o ouvido às massas, continua agarrando-se ao já deteriorado microcosmo de Estúdio, ao anjismo de Súler, e com adorante humildade reconfirma sua inalterável dedicação aos profetas do Teatro de Arte. Disso testemunham as duas afervoradas cartas que ele manda, a 17 de janeiro de 1919, após sua primeira cirurgia de estômago, para Niemiróvitch-Dântchenko e a 29 de março, após a segunda cirurgia, para Konstantin Stanislavski. Desta última, alguns trechos:

86. Id., *Riejissierskaia sektzia, idem*, pp. 164-165.
87. Id., *O Narodnom tieatre, idem*, p. 162.
88. *Idem*, pp. 162-163.
89. Cf. Id., *Radi tchievó khotelos bi rabotat v TEO, idem*, p. 166.
90. Aleksandr Blok, "Intelliguentzia i Rievoliutzia", (1918), in *Sotchiniênia v dvukh tomakh*, II, Moscou, 1955, p. 228.
91. Cf. Ievguêni Vakhtangov, *Radi tchievó khotelos bi rabotat v TEO*, p. 166.

Rogo-vos pedoar-me se Vos incomodo com minhas cartas, mas agora minha condição é tão grave, tão difícil, que não poderia deixar de me dirigir a Vós. Vos escreverei coisas de que nunca Vos falei pessoalmente. Sei que os meus dias terrenos estão contados. Tenho a serena certeza que não viverei muito e para mim se faz necessário que enfim Vós saibais qual é minha postura em relação a Vós, em relação à arte do Teatro e em relação a mim mesmo.

Desde que Vos conheci, comecei a Vos amar e a acreditar em Vos até o fim, a viver apenas de Vós e a medir a vida com Vosso metro. Deste amor e desta dedicação contagiei, querendo eles ou não, todos os que não tinham o privilégio de Vos conhecer diretamente. Eu agradeço à vida por ter-me dado a possibilidade de Vos conhecer de perto e por ter me concedido encontrar, mesmo que raramente, um artista tão universal. Com esse amor por Vós morrerei, mesmo que Vós me vireis as costas. Mais alto do que Vós não conheço ninguém e nada.

Em arte eu amo somente a Verdade de que Vós discorreis, que é o eixo de Vossa doutrina. Ela invade não somente a parte modesta de mim que se revela no Teatro, como também a que é definida com o termo "homem". Esta Verdade tortura-me dia após dia e, se não consigo me tornar melhor, é somente porque é necessário vencer muitas resistências dentro de nós...

Quanto à minha postura em relação a mim mesmo, não acredito em mim, nada amo em mim, nunca ouso pensar em algo de audaz, e me considero o último de Vossos alunos. Diante de Vós envergonho-me de cada passo meu e sempre considero indigno mostrar meu trabalho a Vós, Único e Inalcançável[92].

Assim, no momento em que deseja ardentemente um teatro que possa expressar, como um afresco, os revolvimentos da época, enquanto martela sequências de "é preciso – é preciso", semelhante aos "decretos" dos futuristas, não cessa de recitar jaculatórias a uma Verdade da qual intimamente já se havia separado. Enquanto isso proclama: "A Revolução, com uma linha vermelha, separou o mundo em "velho" e "novo". Não há ângulo da vida humana por onde não passe esta linha e não há homem que não a sinta, de uma maneira ou de outra..."[93]; persiste em jurar, em jurar no compadecimento, na "estudeidade", na indulgência, no primato do bem, no amemo-nos todos, agora como um áfono, obstinado pregador.

10

Se a revolução não tivesse ocorrido, Vakhtangov possivelmente permaneceria sendo um (inquieto) epígono do Teatro de Arte. Mas o Outubro levou-o, mesmo que atravessando retornos, reconsiderações, incertezas, a um radical reexame dos próprios princípios, exasperando-lhe a irrequietude. Em agosto de 1921, já em tom decidido, ele escreve à Bírman:

---

92. Id., *K. S. Stanislavskomu, idem*, pp. 158-159.
93. Id., *"S khudojnika sprositsia...", idem*, p. 166.

Até o momento seguimos pela viela batida do Teatro de Arte, seguimos com calma e bastante à vontade, sem ter idéia do que significa encenar e representar uma obra. De uma mesma massa nos fizemos ora uma rosca, ora uma bolacha, ora uma bomba, ora um *croissant*, mas o sabor era sempre o mesmo. E, andando por esta viela, chegamos a um esplêndido cemitério[94].

Infringindo a zona de águas tranqüilas, torna-se irresistível nele, após 1920, a sede de teatralidade, a exigência de sublinhar os realces expressivos. Vakhtangov não se satisfaz mais com um ator-copista, passivamente fundido com a personagem: pede que o intérprete dê ressalto às tintas, à fisionomia, aos sinais particulares, que em suma torne o papel visível, desvendando o próprio distanciamento da figura encarnada, a relação com o espetáculo. Ele descarta de seu mostruário os paladinos opacos das "revivescências": "O teatro é teatro. A comédia é representação. A arte do representar é maestria da apresentação"[95]. Adeus então quimeras da quarta parede, palcos fechados como conchas. Não é preciso fazer com que o espectador esqueça estar na platéia. A arte teatral *não* deve reverberar a vida, e sim apenas a verdade autônoma do teatro.

A ânsia de teatralidade junta-se em Vakhtangov ao desejo de atualizar a essência do texto, para que o espetáculo tenha algumas aspirações da época, expresse os sabores e os rancores dos dias em que é encenado. Ou seja o teatro é aqui, agora, hoje (sem sombras de "tradicionalismo"): tribuna de ardentes, mesmo que fugazes, alusões ao tempo em que vivemos.

Participando assim das tendências atualizantes de toda a arte russa de então, Vakhtangov cobiça infundir nas próprias direções uma *consonância* (um *sozvútchie*) com os eventos do Outubro, que é consenso da alma e da inventiva, é obvio, e não adesão ideológica. Esta pesquisa de correspondências com o presente irá levá-lo, como veremos logo, a colorir com mordazes deixas satíricas *As Núpcias*, de Tchékhov, e a segunda versão de direção de *Tchudo*.

Aqui na história de Ievguêni Bogratiónovitch insinua-se a imagem tentadora de Meyerhold, diretor-demônio, quase figura de Vrubel. No outono de 1911, durante as apresentações moscovitas da Casa dos Entreatos, ele havia admirado a encenação de *Charf Colombini* e, em abril de 1914, estando em *tournée* em Petersburgo com o Teatro de Arte, não havia deixado escapar *A Desconhecida*[96]. Em seus últimos anos de vida, crescendo nele a paixão pelo teatralismo e pelo grotesco, Vakhtangov se vale constantemente do exemplo de Meyerhold. Muitas invenções de seu último período lembram

---

94. Id., *S. G. Birman, idem*, p. 193.
95. Id., *Iz zapisnoi tetradi, idem*, p. 187.
96. Cf. Nicolai Volkov, *Meyerhold*, II, pp. 131-132 e 322.

os "prodígios" do Doutor Dapertutto, chegava mesmo a devanear com um intercâmbio entre as Oficinas de Direção de Meyerhold e o Terceiro Estúdio.

A 3 de janeiro de 1922, tarde da noite, Vsiévolod Emilevitch foi de surpresa ao Estúdio e, não encontrando Vakhtangov, deixou-lhe este bilhete: "Amado colega, em Vosso sereno aposento de trabalho conversei (e descansei) com os soldados de Vosso Exército. Passei bons momentos, pena que Vós não estivésseis. Desejo muito ver-Vos. Ireis logo nos mostrar *Turandot*? Discorrereis logo com os estudantes das GVYRM? Muito Vos esperam os soldados do meu Exército. Saudações". Vakhtangov respondeu com exaltada humildade a 17 de janeiro:

Caro, dileto Mestre!

Imutavelmente grato por tudo que fazeis em teatro, sou-Vos grato também por cada instante em que tocais de leve a nós também, que com entusiasmo Vos amamos. Doí-me não Vos ter encontrado a outra noite – há tempo que desejo olhar-Vos no rosto. Sei que estais encolerizado comigo; mas eu estou doente, muito doente, eu caminho encurvado, tenho os olhos turvos. Eis que representarei o *Dibúk* no dia 23 (a Vós, Biebutov e Aksionov serão remetidos os convites) e no dia 30 a *Turandot*. De uma manhã a outra, adoentado, trabalho.

Não gostareis destes espetáculos; o primeiro é impreciso, o segundo não merece Vossa atenção, porque subjetivo demais. É a sincera confissão do Terceiro Estúdio: "Eis do que nos ocupamos por enquanto. Insultai-nos, se não podeis esperar nossos sucessivos passos".

Perdoai-me, Grande! Um dia – deixai-me descansar um pouco – resgatarei minha culpa. Dizei aos soldados de Vosso Exército que eu estou extraordinariamente doente (abriu-se novamente a úlcera no estômago, e abscessos até dizer chega). Abraço-Vos com ternura, com Vossa permissão. Gostaria de ouvir que relevais de mim este senso de culpa[97].

Embora o Terceiro Estúdio dependa do Teatro de Arte, embora suas relações com Stanislavski não tenham mudado aparentemente, Vakhtangov, é claro, já adentrou no campo magnético da "Meyerholdia". Sentindo a morte aproximar-se, sugere aos alunos que recorram, em momentos difíceis, ao Doutor Dapertutto[98]. "Vakhtangov, é claro, estava conosco, só podia estar conosco", escreverá Meyerhold no necrológio entitulado *À Memória de um Capitão*[99]. Do enfeitiçamento de Vakhtangov por Meyerhold são testemunhas as páginas febris do diário, preenchidas a 26 de março de 1921 no sanatório Todos os Santos:

---

97. Cf. Ievguêni Vakhtangov, "Vs. E. Meyerholdu", in *Ievg. Vakhtangov: Materiali i stati*, pp. 198-199.
98. Cf. Aleksandr Gladkov, "Vospominania zamiétki, zapisi o V. E. Meyerholde, in *Tarúskie stranitzi*, Kaluga, 1961, p. 299.
99. Vsiévolod Meyerhold, "Pamiati vojdia", in *"Ermitaj"*, 1922, 4.

Que diretor genial – o maior dos que até agora existiram e dos existentes! Cada encenação sua é um novo teatro. Cada encenação sua poderia fornecer uma tendência completa... Meyerhold é original. Nos trabalhos em que percebeu a autêntica teatralidade, sem se apoiar no prestígio dos livros, lá onde intuitivamente e não através de reconstruções busca em si mesmo os planos históricos e as formas do teatro, não se pode compará-lo a Stanislavski – ele é quase genial... Meyerhold lançou as raízes teatrais do futuro: o futuro saberá reconhecê-lo. Meyerhold está acima de Reinhardt, acima de Fuchs, acima de Craig...Todos os teatros do próximo futuro serão construídos e impostados assim como há tempo pressentiu Meyerhold. Meyerhold é genial. Dói-me que ninguém o saiba. Nem mesmo seus alunos..."[100]

O mesmo dia Vakhtangov anotou frases eriçadas de azedume, amargas, devastadoras a respeito de Konstantin Stanislavski:

É claro, como diretor, Stanislavski vale menos do que Meyerhold. Todos os seus espetáculos são banais. Seu primeiro período copia os Meininger. O segundo, o período do teatro de Tchékhov (no qual o princípio dos Meininger é transferido para a essência interior dos papéis, das "revivescências") é o mesmo naturalismo. Todos os naturalistas se parecem: pode-se tomar a encenação de um pela de outro... Eu sei que a história vai elevar Meyerhold acima de Stanislavski, porque Stanislavski deu duas décadas de teatro à sociedade russa (e ainda por cima somente a uma parte dela: burguesia e *intelligentsia*), enquanto Meyerhold lançou as raízes dos teatros do futuro... Stanislavski é mestre de tipos e adaptações inesperadas. Mas não o é absolutamente em formas de representação teatral. Por isso ele aburguesou o teatro, tirando o pano de boca vistoso, tirando as "entradas em cena" dos atores, tirando a orquestra, tirando toda espécie de teatralidade. Era preciso não tirar, e sim enobrecer, transformando o teatralismo mesquinho dos seus dias (os dias de Stanislavski) no sublime e autêntico teatralismo dos dias de viço do teatro... Stanislavski até agora impôs só um trabalho, *A Gaivota*, e neste único momento resolveu também as outras comédias de Tchékhov, e as de Turguiéniev, e (Deus meu!) as de Gogol, e (Deus meu ainda!) as de Ostróvski, as de Griboiedov[101].

Um momento negro. Um julgamento dos que irrompem quando se está entre a vida e a morte, pregados numa cama, no féretro, e tem-se vontade de gritar como que de um patíbulo, e odeia-se tudo o que falta em risco, temeridade, em delírio, e até mesmo as coisas mais caras dos tempos melhores provocam infinita repugnância. Não obstante a demolidora recusa dos termos de Stanislavski, a dialética do "reviver" e do "representar" continua afligindo Vakhtangov até o fim e o iguala a um diretor-Hamlet que diante da morte se tortura entre dois sofismas discordantes. Mesmo tendendo para Meyerhold, ele não cessa de remoer as fórmulas do primeiro mestre.

Raciocinando com Ksenia Kotlubái e Borís Zakháva, seus alunos, a 10 e 11 de abril de 1922, Vakhtangov repete que Stanislavski,

---

100. Citado em Páviel Novitzki, *Sovriemiênie tieatralnie sistemi*, Moscou, 1933, p. 127. Cf. também Borís Zakháva, *Vakhtangov i ievó Studia*, pp. 131-132.
101. *Idem,* pp. 131-132.

20. Primeiro ato de *A Princesa Turandot*, 1922.

no anseio de expulsar a trivialidade do teatro, acabou por dissipar-lhe também o "autêntico, necessário teatralismo". Ao contrário de Stanislavski, que mergulha o espectador na atmosfera verídica das personagens, para que ele não sinta estar no teatro, "nós", afirma Vakhtangov, "levamos o público para um círculo de atores que cumprem o próprio ofício teatral"[102]. Depois de ter glorificado Meyerhold, como que por um brusco afluxo de dúvidas, acrescenta: por outro lado, se em Stanislavski a mania da veracidade desaguou em monotonias naturalistas, Meyerhold, todo entretido pelo fascínio do teatralismo, destruiu a verdade psicológica, enxotando do teatro a vida.

Nestes dois diálogos extremos Vakhtangov mostra-se propenso a associar com cuidadosa dosagem a interioridade herdada pelo método de Konstantin Sierguiêivitch com o teatralismo do Doutor Dapertutto. Volta então o espectro da conciliação? Parece aqui que ele aspira juntar, para um "festim de paz" final, as duas doutrinas adversas que irrigam o teatro moderno. A esta síntese dá o nome de "realismo fantástico"[103], e encontra seus modelos na direção meyerholdiana de *Balagántchik*, na arte de Gogol, nos espetáculos oníricos de Stanislavski. Nos ensaios da *Turandot* discutia freqüentemente o "realismo fantástico"[104].

11

O tema fundamental da direção de *Turandot* era, então, a teatralidade do teatro. Exortando o ator a sair freqüentemente dos contornos da personagem, a indicar a própria autonomia do papel e a recusa de identificar-se com ele, Vakhtangov propunha-se a desnudar os maquinismos, os truques, as cordas: o avesso do espetáculo.

Com aqueles farrapos de *bal costumé*, com aquelas panóplias pseudo-orientais sobre os trajes de cerimônia da década de vinte, os intérpretes assumiam um ar de xeques de opereta ou faquires do interior, de *Ladrão de Bagdá*: Antoine comparou-os a amadores que estivessem a improvisar *uma charada em alguma festa de castelo*[105].

Tais travestimentos se baseavam talvez nos disfarces dos futuristas, que adoravam ostentar fardas heteróclitas, blusas amarelas, gorjeiras, e tingir de vermelho as faces, exatamente como os *zanni* do Ter-

---

102. Ievguêni Vakhtangov, "Dve besedi s utchenikami", in *Ievg. Vakhtangov: Materiali i stati*, p. 206.
103. *Idem*, pp. 210-214.
104. Cf. Ruben Simonov, *S. Vakhtangovim*, p. 112.
105. Antoine, *Le Théâtre*, II, Paris, 1932, p. 413. (Em francês no original. N. da T.)

ceiro Estúdio. O chapéu do cã Altoum era um quebra-luz de mesa; Timur, rei de Astrakan, tinha por barba uma toalha desfiada e por cetro uma raquete de tênis; Schirina, a mulher de Barach, equilibrava no cocuruto um prato chinês emborcado. Como Tweedledum e Tweedledee na viagem de Alice através do espelho, os dignatários e os sábios usavam em seus figurinos os mais estrambóticos objetos: cestinhas de pão, colheres de sopa, louças, ventarolas, guardanapos, vasilhas de fotógrafo[106]. Nesta maliciosa *imagerie*, que transformava um cortador de papel em punhal e um *abat-jour* em chapéu, os adereços mudavam de significação, como nos filmes cômicos e nas brincadeiras das crianças, adquirindo a burlesca ambigüidade zombeteira dos *ready-mades*.

Mas, um instante: as velharias dignas do Marché aux Puces, a ficção têxtil, que transmutou as personagens (só para continuar na menção a Lewis Carrol) em *trouxas de roupas velhas**, não refletem, afinal, a condição de uma época em que o povo russo era obrigado a se vestir de remendos retorcidos devido à escassez de tecidos? "As senhoras elegantes", relembra Erenburg, "ostentavam desbotados capotes de soldados e chapeuzinhos verdes, tirados do pano de alguma mesinha de jogo. Para os vestidos serviam-se de cortinas bordô, reavivadas por triângulos ou quadrados suprematistas, que eram retalhados do gasto revestimento de poltronas. O pintor Isaac Rabinóvitch andava por aí com um jaquetão acolchoado de cor esmeralda. Iessiênin de vez em quando afundava na cabeça uma brilhante cartola"[107].

Fluía no espetáculo uma veia de infantilismo, comparável ao que uma boa parte dos futuristas então perseguia, como Vassíli Kamiênski, por exemplo. Não casualmente Kamiênski, cuja poesia tagarela como um mercado de pássaros, desgrenhada, festosa, que coincide com os achados deste "capricho" teatral, era amiúde hóspede do Terceiro Estúdio[108]. *Magicien d'Epinal*, Vakhtangov de início pensava recorrer a diáfanos cenários de borracha, inchados de gás, como enormes balões multicoloridos, representando árvores, casinhas chinesas, pagodes. Nas mudanças de local, os intérpretes os enxotariam de um chute, esperando que do alto caísse o seguinte *décor* pneumático. Ele sonhava que num dos episódios os alunos simulassem brigas e rasteiras em volta do cenário-balão[109]. Esta propensão em converter o teatro numa espécie de *Kindertraum*, em inspirar-se nas garatujas e nas fantasias da infância deriva de Stanislavski.

---

106. Cf. Borís Zakháva, *Vakhtangov i ievó Studia*, p. 140; Khrisanf Khersonski, *Borís Tchúchkin*, p. 53.

* Em inglês no original. (N. da T.)

107. Iliá Erenburg, "Liudi, Godi, jizn: kniga vtóraia", 19, in *"Novi Mir"*, 1961, 2.

108. Cf. Ruben Simonov, *op. cit.*, pp. 35-36.

109. Cf. Nicolai Gortchakóv, *op. cit.*, p. 102.

Mesmo a música foi concebida com (sagaz) criancice. A orquestra incluía pentes envolvidos em papel de seda, castanholas, guizos, instrumentos insólitos, assemelhando-se àquelas *spasm-bands* de New Orleans, que maltratavam panelas, pentes, tubos de gás, chocalhos. Vakhtangov agarrou-se talvez ao exemplo de Iliá Satz, o compositor do Teatro de Arte, que costumava compor orquestras de brinquedos musicais[110], mas já Stanislavski, em *Snegúrotchka* havia amontoado um conjunto bizarro de apitos e matracas[111].

O excesso de modos pueris dava, porém, a muitas cenas um sabor adocicado, quase de diversão dominical produzida para gáudio da infância e das famílias, ameaçando transformar até esta direção (intransponível persistência do "grilo"!) numa esplendorosa vitrina natalina. Mais do que isso, como se suas personagens fossem de pelúcia, uma assembléia de fofos, mansos bonecos reconfortantes. A este respeito talvez estivesse certo Gueórgui Krijítzki, quando definiu assim o espetáculo: "caixa de balas agradáveis, embrulhadas em papeizinhos multicores e, ainda por cima, amarrada com uma fitinha rosada"[112]. No fundo, é significativo que alguns anos depois fosse colocada no comércio a água-de-colônia *Turandot*, em graciosos frascos onde campeava a figurinha do príncipe Calaf. Teatro e perfumaria.

12

Nos últimos anos de vida, Vakhtangov apaixona-se pela modelagem das personagens e compara o ofício de diretor ao de um escultor[113]. A intensa gestualidade que agita a urdidura de seus últimos espetáculos reflete a irrequietude da época.

"Agora estou criando um novo sistema", diz ele em 1920, "o sistema do 'representar'. A 'revivescência' deixei-a para o primeiro estágio, dela se ocupará Ksenia Ivánovna (a Kotlubái). Interessam-me agora as bocas"[114]. As bocas. As mãos. Suas direções terminais são instrumentação da careta e do gesto.

Tinha o propósito de encenar *O Festim no Tempo da Peste*, de Púchkin, como uma escultura cinética[115]. Sobre um fundo de veludo

110. Cf. Natalia Satz, *Dieti prikhodiat v tieatr*, Moscou, 1961, p. 16.
111. Cf. Konstantin Stanislavski, *Moiá jizn v iskústvie*, pp. 267-268.
112. Gueórgui Krijítzki, *Riejissierskie portreti*, Moscou-Leningrado, 1928, p. 73.
113. Cf. Ievguêni Vakhtangov, "Iz zapisnoi tetradi", in *Ievg. Vakhtangov: Materiali i stati*, p. 187.
114. Cf. B. Verchilov, *Stranitzi vospominani, idem*, p. 392.
115. Cf. Borís Zakháva, *Vakhtangov i ievó Studia*, p. 109; Id., *Tvortcheski put I. B. Vakhtangova*, pp. 369-370; Ruben Simonov, *op. cit.*, pp. 44-45; Khrisanf Khersonski, *Vakhtangov*, Moscou, 1963, pp. 269-270.

negro perfis de casas, as tênues luzes de uma cidade na neblina. À ribalta um lampião e uma mesa comprida, à qual sentam os lúgubres convidados, de frente para o público, à moda dos místicos de *Balagántchik* ou das figuras de banquete dos quadros de Pirosmanichvíli. Um enorme telão acinzentado, como um manto de lama, envolve e aglutina ao mesmo tempo mesa e convivas: somente suas cabeças e mãos aparecem pelas fendas deste manto sepulcral. A ausência dos corpos, deglutidos pelo pano feretral e lamacento; o aventar da chama de archotes dão destaque arrepiante aos olhos febris, às bocas contorcidas, às mãos-morcegos, que convulsivamente esvoaçam diante das carrancas de cera ou se agarram aos cálices. Um festim sem concertos de "grilos", um teatro fúnebre. As personagens, exasperadas pela impiedade do mal e, mesmo que enviscadas no mesmo lodo, incapazes de misericórdia, deviam espreitar-se com desdém e desconfiança, cada uma temendo que as outras exalassem o contágio pernicioso.

Vakhtangov teria gostado de confrontar *O Festim*, de Púchkin, com o *vaudeville* tchekhoviano *Svádba* (*As Núpcias*), que também se alicerçava num temerário convívio, aprestado na densidade de outra peste, a peste do filisteísmo. Seu Tchékhov agora já divergia daquele do Teatro de Arte: um Tchékhov encharcado de rancor pelos burgueses, desta vez lido no espírito da revolução. A 26 de março de 1921 ele anotou em seu diário, no sanatório Todos os Santos:

> Morra o naturalismo no teatro!
> Oh, como poderia se encenar Ostróvski, Gogol, Tchékhov!
> Tenho agora o impulso de me levantar e de correr a falar do que me nasceu por dentro.
> Quero encenar *A Gaivota*.
> Em modo teatral. Tal como é em Tchékhov. Quero encenar *O Festim no Tempo da Peste* e *As Núpcias*, de Tchékhov, num só espetáculo. Nas *Núpcias* está *O Festim*. Já contagiados, não sabem que a peste passou, que os homens estão se libertando, que não necessitam de generais nas núpcias.
> Em Tchékhov não há lirismo, e sim tragédia. Se alguém atira em si mesmo, este ato certamente não é lírico. É Banalidade ou Heroísmo. Nem um nem o outro jamais foram líricos. Tanto a Banalidade quanto o Heroísmo têm máscaras trágicas.
> E a lírica tem sido freqüentemente banal[116].

A tenaz atenção dirigida por Vakhtangov à Peste em anos de cataclisma parece antecipar, mesmo que em sentido contrário, o delírio de Artaud sobre o conúbio pestilência-teatro. Vakhtangov não conseguiu representar *O Festim*, mas ao menos dirigiu, em setembro de 1920, *As Núpcias*, transformando em grotesco exasperado o malicioso humorismo de Tchékhov. Com um rancor implacável pela

---

116. Ievguêni Vakhtangov, "Iz zapisnoi tetradi", in *Ievg. Vakhtangov: Materiali i stati*, p. 188.

mesquinhez burguesa, converteu as figuras dos filisteus de província em máscaras carnavalescas, em "caras de bocós", ao espírito de Sapunov. A aceleração do ritmo incrementava a nauseadora deformidade daquelas personagens, ora de boca apertada e sinistra, ora semiaberta como um orifício infernal.

Do mundo da clemência Vakhtangov havia chegado à crueldade, a um teatro-ofensa. Comparando-se as direções coloridas, túrgidas de *Svádba* e de *Tchudo nº 2* com seus primeiros, apagados espetáculos, inspirados nas fórmulas do sulerismo, dir-se-ia que Folial, da *École des Bouffons* de Ghelderode, está certo em afirmar que a crueldade é o segredo da grande arte, de toda arte que pretenda durar.

Para sublinhar a trivialidade filistéia, Vakhtangov deu especial destaque aos penteados e aos vestidos berrantes e pespontou o espetáculo todo com romanças ordinárias. Viçosos bigodes para cima e uma risca partindo o cabelo ao meio caracterizavam Jat, o telegrafista, cortejador galante de interior, pernas curtas e *pince-nez*. O namorado Aplombov ostentava uma cabeleira lisa, repartida sobre a testa, assemelhando-se aos ajudantes de barbeiro dos quadros de Larionov. O grego Dymba tinha moitas de bigodes pomposos e uma exuberante guedelha negra. A parteira Zmeiukina, um montão de madeixas atadas no alto do cocuruto. Jigalov enormes bigodes caídos e uma barba retorcida. Um carretel de cachinhos enfeitava o rosto gorduchinho e rubro de Dáchenka, a namorada[117].

Quanto aos figurinos, destacavam-se o jaquetão de Jigalov, que cheirava a rato e naftalina, a sobrecasaca absurdamente folgada de Dymba, enfeitada com um laço escarlate, o fraque grosseiro de Aplombov, o vestido vermelho flamejante que dava à Zmeiukina um *sex-appeal* de cartão postal[118].

Condensador deste filisteísmo hiperbólico era o mestre-de-cerimônias do espetáculo, o *cháfer*, paraninfo e mestre de danças, com um fraque de fraldas empinadas e um alto colarinho rígido. Quase novo avatar do Gigolo de Meyerhold, este homem comandava, com brusca severidade, a tumultuosa e indecorosa quadrilha inicial, seguido faiscar de leques, roupas vistosas e de visível mau gosto, bigodes, bocas, toucados lambidos. Às suas ordens e aos sons de um piano desafinado, os burguesinhos dançavam à roda num alvoroço, piruetando em figurações quiméricas, como os hóspedes no baile na *Echarpe de Colombina*.

O *cabotinage* filisteu culminava no dueto entre a Zmeiukina e Jat às notas de uma lânguida-lânguida valsa. Enquanto Jat dava-lhe "atmosfera", balançando um leque como fosse um flabelo, a parteira,

---

117. Cf. Ruben Simonov, *op. cit.*, pp. 30 e 47.
118. *Idem*, pp. 46-48.

orgulhosa de seus *oripeaux* de rainha da híbrida festa, vermelha como uma melancia, cantava com desafinos e floreios a romança "Eu vos amava..."[119]. A música da quadrilha era retomada no final, não mais tempestuosa, mas lenta e aflita, enquanto os burgueses desiludidos, de costas para o público, fixavam imóveis a porta por onde desaparecia o falso general, o sonho que o dinheiro não conseguira comprar[120].

Bocós de mola, manequins ataviados, as personagens de *Svadba* moviam-se aos saltos, aos puxões, aos soluços, como se estivessem com azia. Aplombov gaguejava com voz uniforme, de teatro de marionetes, zunidor, para usar as palavras de Simonov, como uma broca odontológica[121]. Dáchenka, a namorada, era uma galinha choca gorducha e apática, fruto redondo da flacidez burguesa, que deseja apenas se empanturrar e engolir rapidamente, impassível mesmo nos momentos de barafunda[122].

Encalçadas pelo rugido do piano, as afetadas figuras passavam dos brindes à balbúrdia, dos bate-bocas aos langores com sobressaltos de mecanismos. Vakhtangov havia desenhado com minuciosa precisão a plástica daquele galope delirante. À chegada do "general", por exemplo, os "empestados" iam a seu encontro, passando um por cima do outro, esbarrando um no outro, para ficarem à vista dele, e por fim alinhavam-se em poses solenes, como numa revista. O festim havia sido orquestrado como um sufocante crescente de tropel, de alvoroço, de empurra-empurra.

Por sua desengonçada *clownerie* filistéia, pelo sentido de *perucaria* que nascia de sua insistência em penteados, em melenas e em barbas, pela aspereza mordaz de suas derrisões, este espetáculo antecipou a direção meyerholdiana da cena nupcial em *O Percevejo*, de Maiakóvski.

13

Naqueles anos Blok também sentia uma semelhante repugnância – espasmódica – pelos filisteus. Referindo-se a um burguês, um burocrata dos cabelos de escovinha e de bolsas nos olhos, que morava atrás de uma divisória no apartamento ao lado, o poeta anota no diário com abrasado rancor:

> Senhor Deus! Dê-me a força de livrar-me do ódio que sinto por ele, deste ódio que me impede de viver em minha casa, me sufoca de ira, despedaça meus pensamentos. Ele, assim como eu, é um carnívoro bípede; pessoalmente ainda não me fez

119. *Idem*, p. 48.
120. *Idem*, p. 56.
121. *Idem*, p. 28.
122. *Idem*, pp. 28 e 50.

nada de mal, mas eu o detesto com uma aversão que beira uma espécie de patológico-histérica náusea, tira-me o ar e impede-me de viver. Afasta-te de mim, Satanás, afasta-te de mim, burguês, que eu não te roce, ou veja, ou ouça; se eu sou melhor ou pior eu não sei, mas me provoca nojo, me provoca vômito, afasta-te Satanás! (28 de fevereiro de 1918)[123].

Inexorável sátira da falácia e das afetações dos filisteus foi a segunda direção de *Tchudo*, a 13 de novembro de 1921. Recusando os *poncifs* franciscanos e os insossos sorrisos benévolos da primeira variante, Vakhtangov aí reverteu todo seu vilipêndio e seu desdém pela hipocrisia, a estultícia, a cínica avidez dos burgueses. Não mais *umilénie* e sim acessos de pernicioso sarcasmo. A obra de Maeterlinck assumiu uma dimensão animal, uma sinistra crueza, adequando-se ao slogan *kleimit burjuá* (estigmatizar o burguês), que então entusiasmava Vakhtangov.

Duas únicas figuras remetiam às jaculatórias da clemência: Santo Antônio em cinzento saiote de ermitão, paciente, submisso, sulcado por longos jejuns, um autêntico morador da Tebaida, e a criada Virgínia, bondosa e inerme, como o "pequeno homem" Caleb, encarnado por Tchékhov em *O Grilo*. Únicas imagens humanas, extraviados modelos de ternura naquele teriocosmo de parentes depredadores e rapaces, que se apinhavam à volta da morta *mademoiselle* Ortense.

Vakhtangov caracterizou com atroz grotesco os gaviões alarmados pelo medo de que o santo, ressuscitando a tiazinha, pudesse impedir-lhes de pôr as mãos na herança. Havia, naquelas aves de rapina mal encaradas, o inchaço maligno de certos mascarões de Nolde. O diretor lembrou-se de umas figuras encontradas na viagem para a França que, ainda aluno da escola de Adáchev, empreendera, dez anos antes, com Súler.

O sobrinho Gustave, casaca impecável, perninhas curtas e dançantes, ocultava insaciável grosseria sob a falsa decência[124]. Gorducho como uma bola, desbragado em uma batina, os olhinhos entreabertos e banhentos, os zigomas brilhantes de tanto vinho bebido na ágape fúnebre, o cura mostrava predileção pelas refeições copiosas e pelas alegrias da terra. Saltitava com delicada graça feminina: suas falas melífluas soavam como um recitativo litúrgico, pontuado por trilos tenorizantes[125]. Em negra sobrecasaca, bigodes de foca, madeixas desgrenhadas sobre a testa, o doutor, ereto sobre o xis das perninhas de anófele, mantinha as palmas elevadas e os cotovelos junto

---

123. Aleksandr Blok, "Iz dnevnikov i zapisnikh knijek", in *Sotchiniênia v dvukh tomakh*, Moscou, 1955, II, p. 498.
124. Cf. Ruben Simonov, *op. cit.*, p. 72.
125. *Idem*, pp. 75-76.

aos quadris, como um cirurgião à espera de uma toalha[126]. Ao delinear esta imagem Vakhtangov talvez tivesse refletido sua vasta experiência com os médicos.

Os burgueses adquiriram uma imunda caracterização. Já sua primeira aparição era significativa: à chegada do taumaturgo, acorriam em enxame do banquete mortuário, com o guardanapo ainda no pescoço e a boca cheia. Embora singularmente caracterizados, agiam em multidão, em conclave, como um formigueiro despertado, como uma única personagem de muitas cabeças. Designando para cada um uma diferente tarefa plástica, uma gama diferente de caretas e poses, Vakhtangov havia depois submetido os movimentos de cada um a um tempo-ritmo comum, a um exato movimento de conjunto[127].

Sempre colocados frontalmente, um ao lado do outro, como que diante de um fotógrafo, tais tipos formavam agrupamentos similares aos das telas de Doganiere. Vakhtangov fez largo uso de pausas, de suspensões, de paradas ou, como ele mesmo dizia, de *tótchki*, de pontos gramaticais[128]. Ou seja, de tempo em tempo, a congregação de milhafres congelava em atitudes dignas do Museu Grévin, assumindo a fixidez estúpida das fotos dos álbuns de família. Para expressar em cheio o automatismo fantochesco da corja e sua moralidade interesseira, o diretor exagerou a petulância agressiva do gesto, o saracoteio das mãos.

O espetáculo todo tinha seu eixo num cortante contraste de branco e preto. Na antecâmara as negras silhuetas dos parentes e dos hóspedes delineavam-se, atônitas em poses grotescas, ou com o mobilismo de piões, contra o branco reluzente dos muros. Tal qual enforcados os gabões pendiam dos cabides; um pouco acima, apoiados sobre mísulas, fileiras de tétricas cartolas dormitavam (dignas de um Ernst ou de um Richter). A macabra e zombeteira cerca de casacas e longas vestimentas de luto, a imobilidade derrisória das cartolas corvinas, a ambígua sonolência dos gabões negros suspensos guinchavam como um malefício sobre a alvura do fundo. Negro e Branco altercavam até mesmo na câmara ardente de *mademoiselle* Ortense: poltronas de forros brancos à volta de uma mesa envolvida em veludo negro, enormes varas de círios e argolas de coroas brancas contra as paredes cobertas de crepe. Procurando semelhanças entre as coroas e o banquete, entre o fúnebre e o comestível, entre o mastigar dos parentes e os paramentos do sepulcro, Vakhtangov conseguiu desnudar a lúgubre bufonaria que é, freqüentemente, o avesso do luto.

---

126. *Idem*, pp. 77-78.
127. Cf. Iosif Toltchanov, *Moi roli*, p. 35.
128. *Idem*, p. 30, e Iú. Zavadski, "Oderjimost tvortchestvom", in *Ievg. Vakhtangov: Materiali i stati*, p. 292.

21. Grupo de intérpretes da comédia de Maeterlinck *Le Miracle de Saint-Antoine* junto ao diretor Vakhtangov, 1921.

Não somente o contraste de negro e branco, mas muitas outras minúcias aproximaram esta direção às invenções do cinema. A fuga histérica dos parentes quando da ressurreição de Ortense parecia inspirada nas cenas cômicas de Ridolini. Ao perceber viva a tiazinha jactanciosa e carnavalesca que, tendo se levantado dos travesseiros, ajeitava-se a touca como um *Frauenzimmer* de Busch, pernas pra que te quero! fugiam gritando, revirando poltronas, enfiando-se embaixo da mesa, para depois espichar apenas a cabeça, amedrontados, enquanto a "morta" desgrudava uma gota de cera da manga[129]. Pareciam ter saído de um filme de Zecca, os *flics* que no final prendiam o santo, levando-o algemado, enquanto a criada Virgínia segurava um guarda-chuva acima de sua cabeça[130].

Vakhtangov havia assim impregnado até o texto de Maeterlinck dos venenos e dos sucos da revolução, esmagando suas personagens na prensa de uma caricatura desdenhosa, que as equiparava aos "fartos" de Blok e aos "gordões" de Maiakóvski. *Tchudo* dava-se numa única noitada, junto a *Svadba*. Os burgueses franceses em simetria com os filisteus "velha Rússia". O mesmo marionetismo, a mesma aridez de coração. Em Tchékhov um grosseiro festim nupcial transtornado pelo protesto de uma humilde dignidade esmagada; em Maeterlinck um banquete fúnebre interrompido por uma epifania. Não havia mais espaço para a clemência. Revunóv e Santo Antônio, os últimos arautos da época suleriana, abandonavam derrotados, sem ao menos arranhá-lo, aquele sórdido mundo fundado no fariseísmo.

Parece que Vakhtangov cogitava encenar uma terceira edição de *Tchudo*, transferindo a ação para seus dias, entre os mercadorezinhos de Moscou, no Zamoskvoretche, o bairro das comédias de Ostróvski[131]. Ele porém considerava temporânea a fórmula do "estigmatizar o burguês", porque tinha certeza de que o socialismo devia ser um sodalício "entre iguais, entre satisfeitos, entre fartos"[132]. Iludia-se que a raça filistéia desapareceria para sempre.

14

Verão de 1913. Muitos atores do Teatro de Arte e do Primeiro Estúdio passam as férias com as respectivas famílias num vilarejo ucraniano (Kniájaia gorá), às margens do Dnepr, não longe de Ká-

---

129. Cf. Ruben Simonov, *op. cit.*, p. 86.
130. *Idem*, pp. 90-91.
131. Cf. O. Leonidov, "Iz vospominani o I. B. Vakhtangove", in *"Tieatr"*, 1960, 12.
132. Cf. Ievguêni Vakhtangov, "Dve besedi s utchenikami", in *Ievg. Vakhtangov: Materiali i stati*, p. 209.

nev[133]. Sacham, ceifam, pescam, cortam lenha, conseguindo tudo sozinhos. Vão deitar ao pôr do sol e levantam-se ao amanhecer, acordados pelo apito de Súler. Comem em tigelas rústicas, ao ar livre, em mesas brutas, com colheres de madeira.

Esta colônia tipicamente suleriana possui uma alegre flotilha de três veleiros de nomes retumbantes: "Baleeiro Segundo", "Impávida Jerusalém", "Bote Osliábia"[134]. Seus componentes fingem-se marinheiros inexperientes, obedecendo aos ditames de uma disciplina severa, que não exclui porém a diversão. Ao contrário, o trabalho alterna-se a uma série de passatempos teatrais: improvisam sagas, paródias, cenas cômicas de "vida marítima".

Para comemorar o aniversário do "almirante" Ivan Moskvin, o "marinheiro negro" Vakhtangov, com o auxílio de Súler, encena uma cerimônia burlesca. De manhã, quase séria e empertigada, em uniforme de gala, a "tripulação" alinha-se sob a janela do "almirante". Sulierjitski tem os galões de "capitão" e segura um rolo com a ordem dos festejos. Atrás dele, de binóculo em bandoleira, está seu "lugar-tenente" Aleksandrov. Diante da "tripulação" pavoneia-se uma orquestra judia, vinda de Kánev: uma orquestra parecida com a que toca no baile da Raniévskaia. Tortos e de alturas diferentes, até os quatro músicos vestem blusas navais e boinas marinharescas com fitas.

A "tripulação" entoa uma marcha composta pelo próprio Vakhtangov. Eis que Moskvin, acolhido pelo som agudo das trompas, aparece no terracinho, vestindo um gabão de seda de formas orientais. Serve-lhe de turbante uma toalha felpuda, em cujas dobras brilha um espelhinho redondo; sobre o peito tem um tubo de borracha de enteroclisma; na mão um batedor de tecidos. Saudadas as tropas, o sossegado "almirante" retira-se por um instante, para depois voltar a debruçar-se à janela num novo traje de ópera: bragas brancas amarradas à cintura por uma faixa de seda com franjas, uma fita azul a tiracolo sobre a casaca negra, boné branco, luvas, *pince-nez*. Pendem-lhe do peito, como medalhas, amuletos, escudetes, tampas metálicas. Escuta com satisfação a alocução de Súler, enquanto a trombeteira segura-lhe sobre a cabeça um enorme guarda-chuva negro.

Os travestimentos do "almirante", zombeteiros *collages* de trapos velhos e de inépcias infantis, a orquestra lunática, o prazer de brincar de teatro, de cerimonial ridículo, a propensão em fazer da vida um pueril passatempo de "marinheirinhos" ou *boy-scouts*: eis

---

133. Cf. Id., *Lieto s L. A. Sulierjitzkim, idem*, pp. 75-78; Natalia Satz, *Ievguêni Bogrationovitch, idem*, pp. 423-431, e *Dieti prikhodiat v tieatr*, Moscou, 1961, pp. 20-27.

134. Román Osliábia, boiardo, herói da batalha de Kulikóvo (1380).

de onde vêem muitos dos achados da *Turandot*, de onde se origina a Samarcanda de seus ouropéis e de seus rutilantes remendos.

Aliás, tal como Súler, Vakhtangov estava sempre inclinado aos gracejos, às farsas, a todos os tipos de entretenimentos. Amava montar números de cabaré e improvisar romanças ao bandolim. Os testemunhos dos que o conheceram concordam em louvar suas imitações, especialmente a de Katchálov intérprete de Anátema. Sua paixão pelas facécias e pelas burlas reverbera em cheio na direção de *Turandot*, especialmente nos *lazzi* e nos *calembours* das máscaras e no episódio das adivinhas, cuja trama acústica relembrou ao teatrólogo boêmio Václav Tille o *voice-band* de Burian[135].

15

1921. No Primeiro Estúdio, Tchékhov está interpretando Erik XIV. Um rei semilouco, um empaste de frenesi sanguinário e de ternura evangélica, um grumo de foscas contradições, um irresoluto enviscado no labirinto do poder. Mas, ao mesmo tempo, um farrapo infeliz, sobre o qual pesa a maldição do absolutismo monárquico; um brutamontes espectral, cujo lívido olhar de médium aponta para além das aparências hostis[136] um "fogoso poeta", um "indômito fantasiador", "nascido para a desventura"[137].

Mikhaíl Tchékhov traduzia esta sombra com uma enorme tensão nervosa, com um dilacerante esbanjamento de forças. Quando, em agosto de 1922, o Primeiro Estúdio representou em Praga, Karel Tchapek escreveu: "Mais do que esta criação de Tchékhov, o teatro nunca me deu, e não poderá me dar"[138].

Foi Vakhtangov quem encenou *Erik XIV*, em 29 de março de 1921. Após a morte de Súler, os alunos do Primeiro Estúdio, mesmo sem destolher-se ainda dos cânones psicológicos, haviam aos poucos se afastado do Teatro de Arte e das teorias do "sistema", a ponto de ironizar freqüentemente sua doutrina, sua ética, e o quixotismo de Stanislavski[139]. Não significa porém que nos anos que se seguiram à revolução eles tivessem abandonado de pronto as utopias sulerianas. Ao contrário, continuaram a cultivar, como num presépio em-

---

135. Václav Tille, *Moskva v listopadu*, (1929), Praga, 1963, pp. 155-156.
136. Cf. Aleksiéi Diki, *Povest o tieatralnoi iunosti*, Moscou, 1957, pp. 310-315.
137. Ievguêni Vakhtangov, "Erik XIV", in *Ievg. Vakhtangov: Materiali i stati*, p. 185.
138. Cf. Otokar Fischer, "My a Slovanstvo", (1930), in *Slovo a svet*, Praga, 1937, pp. 170-171.
139. Cf. Aleksiéi Popov, "Vospominania i razmichlenia", cap. 10, in *"Tieatr"*, 1960, p. 2.

bolorado, a lenda da bondade natalícia, a extasiar-se com os sons do "grilo", a proteger a arte de toda intrusão política, esperando o decurso dos acontecimentos[140]. Muitos deles emigraram, entre os quais Boleslawski, Kolin e Khmara[141]. E os que ficaram logo perceberam que a época exigia outras fórmulas.

Com sua direção do drama histórico de Strindberg, Vakhtangov introduziu no Primeiro Estúdio o sabor, as asperezas e o compromisso da atualidade. Mesmo em *Erik XIV*, de fato, ele procurou consonâncias com o espírito da revolução, extraindo-lhes o pretexto para tecer uma alegoria truculenta dos delitos do despotismo, para assim condenar, com tons de apocalipse, a *demonia*, a neqüícia da instituição monárquica, que encrudelece e arrasta até o "pobre Erik".

No espírito do maniqueísmo em moda, colocou em confronto o povo e os soberanos, ou seja, o bem e o mal. Deu aos "vivos" plenitude encorpada, calor e vericidade etnográfica. Mas aproximou os dignatários, os príncipes, os cortesãos a cadáveres envolvidos em pesado brocado, a manequins de cera, a máscaras petrificadas em carrancas de paralisia. A rigidez de estátua ressaltava a necrose destas larvas feudais, destes dejetos monárquicos, – emblemas grotescos de um mundo da crueldade de que Artaud teria gostado. Engenhos deslizantes, bonecos sobre molas, como Tackleton, como os burgueses de *Svadba* e de *Tchudo*, até os dignatários de *Erik XIV* eram, portanto, amostras daquele marionetismo, que em Vakhtangov qualificava as figuras do "contra", os perversos.

Da mesma forma Mardjánov, ao representar em Kiev, a 1º de maio de 1919 (com cenários de Isaac Rabinóvitch), *Fuenteovejuna*, havia oposto os camponeses aos senhores, fundamentando o espetáculo todo no choque destas duas classes inimigas. Deformações heráldicas, invólucros de ouropel, com maõzinhas afetadas e voz estridente, as personagens da corte e o séquito do Comendador moviam-se aos rasgos, às reverências, sobre uma tribuna em um canto, emaranhando-se nas ilusões de um morto ritual. Os sobressaltos mecânicos e as reverências dos dignatários contrastavam com a representação sanguínea e impetuosa dos camponeses, assim como a fria penumbra enlutada da tribuna embotava a intensa cintilação da praça do burgo espanhol, fúlgido de ocre flamejante, e o esplendor do azulíssimo céu, pintado, na falta de tintas, com anil requisitado nas lavandarias[142]. Havia algo de análogo em Mardjánov

140. Cf. Aleksiéi Diki, *op. cit.*, pp. 299-300.
141. Cf. *idem*, p. 302.
142. Cf. Gueórgui Krijítzki, *Konstantin Aleksandrovitch Mardjánov*, Moscou-Leningrado, 1946, pp. 42-44; Id., "Fuenteoveiuna" K. A. Mardjanova, in *"Tieatr"*, 1957, 7; Id. *K. A. Mardjánov i Rúski tieatr*, Moscou, 1958, pp. 117-122. Além disso: S. Margolin, "Isaac Rabinovitch", in *"Soviétski tieatr"*, 1931, 8; Aleksandr Deitch, "Legendarni spektakl", in *Konstantin Alekssandrovitch Mardjanichvili*, Tbilisi, 1958, pp. 442-453; Sierguiêi Iutkiévitch, *Kontrapunkt riejíssiera*, Moscou, 1960, pp. 208-214; Grígori Kózintzev, "Gluboki ekran", in *"Novi Mir"*, 1961, 3; Eteri Guguchvili, *Kote Mardjanichvili*, Tbilisi, 1962, pp. 21-22.

e em Vakhtangov: a origem meridional, o temperamento impulsivo, a exuberância, o amor pelos contornos intensos, pelos atritos ásperos, pelas pinceladas suculentas, a apaixonada adesão aos acontecimentos, a capacidade de refletir, nas próprias intuições, a vertiginosa amplitude da época[143]. Não era época de esfumaturas. E no entusiasmo ninguém imaginava que a inebriante revolta pudesse parir dali a pouco os enganos e as iniquidades de uma nova máquina de tirania.

A antítese de "vivos" e "mortos", o esquematismo da grande maioria das personagens transformadas em máscaras de pesadelo, em nauseantes batráquios, os bistres violentos, as alucinadas cadências dos diálogos, o lúgubre alegorismo dos cenários e dos figurinos de Ignati Nivínski: isso tudo conferiu à direção de Vakhtangov um caráter expressionista, situando-a numa área contígua aos espetáculos de um Jessner, de um Hilar[144].

Montes de cubos e entrelaçamentos de escadas amontoavam-se sobre uma plataforma de entalhes, de relevos. Marcas de flechas sulcavam, como um serpenteamento de raios, os cubos, as espadas, as caras, os figurinos, significando a caducidade do poder dinástico, sua condenação[145]. Os ambíguos, angulosos semblantes dos "mortos", dardejados de borrifos de luz arrouxeada, pareciam sair de gravuras de Kirchner ou de Heckel. Todos tinham uma carranca de vesgos, um abjeto sorriso de escárnio, e sobrancelhas tortas, em ziguezague, desemparelhadas como nos retratos cubistas. No vulto gélido e venenoso da rainha (a Bírman) o lápis de maquiagem havia traçado com sobressalto marcante uma sobrancelha mais alta do que a outra e densas estrias negras. Os arcos frontais deformados, os lábios maldosos e as pálpebras como que coladas aproximavam esta megera ao horrendo simulacro de Tackleton.

A representação de Tchékhov baseava-se nos padrões do expressionismo. Com sobrancelhas oblíquas e ensandecidas, os olhos morbidamente arregalados, o rosto atônito, alongado, como que sustentado pelas asas de um branco e enorme colarinho, ele transformava o papel numa seqüência de impulsos convulsivos, de contorções: no frenético diagrama de uma insanidade[146]. E por vezes seu Erik cessava de ser o impiedoso resto de um mundo em esfacelo, para expressar um outro tema da época, a incapacidade de se decidir, de tomar partido, de escolher no turbilhão das subversões políticas, o tema do homem desnudo, maranha de nervos, transtornado pela insegurança da existência.

143. Cf. Sierguiêi Iutkiévitch, op. cit., p. 212.
144. Cf. Borís Zakháva, Tvortcheski put I. B. Vakhtangova, pp. 381-383.
145. Cf. Serafima Birman, Put aktrisi, p. 151.
146. Cf. B. Alpers, Tieatr sotzialnoi máski, Moscou-Leningrado, 1931, pp. 30-31; Aleksiéi Diki, op. cit., pp. 314-315.

A própria índole de Tchékhov, melindrosa, irritável, adaptava-se como uma luva ao ideal do teatro dos expressionistas. Ele sempre estava suspenso entre a excitação febril e a inércia da tetricidade. Sofria de agorafobia, de repugnâncias patológicas, de medos sem cura. Como se a incessante vertigem de uma queda contínua trabalhasse seu inconsciente, como se fosse incapaz de arrancar-se do visco do vazio, de destolher-se da atração do desabamento. Seu representar era o espaço de uma derrocada, um agarrar-se em ferrões de rochas, um *iter* alucinatório, mas sempre exteriorizado em veemente presença cênica. Amedrontado pelo caos de sua época, inclinado a deprimir-se por qualquer ninharia, segurava as próprias figuras num implacável orgasmo, em pleno desespero. Mas, improvisamente, irrompia em acentos clownescos, em caretas de amarga excentricidade[147].

Um fluxo-refluxo de arrepios ébrios e alegria doentia, um assíduo descoramento da angústia em arlequinada, uma espécie de Biéli do teatro. Não foi casual, em 1920, sua aproximação às doutrinas dos antropósofos; introduziu no Primeiro Estúdio, onde agora dirigia suas fileiras, a religião de Steiner, exortando os atores a procurar em si próprios a "incorporeidade do espírito", a dissolverem-se no universo[148].

16

Stanislavski havia-o enviado ao Estúdio hebraico Habima – surgido em Moscou, por vontade de Nahum Zemach, na primavera de 1917 – para ensinar seu verbo.

E durante os intervalos de sua doença, Vakhtangov trabalhou intensamente no Habima também; foi assim que aquele Estúdio, já em 8 de outubro de 1918 – enquanto ele estava internado – pôde apresentar uma primeira noite de exercitações (baseada em atos únicos de Sholom Ash, I. Berkovitch, I. Kaznelson, L. Perez).

O diretor mergulhou na leitura da Bíblia, procurando analogias com o presente[149]. Embora não compreendesse o hebraico, fascinava-o a música desta antiga língua. Conhecia somente algumas palavras, que aprendera – durante as intermináveis horas de tédio numa casa de tratamento – de um contador israelita, seu vizinho de leito[150]. Mas

---

147. Cf. Aleksiéi Diki, *op. cit.*, pp. 305-306.
148. *Idem.*, pp. 324-325.
149. Cf. Borís Zakháva, *Tvortcheski put. I. B. Vakhtangova*, p. 360.
150. Cf. A. Karev, "Vesioli, neuiomni khudojnik", in *Ievg. Vakhtangov: Materiali i stati*, pp. 417-418.

com mágica intuição conseguiu traduzir maravilhosamente, na direção do *Dibuk* (31 de janeiro de 1922), o ritmo hierático e as inflexões melodiosas. Nos momentos mais tensos o frasear animado transformava-se em estática cantilena: "Este método, que tem suas raízes na essência folclórico-religiosa do drama", notou Sierguéi Radlov, "liga, de modo imprevisto, sua execução à da tragédia grega"[151].

Para os espectadores russos, que ignoravam o hebraico, o idioma do *Dibuk* tinha um caráter obscuro ou, usando as palavras dos futuristas, *zaúm, transmental*. Mas isso não impediu que a representação os enfeitiçasse. Isto – segundo Radlov – provava "que o teatro é arte independente, distinta e autônoma da literatura, que o intérprete pode agir sobre o público sem palavras, com o som emotivo de sua voz e com os movimentos do corpo"[152]. Em suma, os diálogos do *Dibuk* tornaram-se (para a platéia, é claro, não para os comediantes israelitas) uma trama de fonemas abstratos, no espírito daquela representação assemântica, que propugnava então Tairov[153], o próprio Radlov[154], e o poeta futurista Krutchionikh que, no opúsculo *Fonética do Teatro* (1925), sustenta ser necessário para o ator expressar-se em descosida linguagem de fragmentos acústicos, em balbuciar de diagramas, de livres encaixes sonoros, de sílabas inconcludentes.

O melodrama de An-Ski forneceu a Vakhtangov a oportunidade para uma encenação repleta de engenhosos expedientes. A história do tímido amor de Lea e Hanã acresceu-se de temas subalternos, de referências sociais, dilatando-se em vasto apólogo sobre pobres e ricos, sobre a injustiça da ordem humana, a bazófia dos fartos e o rancor dos deserdados. Vakhtangov acudiu com extraordinária solércia à modelagem escultórica dos grupos, fixando passo a passo a partitura dos movimentos e das atitudes. Ele insistiu, acima de tudo, na estratégia das mãos. Pretendia significar, através da estilização do gesto, a essência étnica da obra. Assumiu como tema melódico desta pintura gestual um detalhe que observara no hebreu seu companheiro de quarto no sanatório: a oscilação das palmas levantadas para o ar e estendidas em direções contrárias.

Cuidou com extrema minuciosidade da parábola mímica de cada personagem. Para a intérprete de uma mendiga dizia:

---

151. Cf. Sierguiêi Radlov, "Gadíbuk", in *Diésiat liét v tieatre*, Leningrado, 1929, p. 156.
152. *Idem*, p. 157.
153. Cf. Aleksandr Tairov, *Zapíski riejissiora*, Moscou, 1921, pp. 91-95.
154. Cf. Sierguiêi Radlov, "O tchistoi stikhi akterskovo iskústva", in *Diésiat liét v tieatre*, pp. 122-123, e "Gadíbuk", *idem*, pp. 157-158.

Vós sois uma mendiga faminta. Como serão vossas mãos? Com que avidez vossos tortos dedos reumáticos agarram tudo o que aparece! Há tempo desaprendestes a segurar com delicadeza, arrebatais e segurais cada objeto espasmodicamente.

E para Sender, o pai de Lea:

Vós sois um rico mercador, que dá marido para a filha. Quanta satisfação em vosso peito, em vosso ventre, nas palmas semi-abertas das mãos tranqüilas que afirmam: em nossa casa há de tudo em abundância, não fizemos outra coisa a não ser acumular. Por isso caminhais empertigado, a barriga para fora e as mãos diante do corpo, entreabertas, gordinhas, satisfeitas[155].

As mãos falantes desta representação tornaram-se quase um provérbio, assim como o arregalar dos olhos úmidos do ator de cinema Mozjúkhin[156]. Mais tarde Granóvski, no Teatro de Câmara hebraico, esforçou-se também em transpor nos próprios espetáculos o gesto ritmado e anguloso dos moradores do gueto, o *gesto de concreto* (*jelezobetónni jest*), induzindo os atores a uma gesticulação dançante e contorcida, imitando os movimentos oblíquos das figuras de Chagall.

No *Dibuk* os ideogramas gestuais cotejavam as letras do alfabeto hebraico, que Nathan Altman havia inserido (como faz às vezes Ben Shahn em suas pinturas) em seus cenários enviesados de sabor cubista. Dos fanáticos alunos do Estúdio Habima, Vakhtangov soube extrair prodígios. A Rovina, que na vida não era expressiva, sequer bonita, ao se transformar em Lea adquiria uma diáfana graça, o rosto céreo difundido de luz, as mãos admiravelmente delgadas. Ardentes olhos escuros, olhos enormes tinha a atriz Elias, que encarnava o sonhador Hanã. Havia mais sortilégio do que santidade na imagem do *tzadik* Rabi Azriel, modelada pelo minúsculo Vardi, quase um anão, um *homunculus*[157].

O espetáculo unia a severidade ritual, a gravidade do talmudismo a uma grotesca excitação de origem expressionista. A veemência da maquiagem espalhada sobre os rostos como sobre palhetas, o clima de horror místico e em alguns momentos de farsa escatológica, o contínuo conflito de branco e preto, os movimentos mecânicos, a obliqüidade dos cenários e dos grupos, certo gosto caligaresco*: tudo isso remetia aos truques do expressionismo.

155. Cf. A. Karev, *op. cit.*, p. 420.
156. Cf. Romil Sobolev, *Liudi i filmi rúskovo dorievoliutzionovo kinó*, Moscou, 1961, p. 145; Ivan Perestiani, *75 liét jizni v iskústvie*, Moscou, 1962, pp. 262-263.
157. Cf. Iú. Zavadski, "Oderjimost tvortchestvom", in *Ievg. Vakhtangov: Materiali i stati*, p. 297.

* O termo provém do título do filme do diretor alemão R. Wiene, *O Gabinete do Dr. Caligari*, 1919. (N. da T.)

22. Primeiro ato de *Le Miracle de Saint-Antoine* de Maeterlinck, 1921 (segunda direção de Vakhtangov).

23. "Dança dos Esfarrapados" do segundo ato de *O Dibuk* de An-Ski, Estúdio "Gabima", 1922 (direção: Vakhtangov).

E o que há de mais próximo aos expressionistas do que o baile dos pobres, tramado com férvida fantasia coreográfica no segundo ato? O que há de mais quimérico do que os aleijados e os pobres, convidados por Sender ao banquete de núpcias, quando Lea recusa o esposo que o pai quer lhe designar? Paludosos mendigos, restos claudicantes e corcundas, grumos de remelas e de pústulas, desconjuntadas megeras: uma galeria de espantalhos e de abortos capazes de degradar as larvas de Ensor, um mosaico de trapos doentios, um movimento frenético de mãos aduncas. Cambaleantes e contraídos como as colunas de um cemitério hebraico, arrancavam juntos em dança funesta, implacável, uma dança-delírio, um urdido de alucinantes torções[158]. Como se todos os bastardos do teatro, desde o obsceno *chechkatak* dos armênios aos pedintes de *Anatema*, passando pelos deformados de *Vladímir Maiakóvski* tivessem marcado sua convenção neste himeneu. O baile dos esfarrapados no *Dibuk* precede o *Mummenschanz* dos cadáveres de ex-moradores do gueto, que saltam do sepulcro, escarnecedores demônios asiáticos, toupeiras de olhos vazados, no sombrio "mistério" de Perez, *Uma Noite no Velho Mercado*, representado em 1923 por Granóvski no Teatro de Câmara hebraico[159].

Vakhtangov deu acabamento, uma por uma, às figuras do macabro carnaval: "Vós sois manco, dançar vos é incômodo. Mesmo assim dançais, dançais. Vós sóis cego, nada vedes, não sabeis dançar, não precisais dançar. E no entanto dançais, dançais. Necessito de uma dança-protesto, de uma dança-grito"[160]. Queria que este baile de pés pesados expressasse frêmitos de revolta contra o absurdo das desproporções sociais.

Trajando um longo vestido branco, de uma brancura lunar, Lea defendia-se com as límpidas mãos dos enrijecidos marginalizados, dos imundos trapos que a envolviam em sua dança de roda. Uma outra peste, portanto, a peste da miséria monstruosa, envencilhava este banquete. Obstinando-se no horror de Lea, perturbada pelo apavorante tropel dos mendigos, a direção de Vakhtangov parecia saborear, em *articulo mortis*, aquela ebriedade do abismo que o Presidente do festim de Púchkin menciona em sua canção[161].

---

158. Cf. Gueórgui Krijítzki, *Riejissierskie portreti*, p. 75; Paul Pörtner, *Experiment Theater*, Zurique, 1960, pp. 40-41.
159. Cf. Al. Deitch, *Máski ievreiskovo tieatra (Ot Goldfadena do Granovskovo)*, Moscou, 1927, p. 36; Gueórgui Krijítzki, *op. cit.*, pp. 99-100; M. Rafálski, "Moskóvski GOSET", in *"Soviétski tieatr"*, 1931, 9; Herbert Jhering, "Die Nacht auf dem alten Markt", (1928), in *Von Reinhardt bis Brecht*, II, Berlim, 1959, pp. 356-358.
160. Cf. A. Karev, *op. cit.*, p. 417.
161. Cf. Borís Zakháva, *Tvortcheski put I. B. Vakhtangova*, pp. 378-379.

Aliás a composição do episódio lembrava em parte o tom do baile nupcial da *Echarpe de Colombina*[162]. Do branco de Colombina, rodopiante entre máscaras de filisteus, ao branco de Lea, ameaçada pelos artelhos dos hostis pedintes. Nesta esteira ficamos tentados a imaginar Hanã como um pálido Pierrot hassídico.

17

Mas a representação de *Turandot* no Terceiro Estúdio era alegre, descabelada, sem o furor dos pobres, sem contorções de horrores, sem pesadelos. Uma diversão irônica, uma fuga num *wonderland*, após uma tétrica *Gespenstersonate*. O prazer em desnudar os subterfúgios do teatro, em prender o espectador numa rede de argúcias, travestimentos, brincadeirinhas, em proverbiar as estopentas cerimônias de uma China ilusória, esquecendo a carrancuda soturnidade dos ritos rabínicos. *Turandot* transbordava de alegria; no entanto, em Moscou era época de privações e de fome; no entanto, era um homem doente a dirigi-la. Ensaiavam de madrugada. Vakhtangov observava os atores da platéia fria, envolvido em pele de rena dupla, com uma toalha molhada na cabeça à guisa de turbante, como se também se tivesse camuflado para a representação. Ardendo de febre, a boca contorcida, o rosto como que de cera, extenuado – mas ainda cheio de humor, de fé na poesia. Quando as pontadas da doença se tornavam mais agudas, suspendia por um instante, ficando imóvel e, extraindo uma pitada de bicarbonato de uma caixinha, retomava com mais ímpeto, cerrando os dentes, estimulando, como em um *derby*, os discípulos.

Era seu adeus à vida, a encenação da fábula gozziana. Temia que o irreparável acirrar-se de seu mal pudesse lhe impedir de concluir o trabalho. Assim afobava-se, na ansiedade de centuplicar as forças que lhe restavam, como um auriga a açoitar até o sangue cavalos derreados. Mesmo sabendo que lhe restavam apenas *pouquíssimos* dias, prosseguia inventando projetos para o amanhã, acompanhado pela negra aflição de ter dado *pouco*. Eis por que a exultação de *Turandot* se dissolve numa submissa amargura, emperla-se de lágrimas. E, como em Kafka, "o freqüentador das galerias do fundo do teatro descansa, o rosto sobre o parapeito; naufragando na marcha final como sob o peso de um sonho, chora sem percebê-lo".

162. Cf. Nicolai Volkov, *Meyerhold*, II, pp. 131-132.

Na noite de 23 para 24 de fevereiro, o último ensaio. Vakhtangov, esgotado, a febre violenta, com olhos vítreos observa sem ceder, e de vez em quando salta da poltrona da platéia (sexta fila), voando enfurecido sobre o palco, para afinar e corrigir. Assim que o ensaio termina, às quatro horas, um grito imperioso: de novo! Todo o trabalho novamente, do princípio ao fim. Ao amanhecer levam-no de volta à sua casa, acabado. Não pôde mais voltar ao Estúdio[163].

O ensaio geral teve lugar, sem o diretor, a 27 de fevereiro, com enorme sucesso. Após o primeiro ato, terminado entre frenéticos aplausos, Stanislavski, radiante, telefonou para Vakhtangov, expressando-lhe sua admiração. No intervalo entre o segundo e o terceiro, foi até sua casa em trenó, em meio à noite nevosa, para informá-lo sobre o curso do espetáculo. Tomando entre suas largas palmas a mão quente de Ievguêni Bogratiónovitch, que jazia em seu leito febricitante: "Poupai as forças", disse-lhe, "não vos agiteis. O que eu vi é genial, inusitado e acima de tudo inundado de um férvido apego à vida"[164].

Voltou "infinitamente triste: Deus meu, minha esperança se apaga!... O meu melhor discípulo!..."[165] Ao final do terceiro ato, os intérpretes e os espectadores choravam. A orquestra subiu ao palco, para executar novamente as músicas da noite[166]. Stanislavski ligou para a casa de Vakhtangov: "Transmiti, eu vos peço, que os veteranos do Teatro de Arte ficaram encantados. Este espetáculo é uma festa para todos nós. Em nome da arte exigimos que ele se cuide. Na existência de nosso teatro, tais vitórias contam-se nos dedos. Estou orgulhoso de um aluno deste porte, se é que ele é meu aluno. Dizei-lhe que se envolva nas cobertas como numa toga e que durma o sono do vencedor"[167].

Depois de alguns meses, a 29 de maio, Vakhtangov fechou os olhos para sempre. Tente agora, leitor, imaginar a aflição e a náusea que mais tarde oprimiram Stanislavski, ao descobrir de repente as desprezantes páginas dos diários, como se no final tivesse se afastado dele, do "sistema", do Teatro de Arte, o aluno com quem mais contava[168].

---

163. Cf. Ruben Simonov, *S Vakhtangovim*, pp. 126-127; Iú. Zavadski, "Oderjimost tvortchestovom", in *Ievg. Vakhtangov: Materiali i stati*, p. 303; Iosif Toltchanov, *Moi roli*, pp. 38-39.
164. Cf. Nicolai Gortchakóv, *Riejissierskie uroki Vakhtangova*, pp. 182-183.
165. Liubov Gurevitch, "Vospominania", in *O Stanislavskom*, p. 163.
166. Cf. Ruben Simonov, *op. cit.*, p. 143.
167. Cf. *Ievguêni Vakhtangov: Materiali i stati*, p. 200.
168. Cf. Liubov Gurevitch, *op. cit.*, p. 168.

18

> *Onde vão os palhaços?*
> *O que comem os palhaços?*
> *Onde dormem os palhaços?*
> *O que fazem os palhaços,*
> *quando já não há ninguém,*
> *ninguém mesmo rindo, mamãe?*
>
> Miroslav Holub

Pensativos, grandes olhos esmeralda; rosto enxuto, oliváceo; o queixo frouxo; de estatura mediana; os dedos curtos e nodosos, mas muito flexíveis[169]. Incoerente, mutável, imprevisível: sempre tendendo às contradições, às viradas bruscas, às paixões fulminantes, sempre pronto a destruir com a impiedade das soluções inesperadas uma interminável trama de exasperadoras buscas. Sua dedicação fanática à arte não admitia familiaridades ou subterfúgios. Inimigo do deixar correr, tinha o hábito de manter os atores na intensidade da incerteza, na dúvida, na insatisfação, corrigindo-os seguidamente de modo implacável, esgotando-os com intermináveis ajustes e retoques. Com sua sugestão, com seus contagiantes exemplos interpretativos, diretor-Próspero sobre um arquipélago de ilhas-Estúdios, desenfreava os alunos como espíritos na trilha de um brilhante achado, para depois, insatisfeito, embridá-los improvisamente com um incrédulo *stop*.

Seu balançar entre Stanislavski e Meyerhold. Suas oscilações. O Amorfo muta-se num fervoroso moldador de formas. Da mísera sondagem da alma aos ressaltos do expressionismo, às caricaturas de cartazes satíricos. Da inerme interioridade a um aguerrido visualismo barroco. E que pulo há dos paradigmas da suavidade suleriana às acrimoniosas resenhas dos burgueses bem penteados, como defuntos, dos banqueteadores de horrorosas bocas escancaradas, como se o diabo os possuísse por via bucal. Suas *diableries* filistéias. Seus comícios de fósseis, de personagens embalsamadas, sobre cuja carranca o endurecido *pan cake* já parece estar rachando, devido à usura do tempo.

No fim Vakhtangov chega a posições da vanguarda, aos tablados desiguais, onde os intérpretes podem ostentar livremente sua maestria. Nos últimos meses sonhava representar o *Hamlet* com os tinos e as audácias do experimentalismo, recompondo-lhe o texto, fornecendo a cada figura seu próprio *leitmotiv* cenográfico, de iluminação,

---

169. Cf. Iú. Zavadski, "Oderjimost tvortchestvom", in *Ievg. Vakhtangov: Materiali i stati*, pp. 280-281; Serafima Birman, *Sudba talanta, idem*, p. 309.

musical, acompanhando o ingresso de cada ator com o aparecer de novos fragmentos de cenários[170].

Seu universo todavia não coincidiu com o da vanguarda. Ele não chegou à rígida racionalidade dos construtivistas, sua alma não foi devastada por acessos de tecnicismo. E, no *gran finale* da *Turandot*, mesmo aproximando os alunos do "estranhamento" meyerholdiano, não os dissuadiu daquela "justificação" interior, que havia aprendido com Stanislavski. Na época do construtivismo, Vakhtangov continua a tender para a fábula, o irracional, os feitiços das lendas. Mesmo na crueldade e na sátira, em alguns momentos aflorava novamente nele algo de inócuo, de desvairado, a atônita melancolia de um violinista de Chagall.

Devido talvez à sua morte precoce ou à sua total integração com o teatro: o fato é que os espetáculos de Ievguêni Vakhtangov nos revelam, na distância dos anos, fragmentos de autobiografia. Especialmente os últimos são um exemplo de direção-confissão, em que ele transfunde integralmente si mesmo, sem dissimular seu ardor, em que desenvolve o tema do "regenerar-se" do homem no fogo dos acontecimentos revolucionários. Não é à toa que Lunatchárski definiu-o "mestre da transformação da existência"[171].

No *Dibuk* e em *Turandot*, Vakhtangov reverberava a própria visão do mundo como nas duas faces contrárias de um díptico: em chave trágica e enquanto arlequinada[172]. De um lado a gravidade da atmosfera pesada de sinagoga, a liturgia das mãos enrugadas, – do outro a leveza de um burlesco, invadido por um desejo de sol. De um lado o pesadelo de um gueto eterno, por onde vagueiam infaustos maltrapilhos, – do outro o gracioso chilrear de máscaras e um Oriente de árvore de Natal. Como lê-se em Pasternak: "Existe uma imemorável paisagem natalina: uma superfície de noz dourada, borrifada de parafina azul. Existem as palavras *khalvá* e Caldéia, magos e magnésio, Índia e índigo"[173].

De um lado a escuridão do Talmud, a noite da alma, – do outro o cartão de boas festas, o brilho reconfortante, a algazarra para es-

---

170. Cf. Borís Zakháva, *Vakhtangov i ievó Studia*, pp. 146-148; B. Suchkiévitch, "Vstriétchi s Vakhtangovim", in *Ievg. Vakhtangov: Materiali i stati*, p. 371.
171. Anatoli Lunatchárski, "Pamiati Vakhtangova", (1922), in *O Vakhtangove i vakhtangovtzakh*, Moscou, 1959, p. 13.
172. Cf. Gueórgui Krijítzki, *Riejissierskie portreti*, p. 72.
173. *Okhrannaia gramota*, II, 13. "Khalvá" é uma espécie de "torrone".

quecer, a alegre mitologia das festas. À negritude viscosa do *Dibuk*, segue, com *Turandot*, uma espécie de teatro-feriado, provedor de alegria, dispensador de afetos, ao gosto daquele proposto por Romain Rolland para o povo. Lea atormenta-se realmente de angústia e de amor, – mas Turandot, quando chora, estrebucha-se risivelmente, sacudindo violentamente a cabeça como um fantoche de trapos, e Calaf, na prisão, ao recitar para a lua um suspirante monólogo, aperta um chinelo sobre o coração[174].

Sobre uma das duas faces do díptico, Vakhtangov verte toda sua dilaceração diante do horror do iminente passamento: faz do baile dos *gueux*, putridão infeliz, uma projeção direta do próprio sofrimento. Na outra, ao contrário, prodigaliza seu vitalismo na ansiedade de distrair-se, de sufocar a dor da dissolução. Diria-se que em *Turandot* ele quisesse escapar das interrogações obsessivas sobre o enigma da morte, sobre a incongruência do nosso ser. Por isso empenha-se em preencher com rostos briosos, com máscaras divertidas o espaço deserto do mal, esforça-se em opor à morte, numa manobra diversionista, o fulgor da fantasia. "Até o último suspiro, apesar dos espasmos, ele continua a resplandecer e cintilar"[175]. Até o extremo, à beira do nada, não se cansa de amar desesperadoramente a única coisa que realmente conta, a vida.

174. Cf. Václav Tille, *Moskva v listopadu*, p. 155.
175. Anatoli Lunatchárski, *op. cit.*, p. 13.

5. Os Triunfos da Biomecânica

Torres de marfim, santuários, fetiches desmoronavam no estrépito da revolta, como as estátuas de Pompéia na famosa tela de Briullóv. Nas vicissitudes de Outubro muitos intelectuais entreviram, horrorizados, o esfacelo da cultura, o advento dos hunos devastadores. Mas Meyerhold não hesitou. Entre as rachaduras daquele desmoronamento abriam-se enormes espaços à sua fantasia. Para ele, a subversão equivaleu a um renascimento. Inovador convulso, anarquizante, escandaloso – enquanto outros homens de teatro apartavam-se, aguardando o desenrolar da luta política, Meyerhold mergulhou no oceano da revolução, aderindo sem reservas ou lamentos ao poder soviético. Já em novembro de 1918, encenava a farsa-oratório *Mistéria-buf*, de Maiakóvski[1].

Em junho de 1919, Vsiévolod Emilevitch, encontrando-se em Yalta para uma temporada de tratamento, ali ficou sitiado pela guerra civil. Com dificuldade chegou em Novorossísk, cidade que também estava isolada do Norte, onde então morava sua família (as filhas Irina e Tatiana, a mulher Olga Mikhailovna)[2]. Ali passou alguns

---

1. Cf. A. M. Ripellino, *Majakovskij e il teatro russo d'avanguardia*, Turim, 1959, pp. 93-95 (*Maiakóvski e o Teatro de Vanguarda*, São Paulo, Perspectiva, 1971).
2. Cf. Nicolai Khodotov, *Blizkoe-daliekoe*, Moscou-Leningrado, 1932, pp. 392-396.

meses, numa confortável quinta de periferia, cujo proprietário, um coronel da reserva, havia escapulido. Mas logo, através da denúncia de um jornal local, os "brancos" trancafiaram-no, como fautor dos bolcheviques. Muitas lendas correm a respeito dos casos de Meyerhold naqueles dias de fome, de flagelo, de tiroteios. Narra-se, entre outras, que salvou-se por um triz do fuzilamento. Seu cativeiro teve fim com a chegada da Armada Vermelha[3]. Se já antes tinha uma certa inclinação pelos bolcheviques, a afronta dos "brancos" multiplicaria seu fervor jacobino. Lunatchárski, comissário do povo para o ensino, correu a seu encontro em Rostóv-na-Donú, nomeando-o diretor do TEO, o Departamento Teatral do Narkomprós[4].

Meyerhold aterrizou em Moscou como um demônio rebelde e briguento. Os lábios apertados, o olhar sombrio, usava um gasto sobretudo de soldado com o revólver à cintura, um cachecol de lã vinho, botas enfaixadas de soldado, um barrete de estrela vermelha[5]. Uma nova transformação? O Doutor Dapertutto deixara de vestir casaca e cartola, para camuflar-se nas vestes de um comissário político. Imediatamente vem-nos à mente um adágio de Picabia: "Se você quiser ter idéias próprias, troque-as como se fossem camisas"*. Mais tarde porém, meditando, se percebe que aquela mutação é, no fundo, uma lógica conseqüência de seu percurso anterior, de sua precedente trajetória em ziguezague. De suas aspirações remotas. Já no início do século escrevera a Tchékhov:

> Quero resplandecer do espírito de meu tempo. Quero que todos os cultores da cena tomem consciência de sua elevada missão. Sinto por meus colegas que não cobiçam elevar-se acima dos restritos interesses de casta, que permanecem estranhos aos interesses sociais. Sim, o teatro pode desempenhar um imenso papel na reconstrução de tudo o que existe! (18 de abril de 1901)[6].

Há agora em Meyerhold uma intolerância fanática, a fúria de um petroleiro. Suas ações tornam-se projeções de cólera. Mais do que a verdadeira revolta, entusiasma-se pela idéia abstrata da rebelião. Como se naquela tenebrosa intransigência, naquela recusa integral, perdurasse a soturna fatalidade que assombrava seus velhos espetáculos.

3. Cf. Nicolai Volkov, *Meyerhold*, Moscou, 1923, p. 38.
4. Anatoli Lunatchárski, "Etchchie o tieatre Meyerholda", (1926), in *O tieatre i dramatúrgui*, Moscou, 1958, I, p. 386.
5. Cf. Ígor Ilínski, *Sam o siebié*, Moscou, 1961, pp. 106-107.
* Em francês no original. (N. da T.)
6. "Pisma Meyerholda k Tchekhovu", in *Litieraturnoe nasledstvo: Tchékhov*, tomo 68, Moscou, 1960, p. 442.

Era uma época em que os artistas da vanguarda gritavam com o polêmico ardor dos vendedores de atacado. Meyerhold não ficou devendo a ninguém em ardor, superando até mesmo o radicalismo incendiário dos futuristas. Sua inclinação terrorista vinha acompanhada dos fingimentos de uma demagogia descomedida. No fugaz período (de 16 de setembro 1920 a 26 de fevereiro de 1921), em que encabeça o TEO, teria adorado dinamitar o consórcio teatral por inteiro. Começando por "trancar com cadeado" os teatros tradicionais que ele, sobrevivente do Aleksandrinski, odiava como a fumaça nos olhos[7]. Depois disso, designar só por números os novos teatros e distribuir na província os galãs de Moscou, inclusive grandes intérpretes como Katchálov[8]. Ele, que havia beijado a mão de Orliénev pela encarnação de Fiodor, agora ia asseverando: "Os atores, é preciso enforcá-los"[9]. Lunatchárski teve um trabalhão para amansá-lo e proteger teatros e intérpretes de sua fúria sectária. Na sede do TEO marinheiros montavam guarda de baionetas içadas e de cartucheiras a tiracolo; ele próprio rondava por ali, inflexível, jaqueta de couro e revólver no coldre.

Este Trepliov niilista não se satisfez em simplesmente seguir os novos tempos. Desejava ardentemente que o teatro se convertesse em tribuna de propaganda, falando a linguagem abrasada da revolução. Pedia espetáculos tendenciosos, comprometidos com as fórmulas do comunismo, representações belicosas, que reverberassem, como as páginas de uma gazeta, as circunstâncias presentes. Por isso promulgou a teoria do "Outubro Teatral", correspondente às "ordens" poéticas que Maiakóvski dirigiu à "armada das artes". Ou seja, todos os teatros deveriam mergulhar na dinamologia da imensa sublevação, refletir o tropel das praças, os intentos do proletariado.

Seu credo coincidia com o dos futuristas, que foram os primeiros a identificar-se com a revolta, quase se tornando desta, por um breve tempo, os porta-vozes "oficiais". Mas que fique logo claro. Ao fundir-se com o universo da insurreição, Meyerhold, assim como os poetas e os pintores da vanguarda, não renunciava às audácias das experimentações nem nunca teria consentido em humilhar a essência da arte.

De fato suas novas direções, mesmo que movidas por uma exasperada dedicação política, participaram daquele delírio abstrato, daquelas pesquisas não objetivas que então pareciam – em teatro, em pintura e em poesia – a mais verdadeira, a autêntica expressão da Rússia em alvoroço.

---

7. Cf. A. Mguebróv, *Jizn v tieatre*, II, Moscou-Leningrado, 1932, p. 244.
8. Cf. Ígor Ilínski, *op. cit.*, p. 130.
9. Cf. A. Mguebróv, *op. cit.*, p. 244.

2

A 7 de novembro de 1920, no Teatro RSFSR Primeiro, Meyerhold encenou, com Valiéri Biebutov, *Zóri: Les Aubes,* de Verhaeren. Soprava um ar gélido naquele salão de paredes descascadas e de decorações em esfacelo, parecendo mais um sórdido depósito do que um teatro. Este ninho de ratos extremamente frio era provavelmente mais apropriado para a rudeza da época do que qualquer Aleksandrinski com sua suntuosidade. A platéia fervilhava de soldados vermelhos que, embuçados em capotes e peles, de *budionóvka* na cabeça, roíam sementes de girassol[10].

Os diretores haviam retificado o texto, entremeando-o com referências soviéticas, no espírito do "Outubro Teatral". "Destruímos tantas coisas", afirmou Maiakóvski, "porque deveríamos fazer cerimônia com uma inépcia como *Les Aubes,* de Verhaeren? Abater, revolucionar tudo o que houver de decrépito e velho em teatro..."[11]

Através do IZO, o Departamento das Artes, constituído em 1918, o suprematismo dominava por inteiro a cultura russa daqueles dias. Mesmo os muros dos vetustos edifícios, durante as festividades proletárias, mesmo as laterais dos trens de propaganda, ostentavam entrelaçamentos de emblemas abstratos. Na direção de *Les Aubes* as densas composições geométricas e o gosto pelos materiais enrugados, pelo nu "feitio", mostraram que Meyerhold havia passado para o campo dos futuristas, desembaraçando-se do maneirismo floral, do *Liberty* de seus trabalhos anteriores.

Tanto assim que o cenógrafo Dmítriev suspendeu sobre o palco triângulos, círculos pintados, superfícies inclinadas de lata e de aglomerado de madeira, que relembravam os "contra-relevos" de Tatlin e as planimetrias de Maliévitch. Grandes cubos, envolvidos em estamenha cinza-prata, estavam espalhados sobre o tablado, de onde, cruzando o espaço visual, se irradiava uma série de cordas, subindo até o urdimento. Em suma, o conjunto parecia transpor, à dimensão do teatro, a essência dos quadros suprematistas. Essa estrutura abstrata devia servir de moldura para uma ação majestosa como um "mistério".

Os atores, sem perucas ou maquiagem, vestiam figurinos iguais, de tecido cru, também pintado de cinza-prata. Do alto dos cubos, com vozes roucas pelo frio, raspando a garganta, escandiam, como

10. Cf. B. Alpers, *Tieatr sotziálnoi máski,* Moscou, 1931, p. 23; Ígor Ilínski, *op. cit.,* p. 107.

11. Vladímir Maiakóvski, "Vistupliênia na dispútie o postanóve 'Zor' v Tieatr RSFSR Pervom", in *Pólnoie sobránie sotchiniêni,* XII, Moscou, 1959, p. 246.

tribunos, monólogos exortativos[12]. Da boca destas figuras-megafones, escreveu Erenburg, "irrompiam, ao mesmo tempo, palavras de fogo e suavíssimas nuvens"[13]. Na orquestra, um coro congelado sublinhava as passagens importantes com agudos de *slogans*, iludindo-se estar recuperando, com aquele berreiro, os encantos dos antigos coros. Nos episódios de massa os intérpretes agrupavam-se em constelações geométricas análogas às da cenografia.

Assim, em âmbito suprematista, estava sendo instaurada uma liturgia de *Stilbühne*, Apesar da bruta recusa de todas as fórmulas do passado, Meyerhold continuava infligindo a seus espectadores a gravidade escultórica, a imobilidade salmodiante dos anos da Komissarjévskaia, contrabandeando-a porém sob o invólucro do futurismo. Como se, para expressar os severos ritmos da revolta, existisse apenas o rígido monumentalismo do velho teatro "convencional".

Propondo-se a transformar cada representação em comício capaz de envolver os espectadores, Meyerhold não se limitava aos preceitos políticos gritados pelos atores e pelo coro; fazia cair na platéia nuvens de folhetos e um mensageiro lia os fonogramas que chegavam do *front* da guerra civil. As memórias dos contemporâneos descrevem a exultação do público na noite em que aquele arauto anunciou a conquista do istmo de Pieriekóp, última cidadela de Vrangel na Criméia[14]. Os soldados vermelhos repetiam, como em responso, as cadências do coro, e por vezes repartições inteiras, com banda e bandeiras, transferiram-se para o palco[15]. No final, enquanto sobre o féretro de Herénien assassinado ecoava a marcha fúnebre, os espectadores se erguiam de um salto, tirando os chapéus, para entoar a *Internacional* junto aos intérpretes[16].

Sem espalhafatos ou ouropéis, portanto, um teatro-púlpito, moenda de sermões políticos, de incitações à luta, de alegorias proletárias. Teatro em que as esporas e as lâminas dos "contra-relevos", em sua cortante nudez, expressavam, melhor do que as retumbantes sentenças ou o vozerio da tribuna, o escabroso determinismo da época. A encenação de *Les Aubes* incrementou intensamente os espetáculos de agitação, a autoridade do diretor incitou bandos de epígonos a tornarem-se semeadores de *slogans*. Mas Meyerhold prosseguia com bruscas variações, como temendo que cada achado seu pudesse

---

12. Cf. B. Alpers, *op. cit.*, pp. 23-24; Boleslaw Rostótzki, *O riejessierskom tvortchestve V. E. Meyerholda*, Moscou, 1960, pp. 22-24.
13. Iliá Erenburg, "Liudi, godi, jizn: kniga vtóraia", 18, in *"Novi mir"*, 1961, 2.
14. Cf. B. Alpers, *op. cit.*, p. 24; Khrisanf Khersonski, "Vziatie Perekopa i 'Zori' ", in *"Tieatr"*, 1957, 5; Ígor Ilínski, *op. cit.*, p. 109.
15. Cf. Ígor Ilínski, *op. cit.*, p. 122.
16. Cf. B. Rostótzki, *op. cit.*, p. 24.

se transformar em módulo repetitivo. Assim, em 1ª de maio de 1921, no Teatro RSFSR Primeiro, representou com Biebutov a segunda variante de *Mistéria-Buf*, substituindo a estabilidade hierática, a ênfase da direção de *Les Aubes* por uma truculência pesada e um alegre dinamismo de teatro de feira. Nada mais de cubos-pedestais para estátuas de arengadores. Desmontado o palco, os cenógrafos Lavínski, Kissiéliov e Khrakóvski dispuseram ao nível do público um hemisfério giratório, que de um lado figurava o globo terráqueo e do outro o inferno; sobre o hemisfério uma complicada estrutura, que representava as enxárcias e as pontes de um navio. Uma densa sobreposição de planos, uma simultânea carpintaria, que parecia ressuscitar os *luoghi deputati** do teatro da Idade Média.

Da encenação desta escatologia fantástica falamos extensivamente em outra obra[17]. Na presente gostaríamos apenas de lembrar aos leitores que Maiakóvski será o poeta-piloto, a estrela polar de Meyerhold no período soviético, tal como Blok no período precedente. Inúmeras predileções comuns os uniam: o amor pelo teatro de feira e pelo circo, e ao mesmo tempo pela "moralidade" edificante; o desprezo pelo naturalismo; o desejo de atualizar cada texto, para que dele transparecesse o presente[18]; a tendência em articular o teatro numa seqüência de vinhetas rapsódicas e tábuas de tiro ao alvo, em passar, enfim, com uma levantada de ombros, dos sobretons triunfais à burla clownesca e à sátira devastadora.

A representação de *Mistéria-Buf* introduz um gênero específico de espetáculo-panfletário, que tem por eixo a parcialidade das antíteses, o mais severo maniqueísmo. Muitos artistas soviéticos, entre os quais Meyerhold, bancavam então os xerifes, como se lhes tivesse sido confiada a tarefa de cindir o mundo em dois campos adversários, contrapondo bárbaros burgueses a comunistas irrepreensíveis. Com suas partições esquemáticas, com sua variegada mixórdia de "puros", com seus tipos exóticos, dignos de "Cityrama", *Mistéria-Buf* inaugura no teatro de Meyerhold uma nova comédia de máscaras, em que os recursos do circo conciliam com os temas e os escorços dos cartazes pintados por Maiakóvski no ROSTA. Em lugar de tintinantes arlequins e de pierrots de "suco de murtinho", burgueses barrigudos, soldados brancos achincalhadores, redondos *zanni* do capitalismo, que levam chutes de empertigados e íntegros trabalhadores. Uma das primeiras "máscaras sociais" foi justamente a do Menchevique-conciliador, encarnada por Ígor Ilínski: a barba descuidada,

---

* Lugares fixos da cena simultânea medieval (N. da T.)

17. Cf. A. M. Ripellino, *op. cit.*, pp. 105-109.

18. Cf. Visiévolod Meyerhold, "Slovo o Maiakóvskom", (1936), in *V. Maiakóvski v vospominaniakh sovriemiênikov*, Moscou, 1963, p. 287.

quatro-olhos, a peruca avermelhada, segurando com a mão esquerda um guarda-chuva aberto (indício de fuga), enquanto com a outra mão procurava fechar as extremidades do garnacho, descomposto pelo vento[19].

Daí em diante numerosos diretores irão retomar em seus espetáculos o dualismo antifônico de *Mistéria-Buf*. De um lado um vaivém, uma barafunda de inimigos de classe: adiposos coboldes – tremulantes balões de cartola, moldados com traços largos e ingenuidade de *lubok*. Do outro lado a lenhosa e compacta marcha de paradigmas vestindo engomados macacões de operários, de seres ilibados, de proletários-Ivanhoé. A rigidez das antinomias explicitava a aspiração do teatro soviético a se tornar – como notou Schlemmer – "tribunal da história do mundo"[20]. O mais intrigante é que, no plano da arte, neste dissídio foram sempre os bufões, os patetas apavorados, as máscaras da fauna burguesa a levarem a melhor; enquanto que os campeões do sim, os paladinos-operários, excessivamente áridos e uniformes, exalavam um invencível tédio.

3

A revolução desenfreou a inventiva de poetas e artistas. Naquele desmoronamento, acreditaram que finalmente poderiam dar vida às mais estrambóticas utopias e transformar a Rússia numa região de castelos no ar e quimeras. Maliévitch sonhava com objetos suspensos sem sustentáculo e traçava perfis de casas-brinquedo, chamadas *planity*. Filonov queria pintar quadros que demolissem os muros[21]. Tatlin asseverava que logo seria possível fabricar locomotivas com seus "contra-relevos"[22]. Sierguiêi Radlov pedia aos atores urdiduras gestuais não-objetivas, uma mímica que pudesse responder às combinações geométricas do suprematismo[23]. Dziga Viertov remoía teorias sobre aparelhos definidos como "rádio-orelha" e "rádio-olho"[24]. Khliébnikov desvairava em poder sujeitar o inteiro consórcio dos homens a um governo de futuristas, condecorados com o título de "Presidentes do Globo Terrestre"[25]. Parodiando o descomedido uto-

---

19. Cf. Grígori Kháitchenko, *Ígor Ilínski*, Moscou, 1962, p. 27.
20. Oskar Schlemmer, *Briefe und Tagebücher*, Munique, 1958, p. 191.
21. Cf. Ivan Puni, *Sovriemiênaia jivopis*, Berlim, 1923, p. 16.
22. Cf. Sierguiêi Iutkiévitch, *O kinó iskústvie*, Moscou, 1962, p. 32.
23. Cf. Sierguiêi Radlov, "O tchistói stikhi akterskovo iskústva", (1923), in *Diésiat liét v tieatre*, Leningrado, 1929, pp. 102-125.
24. Cf. Nicolai Abramov, *Dziga Viertov*, Moscou, 1962, pp. 41-42.
25. Cf. Velimir Khliébnikov, *Sobránie proizvedeni*, Leningrado, 1931-1933, vol. III, pp. 17-23, e vol. V, pp. 162-167.

pismo da época, Erenburg atribuiu a uma de suas personagens, o Maestro Júlio Jurenito, dois espantosos projetos: a construção de elevadores de aço com cestas de vidro giratórias – que levavam pelo ar os passageiros, de um ponto a outro da cidade – e a escavação de mictórios subterrâneos para milhares de pessoas[26].

Em um país atrasado e esfarrapado como a Rússia, subvertido pelo ódio e pela discórdia, os artistas sonhavam com mágicas "mecanarias", com arquiteturas inviáveis. Deste *frenesi* de invenções, de milagres técnicos, deste desejo de "américas", jorrou a tendência chamada construtivismo.

Em teoria, os construtivistas, guiados por Tatlin e Ródtchenko, propunham-se reduzir a arte à "feitura" de objetos, em racional processo produtivo, assumindo o grau de elaboração dos materiais como critério estético. Com efeito renegaram telas e palhetas para desenhar utensílios, aparelhos, louças, móveis, modelos de vestuário operário. Observando bem, o motor desta "mercelogia" ainda era aquele fetichismo pelo objeto que havia animado as primeiras experiências dos futuristas, só que no lugar de pérfidas velharias em revolta, inimigas do homem, agora o campo era dominado por provisões de utensílios profícuos, por "tecnóides".

"Cessando de viver autônomas e de atemorizar a sociedade", escreveu Erenburg, "as artes plásticas irão concorrer para forjar o ambiente do comunismo, casas, pratos, calças. Em lugar dos cambados rangentes de Picasso, uma boa cadeira construtivista"[27]. Os poetas e os críticos também participaram desta tendência, propugnando, na revista *LEF*, de Maiakóvski, a necessidade de substituir o arbítrio da ficção pela dita "fatografia", ou seja crônicas, artigos, estenogramas, uma literatura tão deserta quanto o relatório de um policial.

A ansiedade pelo despojado, pelo rude, ameaçava apagar a criação numa esquálida aridez, numa opacidade de viúva. Proclamações enfáticas como colossais rubricas equiparavam a arte a um trabalho de engenharia, a uma demonstração de cru tecnicismo:

A Arte está morta
Viva a nova
Arte de máquinas
de TATLIN*

afirma um cartaz, em foto dos anos vinte, que os dadaístas Georg Grosz e John Heartfield seguram entre as mãos.

26. Iliá Erenburg, *Neobitcháinie pokhojdiênia Julio Jurenito i ievó utchenikóv*, (1921), cap. VIII, agora em *Sobránie sotchiniêni*, vol. I, Moscou, 1962, p. 65.
27. *Idem*, cap. XXIX, pp. 200-201.
* Em alemão no original. (N. da T.)

24. George Grosz e John Hearfield (Berlim, 1920). No cartaz está escrito: "A Arte está morta. Viva a nova arte de máquinas de Tatlin".

Na prática, porém, o construtivismo resolveu-se numa seqüência de projetos utopistas: basta-nos lembrar as fantasias "estéreo-métricas" (os *prúni*) de El Lissítzki, as edículas e os quiosques de Ródtchenko, a cidade pênsil de Lavínski, com moradas de vidro e asbesto sobre molas, o monumento à Terceira Internacional, de Tatlin, gigantesca ossatura de ferro espiralada, contendo três corpos de vidro (um cubo, um cone, um cilindro), suspensos, um sobre o outro, por um eixo inclinado e rodando em ritmos diferentes, como astros de uma geométrica cosmogonia[28]. Afinal as fronteiras do utilitarismo eram tão indefinidas que até mesmo as poesias experimentais, os quebra-cabeças, os mosaicos de fonemas abstratos eram considerados mercadoria de consumo.

As bizarrices arquitetônicas dos construtivistas parecem transposições das odes em que Khliébnikov prenuncia as cidades do futuro como aglomerados de diáfanas colméias, de grandes livros de vidro de páginas abertas. Não por acaso Tatlin era um férvido fautor do poeta; em 1923 encenou em Leningrado o pequeno poema *Zanguezi*, amálgama de horoscopia, cálculos e abstrusos logogrifos[29]. Os achados deste *homo faber*, extraordinário *bricoleur*, inclusive o modelo do *aviotatlin* (*letatlin*), ao qual dedicou-se em seus últimos anos, ligam-se todos a arquétipos khliébnikovianos.

No entanto, na deificação da técnica, no entusiasmo pelo progresso, no culto à engenharia, o construtivismo perpetua o mito oitocentista das exposições universais. No fundo é fácil avistar uma ligação entre o monumento de Tatlin e a Torre Eiffel, apelidada por Cendrars "fogo de artifício gigante da Exposição Universal"*. É estranho que, em anos de rígido materialismo, os projetos dos construtivistas revelem tanta verticalidade, tanta aspiração ascensional. Mas o mesmo pode ser dito (com maravilha) dos versos de Maiakóvski, por exemplo no poema *A Quinta Internacional*, no qual ele estica seu pescoço, como um telescópio, como a torre de Tatlin, até acima das nuvens.

A terra prometida dos construtivistas foi o teatro. Enraivecidos, arrancaram dos palcos todo o ornamento supérfluo; em seu espaço, transtornado como uma casa de jogos depois de um *hold-up*, erigiram ousados andaimes, divisórias, rampas, escadas, complicadas armações,

---

28. Cf. Iliá Erenburg, *A visió-taki oná viértitsia*, Moscou-Berlim, 1922, p. 19; Camilla Gray, *The Great Experiment: Russian Art*, Londres, 1962, pp;. 218-219.
29. Cf. Esfir Chub, *Krupnim planom*, Moscou, 1959, p. 59; Camilla Gray, *op. cit.*, p. 144.
* Em francês no original. (N. da T.)

que em parte espelhavam suas curiosidades arquitetônicas. O cenário não se decora e sim se constrói: era tempo de engenharia teatral, até mesmo o conceito de "cenografia" para muitos parecia vencido.

Arcanjo enfurecido, decidido a extrair prodígios da rudeza da época, assim como outrora os extraíra do luxo, do excesso, o construtivista Meyerhold varre, tal como furacão, bastidores, frisos, telões de fundo, adereços de *papier-mâché*. Propósito primordial é um palco largo como um velódromo, um imenso polígono de comédia – mas, na falta deste, neste entrementes, dilata a caixa-binóculo, libertando-a dos acessórios e dos empecilhos, e abolindo as bambolinas, o pano de boca, a "couraça-ribalta"[30].

Pelos palcos, afeitos à pomposidade de parada e ao luxuoso manto da cenografia maneirista, sobrevem uma árida quaresma. Ao jejum, à anemia das tintas, juntam-se a esquadria geométrica, o puritanismo do ângulo reto, incrementando assim a seca. Os *mecano* teatrais dos "produtivistas" parecem postos de bloqueios rodoviários, viadutos. Eis por que Erenburg denomina o novo diretor "diretor de estrada de ferro"[31]. Mas, acima de tudo, cada tablado pretende ser, como o torno para o operário, uma máquina útil, um trampolim para os virtuosismos acrobáticos do ator.

Ao desnudar o palco, o construtivismo desnuda também os artifícios da representação. Em harmonia com os intentos desta corrente, Meyerhold, prosseguindo a luta contra as teias de aranha e a angústia das "revivescências", inventa a Biomecânica (que, de agora em diante, indicaremos somente pela inicial, assim como Lissítzki abreviava *Kunst* em *K*, e *G* por *Gestaltung*). Ele anseia transformar o jogo interpretativo em apresentação atlética, em torneio muscular, em "fuga" de saltos, golpes simulados de esgrima, rasteiras, cinturas, flexões. O ator deverá se acostumar a dominar o próprio "aparato biomecânico", coordenando seus movimentos com uma meticulosidade algébrica que, ainda assim, não exclua o encanto da agilidade. Que sua tensão seja igual à de um dançarino de *lesgínka*, para quem um esforço mínimo é o quanto basta para transvoar o palco[32].

A B. oferece ao intérprete um código de movimentações essenciais, uma reserva de gestos, à qual ele recorrerá para entretecer, com a leveza de uma sombra, suas tramas cinéticas. Contudo não

---

30. Cf. Iliá Erenburg, *Neobitcháinie pokhojdiênia Julio Jurenito i ievó utchenikóv*, p. 201.
31. Id., *A vsió-taki oná viértitsia*, p. 114.
32. Cf. Aleksandr Gladkov, "Vospominania, zamiétki, zapisi o V. E. Meyerhold", in *Tarúskie stranitzi*, Kaluga, 1961, p. 304.

havia passado muito tempo desde a direção de *Les Aubes*, em que Meyerhold mantinha os atores estacados como hermas de uma cidadela-oratório. Agora, ao contrário, nas GVYRM[33] – as Oficinas de direção que foram inauguradas no fim de 1921, depois que o Teatro RSFSR Primeiro fora fechado – os atores volteavam com irrefreável dinamismo, como acrobatas no ginásio de esportes. Com um impulso um aluno dá um chute na ponta do nariz de outro, que por sua vez arremessa-o ao chão com um tapa. Ou retesa um arco ilusório, ou mostra rodear e arremessar um disco inexistente. Ou então salta sobre as costas, sobre o peito do *partner*, agarra-o pela garganta, até nocauteá-lo, depois carrega-o nos ombros, levando-o embora[34].

Estas manobras derivam das pantomimas que outrora os alunos do Doutor Dapertutto representavam em Petersburgo, no Estúdio da rua Borodínskaia, mas nelas também há um quê das *gags* dos filmes mudos, por exemplo o treino dançante e os chutes dos terríveis sapatos clownescos do Chaplin boxeador em *The Champion*. Fica-se perplexo ao pensar que, posteriormente, Meyerhold afirmará ter intuido, pela primeira vez, muitas das fórmulas da B., assistindo às representações do ator trágico italiano Grasso, o Di Grasso descrito por Babel[35].

Inspirando-se nas doutrinas de Pavlov, de quem fora admirador[36], com tais exercícios o diretor objetivava suscitar em seu alunos uma grande ductilidade de reflexos[37]. Isto os ajudaria, como ele ambicionava, a traduzir em atos físicos, em jogos de agilidade, os sentimentos da personagem. A B. então desarticulava o papel numa espécie de gráfico reflexológico, numa urdidura de estímulos e de contragolpes, fazendo do representar um deslocamento contínuo de formas plásticas no espaço, uma transposição gímnica dos dados psíquicos.

Este método testemunha uma época afervorada pela magia muscular e pela mobilidade. Igual dinâmica inspira o projeto de Tatlin,

---

33. As GVYRM (Gosudarstviênie Vischie Riejissierskie Masterskie [Oficinas Estaduais Superiores de Direção]) chamaram-se posteriormente GVYTM (Gosudarstviênie Vischie Tieatralnie Masterskie [Oficinas Estaduais Superiores de Teatro]) e, por fim, GEKTEMAS (Gosudarstviênie Eksperimentalnie Tieatralnie Masterskie [Oficinas Estaduais Experimentais de Teatro]).
34. Cf. Sierguiêi Iutkiévitch, *Kontrapunkt riejissiera*, Moscou, 1960, p. 227; Ígor Ilínski, *op. cit.*, pp. 155-156.
35. Cf. Aleksandr Gladkov, *op. cit.*, p. 304.
36. Cf. Aleksandr Gladkov, "Iz vospominani o Meyerholde", in *Moskva Tieatrlanaia*, Moscou, 1960, p. 350.
37. Cf. Ígor Ilínski, *op. cit.*, pp. 155.

os encaixes verbais de Pasternak, os espetáculos biomecânicos. "Um segundo de pausa", escrevia Erenburg, "é a morte. Tudo exteriorizado. Não mais movimentos interiores. Tio Vânia e irmãs, fiquem em casa! Antes os acrobatas! O salto é êxtase, o salto é tragédia. As 'revivescências', podridão"[38].

A época inquieta exigia intérpretes-acrobatas, que pudessem revelar a vitalidade dos engenhos do corpo, atletas ardentes, vigorosos, joviais, não trincados pelas neurastenias das cenas psicológicas. Por isso os alunos da Mastfor (Laboratório Livre), a Oficina de Foregger, estudavam pugilismo com o campeão Borís Bárnet, que posteriormente se tornou ator de Kulechóv e diretor cinematográfico[39]; por isso Eisenstein inseriu um *match* de pugilismo, sobre um autêntico ringue, no terceiro ato de *Meksikánietz* (*The Mexican*), de Jack London[40].

Não foi somente nos ludicismos esportivos que a B. procurou seus protótipos, mas no circo e nas lendas do cinema também. Os atores do construtivismo almejavam transfundir em sua arte a exatidão infalível dos prestidigitadores e dos acrobatas, a engenhosa ousadia de heróis da tela tais como Douglas Fairbanks e Pearl White.

Com seu inventário de siglas mímicas e movimentos preestabelecidos, o universo da B. aproxima-se ao dos teatros orientais. Sobre um *plateau* devastado, cujas magras estruturas relembram entrelaçamentos de barras paralelas e varas, o ator, dono de seus reflexos, ostenta uma destreza gestual e um funambulismo tais, capazes de causarem inveja aos comediantes chineses.

Os exercícios musculares porém deviam significar a essência social da personagem. Ou seja, sua condição, seu ceto emergiram não tanto do *canovaccio* verbal, mas das atitudes e dos movimentos. Por isso falou-se em "sociomecânica"[41] e em "papéis sociais"[42]. Em outras palavras, até mesmo a mímica servia para discriminar os papéis em sentido classista. Caracterizados através de parábolas gímnicas, as personagens resultavam tremendamente esquemáticas: os comunistas incorruptos e deslavados como anjos do Exército da Salvação; os burgueses, os vistosos alvos a serem destruídos, alvos de um teatro-tauromaquia.

38. Iliá Erenburg, *A vsió-taki oná viértitsia*, p. 114.
39. Cf. Sierguiêi Iutkiévitch, *Kontrapunkt riejissiera*, p. 186.
40. Cf. Ignati Rostovtzev, *Bronenosetz Potiomkin*, Moscou, 1962, pp. 25-26.
41. Cf. Anatoli Lunatchárski, "Puti Meyerholda", (1925), in *O tieatre i dramatúrgui*, I, Moscou, 1958, p. 375.
42. Cf. G. Gauzner–I. Gabrilóvitch, "Portreti akterov nóvovo tieatra", in *Tieatralni Oktiabr*, I, Leningrado-Moscou, 1926, pp. 49-50.

A B., obviamente, sofre a influência dos mitos proletários e das teorias que, naqueles dias, recomendavam a organização científica do trabalho[43]. Meyerhold e seus seguidores de fato compararam os efeitos teatrais a procedimentos de fábrica, discorrendo até mesmo sobre "taylorismo" do gesto. O teatro torna-se "produção" (*proizvódstvo*), a cena torna-se laboratório, a representação uma cadeia de movimentos mecânicos. Escreveu o poeta Arvatov: "Assim como Khliébnikov fez com os artifícios da poesia, e Tatlin com os da pintura, Meyerhold desnudou a verdadeira, positiva natureza da produção teatral"[44].

Privado de toda ornamentação, o ator, vestindo um simples macacão, sóbrio, consciente, atarefa-se sobre os dispositivos dos tablados, como que entre alavancas e engrenagens, medindo seus gestos, evitando os movimentos supérfluos, não produtivos. O construtivismo teria adorado transformar Arlequim num operário especializado. Não foi por acaso que Arvatov asseverou: "Meyerhold foi o primeiro a formar, no lugar dos intérpretes de sempre, intérpretes qualificados"[45]. Note-se, porém, que no teatro dos anos vinte o ator-operário sempre se identifica com os intérpretes fantasistas e os excêntricos do circo e do *music-hall*.

Nesta sua busca de relações entre a figura humana, considerada em sua exemplaridade, e o espaço, concebido como parceiro dialético do homem; nesta sua procura por extrair tensões dramáticas da rotação-expansão espacial dos corpos, a B. coincide perfeitamente com as teorias e as experiências teatrais de Schlemmer. Como os fantasmas estereométricos deste pintor-bailarino, o intérprete do construtivismo – com suas trajetórias de autômato e seus isócronos saltos de pião – também arriscava converter-se em fetiche desprovido de rosto, em instrumento mecânico: em robô.

Afinal, toda a vanguarda soviética aspirava a tal conversão. "O ator", lê-se no manifesto do Estúdio FEKS ("Fábrika Ekstzentrítcheskovo Aktiora") de Excentrópolis (já Petrogrado), "é movimento mecanizado, não coturnos, e sim patins, não máscara e sim nariz que se acende"[46]. Em suas "danças de máquinas" os comediantes da Mastfor imitavam os impulsos de balancins e pistões[47]. Borís Ferdi-

---

43. Cf. Ígor Ilínski, *op. cit.*, pp. 154-155.
44. B. Arvatov, "Razruchitel fetichei" in *V. E. Meyerhold*, Tver, 1923, p. 11.
45. *Idem*, p. 11.
46. Grígori Kózintzev, Gueórgui Krijítzki, Leonid Trauberg, Sierguiêi Iutkiévitch, *Eksentrizm*, Ekstzentrópolis (i. e. Petrograd), 1922, p. 4.
47. Cf. P. Markov, *Noveichie tieatralnie tetchenia (1898-1923)*, Moscou, 1924, pp. 52-53; Gueórgui Krijítzki, *Riejissierskie portreti*, p. 94.

nandov, em seu Teatro Heróico-Experimental (Ópitno-Geroítcheski Tieatr), cultivava a "ritmometria", obrigando os atores a um cálculo meticuloso dos ritmos, a um escandir prosódico do gesto e das falas, como se a arte de representar pudesse ser regrada por um metrônomo.

Não falta muito para se chegar ao propósito de El Lissítzki, ou seja encenar, com estatuetas automáticas, a obra dos futuristas Krutchiônikh e Matiúchin *Pobieda nad Sólntzem* (*Vitória sobre o Sol*), que já havia sido representada em 1913 em Petersburgo, com cenários e figurinos de Maliévitch. Numa coletânea de dez litografias coloridas, editada em 1923 em Hannover[48], Lissítzki esboçou os *Spielkörper*, que representariam na peça: *clowns* diagonais, compostos por peças geométricas semelhantes aos *prúni*, um *globe-trotter* todo élices e esferas, coveiros em formato de caixões, com cruzes e cartolas...

Manipulando aparelhos elétricos, o *Schaugestalter* guiaria estes *Spielkörper*, parentes das burlescas figuras do *Figurales Kabinett*, de Oskar Schlemmer, no entrelaçamento confuso de uma complexa *Schaumaschinerie*, de um tobogã, constituído de múltiplos planos giratórios e permutáveis. Era lógico que, levando ao extremo os princípios da B., os construtivistas acabariam por pretender, a certa altura, a substituição do ator por uma espécie de pato de Vaucanson, um simples perfil móvel, um boneco de presépio mecânico. O arquidiretor deste espetáculo, imaginavam-no como um piloto-engenheiro, a controlar um painel apinhado de interruptores e teclas.

4

Até Meyerhold, desejoso de remover a casualidade das representações e de enxugar o trabalho cênico em fórmulas, em números, acalentava a idéia de que o diretor pudesse seguir e orientar o andamento do jogo por uma mesa de comando, toda alavancas e taquímetros. Captando, a cada vez, as reações do público, ele indicaria o tempo para os atores, através de sinais combinados[49]. Esta ânsia de precisão científica (herança de Stanislavski) mais tarde despertará nele outro sonho: o de compendiar os axiomas, as leis da "cenometria" num enxuto manual, similar ao *Como Fazer Versos*, de Maiakóvski[50].

48. Cf. Horst Richter, *El Lissitzky. Sieg über die Sonne. Zur Kunst des Konstruktivismus*, Colônia, 1958.
49. Cf. Sierguiêi Iutkiévitch, *Kontrapunkt riejissiera*, Moscou, 1960, p. 224.
50. Cf. Aleksandr Gladkov, "Iz vospominani o Meyerholde", in *Moskva Tieatralnaia*, Moscou, 1960, p. 354.

Uma malha de lã desbotada, um cachecol em volta do pescoço, um fez vermelho sobre o crânio, e botas de feltro ou grosseiras faixas de soldado sobre enormes sapatos de sola grossa: assim vestido Meyerhold aparecia no pequeno espaço das já lendárias Oficinas de Direção[51]. Suas aulas de B., suas sugestivas lembranças de velhos espetáculos fascinavam os jovens alunos. Escreverá depois Eisenstein:

> Devo dizer que nunca amei, ou adorei ou idolatrei alguém tanto quanto meu professor.
> Algum dia, algum dos meus rapazes dirá o mesmo de mim? Creio que não. E isso não se deverá aos meus alunos, e sim a mim mesmo. A mim e a meu mestre. Porque eu não sou digno sequer de desamarrar os cadarços de seus calçados, mesmo ele usando botas de feltro nas frias Oficinas de Direção do boulevard Novinski.
> ... Não se pode viver sem amar, sem adorar, sem se tornar fanático ou sem reverenciar.
> Era um homem extraordinário.
> O desmentido vivo do pressuposto que gênio e neqüícia não podem coexistir num mesmo homem.
> Feliz de quem o conheceu somente como mago e feiticeiro do teatro.
> Ai de quem se lhe sujeitava como homem.
> Feliz de quem sabia aprender observando-o.
> Ai de quem, confiado, ia procurá-lo com perguntas.
> ... Suas aulas eram cantos de serpente:
> Tudo esquece quem ouve tais canções...
> Parecia que à sua direita estivesse Sírin. E à esquerda Alkonóst.
> ... Suas aulas eram sonhos e miragens. Tomava-se notas em ritmo febril. Mas, ao se despertar, nos blocos encontrava-se sabe lá Deus que Babel[52].

Nos "seminários" de B., Meyerhold teve a assistência de Zinaída Raich, ex-mulher de Iessiênin e pouco depois sua segunda mulher, e por Valiéri Inkijinov, um mímico experiente, futuro intérprete (Bair) do filme de Pudovkin, *Tempestade sobre a Ásia*. Nas GVYRM também ensinavam Valiéri Biebutov e o poeta Ivan Aksionov, profundo conhecedor de teatro elisabetano e autor de uma monografia sobre Picasso[53]. Renderia frutos indagar as analogias entre as oficinas de direção de Meyerhold e a escola do Vieux-Colombier, de Copeau, onde o ator também era iniciado em acrobacias, ginástica, e nos truques de circo (não por acaso, os irmãos Fratellini ensinavam alí)[54].

Para demonstrar os primeiros resultados do treinamento biomecânico, os estudantes de Meyerhold representaram *Casa de Bonecas*,

---

51. Cf. Sierguiêi Iutkiévitch, *op. cit.*, p. 221.
52. Cf. Sierguiêi Eisenstein, "Stranitzi jizni", in *"Znamia"*, 1960, 10. *"Alkonòst"* e *"Sírin"*; imaginários pássaros do paraíso, representados nas gravuras do povo com rostos humanos.
53. Cf. Sierguiêi Iutkiévitch, *op. cit.*, p. 222 e 227.
54. Cf. Sylvain Dhomme, *La mise en scène contemporaine*, Paris, 1959, pp. 136-139.

25. Publicidade do "macacão operário do ator" na época da biomecânica e do construtivismo.

desarticulando o drama ibseniano numa veloz seqüência de números atléticos e de exercícios de espaldares. Há um aforismo de Meyerhold que nos ilumina sobre as razões desta escolha bizarra: "As obras de Ibsen parecem tranqüilas somente para os maus diretores. Leiam-nas com maior atenção, e ouvirão o mesmo rufar que se ouve nas montanhas russas"[55].

O construtivismo triunfou com a encenação de *Le Cocu Magnifique*, de Crommelynck, em 25 de abril de 1922. O palco, destituído de objetos de cena, panos de fundo e ribalta, era aberto como um enorme galpão até a esquálida parede de fundo, manchada de umidade e mofo. Neste espaço vazio surgia uma seca armação de plataformas em madeira, idealizada por Luibóv Popova, um encaixe de escadinhas, declives, larguinhos, portas[56].

Atrás desta construção esquemática, resultado de um cruzamento entre um torno e o aparato de um equilibrista – atrás deste chassi que, embora funcional, possuía um quê de abstruso, como os maquinismos de Picabia e de Roussel, campeavam duas rodas dissemelhantes e de diferentes cores, cujo movimento se acelerava ou reduzia conforme o ritmo da representação; havia também as asas de um moinho de vento e um enorme e preto disco giratório, em que estavam gravadas, fora de ordem, as consoantes do nome do comediógrafo: CR-ML-NCK. Estes grupinhos alfabéticos inseriram-se no espaço de representação como as letras esparramadas pelas pinturas da própria Popova – e as de Olga Rozánova e de Nadiejda Udaltzova e dos outros cubistas russos.

Os jovens atores, sem a menor maquiagem, vestiam um severo e monocromático macacão, de tecido simples, dividido em duas peças (as estranhas calças balão dos homens!), um macacão que era ao mesmo tempo uma lembrança dos uniformes teatrais do estúdio da Rua Borodínskaia e uma alusão aos modelos de *prozodiéjda* (uniforme de produção), desenhados naqueles dias pelos construtivistas. O acréscimo de uns poucos acessórios permitiu, no entanto, aviventar a uniformidade dos macacões azuizinhos, conferindo aos intérpretes um toque de pequeno circo. Do pescoço de Bruno pendiam duas borlas vermelho vivo. O Burgomestre usava polainas e um cinto de militar; o Conde um chicote e monóculo. Estela usava meias de seda e um leve batom[57]. Os maquinistas, o ponto, o *pomrej* (ou seja, o assistente de direção) também vestiam a *prozodiéjda*, e ficavam du-

---

55. Aleksandr Gladkov, "Meyerhold govorit", in *"Novi Mir"*, 1961, 8.
56. Cf. N. Giliarovskaia, *Tieatralno-dekoratzionoe iskústvo za 5 liét*, Kazan, 1924, p. 24.
57. Cf. Ígor Ilínski, *op. cit.*, p. 152.

rante todo o espetáculo, junto aos atores à espera de sua vez, na penumbra do fundo da cena[58].

Com harmoniosa destreza e precisão de mecanismo de relógio em seus movimentos, os intérpretes, cheios de vida, trepavam pelas escadinhas, deslizavam sobre os declives, executavam saltos, rodopios, cambalhotas, utilizando, em cada minúcia, o trampolim da Popova[59]. "Foi possível brincar com esta armação como se fosse um leque ou um chapéu"[60]. O árido chassi transformou-se numa *boîte à malice*, num vaso de Pandora, de onde espirravam saltimbancos festivos, diabos biomecânicos.

Suas gincanas, suas ágeis manobras com os adereços (rasgos de lona, trapos azuis), davam uma concretitude semântica aos abstratos suportes, aos patamares, como que transformando-os em cantos, em salas de um velho moinho. Bastava, por exemplo, a aparição de Estela dos cabelos de ouro, com uma flor de papel entre os dedos, para que um tablado neutro parecesse um terraço inundado pelo sol[61].

Assim um tortuoso enredo psicológico serviu de pretexto para que Meyerhold pudesse alinhavar uma demonstração pública de virtuosismos atléticos. Os sobressaltos e os equívocos de um ciúme enfurecido, e a desordem que este provoca em toda uma cidade, foram traduzidos em exercícios espaço-dinâmicos, em "gestos produtivos", em números de agilidade, que bem no fundo não eram lá muito diferentes das *entrées* dos *clowns* e daqueles *lazzi* que outrora o Doutor Dapertutto definia como "brincadeiras próprias ao teatro". O psicodrama tornou-se, em outras palavras, mecanodrama[62].

Ígor Ilínski (Bruno), a Babánova (Estela) e Zaitchikov (Estrugo) forneceram esplendorosas provas de maestria biomecânica. Coordenando os próprios movimentos em nó perfeito de simetrias e contrapesos, haviam conseguido integrar-se tão bem que a crítica falou de "ator de três corpos" (*triokhtelni aktior*) e resumiu a B. na sigla *Il-bazái*[63]. *Clown* analítico[64], Vassíli Zaitchikov acompanhava com pulos de pantomima o roer-se e as suspeitas de Bruno. Nos gestos, no saltitar das irônicas pernas e até mesmo nas inflexões vocais, a

---

58. *Idem*, pp. 150-151; e Boleslav Rostótzki, *O riejissierkom tvortchestve V. E. Meyerholda*, p. 34.
59. Cf. B. Alpers, *Tieatr sotzialnoi máski*, p. 28.
60. I. Aksionov, "Prostranstviêni konstruktivizm na stzêne", in *Tieatralni Oktiabr*, I, Leningrado-Moscou, 1926, p. 34.
61. Cf. B. Alpers, *op. cit.*, p. 30.
62. Cf. I. A. Brukson, *Tieatr Meyerholda*, Leningrado-Moscou, 1925, p. 123.
63. Cf. A. Gvózdiev, *Tieatr imiêni Vs. Meyerholda (1920-1926)*, Leningrado, 1927, pp. 30-31.
64. Cf. G. Gauzner–E. Gabrilóvitch, "Portreti akterov nóvovo tieatra", in *Tieatralni Oktiabr*, I, Leningrado-Moscou, 1926, p. 51.

Babánova inspirou-se nos músicos de *jazz*⁶⁵. Tampouco deve-se esquecer que no terceiro ato se exibiu a primeira *jazzband* russa⁶⁶.

Que distância há entre este teatro tonificante, este teatro-*swing*, e a oculta liturgia, a preguiça coloidal das cenas psicológicas. O ator não se identifica com a figura encarnada, mantém-na à distância, torna-se seu acusador ou advogado, indica suas diferenças, sua opinião, e busca, através de subentendidos, saídas e piscadas de olho que o público sempre esteja atento ao desdobramento.

Nessa propensão em desvelar a tecnologia do teatro e os maquinismos do processo de interpretação, a B. reproduz as manobras estilísticas dos filólogos do *Opoiaz* (Chklóvski, Eichenbaum etc.), que amavam desnudar, desmontando-a como fosse um relógio, a "feitura" dos textos poéticos. Existe uma relação direta entre as "astúcias" de Meyerhold e algumas fórmulas de Victor Chklóvski, como, por exemplo, o "desnudamento do método" (*obnajiénie priomá*). Afinal não há quem não enxergue que esta não-coincidência entre intérprete e imagem cênica precede aquele jeito de interpretar que Brecht, copiando talvez o termo de Chklóvski *ostraniénie*, chamou de "estranhamento"* (*Verfremdung*)⁶⁷.

5

Objetivando dissolver o ilusivo do realismo, os *flashes* interiores e toda a *perejiválchtchina*, Meyerhold, no espírito da vanguarda, começa agora a desarticular o texto dramático num estoque de "caprichos", de tretas, de truques, para torná-lo, como diziam então os excêntricos do grupo FEKS, "um cancã sobre a corda da lógica e do bom senso"⁶⁸. Não havia, naquela época, diretor teatral de destaque que não buscasse subverter ou desvirtuar a essência dos dramas. Escreveu Krijítzki: "Obrigaremos Hauptmann a andar plantando bananeira, penduraremos Ibsen pelas costeletas à cúpula do circo, e Maeterlinck dançará cancã para nós"⁶⁹.

Meyerhold quis aplicar estes procedimentos desintegradores mesmo às obras clássicas, começando pela "comédia-burla" *Smiert*

---

65. *Idem*, pp. 56-57.
66. Cf. A. Fevrálski, *Diésiat liét tieatra Meyerholda*, Moscou, 1931, p. 31.
* Traduzido tradicionalmente em português como "distanciamento". (N. da T.)
67. Cf. John Willett, *The Theatre of Bertold Brecht*, Londres, 1959, pp. 208-209; Berngard Raikh; *Brecht: Ótcherk tvortchestva*, Moscou, 1960, pp. 364-365.
68. *Ekstzentrism*, organizado por Grígori Kózintzev, Gueórgui Krijítzki, Leonid Trauberg, Sierguiêi Iutkiévitch, Ekstzentrópolis (i. e. Petrograd), 1922, pp. 4-5.
69. Gueórgui Krijítzki, *Filosofski balagan: Tieatr naoborot*, Petersburgo, 1922, p. 7.

Tariélkina (*A Morte de Tariélkin*), que foi apresentada a 24 de novembro de 1922. Ele já havia representado a obra de Súkhovo-Kobílin no Aleksandrinski a 23 de outubro de 1917, em leitura grotesca, como um combate de negras e gananciosas aranhas. Encarnação de uma pútrida e ambígua burocracia, o semidemente Tariélkin, "licantropo, espantalho, vampiro", olhava fixamente a platéia, com o olhar vítreo de um enforcado, balbuciando as próprias falas com voz cavernosa, infernal[70].

No espetáculo de 1922, dedicado à memória de Vakhtangov e ao filho dele, Serioja, Meyerhold tentou uma autoparódia da encenação anterior, substituindo por proezas biomecânicas os pesadelos hoffmannianos. "Mosqueteiros", credores, funcionários (e até mesmo o ponto, que sentava na primeira fileira, entre o público) vestiam uma *prozodiéjda* que mais parecia um uniforme de paciente ou de detento do que um macacão operário.

A absurda vitalidade dos objetos, sua irrequietude burlesca era o princípio motor desta direção. Adereços animados tomaram parte da ação, como nas *pièces magiques* do século XIX: mesas que de repente se dobravam, perdendo assim as pernas; cadeiras saltadoras, que explodiam debaixo do ator; jarros de madeira compacta, como pinos de boliche, inquietantes como a "garrafa" de Tatlin[71]. Um mundo a ser invejado pela imaginária convulsiva dos primórdios de Maiakóvski.

Aqueles duros objetos que não davam descanso, sempre prontos a arremessar com arrogância o intérprete, obrigavam-no a uma contínua tensão acrobática. É bem curioso que mesas e cadeiras rebeldes, embora sugerissem, por um lado, a instabilidade dos burocratas, por outro desejavam testemunhar as qualidades da nova mobília construtivista.

Para significar a câmara de tortura, onde Okh e Raspliuev jogavam os detentos, a cenógrafa Varvara Stiepánova tinha inventado um bizarro "aparelho", composto por duas gaiolas contíguas, uma em formato de roda e a outra em paralelepípedo que, unidas por um molinete, constituíam uma espécie de enorme moedor de carne (*miasorúbka*), máquina confusa e cruel, quase uma máquina kafkiana.

Este "aparelho", as cadeiras saltitantes, os estampidos de foguetes, ligavam o espetáculo às "malícias" do circo. Um puro prazer pelo "canular", pela barulheira, pela irreverência, inspirava a excentricidade desenfreada deste *charivari* desenfreado até o delírio. Impelidos por uma invencível fatalidade farsesca, os atores jorravam

---

70. Cf. Iacov Maliútin, *Akteri moievó pokolenia*, Leningrado-Moscou, 1959, pp. 349-350.

71. Cf. B. Alpers, *Tieatr sotzialnoi máski*, p. 28; B. Rostótzki, *O Riejissierskom tvortchestve V. E. Meyerholda*, p. 41.

de uma caixa como *petrúchki*, atiravam sobre a platéia com revólveres de brinquedo, perseguiam uns aos outros, batiam-se com cassetetes e moscadeiros feitos de bexiga de boi[72]. Como Arlequim em *Charf Colombini* no "Privál komediantov", Kandid Kastórovitch Tariélkin, ou seja, Sila Silitch Kopilov, para escapar de Varravin, saía voando, agarrando-se, num salto digno de Fairbanks, a uma corda pendente da grade do teto. Era época de "atrações", de "maravilhas". Viertov mandava passear, pelas ruas de Moscou, um suntuoso elefante[73], e Kulechóv um *cowboy*[74].

"O excentrismo", escreveu Chklóvski, "é distanciamento, luta com o imperceptível desvanecer do silencioso alvoroço da vida"[75]. Eisenstein, que foi assistente de Meyerhold em *Tariélkin*, certamente derivou daí a idéia da "montagem das atrações". Entendendo por atração "cada momento agressivo do teatro", ele concebia a representação como uma colagem de autônomos efeitos de surpresa, de exercícios de circo, de *gags* de pastelão, de violentas percussões, comparáveis aos "arrepios" do Grand-Guignol[76]. É óbvio que sua encenação de *Mudriétz* (*O Sábio*, 1923), da comédia de Ostróvski *Mesmo o Mais Sabido Cai*, ressentia-se da estratégia do *Tariélkin*. O *népman* Golutvin, de fraque e cartola, procedia majestosamente como um equilibrista sobre um fio suspenso acima do público. Mamáiev-Miliukov jogava-se de cabeça contra o próprio retrato, rasgando-o, como um palhaço através de um círculo de papel de seda[77].

Naqueles anos, todo espetáculo da vanguarda convertia-se em *Merz* de desconexos fragmentos, numa assintática seqüência de achados heterogêneos. "Atrações", "atrações". Percorrendo as doutrinas de Artaud, aqueles diretores propugnavam um teatro irritante, espasmódico: só solavancos, açoites, armadilhas: vertigens de montanha russa, "percussão rítmica dos nervos"[78]. "O teatro", gritava Krijítzki, "é totalizador, furioso jogo de azar, corrida de obstáculos, onde os atores disputam prêmios entre si, como os cavalos"[79].

A fosca comédia de Súkhovo-Kobílin ofereceu portanto a Meyerhold a oportunidade de inventar uma feira de fanfarronadas e

---

72. Cf. P. Markov, *Noveichie tieatralnaia tetchenia (1898-1923)*, Moscou, 1924, p. 47; B. Alpers, *op. cit.*, pp. 26-27 e 28; B. Rostótzki, *op. cit.*, p. 41.
73. No filme *Kinoglaz* (Cinema-olho, 1924). Cf. Nicolai Abramov, *Dziga Viertov*, Moscou, 1962, p. 47.
74. No filme *Neobitcháinie prikliutchenia mistéria Vesta v strane bolchevikov* (*As Extraordinárias Aventuras de Mister Vest no País dos Bolcheviques*, 1924). Cf. N. Liébiediev, *Ótcherk istóiri kinó SSSR*, I, Moscou, 1947, pp. 116-117.
75. Victor Chklóvski, *O Maiakovskom*, Moscou, 1940, p. 185.
76. Cf. Sierguiêi Eisenstein, "Montaj atraktzionov", in *"LEF"*, 1923, 3.
77. Cf. A. M. Ripellino, *Majakovskij e il teatro russo d'avanguardia*, Turim, 1959, pp. 155-160; Ignati Rostovtzev, *Bronenosetz Potiomkin*, Moscou, 1962, pp. 27-28.
78. Grígori Kózintzev, *Ekstzentrism*, p. 4.
79. Gueórgui Krijítzki, *idem*, p. 6.

extravagâncias, bastante similar aos "números" que então eram apresentados nos *music-hall* de Foregger[80]; um irresistível *jitterburg*; uma seqüência de transformações instantâneas (de Hoffmann a Fregoli); uma *clownade* truculenta, com borrifos de Grand-Guignol; em suma, uma mistura de futurismo e de teatro de feira.

Aliás o comediógrafo, em nota aos intérpretes de Tariéklin-Kopilov, havia-os aconselhado a se basearem no mímico e transformista Pierre Levassor, um excêntrico de agilidade pirotécnica, capaz de extraordinárias, hiper-rápidas desfigurações faciais[81], o mesmo Levassor que Herzen, numa carta de Paris, de 1847, definira como "perfeita expressão da jovialidade francesa", acrescentando:

> Com que rosto a natureza dotou este homem: magro, de delgadas e cortantes feições, atrás do qual se esconde uma maranha de músculos, três vezes maior do que consta na anatomia de Bonnet, e todos eles se mexem nas quatro direções; por isso ele pode fazer do rosto tudo o que quiser, assim como um ilusionista que faz de uma folha de papel ora um sapato, ora uma balsa, ora um *jabot*[82].

Em *Tariélkin* o ator marcava, mais acentuadamente do que na obra de Crommelynck, seu distanciamento da personagem, desviando incessantemente de seu papel com risíveis digressões. No momento em que (ato III, cena 11), levado para fora da masmorra, consome-se de sede, Tariélkin, não conseguindo agarrar um caneco de água, de repente, com efeito de "afastamento" ou "transposição" (*perekliutchénie*), sacava do bolso uma garrafa de vinho e bebia, piscando para os espectadores[83]. O intérprete de Raspliuev, de repente, em vez de fascículos judiciários, estendia um enorme cartaz com *slogans* e sentenças sobre a B., sobre pugilismo, sobre o construtivismo[84]. Assim um sinistro trapaceador, um prevaricador, transformado em Judex, em pérfido carrasco, virava, sem mais nem menos, um arauto das novas tendências.

Quem seguir de perto o contraditório e desigual caminho de Meyerhold, vê-se obrigado a prosseguir aos solavancos, dando largas guinadas, como os pulos de *West Side Story*. À desenfreada *guignolade*,

---

80. Cf. Osaf Litovski, " 'Levi Front' ili ekstzentritcheski parad?", (1922), in *Glazami sovriemiênika*, Moscou, 1963, p. 213.
81. Cf. Konstantin Rudnitzki, *A. V. Súkhovo-Kobílin*, Moscou, 1957, p. 312; Ievguêni Kuznietzóv, *Iz prochlogo rúskoi estradi*, Moscou, 1958, pp. 106-107.
82. Aleksandr Gertzen, *Sobránie sotchiniêni*, vol. V, Moscou, 1955, pp. 54-55.
83. Cf. S. Mokúlski, *Peritzenka traditzi*, in *Tieatralni Oktiabr*, I, Leningrado-Moscou, 1926, p. 28; B. Rostótzki, *op. cit.*, pp. 41-42.
84. Cf. P. Markov, *Noveichie tieatralnie tetchenia (1898-1923)*, p. 47; B. Alpers, *op. cit.*, p. 38.

26. Cenário de L. Popova para *Le Cocu Magnifique* de Crommelynck, 25 de abril de 1922 (direção: Meyerhold).

27. *A Morte de Tarélkin* de Súkhovo-Kobílin, 24 de novembro de 1922 (direção: Meyerhold; construção de V. Stepánova).

à farsa de *balagán*, segue-se, a 4 de março de 1923, um carrancudo oratório: *Ziemliá Díbom* (*A Terra em Alvoroço*), que Sierguiêi Trietiakóv havia tirado do drama *La Nuit*, de Marcel Martinet.

Diante do fundo do palco nu, sob a luz de refletores militares, delineava-se um enorme guindaste de cavalete, idealizado por Popova. Sobre uma tela suspensa apareciam, em *slides*, os títulos dos episódios e lemas revolucionários. Desta vez Meyerhold preferiu os adereços reais aos circenses: telefones, metralhadoras, fogões de campanha. Dos corredores da platéia, bicicletas, automóveis, motocicletas – no lugar das absurdas máquinas de *clown* – subiam até o tablado.

Esta imissão de brutos elementos reais quer se contrapor às realidades imitativas do velho naturalismo, agarrado à angústia do *facsímile*. Semelhante desejo de concretitude não simulada levou Eisenstein, em 1924, a encenar *Protivogázi* (*Máscaras contra Gás*), de Trietiakóv, no gasômetro de Moscou, inserindo no jogo o fragor de sirenes, chapas de metal, martelos pneumáticos e, no fim, torrentes de *coke* abrasado[85].

Em *Ziemliá Díbom*, como já em *Mistéria-Buf*, Meyerhold delineou, com sulfuroso desdém e hipérboles de espetáculo panfletário, os inimigos de classe, os aristocratas, os "bufos" da escuderia burguesa. Cercado pelo séquito, o imperador alemão de camisola empoleirava-se num urinol, para fazer suas necessidades[86].

Mas para as figuras do sim, para os agitadores e os soldados, o diretor retomou os módulos austeros de *Zóri*. Não por acaso o espetáculo foi dedicado à Armada Vermelha. A cena dos funerais do líder revolucionário parecia inspirar-se em certas seqüências patéticas da *Kinoprávda*, de Viertov. Era deposto, dentro de caixão vermelho, num caminhão cujo motor retumbava como música fúnebre. Em seguida, à medida que o caminhão ia se afastando, o retumbar, em ritmo mutável, dissipava-se, aos poucos, na infinita distância do luto[87].

6

Moscou. Anos vinte. O nome de Meyerhold agora já soa como fórmula mágica. A *prozodiéjda*, a B., o excentrismo, as armações construtivistas, o grito e o azedume dos espetáculos-comício: tudo isso afervora fileiras de jovens, que acorrem dos mais remotos cantos

85. Cf. Ignati Rostovtzev, *op. cit.*, p. 35.
86. Cf. B. Alpers, *op. cit.*, pp. 6 e 26; Ígor Ilínski, *op. cit.*, pp. 181-182.
87. *Idem*, p. 34; *idem*, p. 182.

da região soviética, com o desejo de se tornarem seus alunos. E os alunos seguem-no com entusiasmo de neófitos. Além de seu teatro (que a partir de 1923 denomina-se TIM: Tieatr Ímieni Meyerholda), ele dirige em 1922-1924 o Tieatr Rievoliutzii, que também pratica os preceitos do "Outubro Teatral".

Grupos amadores de operários e de soldados de todos os cantos, pedem-lhe instrutores e conselhos. Seu semblante narigudo aparece em copiosas caricaturas. Seus achados provocam escândalos, desdém, dissensões, polêmicas, labaredas de admiração. Fala-se dele em debates, em revistas, nos "números" dos cabarés, nas estrofes das cançõezinhas satíricas[88].

"Meyerhold", escreve naqueles dias Vassíli Kamiênski, com ênfase futurista, "é descobridor de Américas teatrais, autêntico revolucionário da arte", "flâmula de socialismo, Grande Alvorada primaz da Teatraria", "atleta de concreto", "Edison de trilhões de volts"[89]. "Se, após a revolução de Outubro", afirmará mais tarde Iúri Oliécha, "nasceu uma nova arte, uma arte soviética que agora surpreende o mundo, pode-se dizer que os primeiros anos desta arte se chamam Meyerhold"[90]. Lunatchárski propõe chamar "Meyerholdia", com palavra cunhada por Blok, todo o universo teatral que amalgame circo, equilibrismo, drama e *music-hall*[91].

Aquela época toda gira em torno das mirabolantes invenções deste diretor. As experimentações de Eisenstein, de Foregger, de Kózintzev e Trauberg, de Radlov, de Ferdinandov, todas elas tiveram raízes em seus sortilégios. Meyerhold é a tal ponto identificado com o funambulismo que no romance *Rokovie Iáica* (*Os Ovos Fatais*), Bulgakov, para zombar do excesso de atlética temerária, finge que o diretor tenha falecido em 1927, durante uma imaginária encenação do *Borís Godunov* puchkiniano, "quando desabaram sobre ele os trapézios com os boiardos nus".

No rastro de Meyerhold, a direção vanguardista tenta a *cirkizacia tieatra*, ou seja, empenha-se em transformar o espetáculo numa competição de acrobatas, numa – usando as palavras de Erenburg – "liturgia de *clowns*"[92], mas de *clowns* bem diferentes dos trágicos Vladimir e Estragon de nosso tempo. "O novo teatro", asseverava

---

88. Cf. Aleksandr Gladkov, "Vospominania, zamiétki, zapisi o V. E. Meyerholde", in *Taruśkie stranitzi*, Kaluga, 1961, p. 300.
89. Vassíli Kamiênski, *Ia i Meyerhold i 20 liét nazad i 20 liét vperiod*, in *V. E. Meyerhold*, Tver, 1923, p. 35.
90. Iúri Oliécha, "Liubov k Meyerholdu", in *"Vetchernaia Moskva"*, 9 de fevereiro de 1934, n. 33.
91. Cf. Anatoli Lunatchárski, "Tieatr RSFSR", (1922), in *O tieatre i dramatúrgui*, I, Moscou, 1958, p. 228.
92. Iliá Erenburg, *A visó-taki oná viértitsia*, p. 23.

Krijítzki com termos meyerholdianos, "nascerá sobre a areia do circo. Rejeitada a lógica e o senso comum, reencontrará a loucura, tilintando os alegres guizos, anunciando uma nova teatralidade: o teatro de feira"[93]. "As crescentes corcundas", lê-se no manifesto de Kózintzev, "as barrigas que se avolumam, as perucas avermelhadas que se levantam nas cabeças dos palhaços são o início do novo hábito cênico. Seu fundamento é um transformismo ininterrupto"[94].

Não queremos tecer inúteis hagiografias – é certo, porém, que todo o teatro convulso, dinâmico, anti-respiratório da época, o teatro em que a direção torna-se agressão, pretexto de barafunda, danada acumulação de truques, provém do exemplo meyerholdiano.

Cada homem tem uma época eleita, uma espécie de *âge d'or* pessoal. Henry Miller, em *A Devil in Paradise*, lamenta não ter vivido em Paris nos dias de Apollinaire e de Rousseau. Nós teríamos gostado de viver em Moscou nos tempos de Meyerhold.

7

> *L'asservissement à l'auteur,*
> *la soumission au texte,*
> *quel funèbre bateau!**
>
> Antonin Artaud, *Bilboquet*

Cada espetáculo era portanto um comboio, uma sucessão horizontal de rapidíssimos "números", de cenas-relâmpago. No teatro e no cinema experimentavam-se então, com voracidade, as possibilidades da montagem. Havia artistas fanáticos pela colagem, como Dziga Viertov e os *kinóki*, que mesmo impelidos pela ansiedade de captar a vida com espontaneidade, pegando-a de surpresa (*vrasplókh*), acabavam por alterar seu documentarismo e a própria semântica dos enquadramentos com excessivos artifícios e bizarrices de montagem[95].

Em vez de limitarem-se aos cortes habituais, os diretores de teatro (e não somente os de vanguarda: até mesmo Niemiróvitch-Dântchenko, no Muzikálnaia Studia, o Estúdio Musical do Teatro de Arte)[96] reelaboravam radicalmente o texto, dissecando a trama

---

93. Gueórgui Krijítzki, *Filosofski balagan: Tieatr naoborot*, Petersburgo, 1922, p. 23.
94. Grígori Kózintzev, *Ekstzentrism*, pp. 4-5.
* A servidão ao autor, / a submissão ao texto, / que fúnebre barco! (N. da T.)
95. Cf. Esfir Chub, *Krupnim planom*, Moscou, 1959, pp. 78-79.
96. Cf. Páviel Markov, *Riejissura Vl. I. Niemiróvitch-Dântchenko v Muzikalnom tieatre*, Moscou, 1960.

em núcleos distintos e sem clímax algum, invertendo a ordem dos acontecimentos, "transpondo" as personagens para que destas derivassem significados sociais, correspondentes aos esquemas soviéticos. Esta "transposição" (*perekliutchénie*) possibilitava dar novo sabor às tramas e às imagens de outros tempos. Assim, em seus filmes, Esfir Chub, com um encadeamento muito sutil de antíteses e de aproximações, conferiu deformante destaque satírico às crônicas dos anos czaristas, antes frio e mofado material de arquivo.

Através da desagregação molecular do drama, reduzido a modesto suporte de uma tela energética, os "produtivistas" (e praticamente todos os homens de teatros de esquerda) queriam chegar, como notou Arvatov, à total "liquidação do tema": "o tema agoniza, a história nos conduzirá ao teatro 'puro' assim como já nos conduziu certa vez à 'pura' pintura"[97].

Como montagem própria Meyerhold encenou no TIM, a 19 de janeiro de 1924, *Liés* (*A Floresta*), de Ostróvski, apresentando-se não mais nas vestes de executor genial de uma partitura literária, e sim como "autor" do espetáculo, como diretor-demiurgo, para quem o texto era incentivo para virtuosismos autônomos[98]. Ele afirma, numa aula em 13 de junho de 1936:

A experiência ensina-me que, dos meus trabalhos, permanecem em repertório, até hoje, somente os que realizei como se os tivesse escrito eu mesmo. Ou seja, aqueles em cujo *canovaccio* eu irrompi com meus princípios. Foi Korniéi Tchukóvski quem o percebeu, dizendo certa vez, *en passant*, que quando assiste às minhas direções, parece-lhe estar lendo um livro[99].

Dividiu os cinco atos de *Liés* em 33 episódios, embaralhando-os (*peretasóvka*) como cartas de baralho (seu espetáculo começava pela segunda cena do segundo ato, depois disso o primeiro e o segundo ato desenrolavam-se alternadamente). A divisão dinâmica em episódios concisos e incisivos, cujos títulos brilhavam como legendas de filme sobre uma tela, tinha com certeza algo de cinema, mas por outro lado deste modo – como observou mais tarde o diretor – também eram estruturados o *Borís Godunov* puchkiniano e quase todos os dramas de Shakespeare[100].

97. B. Arvatov, "Tieatr, kak proizvodstvo", in *O tieatre*, Tver, 1922, pp. 117-118.
98. Cf. S. Mokúlski, "Peritzenka tradizi", in *Tieatralni Oktiabr*, I, Leningrado-Moscou, 1926, p. 21.
99. Vsiévolod Meyerhold, "Tchaplin i tchaplinizm", in *"Iskústvo kinó"*, 1962, 6.
100. Cf. A. Gladkov, "Meyerhold govorit", in *"Novi Mir"*, 1961, 8.

28. *A Floresta* de Ostróvski, 19 de janeiro de 1924 (direção: Meyerhold; cenário: V. Fiodorov).

Introduziu uma série de "personagens sem falas" (*lica bez retchiéi*): a mulher do pope, um rapaz turco usando fez vermelho (que guardava o cofre da Gurmíjskaia), um policial distrital (um *uriádnik*), um alfaiate de cidade, uma vizinha, um funcionário e os empregados (jardineiro, criado de estrebaria, camareira) que, como os criados de cena de suas direções anteriores, traziam os adereços necessários à representação[101].

Esta montagem, que a muitos pareceu uma deturpação, devolvia frescor a um texto que se degradara em "comédia do dia" (*dejúrnaia piesa*) e se vulgarizara por incrustações vindas de gastos modelos de interpretação. Meyerhold estava convicto de que era melhor trair do que embalsamar, e que somente ao recriar o texto, sem se atolar na hipocrisia do respeito, seria possível manter-se fiel a ele.

Lunatchárski lançou o *slogan* "Voltar a Ostróvski!". Mas, deste escritor, Meyerhold já havia encenado, a 15 de maio de 1923, no Tieatr Rievoliutzii, a comédia *Dokhódnoe Miésto* (*Um Cargo Lucrativo*), como uma tragifarsa embebida de humores gogolianos. Inspirando-se nos truques e nas hipérboles bufas do teatro de feira, e saindo assiduamente fora da casca do papel para ironizá-lo, o ator Dmítri Orlóv (o Raspliuev de *Tariélkin*) fez do velho carreirista e bajulador Akim Iusov um malévolo palhaço careca, uma espécie de Sganarelle burocrático, todo reverências e *entrechats*, servil com os altos funcionários e mal-humorado com os subordinados[102].

Ficou famosa a cena do primeiro ato, em que Iusov entrava na sala de seu chefe Vichnievski, dobrando as pernas de tanta sujeição, como que diminuindo de altura aos poucos, num encolhimento excêntrico que era testemunho de habilidade biomecânica[103]. Na cena da taberna, no terceiro ato, depois de ter dançado bêbado, ao ronrom de um *orchestrion**, ele incendiava – espécie de auto-de-fé funcional – um jornal, como se estivesse a queimar, com exultante furor, qualquer idéia que pudesse insidiar a segurança da ordem constituída, o universo da concussão[104].

Meyerhold elaborou a iluminação deste ato com minuciosidade alusiva. No início, um refletor azul enquadrava as toalhas brancas e

101. Cf. A. Fevrálski, *Diésiat liét Tieatra Meyerholda*, Moscou, 1931, pp. 37-38.
102. Cf. S. Margolin, "Akteri Tieatra Rievoliutzi", in *Moskóvski Tieatr Rievoliutzi*, Moscou, 1933, p. 100.
103. Cf. B. Alpers, *Tieatr Rievoliutzi*, Moscou, 1928, p. 57; A. Gripitch, "Natchalo bolchovo puti", in *Dmitri Nikolaevitch Orlov: kniga o tvortchestve*, Moscou, 1962, p. 203.
* Órgão portátil. (N. da T.)
104. Cf. A. Gripitch, *op. cit.*, pp. 203-204.

brilhante bronze do *orchestrion*. Uma única vela acesa: sobre a mesa do triste Jadov. Com a barulhenta chegada de Iusov e de seus subordinados, muitos castiçais chamejavam sobre as várias mesas. Terminada a cintilação da estúpida fogueira, novamente uma única e mirrada vela permanecia em cena durante o colóquio entre Dosujèv e Jadov, quando Iusov e os seus, cambaleando, iam-se embora satisfeitos – uma única vela que enfim um garçom levava embora, deixando Jadov meio embriagado, humilhado e choroso, na opaca e tênue luz do refletor[105].

Meyerhold acreditava que Ostróvski, tradutor dos "entremeses" de Cervantes, e estudioso de Lope, tivesse aprendido muito da dramaturgia espanhola. Por isso, na encenação de *Liés*, retomou alguns procedimentos do teatro do *siglo de oro* e concebeu os atores ambulantes Guénadi Nieschastlivtzev e Arkachka Schastlivtzev como Dom Quixote e Sancho Pança.

O trágico vestia um *sombrero* de abas muito largas, um tabardo pitoresco, uma ampla camisa russa e agia e falava com os modos pomposos dos *guitti*, que transfundem mesmo na vida os *poncifs* das representações. Ao cômico, Meyerhold deu um chapéu negro e chato e um curto bolero de toureiro, aproximando-o a um espanhol de ópera, ou melhor a um "gracioso", embora as calças flutuantes em losangos o fizessem parecer mais um *clown*, ou mesmo um excêntrico de *music-hall*[106]. A isso acrescente-se que Ilínski dava a seu Arkachka uns toques chaplinianos, identificando (como Celaya numa poesia) Sancho e Carlitos. O excesso de truques clownescos, os uniformes teatrais excessivamente berrantes, talvez ofuscassem a amargura humana destes míseros *cabotins*, condenados a percorrer, de ponta a ponta, a imensa província russa[107].

Meyerhold fez do contraste entre Aksiucha e a arrogante proprietária Gurmíjskaia um dissídio de classes, transformando a primeira numa criatura orgulhosa e enérgica, quase um *komsomólka*[108]*, cuja resoluta vontade prevalecia sobre as senis intrigas da outra. Mesmo Piotr, seu amado, que no texto de Ostróvski é desbotado e inseguro, sempre à espera das instruções do pai, adquiriu a inquie-

---

105. Cf. B. Alpers, *Tieatr Rievoliutzi*, p. 53; B. Rostótzki, *op. cit.*, pp. 44-45.
106. Cf. A. Fevrálski, "Tisiatcha spektaklei: Diésiat liét 'Lesa' v postanóve V. E. Meyerholda", in *Litieratúrnaia gazieta*, 20 de janeiro de 1934, n. 5; Ígor Ilínski, *op. cit.*, p. 190.
107. Cf. Ígor Ilínski, *op. cit.*, p. 189.
108. Cf. Karel Martínek, *Meyerhold*, Praga, 1963, p. 239.
* Membro da Juventude Comunista. (N. da T.)

tude de um opositor, um jeito rebelde, e o fato de tocar acordeão atribuía-lhe galhardia popular.

Além da rebelião contra os preconceitos, as imagens de Aksiucha e Piotr também significavam (especialmente no trépido encontro à luz do luar) o lirismo ferido pelo surdo rancor da "floresta", ninho de "mochos e corujas"*, e a Raich-Aksiucha parecia ressuscitar os tons de uma "primeira amorosa"; afinal Meyerhold não se opunha à concepção dos "gêneros", que o Teatro de Arte iludira-se ter banido[109].

Com essa "reconstrução" (*perestróika*) das personagens, Meyerhold propunha-se imitir reflexos atuais no texto, mesmo tendo Maiakóvski afirmado alguns anos antes: "Não é possível representar a tomada do Palácio de Inverno com *Liés*, de Ostróvski"[110]. Associando a *Commedia dell'Arte* aos pretextos dos cartazes políticos, ele converteu a Gurmíjskaia e todos os que a cercavam em máscaras grotescas, similares aos "puros" de *Mistéria-buf*. E para poder caracterizá-los ainda melhor, reabilitou as maquiagens, as perucas e os trajes típicos que havia repudiado em *Le Cocu* e em *Tariélkin*.

Eis por que Norman Marshall, falando desta encenação, deste *slapstick entertainment*, define seus atores como "grotescamente vestidos e maquiados como bobos e bufões"[111]. As perucas de toscos materiais, escolhidos no estilo construtivista da "feitura" nua, suscitaram longas polêmicas. Mas surpreender-se com as perucas multicoloridas de *Liés* seria como torcer o nariz para o rosto verde do judeu de Chagall.

Uma peruca de fios de ouro e uma barba análoga enfeitavam o latifundiário Milonov, transformado (talvez por causa de sua linguagem untuosa) em pope de batina esverdeada. O insosso e imberbe Bulanov circulava de calção, de tênis branco, e com uma verde peruca de risca no meio. O teimoso mercador Vosmibratov, assemelhado a um *kulák*, a um monstro do capitalismo, ostentava uma peruca de lã bruta de carneiro. Para a Gurmíjskaia, déspótica exploradora, que ocultava libido e rapacidade sob os falsos brilhos do decoro e da beneficência, Meyerhold forneceu uma peruca avermelhada e brilhante, obedecendo talvez ao provérbio "ríji da krasni – tcheloviék

---

* No original *gufo* e *civetta*. Os dois bichos tem duplo sentido em italiano, significando o primeiro pessoa taciturna, e o segundo moça extrovertida e namoradeira. (N. da T.)

109. Cf. G. Gauzner–E. Gabrilóvitch, *Portreti akterov nóvovo tieatra*, e V. Soloviov, "O tekhnike nóvovo aktera", in *Tieatralni Oktiabr*, I.

110. Vladímir Maiakóvski, "Vistupliênie na dispútie 'Khudojnik v sovriemiênom tieatre' ", (3 de janeiro de 1921), in *Pólnoie sobránie sotchiniêni*, vol. XII, Moscou, 1959, p. 256.

111. Norman Marshall, *The Producer and the Play*, Londres, 1957, p. 69. (Em inglês no original. N. da T.)

opásni" ("ruivo e encarnado – sujeito malvado"), e uma fantasia de amazona de chicote, e outros figurinos de cores vistosas[112].

A empregada Ulita, provida de peruca arroxeada, copiava, com atrapalhados exageros, as poses e as afetações da patroa, imitando também, com estridente cantilena, seu falso contralto, seu uivo sentimental. No episódio (ato IV, cena 4) em que Arkachka a cortejava, ostentava uma espécie de negro quimono com ramos de flores vermelhas, uma guirlandazinha de flores brancas sobre a cabeça e, entre as mãos, um grande maço de rosas brancas e escarlates[113]. A partir da fala em que Arkachka (ato II, cena 2) sustenta que no lugar de cabelos crescem-lhe penas, Meyerhold enxertou, como se fossem penas de faisão no solidéu de um diabo de ópera, autênticas penas de galo na calva peruca de Ilínski[114].

Mesmo nesta direção portanto o futurismo acabava coincidindo com as cabalas do teatro de feira e as caretas de *music-hall*. Não casualmente Meyerhold, para o papel de Arkachka, aconselhou Ilínski a inspirar-se no excêntrico Milton, então em *tournée* pela União Soviética, e no cômico de variedades Aleksiéi Matov[115], que costumava cantar com um enorme crisântemo na lapela e um velho chapéu coco enviesado[116].

Uma estreita passarela de madeira, suspensa por cordas metálicas, corria da direita para a esquerda rente à parede externa do palco, descendo depois em semicírculo em direção aos espectadores. Esta prancha pênsil, emprestada talvez da "estrada florida" (o *hanamiki*) dos japoneses, assumia diferentes valores, ora servindo de trilha em declive, por onde, lentamente, os dois *guitti* aproximavam-se da propriedade da Gurmíjskaia, ora de despenhadeiro, de onde Arkachka simulava pescar, ora de íngreme atalho, que Piotr e Aksiucha subiam ao final, evadindo-se da "floresta"[117].

Com seu jogo, os atores conferiam plenitude semântica e metaforismo àquele despojado "viaduto". No meio da descida, Arkachka-Ilínski representava, com valentia biomecânica, uma esplêndida pantomima de pesca. De costas para o público, como que do alto

---

112. Cf. S. Mokúlski, "Peritzenka traditzi", in *Tieatralni Oktiabr*, I, pp. 25-26; Ígor Ilínski, *op. cit.*, p. 191.
113. Cf. Václav Tille, *Moskva v listopadu*, (1929), Praga, 1963, p. 35.
114. Cf. Ígor Ilínski, *op. cit.*, p. 191; Grígori Kháitchenko, *Ígor Ilínski*, Moscou, 1962, p. 161.
115. Cf. Ígor Ilínski, *op. cit.*, p. 190; Grígori Kháitchenko, *op. cit.*, p. 60.
116. Cf. Z. Daltzev, "Moskva, 1917-1923 (Iz vospominani)", in *U istokov*, Moscou, 1960, p. 239.
117. Cf. B. Alpers, *Tieatr sotziolnoi máski*, p. 31.

de um despenhadeiro, lançava uma vara desprovida de linha num fictício ribeirão, erguendo-a repentinamente com uma arrancada, indicando que talvez tivesse pego um peixe; depois, simulando arrancá-lo do anzol, através de seu jogo de dedos, dava a ilusão de um peixe saltitante[118]. A deixa desta alucinação mimética fora provavelmente sugerida a Meyerhold por aquela passagem de *Liés* (ato III, cena 4), em que Arkachka chama Karp, o lacaio, com múltiplos nomes ictiológicos: carpa, perca, ciprinídeo, anacantino... Iutkiévitch comparou a vibrátil agitação das mãos de Ilínski, durante a pesca, à mobilidade digital de Marcel Marceau, quando exprime, fingindo capturar borboletas, a irrequietude e o espasmo das asas aprisionadas[119].

Pela primeira vez, depois de anos de estrito construtivismo, o diretor acrescentou ao nu andaime da "ponte" – assim como os cubistas, que incrustavam tecidos em suas telas – cartas de baralho, jornais, uma série de imprevistos elementos realistas: bancos, mesas, espelhos, uma cerca, o mastro de um carrossel de cordas, um pombal, uma portazinha com roldana. No jardim da Gurmíjskaia, quis pombos domesticados voando. Depois de anos de ascética monocromia, de sovinice, ele determinara a volta às cores berrantes, não apenas nos figurinos (adeus *prozodiéjda*) maquiagens e perucas, como também na iluminação, elaborando refinados pastéis de luzes suaves.

Uma busca de brandos efeitos pictóricos deu forma à procissão (ou melhor, *parade-allée*) de estandartes, que no início irrompia da escuridão, entre ofuscamentos cromáticos, girando em ritmo ensandecido (como num quadro de Maliávin) atrás do pope de peruca dourada[120]; como também o adágio melo-melancólico do encontro de Piotr e Aksiucha na "colina", sob a claridade de uma lua violácea (uma lua de quadro de Kuíndji, uma lua de ópera)[121].

Dessa volta à suavidade também foi testemunha a música de acordeão que inundava o espetáculo todo. Piotr tocava uma antiga e gasta valsa, a *Dve Sobatchki* (*Dois Cachorrinhos*), que mais tarde forneceu o motivo a uma cançãozinha da época: *Kirpitchiki* (*Os Azulejos*)[122]. Arkachka cantarolava romanças e *couplets* de *vaudevilles* e de velhas operetas[123].

---

118. Cf. Václav Tille, *op. cit.*, p. 33; Ígor Ilínski, *op. cit.*, p. 189; Grígori Kháitchenko, *op. cit.*, pp. 61-62; Iú. Ánienkov, "Meyerhold", in *"Novi jurnal"*, (New York), 1963, n. 72.
119. Cf. Sierguiêi Iutkiévitch, *O kinoiskústvie*, Moscou, 1962, p. 330.
120. Cf. Václav Tille, *op. cit.*, p. 32.
121. Cf. A. Kúgiel, "V. E. Meyerhold", in *Profili tieatra*, Moscou, 1929, p. 89.
122. Cf. S. Mokúlski, "Peritzenka traditzi", in *Tieatralni Oktiabr*, I, p. 26; Ígor Ilínski, *op. cit.*, pp. 188-189.
123. Cf. Ígor Ilínski, *op. cit.*, p. 189.

A interpretação era toda entremeada de estratagemas biomecânicos. O galanteador de quadra de tênis Bulanov executava, por exemplo, exercícios de equilibrismo sobre duas cadeiras sobrepostas. E o que dizer das pantomimas de Ilínski? Com a mesma destreza utilizada nas manobras de pesca, ele remendava, sem agulhas, seu paletó[124], e durante o banquete nupcial da Gurmíjskaia, sentado de costas para o público, roubava garrafas da mesa, enfiando-as num alforje pendurado no encosto da cadeira[125].

Em certos episódios a B. coincidia com os passatempos folclóricos. No primeiro encontro amoroso, Piotr e Aksiucha pronunciavam suas falas girando suspensos a um carrossel de cordas (*gigantskie chagí*), que na fantasia de Meyerhold substituía o tobogã (*salázki*), com o qual Aksiucha, segundo as palavras da Gurmíjskaia (ato I, cena 7), sempre brincava quando pequena[126]. Como que parodiando este encontro, Arkachka e Ulita balançavam-se numa trave equilibrada sobre um cavalete, e o cômico de repente parava a despenseira no ar, obrigando-a a cantar para ele, lá de cima, uma romança. Assim, brinquedos de quintais campestres e de festas populares passaram a fazer parte do arsenal de aparelhos atléticos tão caros a Meyerhold, utilizados como preciosas máquinas para a tradução dos sentimentos em recursos físicos.

Mas o diretor serviu-se da B. sobretudo para representar momentos de trabalho doméstico: o pedicure, o lavar roupas, a prova dos vestidos, o preparo da geléia – como querendo desarticular o mundo caseiro da velha Rússia em seqüências de ginástica, no espírito do construtivismo. Os atores executavam vários exercícios "produtivos" com pequenos objetos domésticos: frutas, potes, abóboras, chaleiras, bacias.

Desenvolvendo uma fala de Aksiucha – "Aos seis anos já ajudava minha mãe no trabalho, de dia e de noite" (ato I, cena 7) –, Meyerhold deu um substrato "operário" a esta cena: Aksiucha não parava de trabalhar, trazendo água, pondo a mesa, pendurando a roupa no varal. Na primeira altercação com a Gurmíjskaia, acompanhava as próprias palavras sovando com raiva a roupa que lavava com um batedouro que, como observa Slonímski, transformava-se em "dinamômetro" do diálogo[127].

Pode ser que, ao delinear tais "miniaturas" mímicas, Meyerhold tenha se lembrado dos *sketchs* operários que recorrem em certos

---

124. Cf. Václav Tille, *op. cit.*, p. 33.
125. *Idem*, p. 36.
126. Cf. Aleksandr Slonímski, "Liés (Opit analiza spektaklia)", in *Tieatralni Oktiabr*, I, p. 70; Václav Tille, *op. cit.*, p. 34.
127. Cf. Aleksandr Slonímski, *op. cit.*, pp. 68-70.

filmes de Chaplin – em *The Tramp*, por exemplo, onde ele borrifa enormes árvores com um minúsculo regador, e ordenha uma vaca, segurando seu rabo como a uma bomba de incêndio. Em poucas palavras, para evitar o tédio de inertes discursos, o diretor preocupou-se em apresentar constantemente, paralelas ao diálogo, "frases" de pantomima; quis os intérpretes sempre fazendo alguma coisa, na intenção de dar ao espetáculo um altíssimo coeficiente de visualidade, pouco importando se em prejuízo do tecido verbal.

Cada ligeira menção do texto dilatava-se em vertiginosa sucessão de vibrantes "atrações". Para obrigar Vosmibratov a desembolsar a inteira quantia devida à Gurmíjskaia (ato III, cena 9), o trágico se camuflava em salteador; Bulanov e Arkachka, escondidos, desencadeavam uma barulheira dos infernos, um batendo pratos e outro dando golpes sobre uma chapa de metal. Em seguida o cômico saltava para fora de seu esconderijo, vestido como diabo de feira, em meia calça peluda com uma longa cauda[128]. No episódio em que assediava Ulita (ato IV, cena 4), Arkachka, percebendo que Guénadi estava se aproximando, esconde-se debaixo de sua saia, para depois sair dali usando a máscara de judeu de teatro.

Estas rajadas de truques, este fértil ilusionismo pareceram injúrias blasfemas aos sábios guardiões dos textos "sacros". Um texto de Ostróvski transformado em comédia clownesca? Era pior do que grudar bigodes na venerada Gioconda. E o desdém dos conservadores atores acadêmicos!

"Quando", escreve com hipocrisia de vestal Viera Pachiénnaia, atriz do Mali, "ao tocar o sinal, a Gurmíjskaia entrou em cena, seguida por um padre levando um turíbulo e por Bulanov de peruca verde; depois, quando eles se puseram a fazer-lhe o pedicure, acreditei ter ido parar num manicômio. Qual foi minha indignação ao ver que meus colegas riam de tantas bobagens. Pulei do meu assento e fui-me embora do teatro[129].

Mesmo assim, apesar de sua aparência deflagradora, este *opus* de direção, síntese dos procedimentos de vários gêneros e épocas (*music-hall*, circo, *kabuki*, *siglo de oro*, *balagán*, jogos folclóricos) aproximava-se, pela riqueza de erudição teatral, aos espetáculos do "tradicionalismo". Como acontece nas mais ousadas experimentações de Tatlin, em que ainda vive a lembrança da pintura de ícone[130], assim

---

128. Cf. Václav Tille, *op. cit.*, p. 34; Ígor Ilínski, *op. cit.*, p. 189.
129. Viera Pachiénnaia, *Iskústva aktrisi*, Moscou, 1954, pp. 124-125.
130. Cf. Camilla Gray, *The Great Experiment: Russian Art*, Londres, 1962, p. 142.

em Meyerhold, mesmo nas direções em que mais se percebe a "loucura" dos futuristas, as tradições do teatro voltam, com a mesma elipse perpétua de um *boomerang*.

8

Reabrindo os locais noturnos, as lojas refinadas, os restaurantes luxuosos, a NEP despertou novamente nos russos, depois dos esqualores da guerra civil, o gosto por uma vida urbana mais airosa[131]. A Europa os deslumbrava novamente, através das revistas e dos enquadramentos dos filmes. Sob o influxo do cinema (sobretudo do *Kammerspiel*) e da dramaturgia expressionista, os diretores soviéticos dedicaram-se a representar a cidade ocidental como aglomerado de perversidade e tentações, como sentina de seres ambíguos, iniciando assim um efêmero estilo de encenação, que teve o nome de "urbanismo".

Sombrios agentes de bolsa com chapéu coco, cômicos milionários, trapaceiros de cachecol enrolado no pescoço e cachimbo entre os dentes, proletários generosos constantemente em perigo, belíssimas vigaristas obrigatoriamente fatais, truculentas silhuetas de malfeitores, vultos de opacidade misteriosa abarrotavam os tablados enviesados, em enredos que uniam a acrobática e o rocambolesco.

Estas novas "máscaras", variantes das personagens eternas do *mélo*, da mitologia do *feuilleton* popular, movimentavam-se para lá e para cá pelos encaixes de escadas e andaimes construtivistas com impulsos bêbados, em ritmo de foxtrotote, como se tivessem saído de um *dancing*. Antecipando o universo de Krenek, de *Jonny spielt auf*, o "urbanismo" encheu os espetáculos com cadências de *jazz*. Era o momento do foxtrote: "Nos *cabarés* e nos salões", conta Erenburg, "dançava-se ao novo ritmo de foxtrote, fundado sobre oscilações associativas"[132]. Com seus saltos espasmódicos, com seu "prestíssimo" as figuras destas encenações queriam significar os tempos acelerados e convulsos da metrópole moderna, a dinâmica da agiotagem, o frenesi do tecnicismo.

A intenção essencial das representações "urbanistas" era evidenciar a agonia da Europa, corrompida e dilacerada pelas discórdias sociais e já próxima do desmoronamento. Naqueles *spaccati* de cidades ocidentais, envolvidas nas luzes noturnas, com os lampejos das propagandas luminosas, ocultava-se uma sensação de perdição

---

131. Cf. Esfir Chub, *Krupnim planom*, Moscou, 1959, p. 62.
132. Iliá Erenburg, "Neobitcháinie pokhojdiênia Julio Jurenito", (cap. XXXIV), in *Sobránie sotchiniêni*, I, Moscou, 1962, p. 226.

e condenação, uma angústia pelo irreparável, capazes de diminuir em comparação o catastrofismo das gravuras alegóricas de Frans Masereel. Observando bem, as imagens de uma Europa à beira do abismo retomavam, à maneira soviética e com o arrepio do gênero policial, as febris excomunhões do Ocidente que se encontram em Tiutchev e no Dostoiévski do *Diário de um Escritor*.

Apesar da angústia apocalíptica e do aparente desprezo pelos hábitos europeus, o "urbanismo" é, de fato, nostalgia do brilho ocidental dos "anos loucos". Os espetáculos "urbanistas" equivalem à poesia cosmopolita da época, à poesia de Yvan Goll, de Nezval, de Walter Mehring, que também se propunha transmitir a frivolidade e a vertigem da Europa em alvoroço, em esfacelo, mas imutavelmente encantadora.

Meyerhold ofereceu um primeiro exemplo de "urbanismo" a 7 de novembro de 1923, no Tieatr Rievoliutzii, com a encenação da tumultuosa comédia de Aleksiéi Faikó *Óziero Liul* (*O Lago de Liul*), um *mélo* que narra, não sem reminescências de Toller, a história do renegado Antón Prim, num ilusório país do capitalismo, entrelaçando o tema da revolução com uma seqüência de armadilhas, incêndios, conjuras, delitos e outras tantas circunstâncias de *feuilleton* tenebroso.

A estrutura concisa e sufocante da obra de Faikó deu a Meyerhold, que naqueles anos sonhava conferir à suas direções a fluidez do cinema, a oportunidade de compor uma partitura de pequenas cenas cortantes, de "teatrogramas", que se sucediam em ritmo frenético. Com esta técnica de borrifos, de lampejos, o diretor pretendia, além de tudo, mimar o marasma do capitalismo, a desordem, a ansiedade dos ocidentais, imaginados, para usar os termos de Benn, como "formigas claustrofóbicas"[133]. "A vida", afirma o protagonista, "atira-se, lança-se, joga-se desenfreada, numa velocidade insana. Cintila, sufoca, ensurdece. Não há pensamentos, e sim cobiça, nada mais do que cobiça" (ato V, cena 6).

Rostos suspeitos de provocadores, de obesos banqueiros, de mulheres de rapina, de trapaceiros apareciam num relampejar em ritmo de foxtrote, com a irrequietude de mariposas em volta de uma lâmpada, pela armação de três andares de Chestakóv, complexo emaranhado de rampas, escorregadores, tablados, placas, elevadores. Era uma intensa representação de filme policial, uma sucessão de rápidos olhares, de gestos alusivos – um gráfico de movimentos apressados

---

133. Gottfried Benn, "Urgesicht" (1929), in *Prosa und Szenen*, Wiesbaden, 1958, p. 116. (Em alemão no original. N. da T.)

e descontínuos, sob a fosca luz de um refletor que, deslocando-se rapidamente, destacava da escuridão diferentes gomos de palco.

Para significar o fútil primor dos grandes hotéis, das casas faustuosas, dos empórios de luxo – em suma, dos locais em que se desenvolve a obra, Meyerhold vestiu as personagens com pitorescos uniformes, fraques, cartolas, *toilettes* elegantes, librés bordadas, e acompanhou sua barafunda com uma música de arcos (entre outros, era executado o *Cakewalk*, de Debussy), que incrementava o caráter febricitante do espetáculo[134].

O diretor continuou pelo caminho do "urbanismo", representando, a 15 de junho de 1924, no TIM, a "revista política" (*politobozriénie*) *D. E.* (*Daióch Ievrópu*: Dê-nos a Europa), que contaminava, em dezessete episódios, os enredos de dois romances: O *Trust D.E.*, de Erenburg, e o *Der Tunnel*, de Kellermann. Voltando ao maniqueísmo dos cartazes políticos, ele construiu esta representação sobre uma rígida antítese entre a Rússia viçosa e o exausto Ocidente, insidiado por um truste americano.

Os insossos episódios soviéticos mostravam apresentações esportivas, desfiles de soldados vermelhos: tediosas manobras de estádio e de praça de armas[135], mas em troca a fantasia de Meyerhold prodigalizou-se em tracejar com cores quentes a instável Europa do *jazz*, a Europa dos anos vinte, suas mulheres com chapéus *cloche* e vestidos em formato de tubos de aquecimento, com franjas de cúpula de abajur, a Europa do *music-hall* e dos colapsos da Bolsa, abalada pelos bramidos da revolução. Relíquia de um mundo em ruínas, em um episódio, um senhor de fraque e cartola, sentado ao lado do esguicho de um chafariz, interrompendo-se em intervalos para beber de uma garrafa térmica, recitava, com ar amedrontado, os versos de Verlaine[136].

Mesmo deturpando a efígie dos ocidentais com maquiagens exasperadas e grotescas, subentendia-se do espetáculo uma nostalgia da Europa. Afinal, no romance de Erenburg, mesmo Ens Boot, o presidente do truste que se prepara para destruí-la, está apaixonado pela Europa[137].

---

134. Cf. P. Markov, "Moskovskaia tieatralnaia jizn v 1923-1924 godu", in *"Petchat i Rievoliutzia"*, 1924, 4; B. Alpers, *Tieatr Rievoliutzi*, Moscou, 1928, p. 58; O. Litovski, "V poiskakh nóvovo geroia", in *Moskóvski Tieatr Rievoliutzi*, Moscou, 1933, pp. 46-49; Aleksiéi Faikó, "Tri vstriétchi (Iz tetradi dramatúrguia)", in *"Tieatr"*, 1962, 10.

135. Cf. A. Fevrálski, *Diésiat liét Tieatra Meyerholda*, Moscou, 1931, p. 42.

136. Cf. Jindrich Honzi, "Nejvetsí sovetsky i svetovy divadelní revolucionár", (1934), in *Divadelni a literární podobizny*, Praga, 1959, pp. 64-65.

137. Cf. A. Gvózdiev, *Tieatr poslievoiénoi Guermáni*, Leningrado-Moscou, 1933, pp. 108-109.

Como freqüentemente fazia Piscator, Meyerhold realçava os acontecimentos com mapas, seqüências de documentários e notícias, que se projetavam em duas telas laterais, enquanto uma tela central fornecia o título dos episódios, as características das personagens, como também *slogans* e frases dos chefes do proletariado[138]. Mas a novidade desta encenação foram os *murs mobiles* (*dvíujchchiesia stiêni*), divisórias de hastezinhas de madeira sobre rodas, pintadas de vermelho tijolo, como laterais de vagões de carga[139].

Empurrados rapidamente por maquinistas invisíveis, os "muros", que decerto derivam dos *screens* criados por Craig para o *Hamlet*, eram dispostos em diversas combinações, formando, num piscar de olhos, interiores, corredores, cantos, ruas. Figuravam uma avenida de Moscou, por exemplo, colocando-se um ao lado do outro diagonalmente, enquanto do alto descia um lampião, e de um dos lados um pequeno quiosque avançava, coberto por anúncios; rolando impetuosos no meio dos intérpretes, davam a ilusão de uma perseguição[140].

Estes *Wandschirme*, esta cenografia de terremoto, a fulmínea seqüência dos episódios, os feixes fugidios dos refletores, as danças convulsivas (especialmente no *music-hall* berlinense e no transatlântico), o incessante transformismo (cada ator encarnou várias personagens) imprimiram no espetáculo uma cadência agitada, que competia com os ritmos dos filmes de aventura[141].

Apogeu e fim do urbanismo foi para Meyerhold, em 29 de janeiro de 1925, a direção de *Utchítiel Bubus* (*O Professor Bubus*), de Faikó, uma "tragicomédia" (ou melhor, uma embrulhada de esquemas de espetáculo panfletário e ingenuidade de opereta), ambientada *somewhere* na Europa, num país fictício, perturbado pela guerra civil.

Em volta de Bubus – um irresoluto intelectual idealista, imbuído do desejo de conciliar os burgueses com o proletariado, e submerso na poluição de uma fraseologia-vanilóquio – sem um destino preciso, vagueava pelo círculo equivocado e pútrido da *high-life*, que Faikó já havia desenhado em *Óziero Liul*. Como naquela comédia, para melhor ressaltar a essência cosmopolita das personagens, o autor recorreu a uma onomástica que remetia a diversos idiomas. Apare-

---

138. Cf. Borís Gusman, "Na perelome (V sviazi s postanóvoi 'D. E.')", in *Tieatralni Oktiabr*, I, p. 77.
139. Cf. Ígor Ilínski, *op. cit.*, p. 196.
140. Cf. A. Gvózdiev, *Tieatr imiêni Vs. Meyerholda (1920-1926)*, Leningrado, 1927, pp. 39-40; B. Alpers, *Tieatr sotzialnoi máski*, pp. 29-30.
141. *D. E.* foi retomado a 7 de novembro de 1930, numa nova adaptação de N. Mologin, com o título *D.S.E. (Daioch Soviétskuiu Evropu – Dê-nos a Europa Soviética).*

29. *O Professor Bubus* de Faikó, 29 de janeiro de 1925 (direção: Meyerhold; cenário: Chlepianov).

cem o rico mercador Van Kamperdaff, o janota trapaceiro Székes Fehervar, o melífluo pastor Züsserlich, representante das autoridades clericais, o general valentão Berkovec, de quem Okhlópkov fazia uma espécie de *miles gloriosus*[142]. Única imagem lírica entre tantas pérfidas máscaras é Stefka (interpretada pela Raich), uma moça do povo que a indigência havia obrigado a se tornar concubina de Van Kamperdaff, e que em vão ama o maléfico barão Fehervar.

Deste *petit rien* Meyerhold extraiu um espetáculo primoroso sobre a decadência da cultura burguesa e o crepúsculo da velha Europa. Um semicírculo compacto de canas de bambu, penduradas em argolas de cobre, delimitava o espaço do palco. Os poucos bambus, que no Estúdio da rua Borodínskaia os alunos de Meyerhold manejavam em seu "números" mímicos, multiplicaram-se, constituindo toda uma floresta, uma espécie de "pavilhão" oscilante, que escondia a parede de fundo, a "cozinha" do teatro.

Normalmente, no estúdio, um aluno do conservatório acompanhava ao piano as pantomimas, tocando o *Mephisto-valzer* e outras obras de Listz e melodias de Chopin. Análogo repertório era executado, em *Bubus*, por um pianista usando *smoking* de cauda e sapatos de verniz, tendo por instrumento um Bechstein de concerto. O pianista ficava dentro de uma concha dourada, suspensa acima dos bambus oscilantes[143]. A imagem do concertista traz à tona a lembrança de quando, no início do século, Meyerhold, no papel de Osvaldo, tocava, em traje preto, o piano do proscênio[144]. A execução musical, que nas obras "atmosféricas" ficava ocultada nos bastidores (o piano de Kóstia, o violino de Andriéi), agora se daria à vista do público.

O diretor integrou o semicírculo de canas com elementos reais: no primeiro ato um chafariz e uma banheira; ricos utensílios no segundo; no terceiro um cofre-forte maciço, onde se escondia Bubus, perseguido pelos revoltosos; um enorme cofre maciço, parecido com o que aparece no filme *The Bank*, de Carlitos. No alto, ao abrigo do côncavo "bosque", um tremular de reclames luminosos móveis sugeria a paisagem noturna de uma metrópole ocidental.

O pianista (Liév Arnchtam) intercalava composições de Liszt (*Après une Lecture de Dante, Au Lac de Wallenstadt, Funérailles, Waldesrauschen, Cantique d'Amour, Sposalizio, Consolations, Tre Sonetti del Petrarca*) com estudos e prelúdios chopinianos[145]; alter-

---

142. Cf. V. Soloviov, "O tekhnike nóvovo aktera", in *Tieatralni Oktiabr*, I, p. 45.
143. Cf. B. Alpers, *op. cit.*, p. 46; B. Rostótzki, *op. cit.*, p. 51.
144. Cf. Nicolai Volkov, *Meyerhold*, I, pp. 245-246.
145. Cf. *Tieatr imiêni Meyerholda: "Utchitel Bubus"*, programa organizado por V. Fiodorov, Moscou, 1925, p. 7.

nando-se com uma *jazzband*, que modulava músicas dançáveis (*La Flor del Rio Grande, Rose of Brasil, Choo-choo-blues, Dancing of the Honeymoon, Dardanella*). A música, que percorria do início ao fim este espetáculo, significando as cansadas *rêveries*, o virtuosismo e a inquietude da cultura burguesa, não era um reforço servil ou "efeito" ilustrativo, e sim eixo e essência da ação. Até mesmo a cenografia de Chlepianov possuía um "som" próprio: roçados pelos atores, os bambus, batendo uns nos outros, emitiam um leve tilintar, que se conectava, com sugestão oriental, aos acordes do Bechstein.

Sujeitando a palavra à música, com êxitos análogos aos da melodeclamação, Meyerhold desejava veementemente testar, através da direção de *Bubus*, um novo gênero cênico, o "tempodrama", que deveria substituir a ópera, considerada naqueles dias uma forma agonizante[146]. De acordo com Mokúlski, um tipo de "comédia em música" retomava a *paracataloghé* dos gregos e o recitativo do teatro chinês, que também se apoia no acompanhamento instrumental[147].

A necessidade de fazer coincidir as frases musicais com as parábolas cinéticas e de orquestrar palavra, música e gesto, levou a uma extrema desaceleração do ritmo[148]. Como que arrependido pelas excessivas concessões feitas ao dinamismo do cinema em *D.E.*, Meyerhold deu à representação uma lentidão cerimoniosa, embaraçosa.

Eixo da interpretação era a *pred'igrá*, isto é, o "pré-jogo". O ator deveria, a cada vez, antecipar suas falas com esboços de pantomima, com alusões gestuais. O "pré-jogo" pretendia, em suma, ser uma espécie de "protensão" perspética, uma premissa visual, uma manobra precursora – manobra que servia também para "distanciar" o papel, porque o ator, executando uma análise mímica do texto seguinte, indicava as fronteiras entre ele mesmo e a personagem, a relação com a figura encarnada.

O estilo dos comediantes orientais vale-se freqüentemente da pantomima preparatória para as falas sucessivas. Já no século XIX, Liênski havia feito algo semelhante, nas vestes de Benedick, em *Much Ado about Nothing*[149]. Mas mesmo o "pré-jogo", obviamente, era B. para Meyerhold, mesmo que uma B. desacelerada. Ele dirá, posteriormente:

É uma técnica que se deve aprender com Chaplin. Os momentos originais de representação estática, em que ele parece estar por um segundo mirando o alvo, e o seu súbito deter-se em atitudes imóveis, concorrem a aumentar a exata racionalidade

---

146. Cf. *Tieatr imiêni Vsiévoloda Meyerholda: Muzei: Katalog vistavki 5 liét (1920-1925)*, Moscou, 1926, p. 20.
147. Cf. S. Mokúlski, "Peritzenka traditzii", in *Tieatralni Oktiabr*, I, p. 26.
148. Cf. A. Fevrálski, *Diésiat liét Tieatra Meyerholda*, p. 46.
149. Cf. *Tieatr imiêni Meyerholda: "Utchitel Bubus"*, programa, p. 14; Nicolai Zograf, *Aleksandr Pavlovitch Liênski*, Moscou, 1955, p. 69.

30. *O Professor Bubus* de Faikó, 1925.

da ação. Aprendam de Chaplin a coordenar racionalmente o corpo no espaço, aprendam dele assim como se aprende de um ginasta ou de um operário martelando[150].

Associando a cada fala o "pré-jogo", era como se a peça se duplicasse, acontecendo duas vezes[151]. O enredo dissolvia-se numa seqüência de suspensões, de pausas, de congelamentos, de cambaleios. Os atores deslizavam com passos abafados sobre um verde tapete oval, de bordas grená, um enorme tapete como os dos hotéis "Astoria" ou "Excelsior", que cobria inteiramente o plano cênico.

Em *Bubus* o oval abalou a dureza angulosa dos primeiros espetáculos construtivistas, e o movimento das personagens traçava bizarras trajetórias de curvas e arcadas, correspondentes em sua forma ao tapete elíptico, ao semicírculo de canas, à banheira redonda, ao nicho do concertista. Uma urdidura de preguiçosas viravoltas no nada, um vão salto de medusas e anêmonas dentro do aquário, uma desolada geometria que hoje encontraria lugar nos salões de Marienbad.

Escorregavam cautelosos, quase como se tivessem "órgãos de circunspecção", igual à *crevette* efigiada por Ponge[152], petrificando-se, intercaladamente, em frígidas poses, como que para ouvir uma voz interior ou uma ressonância longínqua, um presságio subterrâneo. Radlov fala de "transformação do esportivo Discóbolo num enervado Narciso, enfeitiçado pelo próprio reflexo"[153].

As separações entre mímica e texto, as intermitências, os *stops*, os bordados gestuais dilatavam o tempo, aumentando a viscosidade (a *tiagútchest*) da duração. Com esta fibrosa vagarosidade Meyerhold acreditou exprimir o esgotamento e o torpor da burguesia prestes a ruir, embora pouco antes, ao contrário, tivesse mostrado com ritmo implacável a azáfama inconsistente.

Ele, que insurgira contra as esmeradas refinações teatrais, reconstituía os ouros falsos, a preciosidade das decorações, erigia novamente recintos, transformando mais uma vez o palco em caixa onírica. E não oferecia mais ao público saltitar de gafanhotos e cambalhotas de Tarzã, e sim gestos suspensos, fleumáticos, andadas abafadas pela maciez de um tapete, trepidações de larvas perturbadas. A representação parecia uma dança de condenados dobando no vazio, uma dança aos solavancos, aos sobressaltos, em ziguezague, uma dança-agonia.

150. Vsiévolod Meyerhold, "Tchaplin i tchaplinizm" (1936), in *"Iskústvo kinó"*, 1962, 6.
151. Cf. Aleksiéi Faikó, *Tri vstriétchi (Iz tetradi dramatúrguia)*, cit.
152. Cf. Francis Ponge, "La crevette dans tous ses états", in *Le Grand Recueil: Pièces*, Paris, 1961, p. 15.
153. Cf. Sierguiêi Radlov, "Pered spektakliami Meyerholda", (1927), in *Diésiat liét v tieatr*, Leningrado, 1929, p. 141.

Acima das intenções satíricas, sobressaiu-se em *Bubus* a apreensão pelos destinos de um mundo fascinante, mesmo que ninho de diabruras e perversidade, um mundo que os esquemas da ideologia já davam por morto, um mundo adorável, cujas incertas paredes de canas e a própria música indicavam a fragilidade. Esta encenação condensou no teatro de Meyerhold uma atmosfera de *nevermore*, de ocaso, um indício de outonos, de tristes despedidas – como se seu "odeio-te e amo-te, Ocidente" vibrasse de melancolia tchecoviana.

9

Meyerhold infundiu vagarosidade similar na direção de *Mandat* (*O Mandato*), de Erdman (20 de abril 1925). Ele forçou até dimensões de hipérbole a essência grotesca desta comédia que teve em Gogol seus modelos. A história de um casamento entre o rebento da aristocracia Valiérian Smetanitch e a filha de mercadores Varvara Guliatchkina estimulou-o a desfraldar um lúgubre carnaval, uma opaca parada de pobres diabos sobreviventes à revolução. Com ódio e veneno capazes de fazer-nos relembrar Vakhtangov, delineou os espantalhos cafonas de Erdman como "fenômenos" de circo, inchaços pintados, em suma: "caras de bocós".

Esta direção também se desarticulava em elos de pantomimas, que iluminavam satiricamente as imagens, zombando sem consideração da fauna burguesa. Há somente um passo entre os manequins de *Bubus*, que dançam ao longo de segmentos de círculo, e os fantoches presunçosos de *Mandát*, que pareciam ter saído de um depósito de mofadas antigualhas. Mesmo tendo fundo e ambiente diferentes, um idêntico clima de condenação e decomposição, uma mesma órbita tonal confraternizava as duas representações.

O preguiçoso "pré-jogo", a indolência dos gestos e, acima de tudo, a estaticidade dos olhares davam um tom demencial àquele "comando" de fósseis, que agiam sobre dois círculos concêntricos, rodando em sentidos contrários. Sobre aqueles círculos, no segundo ato, Valiérian Smetanitch, obcecado pela tensão nupcial de Varvara Guliatchkina, contorcia-se ridiculamente, alongando-se e contraindo-se em ritmo de *shimmy*, em contratempo com seu girar[154].

Uma negra comicidade brotava do contraste entre as poses de estátuas e os repentinos sobressaltos[155]. Permaneciam imóveis como estacas, pomposos, com os olhos vazios sobre o público, num torpor de malefício, para depois animarem-se subitamente, com saltos es-

---
154. Cf. B. Rostótzki, *op. cit.*, pp. 56-57.
155. Cf. B. Alpers, *op. cit.*, pp. 51 e 55.

31. Terceiro ato de *O Mandato* de Erdman, 20 de abril de 1925 (direção: Meyerhold; cenário: I. Chlepianov).

32. Primeiro ato de *O Mandato* de Erdman, 1925. Atrás do divã: Erast Garin (Pavel Guliatchkin) e Zinaída Raich (Varvara); no chão: N. Serebriarikova (N. Guliatchkina).

pasmódicos, como que ressurgindo da estaticidade do não-ser, retomando seu andar grave, com a habitual lentidão de solfejo.

O mais alucinado entre todos era o irmão da noiva, Páviel Guliatchkin, o "homem-dote" (*tcheloviek-pridánoe*), que Varvara acrescentava a seu enxoval porque, com um "mandato" do partido que afirmava possuir, ele poderia "garantir" a família aristocrática do futuro marido, consolando-a, deste modo, pela desonra da *mésalliance* com vulgares mercadores.

Meyerhold circundou os filisteus com suas panóplias, sarcasticamente aumentadas, levando em cena uma máquina de costura, com a qual preparavam o enxoval de Varvara, um piano ornamentado com flores de papel e leques, um gramofone antigo que, transformado em altar, alternava coros de igreja e foxtrote.

No terceiro ato, o diretor, com modos que relembravam o casamento do *Dibuk*, de Vakhtangov, carregou o episódio nupcial, como que querendo simbolizar nele toda a trivialidade e inconveniência do filisteísmo. Ao som de instrumentos de sopro, uma formação de garçons carregava montanhas de guloseimas e, entre um brinde e outro à memória das personagens da defunta dinastia, os convidados afobavam-se em cobrir de beijinhos o vestido da noiva. Nesta altura, áspera guinada, o grotesco cedia lugar ao patético, como se Meyerhold improvisamente sentisse piedade por estes restos, dilacerados entre as esperanças de restauração monárquica e a ansiedade de se mimetizarem no comunismo. A amarga melodia de um acordeão conferia à festa um sabor de lágrimas, uma aflição sem remédio.

No final do espetáculo voava na platéia um baú, que havia guardado o "vestido da imperatriz", ou seja da cozinheira, confundida com a princesa Anastásia, herdeira do trono russo. Na triste cadência do acordeão, Guliatchkin, já desmascarado, torcia para que não o enforcassem, porque "os estúpidos, parece, não se costuma enforcá-los", para depois concluir, espantado por ninguém chegar para algemá-lo: "mas se até se recusam a nos prender, então viver com que objetivo, mamãe, viver com que objetivo?" Tomados por uma epidemia de terror, pelo desastrado complô, os túrgidos simulacros dos hóspedes, dispostos frontalmente (outra reminescência de Vakhtangov) olhavam fixamente espectadores com olhos de raposas empalhadas, enquanto aos poucos a boca da sombra os engolia. Com sua arte de impor angústia, de imitir fios de pranto num universo dengoso e banal até a náusea, Meyerhold no final dissolvia a derrisão num réquiem dilacerante[156].

---

156. Cf. P. Markov, "Trieti front (Poslie 'Mandata')", in *"Petchat i Rievoliutzia"*, 1925, 5-6; B. Rostótzki, *op. cit.*, pp. 57-58.

Funestas sobrevivências do passado, ou filisteus do presente, ou enegrecidos semblantes de uma Europa repulsiva e atraente, as personagens deste teatro, a partir da direção de *Bubus* e de *Mandát*, tornam-se todas figuras de cera, rançosos bonecos dignos do Museu Grévin; respiram maquinalmente como a Cleópatra de Blok; exalam um desagradável cheiro de cânfora. O reaparecer de bonecas de *panopticum* coincide com a desaceleração dos ritmos na "Meyerholdia", atacada por um imprevisto *déficit* de dinamismo. Abandonadas as acrobacias, o ator expressa-se alternando a inércia de atitudes desfiguradas com vagarosos arabescos mímicos, com movimentos sonâmbulos. Como se o teatro (e a vida) voltassem a ser, para Meyerhold, mecanismos marionetescos.

10

Prodigiosa máquina teatral foi a encenação de *O Inspetor Geral*, a 9 de dezembro de 1926. "Autor do espetáculo", Meyerhold fabricou uma original "montagem literária" (*litmontáj*), que misturava as diversas variantes da comédia, enxertando também passagens de *Os Jogadores*, do *Fragmento* (*Otrivok*), e "impressões" de *Almas Mortas* e dos *Contos de Petersburgo*. Em outras palavras, ele tinha se determinado a representar não apenas uma obra, e sim um *Digest* da criação gogoliana, um *Inspetor Geral* ilustrado pelo conjunto da obra de Gogol. Como notou Mikhaíl Tchékhov:

> Havia entendido que encenar *O Inspetor Geral*, apenas *O Inspetor Geral*, significava atormentar-se com a carga insuportável do voto do silêncio. *O Inspetor Geral* começou a aumentar de tamanho, a inchar, até que rachou. Pelas fendas, como uma agitada torrente, reverteram *As Almas Mortas*, *A Avenida Nevá*, Podkoliosin, Poprichtchin, os sonhos da mulher do prefeito, os horrores, as risadas, os entusiasmos, a grita das damas, os medos dos funcionários[157].

Projetando sobre o texto da comédia o reflexo do conjunto da obra do poeta, Meyerhold acabou extraindo de *O Inspetor Geral* uma "suíte" sinfônica própria, uma "gogoliana" em quinze episódios. De forma parecida, o filme *O Capote*, que Kózintzev e Trauberg filmaram no mesmo ano, definia-se "cine-novela à moda de Gogol"[158], e pouco depois, seguindo o exemplo do espetáculo de Meyerhold, o libreto de ópera *O Nariz*, de Chostakóvitch, também

---

157. Mikhail Tchékhov, "Postanóva 'Revizora' v Tieatre imiêni V. E. Meyerholda", in *Gogol i Meyerhold*, Moscou, 1927, pp. 85-86.
158. Cf. N. Liébiediev, *Ótcherk istóiri kinó SSSR*, I, Moscou, 1947, p. 169; Efim Dobin, *Kozintzev i Trauberg*, Leningrado-Moscou, 1963, p. 53.

estará alinhavado com diversos farrapos e fragmentos do escritor ucraniano[159].

Intervindo ativamente no texto com suas notas, com seu pesquisar, abandonando-se ao prazer da confrontação das variantes, Meyerhold juntava às virtudes do diretor as de filólogo e de glosador genial, que ilumina velhos escritos com esplêndidas divagações. "A arte da direção", dirá bem mais tarde, "é arte de autor, não de executante. Mas é necessário ser digno disto"[160].

Quis que esta representação fosse não somente florilégio pessoal da produção de Gogol, como também suma e compêndio de todas as suas experiências anteriores, uma espécie de festival Meyerhold: "Antes de *O Inspetor Geral* eu tinha dirigido pelo menos vinte espetáculos que constituíam o exame para *O Inspetor Geral*"[161].

Ao tecer a própria montagem, Meyerhold executou uma manobra inversa à de Gogol. Desde a primeira redação de 1835, despreocupada e copiosa em excessos farsescos, o escritor havia chegado à variante definitiva em 1842, renunciando, em sete anos de reconsiderações e de aprimoramentos, às situações desbocadas, às bufonarias de *vaudeville* e a uma série de personagens episódicas[162]. Meyerhold, ao contrário, retornou do texto canônico de 1942 à primeira versão de 1835, reconstituindo a comicidade física e muitas das tretas e facécias que Gogol havia apagado.

Deste modo reapareceram a cena em que Anna Andrievna gaba-se de enfeitiçar os oficiais com o brilho de seus olhos, aquela em que a mulher do suboficial quer levantar as saias para mostrar a Khliestakóv as marcas das chicotadas que o prefeito havia mandado lhe inflingir, e a *burletta* com as falas alemãs do médico Gibner, inspirada nos jogos de palavras de *petruchka*.

Esta reconstituição de elementos farsescos, mesmo afrouxando sua compacidade, reaproximava a comédia à anedota puchkiniana que fornecera o tema a Gogol – como ele mesmo narra em *Confissões de um Autor* (*Ávtorskaia Íspoved*), de 1847. Púchkin que, ao viajar aos lugares da revolta de Pugatchiov, fora confundido com um inspetor geral em incógnita, pensava talvez em uma obra ao gosto dos *canovacci* da *Commedia dell'Arte* e de Molière, numa trama de equívocos, como parece provar esta sua nota: " Crispim

---

159. Cf. A. Gozenpud, *Rúski soviétski operni tieatr*, Leningrado, 1963, p. 168.
160. Cf. Aleksandr Gladkov, "Vospominania, zamiétki, zapisi o V. E. Meyerholde", in *Tarúskie stanitzi*, Kaluga, 1961, p. 306.
161. *Idem*, p. 303.
162. Cf. S. Danilov, *"Revizor" na stzêne*, Kharkov, 1933, pp. 23-28.

chega numa *gubérnia* em época de feira – pensam que ele é... O governador é um honesto bobalhão – a governadora é coquete com ele – Crispim fica noivo da filha deles"[163].

Mas, como de costume, mesmo dilatando os motivos risíveis, Meyerhold não deixou de imitir em sua montagem notas de desolada tristeza, de modo que *O Inspetor Geral* tornou-se, em suas mãos, uma mistura de trágico e bufonesco, um gênero minotáurico, dual: usando as palavras de Grossman, uma híbrida *tragédia-bufa*[164].

Meyerhold estava convencido que, ao ambientar a comédia de Gogol num remoto canto distrital, esta empobreceria[165]. Por isso mudou a cidadezinha perdida em capital de "gubérnia", substituindo a monotonia, os percevejos, o barro da província sem brilho, pela riqueza dos interiores decorados com mogno brilhante, um mundo de efeitos, cujo maior desejo era o de reproduzir o fulgor dos salões da capital e a elegância empertigada dos dignitários.

As minúcias do texto magnificaram-se, como se o diretor as tivesse observado por meio de uma lente de aumento. Ampliando os limites de tempo e o perímetro das vicissitudes, desenvolveu a comédia em afresco do império russo da época de Nicolau I, um afresco em que reverberava, funesto, o eco de Petersburgo, aquele mito estagnante.

O tosco prefeito assumiu a presunção de um general, transformando-se numa espécie de governador ou de altíssimo funcionário à direção de uma misteriosa secretaria (de um navio de loucos). Mas seu sossego era quebrado, intermitentemente, por relâmpagos maníacos, por repentinos desequilíbrios. Como um apagado satélite, seguia-o um "amigo da casa", um "capitão sem vintém", sempre submerso num torvo silêncio, a meio caminho entre Roberto, o Diabo, e um mongolóide (os mongolóides da Petersburgo de Biéli!).

Mais do que uma insignificante coquete do interior, Anna Andrievna (a Raich) revelou-se uma apetitosa e esperta primeira-dama do alto escalão do funcionalismo, uma Cleópatra cercada por um bando de mulherengos. Formosa, cúpida de requintes e de *flirts*, alheia à roda das "caras porcinas" – mas de uma beleza maciça e monumental, os cabelos presos em *chignon*, como as mercadoras de Kustódiev, bem alimentadas e enfaixadas em seda furta-cor.

---

163. Cf. A. Púchkin, *Pólnoie sobránie sotchiniêni v diésiati tomakh*, VI, Moscou-Leningrado, 1949, p. 627.
164. Leonid Grossman, "Traguédia-buff", in *Gogol i Meyerhold*, p. 44.
165. Cf. Visiévolod Meyerhold, *Neskolko zametchani k postanóve "Revizora"*, idem, p. 78.

33. A "cena muda" de *O Inspetor Geral* de Gogol, 9 de dezembro de 1926 (direção: Meyerhold; cenário: V. Kissiéliov).

De seus veementes desejos eróticos testemunhava a cena em que por trás do espaldar do sofá em que estava deitada, e do armário (reserva de sonhos), e da chapeleira, despontavam jovens oficiaizinhos, arrebicados em resplandecentes uniformes, dispostos a duelar, a perecer por esta desejosa Yadwigha. No ininterrupto estampido de petardos, eles chispavam dos utensílios e dos móveis, como os fantoches de *Petruchka* do fundo do "castelo" de tecido (um deles segurava um buquê, assim como o fantoche segurava a espátula na *Prügelszene*), apinhando-se em volta da mulher, formando um grupo como um quadro à Biedermeier, para cantar-lhe uma serenata[166].

Esta inserção, aclamada por Maiakóvski[167], é um exemplo típico daquela "atuação da metáfora" que ocorre amiúde nas páginas dos futuristas russos e que corresponde ao *imprévu objectif*, do qual lê-se em Artaud: *o imprevisto não nas situações mas nas coisas, a passagem imtempestiva, brusca, de uma imagem pensada a uma imagem verdadeira*[168].

Silhueta negra, oblonga, horripilante: delgada como um pavio (o próprio Gogol, afinal, o imagina "parecido com um fósforo"[169]), Khliéstakov parecia um fantasma aflorado das neblinas petersburguenhas, um bambalhão ilusório da Avenida Nevá[170]. Fitava o teatro: frias pupilas por trás das esquisitas lentes quadrangulares dos óculos de chifre, que obscureciam seu rosto de cera, impassível. Endemoniado, deslizava com andar de autômato sobre as pernas secas e desarticuladas, desenhando trajetórias angulosas, debatendo-se como uma imagem de pesadelo.

Simulacro hoffmanniano, todo tiques e relances convulsos, parente das aparências mediúnicas do *Caligari*, personagem subterrânea, cujos gestos eram golpes de sonda nas profundezas do equívoco. Achatado, como que de duas dimensões, a voz estrídula, convertia em horror metafísico a atmosfera de desconfiança e suspeita, de maquinações secretas da Rússia de Nicolau I.

Este doutor Khliéstakov de romance negro, esta *Maske der Furcht*, para usar o título de um quadro de Klee, tinha também algo

---

166. Cf. V. Solovióv, "Zametchania po povodu 'Revizora' v postanóve Meyerholda", in *"Revizor" v Tieatre imiêni Meyerholda*, Leningrado, 1927, p. 56; B. Rostótzki, *op. cit.*, pp. 65-66.
167. Cf. Vladímir Maiakóvski, "Vistupliênie na dispútie o postanóve 'Revizora' v. Gos. Tieatre imieni Vs. Meyerholda", (3 de janeiro de 1927), in *Pólnoie sobránie sotchiniêni*, XII, Moscou, 1959, p. 310.
168. Cf. Antonin Artaud, "La mise en scène et la métaphysique", in *Le Théâtre et son double*, Paris, 1938, p. 45. (Em francês no original. N. da T.)
169. In *Preduvedomlenie dlia tekh, kotorie pojelali bi sigrat kak sleduet "Revizora"* (Advertência aos que desejam representar bem *O Inspetor Geral*).
170. Cf. Leonid Grossman, *Traguédia-buf*, p. 42.

de Tchitchikov, de Pirogóv, de Ikharióv. De fato o diretor o concebera como um ser complexo, uma larva volúvel, um *collage* de muitas figuras de Gogol. Eis porque, mesmo conservando a fundamental demonia, manifestava-se dessemelhante nos diversos episódios, com um transformismo condizente com sua natureza diabólica. Eis porque era interpretado pelo melhor transformista do TIM, Gárin, que em *D.E.* havia representado nada menos que sete papéis.

Ora impostor absorto em falsificar um baralho no imundo quarto da estalagem; ora galanteador lânguido aos pés da prefeita; ora fátuo oficial de quépi e mantelete, severo com a multidão de postulantes; ora burocrata austero em seu uniforme, protendido, com o duro rosto petrificado, para agarrar as regalias[171]. No conjunto, não era mais um jovenzinho estouvado ou impulsivo insolente, que acaba acreditando nas próprias invencionices[172], e sim aventureiro transcendental, enrolador consciente, tétrico instrumento de poderes supra-sensíveis.

A tenebrosidade desta figura era por vezes dissipada por gestos de uma comicidade licenciosa, por notas de comicidade fisiológica, quase como se horror e imundície fossem duas faces da mesma substância. Dormia vestido. Acordando, começava a se coçar. No episódio *Chestvie* (O cortejo, ato III, cena 5) por exemplo, em que afirma que se vive para se colher as "flores do prazer", acompanhava as próprias falas de bêbado com cuspidas e arrotos. Pouco depois, na hora em que o prefeito tagarela sobre a labuta de chefe da cidade, afastava-se de repente para vomitar, quebrando, com seu farsesco regurgitar, o *pathos* fictício daquela fala[173].

>Havia, nesta leitura de direção, vestígios dos esclarecimentos de Gogol à maneira freudiana, freqüentes alusões anais. No rastro de Meyerhold, um ano depois, a 9 de abril de 1927, na Casa da Imprensa de Leningrado, o futurista Ígor Tieriêntiev representou *O Inspetor Geral* como uma absurda parada excrementícia. Os atores ficavam o tempo todo indo às pressas, abanando tiras de papel, até a latrina construída sobre o palco. Quando porém era Khliéstakov a usá-la, ia até lá solene, com uma vela, ao som do *Clair de Lune*, de Beethoven. Daquele quartinho escuro o prefeito fazia discursos, conciliando o elóquio com as contrações do ventre. Além disso, com perversa ansiedade de *voyeur*, divertia-se em observar, por uma fenda, a filha que havia se trancado lá dentro na companhia de Khliéstakov[174].

171. Cf. B. Alpers, *op. cit.*, pp. 66-67.
172. Cf. Nicolai Gogol, *Otrivok iz pisma, pisanovo avtorom vskore poslie pervovo predstavlenia "Revizora" k odnomu literatoru* (Fragmento de uma carta escrita pelo autor pouco depois da representação de *O Inspetor Geral* para um homem de letras).
173. Cf. A. Slonímski, "Nóvoie istolkovanie "Revizora", in *"Revizor" v Tieatre imieni Meyerholda*, pp. 9-10; Anatoli Lunatchárski, " 'Revizor' Gogolia-Meyerholda", (1927), in *O tieatre i dramatúrgui*, I, Moscou, 1958, p. 403.
174. Cf. S. Danilov, *op. cit.*, pp. 122-123.

O Khliéstakov de Meyerhold nos remete ao encarnado por Mikhaíl Tchékhov, em 1921, no Teatro de Arte. O inspetor de Tchékhov também era um emaranhado de neblina, brotado dos pântanos de Petersburgo, uma fisionomia hipnótica, sem espécie ou estado civil, o delírio de uma imaginação mórbida. Com o pálido vulto de bronco palhaço, uma das sobrancelhas arqueada como acento circunflexo, associando excentricidade clownesca a caretas e um torpor passível de diagnóstico médico, Tchékhov transformava sua personagem num frenastênico atormentado por demência precoce e com tendência a passar da excitação à apatia; numa espécie de Mefisto idiota, cujas foscas trapaças assumiam amplidão de manobras ontológicas[175].

No espetáculo meyerholdiano o inspetor sempre era escoltado por um taciturno "oficial em trânsito", criatura larval, embriagada, escorregadia, que também tinha uma sobrancelha em ângulo agudo, e no rosto uma expressão cínica e escarnecedora, quase uma máscara de defunto. Tratava-se talvez daquele misterioso "capitão de infantaria", que o havia espoliado, como ele mesmo conta (ato II, cena 3), de todo o dinheiro, durante a jogatina, numa das etapas da viagem.

Projeção de Khliéstakov, de seus pequenos ideais, de suas esbórnias, de suas manias de grandeza, sua sombra indivisível, esta imagem-charada, esta testemunha além-túmulo, parecia descender da família dos sósias blokianos e dos alter-egos românticos. Faz-nos lembrar aquele quadro de Daumier, em que Crispim (para nós o inspetor geral), demoníaco, irônico, ambíguo, num traje de véu fumoso, de um branco enegrecido, ouve os conselhos do negro Scapin, que fala ao seu ouvido.

Em compensação Osip, o criado de Khliéstakov, que em Gogol é uma variante do servo preguiçoso e esperto da *commedia* italiana, tornou-se nesta direção um destemido jovem do campo. Não mais corolário portanto, e sim antípoda do patrão, esboço de alegre sanidade interiorana, em contraste com a vacuidade enfeitada à base de ouropel do inspetor. Única personagem positiva entre aquela chusma de réprobos, desvendava seu folclorismo entoando canções rurais[176].

Servia de fundo um imutável semicírculo de quinze portas de brilhante compensado vermelho, imitação (como também a mobília) do mogno em moda na época de Nicolau I. Meyerhold utilizou a área do palco por inteiro em apenas quatro episódios. Os restantes

---

175. Cf. *idem*, pp. 89-93; Aleksiéi Diki, *Povest o tieatralnoi jizni*, Moscou, 1957, pp. 315-321; Osaf Litovski, *Tak i bilo*, Moscou, 1958, p. 187; A. Argo, "V grime i bez grima", in *"Tieatr"*, 1960, 3.

176. Cf. A. Slonímski, "Nóvoie istolkvanie 'Revizora'", in *"Revizor" v Tieatre imieni Vs. Meyerholda*, pp. 12-13.

desenrolaram-se sobre dois tablados trapezoidais, que deslizavam sobre trilhos de madeira. As três portas centrais abriam-se juntas, como se fossem um só portão, deixando passar ora um, ora outro destes "vagões rasos" que, entrando obliquamente no campo de visão, completavam lentamente meia curva, de modo a colocarem-se com a base maior de frente para o espectador[177].

Além das duas plataformas sobre rodas, havia outra mais engenhosa que, baixada do teto no episódio *Poslie Penzi* (*Depois de Penza*), encaixava-se no vão das três portas-portão, significando a estalagem. Aqui, pela primeira vez, aparecia, como embusteiro esfomeado, Khliéstakov, com uma manta de losangos sobre o ombro, as luvas cinza, uma bengala e uma absurda rosquinha (medalha da Ordem dos Famélicos, ou lembrança das bugigangas e dos utensílios de cozinha dos futuristas), pendurada por um barbante à lapela da negra sobrecasaca[178].

Os praticáveis apareciam já prontos, como carros de carnaval ou melhor como trens-fantasma, com os adereços e a mobília e as decorações e os intérpretes em atitudes petrificadas. Mesmo aqui, portanto, as personagens emergiam de uma distância de abismo, dos sorvedouros do tempo, como relíquias. Quando o engenho que fazia deslizar (em breve *travelling*) os "vagões rasos" parava, violentos feixes de refletores despertavam os atores entorpecidos[179], e na luz inopinada o vagonete transformava-se, usando as palavras de Lunatchárski, em "animado buquê, caleidoscópio de extrema precisão"[180].

Estas plataformas que – ainda expressando-nos com Lunatchárski – serviam a ação "como numa cesta"[181], relembram os palcos de tábuas montados sobre tonéis, nas tabernas, para as farsas de Hanswurst, e os teatrinhos dos comediantes de feira. No episódio *Blagoslovenie* (*A Benção*) os atores, sobre a plataforma, apareciam por detrás de telões análogos aos que eram pendurados sobre os carros dos *guitti* ambulantes[182].

Mas pelo modo com que substituíam a ótica global e a integridade panorâmica do velho teatro por uma visualidade fragmentária, em detalhes, os vagões desta direção nos remetem aos "primeiros planos" do cinema. Akímov sonha hoje em realizá-los sobre o palco,

---

177. Cf. E. Kaplan, *Vechchestvennoe oformlenie "Revizora" v postanóve Vs. Meyerholda, idem*, pp. 64-69.
178. Cf. A. Slonímski, *Nóvoie istolkovanie "Revizora"*, p. 10.
179. Cf. B. Alpers, *op. cit.*, p. 52.
180. Anatoli Lunatchárski, *"Revizor" Gogolia-Meyerholda (1927)*, p. 398.
181. *Idem*.
182. Cf. E. Kaplan, *Vechchestvenoe oformlenie "Revizora" v postanóve Vs. Meyerhrolda*, cit. p. 71; Jindrich Honzl, "Nejvetsi sovetsky i svetovy divadelni revolucionár", (1934), in *Divaldení a literární podobizny*, Praga, 1959, pp. 69-71.

34. Sexto episódio ("O Cortejo") de *O Inspetor Geral* de Gogol, 1926.

aumentando hiperbolicamente a efígie das personagens[183]. Meyerhold no entanto inspirava-se na técnica dos "primeiros planos" circunscrevendo a ação aos estreitos limites de suportes equivalentes ao retângulo da tela, ou melhor às angustas molduras do enquadramento cinematográfico.

Sobre o pequeno espaço atulhado de objetos, o intérprete biomecânico tinha que representar como os atores de cinema, construindo com absoluta precisão a arquitetura dos gestos, levando ao extremo aquela autocensura (*samoogranitchiénie*), que para Meyerhold era o fundamento da arte dramática. Além dos virtuosismos de Chaplin, ele apreciava, naqueles anos, a sobriedade, a exatidão mecânica, o equilíbrio glacial de Keaton (especialmente em *Our Hospitality*)[184].

Também em *O Inspetor Geral*, a célula-mãe da representação foi, portanto, a pantomima. Meyerhold compôs uma minuciosa partitura gestual, instrumentando cada aceno, cada piscar, cada movimento com pontualidade metronômica e traduzindo as "frases" cênicas em medidas musicais: com tamanha perícia que alguém chegou a apontar o espetáculo como o modelo para uma futura reforma do teatro de ópera[185].

11

Meyerhold condensou as passagens do texto gogoliano em duas séries de temas paralelos: o inspetor e os burocratas, o inspetor e as mulheres.

A tropa dos burocratas, enojantes bolhas, constituía uma espécie de coro indivisível, de figuração de ópera. Aglomeravam-se um sobre o outro, numa confusão contínua, num aperto laborioso, mexendo-se juntos como uma centopéia, como um único, viscoso inseto de muitas cabeças. Nos episódios dos funcionários o palco ficava na penumbra, ao tênue vislumbre das velas, que se refletiam no semicírculo das quinze portas envernizadas.

Na série mulheril, ao contrário, uma claridade berrante evidenciava a magnificência e o brilho e a sede de prazer da família do prefeito[186]. Como se o primor das preciosas bonecas de *Bubus* tivesse

---

183. Cf. Nicolai Akímov, "Sovriemiênie zadatchi tieatralnoi dekoratzi", in *O tieatre*, Leningrado-Moscou, 1962, p. 181.
184. Cf. A. Gladkov, "Meyerhold govorit", in *"Novi Mir"*, 1961, 8; A. Fevrálski, "Meyerhold i kinó", in *"Iskústvo kinó"*, 1962, 6.
185. Cf. A. Gvózdiev, "Revizia 'Revizora' ", in *"Revizor" v tieatr imieni Meyerholda*, pp. 37-39.
186. Cf. A. Gvózdiev, *op. cit.*, pp. 26-27.

se mudado para a remota província gogoliana. A concepção destes episódios, aliás, escora-se em certas passagens de *As Almas Mortas*, por exemplo, no baile na casa do governador de N. N.:

tendo entrado no salão, Tchitchikov viu-se obrigado a fechar os olhos por um instante, porque o brilhar das velas, dos lustres e das roupas femininas era terrível. Tudo estava inundado pela luz. As negras casacas, saltando, corriam ora espalhadas ora aos montes, como correm as moscas sobre os brancos e brilhantes cubinhos de açúcar no calor do verão (tomo I, cap. I).

A coralidade funcional desfraldou-se sobretudo nos episódios *Chestvie* (*O Cortejo*) e *Vziakta* (*A Gratificação*). No primeiro (ato III, cena 5), que foi comparado às gravuras de Hogarth[187], Meyerhold manobrava os burocratas horizontalmente, da direita para a esquerda, ao longo de uma baixa balaustrada metálica, paralela ao proscênio. Ectoplasmas apavorados, serpenteavam como os segmentos de uma centopéia, indo para frente e para trás, seguindo os rastros de Khliéstakov cambaleante, já alegrinho, imitando suas vacilações, suas reviravoltas, suas suspensões[188].

No outro (ato IV, cenas 3-7), aparecendo por nove das quinze portas, os funcionários estendiam mecanicamente pacotes de notas para Khliéstakov que, estacado no meio do palco como que no coração de uma arena de circo, agarrava as propinas com trancos de autômato, de diabo extorcionista[189].

Mesmo dissipando, como notou Maiakóvski, a gradualidade, a progressão com que no texto de Gogol os *tchinóvniki* oferecem as regalias, o simultaneísmo serviu para reforçar a estrutura coral daquele núcleo temático. Aqui a *clownade* brotava de um malefício, de uma turva alucinação, quase como se o enxame dos funcionários tivesse nascido do delírio de Khliéstakov. A elíptica divisória de portas isomorfas, uma ao lado da outra, em monótona seqüência onírica, parecia transluzir como o espelho atravessável no *Orfeu* de Cocteau. Portas não para humilhar, como as oscilantes dos esquálidos gabinetes em *Der Letze Mann*, de Murnau, portas não de barafunda, como a que bate nas fuças em *His New Job*, de Carlitos – e

187. Cf. V. Solovióv, *Zametchania po povodu "Revizora" v postanóve Meyerholda*, idem, p. 58.
188. Cf. A. Gvósdiev, "Revizia 'Revizora' ", in *"Revizor" v tieatr imieni Meyerholda*, pp. 27-28; Sierguiêi Radlov, " 'Revizor' u Meyerholda", (1927), in *Diésiat liét v tieatre*, Leningrado, 1929, p. 152; Anatoli Lunatchárski, *"Revizor" Gogolia-Meyerholda*, p. 403; B. Rostótzki, *op. cit.*, p. 68.
189. Cf. V. Solovióv, *Zametchania po povodu "Revizora", op. cit.*, pp. 56-58; Jindrich Honzl, *Nejvetsí sovetsky i svetovy divadelní revolucionár*, p. 72; B. Rostótzki, *op. cit.*, p. 67.

sim passagens para um derrisório inferno do suborno, telas de uma corruptela escarniosa, que se dilatava em dimensões metafísicas[190].

O mais vistoso episódio da série "o inspetor e as mulheres" era o das bravatas (ato III, cena 6), que Meyerhold denominou *Za Butilkoi Tolstobriúchki* (*Os Efeitos de uma Garrafa Barriguda*). Sobre a mínima plataforma, atulhada de móveis, utensílios e figuras (a sala do prefeito), Khliéstakov, bêbado, dançava valsa com Ana Andrievna ao som de uma romança de Glinka (*Fogo de Desejos Arde no Sangue*), hesitando, tropeçando, agarrando-se a ela, encostando a cabeça sobre seus ombros, caindo nos braços dos empregados. Enquanto isso, entre um passo e outro, continuava a disparar lorotas deslavadas com a língua travada: sobre os bailes de Petersburgo, a melancia de setecentos rublos, a panela de sopa vinda de navio de Paris.

Contínuas permutações de luz indicavam as fases crescentes da bebedeira. E dançava, dançava com pulos convulsos, emaranhando-se nas dobras do tapete, pendendo de um lado e de repente endireitando-se como um joão-teimoso. Os oblíquos diagramas de sua dança harmonizavam com os contornos sinuosos do sofá florido, que tinha o ar dos burlescos canapés dos bordéis (ubiqüidade dos sofás nas direções de Meyerhold!), assim como os ziguezagues arquiformes dos sonâmbulos, em *Bubus*, reforçavam o oval da cenografia. No final, depois de ter lutado tanto contra a gravitação terrestre, mergulhava no sofá macio, pegando no sono, embalado pela romança de Glinka[191].

Gárin interpretou este episódio em estilo biomecânico, com uma perfeita avaliação das possibilidades do terreno, e uma extraordinária sagacidade mimética. Suas pernas bambas pareciam *repetir*, usando as palavras de Erenburg, a "construção das pernas do inimitável Chaplin"[192], o Chaplin notívago e embriagado de *One After Midnight*. Mesmo que colado à sua personagem como um *jockey* a seu cavalo de corrida, mantinha-se sempre no duplo registro de representar e de olhar para a representação, desassociando-se da labilidade psicofísica do herói, observando-se representar.

190. Cf. Vladímir Maiakóvski, *Vistupliênie na dispútie o postanóve "Revizora"*, p. 309.
191. Cf. A. Slonímski, "Nóvoie istolkvanie 'Revizora' ", in *"Revizor" v Tieatre imieni Vs. Meyerholda*, pp. 10-12; A. Gvózdiev, *Revizia "Revizora"*, idem, pp. 31-33; E. Kaplan, *Vechchestvennoe oformlenie "Revizora" v postanóve Vs. Meyerholda*, idem, p. 70.
192. Iliá Erenburg, "Neobitcháinie pokhojdiênia Julio Jurenito i ievó utchenikov", (1922), in *Sobránie sotchiniêni*, I, Moscou, 1962, p. 29.

"No episódio *Za Butilkoi Tolstobriúchki*", escreveu Radlov, "vale a pena desviar totalmente a atenção do conteúdo da ação, para apreciar até o fim a perfeição rítmica do movimento quase não objetivo – o fluir de homens e coisas, obedientes à mágica vareta do diretor"[193]. Biéli, tendo assistido aos bordados desta seqüência pelos bastidores, de lado, notou que, ao ser observada de viés, ela assumia o caráter de uma pintura abstrata[194]. Desarticulando-se em linhas flutuantes, quase em fragmentos separados, como o ébrio boneco do quadro *Rausch*, de Paul Klee, o Khliéstakov meyerholdiano convertia a cena das bazófias em engraçado desvario gestual, que era também um jogo de rigorosa relojoaria.

As duas pistas convergiam nos episódios conclusivos, nos quais Meyerhold alternou as velas, a balbúrdia, a aglomeração da classe funcional no máximo de sua ostentação, com os falsos ouros, o fulgor do núcleo das mulheres.

Durante o baile na casa do prefeito, os convidados andavam diagonalmente da esquerda para a direita, mergulhados numa luz tórrida, em direção ao proscênio, para congratular-se com Anna Andrievna. Mas com a chegada do oficial dos correios, como que atraídos por um campo magnético, deslocavam-se todos de sopetão da direita para a esquerda, indo parar sobre uma plataforma, para escutar, no tênue brilho das velas, a carta de Khliéstakov[195].

Apertando-se sobre aquele "vagão de carga" atulhado de pesada mobília, amontoados, uns sobre e outros atrás de um sofá, constituíam uma enviesada pirâmide de cabeças ondulantes. O vacilar das velas, que passavam de mão em mão, dava um destaque grotesco, o escárnio de uma ruminação infernal a estas "caras de bocós".

Rindo maldosamente, revoltando-se se um comentário lhes dizia respeito, repetindo fora de propósito trechos já lidos, os empregados teciam uma espectral, acossante polifonia, que Anna Andrievna truncava com um solo de melodrama: "Mas isso não é possível, Antocha. Ele ficou noivo de Máchenka..." Às palavras do prefeito: "Que ficou noivo, o quê?", a plataforma desaparecia, deixando o palco vazio por um instante.

Depois voltavam: pela esquerda o prefeito, roxo de raiva, e pela direita Anna Andrievna, amparada pelos "cavalheiros" do séquito. O prefeito retomava seu longo monólogo, mostrando cada vez mais claros sintomas de loucura, até que, irrompendo com lúgubres apitos

---

193. Sierguiêi Radlov, *"Revizor" u Meyerholda*, p. 152.
194. Cf. Andriei Biéli, *Veter s Kavkaza*, Moscou, 1928, pp. 85-86.
195. Cf. A. Gvózdiev, *Revizia "Revizora"*, p. 27.

35. Sétimo episódio ("Os Efeitos de uma Garrafa Bojuda") de *O Inspetor Geral* de Gogol, 1926.

de trem das estepes, alguns guardas chegavam, guiados pelo médico Gibner, para levá-lo. Dirigindo-se aos espectadores, o prefeito enlouquecido exclamava: "De que estão rindo? Estão rindo de vocês mesmos!...": mas não com o habitual arrebatamento de sermão, e sim num sussurro arrepiante, numa espécie de penumbra acústica, para que a fala parecesse como que uma alucinação auricular, como o *bobók* dos defuntos debaixo do túmulo, num conto de Dostoiévski.

Empalidecidos, os burocratas iam se encostando às portas brilhantes, multiplicadas como que na vertigem de uma queda, enquanto que na parede aparecia uma grande, pálida mão suspensa sobre a cidade e sobre a chusma, como as inelutáveis flechas dos quadros de Klee. Então os policiais colocavam a camisa-de-força no prefeito, transformando-o em grifenho espantalho de terça-feira de carnaval.

Este expediente da loucura conectava-se àquele ponto da *Razviazka "Revizora"* (desfecho do *Inspetor*), em que o primeiro ator cômico, falando da invectiva do prefeito, afirma que ele estava "fora de si e quase delirando". Anna Andrievna desmaiava e os oficiaizinhos emanados por sua fantasia levavam-na, deitada, sobre seus braços levantados, com passos pesados e escandidos, com tropel de cavalos fúnebres e de cavalos de cervejeiros, quase como se estivessem levando a heroína de uma tragédia raciniana. Assim, nas mãos de Meyerhold, do texto de Gogol dardejaram clarões de apocalipse, e o desfecho acabou se parecendo às extremas hecatombes do teatro lutuoso.

Entre dobres de sinos, ao ritmo de um insolente galope, executado fora de cena por uma orquestra hebraica (hebraica como no *Jardim das Cerejeiras*: então a ação se passava na Ucrânia? ou em Mírgorod?), os convidados, horrorizados, entrelaçavam uma obsessiva quadrilha, descendo na platéia, desaparecendo pelos corredores laterais, para tornar a despontar em guirlanda pelo palco. Uma cavalgada similar encontra-se em *As Almas Mortas* (tomo I, cap. VIII), ali na parte em que Gogol pincela o fastoso baile do governador. Mas podemos também pensar no *grand-rond* do terceiro ato da última comédia de Tchékhov.

No implacável repicar dos sinos, pelo alçapão do palco subia, bem lentamente, como que de uma fresta do reino das sombras, um branco pano de boca, sobre o qual, com letras negras espaçadas, estava escrito, cabograma do Érebo, a seca fala do Soldado que anuncia a vinda do verdadeiro inspetor. E naquele clima de alta tragédia parecia que ele devesse cair do alto, bem ali, não como duplicata de Khliéstakov, mas como um Fortinbras, um arcanjo castigador.

Os convidados espalhavam-se aos gritos. Enfraquecidos os repiques, o branco pano de boca retomava sua subida com igual vagarosidade, descobrindo a "cena muda". Em vez de atores petrificados em poses de *tableau vivant*, ali figuravam os moldes das personagens: semblantes céreos, enviesados fantoches coloridos, lívidas múmias de uma fúnebre "manequinaria". O descomedimento barroco, o escárnio deste final, o dissídio entre o desenfreado tropel dos convidados e a irremediável imobilidade das ceras aderiam, no fundo, àquela passagem da *Razviazka*, em que Gogol afirma, sobre suas personagens, que o verdadeiro inspetor deverá "destruí-los todos, varrê-los da face da terra, aniquilá-los completamente".

12

O achado final mostra que Meyerhold se ligou, em sua partitura, à interpretação feita pelo próprio Gogol na época da mania religiosa. Khliéstakov não era, neste espetáculo, muito diferente de como aparecia para seu autor nos dias do misticismo e do desequilíbrio.

Na *Advertência* (*Preduvedomlenie*) de 1842 o inspetor já havia se tornado "uma figura fantasmagórica, figura que, como mendaz engano personificado, foge de tróica, só Deus sabe para onde" (na direção meyerholdiana o tilintar de guizos, em vez de se dar por trás dos bastidores, fluía por trás do público, como um arrepio nas costas). A *Razviazka*, de 1846, equipara-o a "um escrevinhador", a "uma estouvada consciência mundana, consciência venal, enganosa".

Na transtornada mente de Gogol, Khliéstakov coincidia com o diabo, e o diabo, como ele mesmo escreve em carta de 16 de maio de 1844 para Aksákov, é "um escrevinhador e é todo feito de inchaços", um "mesquinho funcionário que vai dar numa cidade como para fazer uma investigação". Numa troca "terrível", lê-se na *Razviazka*, "é aquele inspetor que nos aguarda às portas do sepulcro": "este inspetor é nossa consciência que desperta novamente, que nos obrigará de improviso a olhar, com olhos bem abertos, para nós mesmos".

A cena meyerholdiana, com aquela opressora dinastia de portas proliferantes e as plataformas, armadilhas minuciosamente mobiliadas, campos fechados de intrigas diabólicas, correspondia à concepção de Gogol da *Razviazka*, pela qual a cidade de província torna-se "nossa abjeta cidade espiritual", onde "nossas paixões enfurecem, como funcionários monstruosos, depredando o erário de nossa alma".

Afinal, no rastro da *Razviazka*, já Merejkovski, no livro *Gogol i Tchort* (*Gogol e o Diabo*), havia identificado Khliéstakov, "nosso alter-ego exterior", com o demônio: um demônio em fraque, sem máscara, com um repugnante revés de trivialidade distrital.

E Rózanov? Para este filósofo Gogol pareceu um pintor de estáticas aparências de cera que escondem o nada, de manequins melindrosos com frios olhos vítreos, de invólucros sem substância e sem alma, pintor "precisamente formal, amaneirado, pomposo, como um 'arcebispo' do mortume, que estivesse celebrando um 'ofício' com candelabros de dois ou três braços": "em cada linha sua, o defunto vive dupla vida, o defunto nunca é 'cadáver', enquanto que os vivos estão estranhamente mortos. São bonecos, esquemas, alegorias de defeitos"[196].

E o que mais se tornam as personagens de *O Inspetor Geral* no espetáculo de Meyerhold, a não ser bonecos de cera, mesmo antes da "cena muda"? Bonecos em cuja carne mole teu dedo afundaria como num floco de algodão, similares àquela inquietante "mulher de Gogol", "fantoche comum de espessa borracha", à Caracas inflável, com que delira Landolfi. Ainda fantoches, fantoches – mas monotonia é virtude dos artistas de gênio.

Já no fim de 1910 Meyerhold sonhava encenar *O Inspetor Geral* atendo-se à exegese de Merejkovski. Muitos elementos daquela interpretação vieram à tona no espetáculo de 1926. Sem contar que a tendência para os empastes corais viera das doutrinas de outro poeta do simbolismo, Viatcheslav Ivânov, que via na *sobórnost* (*assembleidade*), no "princípio coral" (*khorovóe natchalo*), a essência e a linfa do teatro[197].

Não somente por estas derivações, como também pela volta ao "dioscurismo"* dos sósias, aos satélites ambíguos, pelos grupos escultóricos e o abuso de decorações e ornamentos, pelos semitons de farsa místico-marionetesca e ao mesmo tempo pela *demonia* de *grand-opéra* – *O Inspetor Geral* meyerholdiano nos conduz novamente, pelas experiências do construtivismo, ao teatro "convencional", a Maeterlinck, a *Balagántchik*[198]. Não por acaso Kúgiel percebeu, em vários episódios, a marca de *A Vida do Homem*, de Andriéiev[199]: observando bem, este Khliéstakov metafísico beira a ima-

---

196. Cf. Vassíli Rózanov, *Opavchie listia*, (1913), Berlim, 1929, vol. I, p. 137, e II, p. 156. Cf. também *Legenda o Velikom Inkvizitore*, (1906), Berlim, 1924, pp. 21 e 26.

197. Cf. Viatcheslav Ivânov, "Estetitcheskaia norma tieatra", in *Borozdi i Meji*, Moscou, 1916, pp. 270-275; e " 'Revizor'Gogolia i komedia Aristofana", in *Tieatralni Oktiabr*, I, Moscou, 1926, pp. 95 e 96.

* Relativo aos dióscuros, i. e. Castor e Polux, gêmeos inseparáveis, heróis da mitologia grega. (N. da T.)

198. Cf. D. Talnikov, "Novaia revizia 'Revizora' ", in *"Krasnaia Nov"*, 1927, 3.

199. Cf. A. Kúgiel, "V. E. Meyerhold", in *Profili tieatra*, Moscou, 1929, p. 101.

gem do Alguém em cinza. Não por acaso a representação suscitou o entusiasmo de Biéli, que escreveu admiráveis páginas de comparação entre Gogol e Meyerhold. Para Biéli, o diretor tinha conseguido, habilidosamente, extirpar de Gogol o "Gogol menor"[200].

Assim no espetáculo havia um indício de insídias, uma repulsão de *Spiegelkabinett*, e as construções gestuais no reduzido espaço das plataformas, mesmo que tramadas com destreza biomecânica, agora apresentavam uma estaticidade de museu, fazendo com que os atores parecessem não mais professores de salto e pulos em idênticos *overalls* azuis, e sim uma congregação de autômatos ataviados, os "autômatos humanos de Meyerhold" (*automaty ludzkie Meyerholda*), como os denomina o diretor polonês Leon Schiller[201].

Representavam como que diante de um espelho, sublinhando as poses e as pausas decorativas e, mesmo na perfeita univocidade do conjunto, permaneciam estranhos uns aos outros, monologais, entorpecidos, quase como se tivessem ao seu redor (naquele empurra-empurra) o algodão do vazio e tivessem no corpo a rigidez, o torcicolo de seres retirados, pouco antes, de uma custódia. Como em *Bubus* e em *Mandát*, em *O Inspetor Geral* também, deixando de lado a sarabanda final, Meyerhold infundiu uma cansada, sinuosa preguiça, fazendo do espetáculo, como disse Radlov, "um *Caligari* projetado em câmera lenta por um cine-operador extravagante"[202].

Bóbtchinski e Dóbtchinski, que habitualmente são interpretados como tagarelas precipitados, como "exercícios de dicção sobre pernas", mastigavam suas falas com retardo letárgico. No início do espetáculo (ato I, cena 3), chegando de repente na casa do prefeito gritando "Um acontecimento extraordinário! Uma notícia inesperada!", hesitavam, e somente após uma longa pausa, recomeçavam com fleuma exaustivo a falar da personagem encontrada na taverna[203]. Meyerhold acreditava que um retardamento hiperbólico da narração pudesse exprimir, melhor do que os tempos acelerados, a ofegante inquietude do duo clownesco. Mas mesmo a tristonha embriaguez de Khliéstakov era alongada por um contínuo recurso às pausas retardatórias[204].

200. Cf. Andriei Biéli, "Neponiati Gogol", in *Soviétskoe Iskústvo*, 20 de janeiro de 1933: cit. in B. Rostótzki, *op. cit.*, p. 61.
201. Leon Schiller, "Gdy Boleslawski pryzjechal do Warszawy", (1937), in *Tieatr ogromny*, Varsóvia, 1961, p. 305.
202. Sierguiêi Radlov, *"Revizor" e Meyerholda*, p. 148.
203. Cf. A. Gvózdiev, *Revizia "Revizora"*, pp. 34-35.
204. Cf. B. Alpers, *Tieatr sotzialnoi máski*, p. 55.

Estas lentidões, é claro, desfocavam a concisão da comédia, derretendo o orgânico dinamismo do enredo numa seqüência de partículas mímicas, de trechos visuais, de autônomos fragmentos rítmicos. A imagem, o gesto, os subtextos do olhar acabaram prevalecendo sobre a palavra.

Como se o teatro, trata-se de uma observação de Radlov, "tivesse passado da ruidosa motocicleta à charrete sobre molas macias"[205]. Com a exasperada indolência e o ritmo opiáceo de "Oblómovka chinesa"[206] Meyerhold propunha-se expressar o vazio *ritualismo* deste mercado de enganos[207]. Como se o espetáculo todo arrancasse sobre um amaneirado formiguejar de pernas desconjuntadas. Ao som de peças e romanças de Glinka, Gurilióv, Dargomíjski, Varlámov, os autômatos executavam uma série de funções rituais, de atos mecânicos, de cerimônias, para indicar que a época do inspetor nutria-se de tais sucedâneos e procurações de existência.

Basta pensar no momento em que o prefeito, antes de ir tatear o terreno na taverna (ato I, cenas 4-5), lavava, enfeitava e ajustava os cabelos com uma escova encharcada de água, espirrando-a na cara de seus subalternos[208]. O próprio *puzzle* da fuga de portas continha a vagarosidade repetitiva de um rito. Aliás, desta tendência em inchar cada diminuto detalhe do texto em prolixas parábulas mímicas, parecia reverberar novamente a lição de Stanislavski, diretor retardador.

A etiqueta exige enfeites, por isso Meyerhold revestiu a comédia de formas tão vistosas, cuidando para que as posturas, as luzes, os objetos, as cores vorazes da mobília e das roupas se ajustassem em enquadramentos deslumbrantes que, se por um lado tinham o tom dos interiores de Fiedótov, pintor do início do século XIX, por outro pareciam recolocar no auge as vivas cromias de Sapunov e de Sudiéikin.

Fausto dos figurinos: observou Grossman que o prefeito, quando chegava à taberna de quépi e com o justo capote do uniforme, estava tão elegante que relembrava os retratos dos generais russos de 1812,

---

205. Sierguiêi Radlov, *op. cit.*, pp. 148-149.
206. Cf. N. Berkovski, "Meyerhold i smislovoi spektakl", in *Tekuchchaia litieratura*, Moscou, 1930, p. 226.
207. Cf. B. Alpers, *op. cit.*, pp. 70-71.
208. Cf. A. Gvózdiev, *op. cit.*, pp. 34-35; D. Talnikov, *Novaia revizia "Revizora"*, cit.

"a vistosidade teatral dos Vitgenchtiéin, dos Milorádovitch, dos Bagratión e dos Barklái"[209].

Para significar o ritual da época e, como assevera Andriéi Biéli, as *ampírnosti* (os ouropéis Império)[210], Meyerhold atulhou as plataformas de adereços resplandecentes (cristais, louças, porcelanas, cofres, leques), desenvolvendo ao extremo o procedimento da acumulação. Juntou em flamengas naturezas mortas cachos de uvas, presuntos, caça, um suntuoso melão, toda espécie de gastronomia (para Lunatchárski, o episódio *Metchtá o Peterburge*, Sonho de Petersburgo, lembra a "magnificência" de um Jordaens[211]). Até mesmo dos móveis extraiu pretextos para este jogo, não apenas exagerando-lhes as dimensões e a tortuosidade das linhas, como também explorando seu espaço interior, como fez, por exemplo, com o armário da primeira-dama.

Enfim transpôs – na opinião de Biéli – no reluzir dos objetos e das dobras dos tecidos as "palavrinhas", os epítetos, a *cor verbal* de Gogol[212]. E, obviamente, os adereços, as decorações tornaram-se preponderantes, especialmente em relação à estreiteza das plataformas. Uma vitrina de esplendores, de mognos, de fitas e galões, um paraíso do *confort* destrital que, no final, desapareceria estridulosamente nos turbilhões do delíquio e da demência.

O Inspetor Geral de Meyerhold foi, ainda nos servindo de uma frase de Radlov, "um espetáculo exaustivo, obsessivo, como um passeio pelos infinitos labirintos de um imenso *panopticum*"[213]. Espetáculo de uma maestria extremamente vigilante, refinadíssima, tendo a si mesma por finalidade, não raro sem álibi: representação de inesgotáveis prolongações, de tentação e feitiço, mas tão exacerbada a ponto de tocar, em alguns trechos, por excesso de riqueza, as fronteiras da esterilidade.

O texto de Gogol tornou-se uma espécie de misteriosa escrivaninha estilo Império, que desvela aos poucos novas gavetas secretas, gavetas que convidavam a descobrir outras ainda. Mas por trás da cintilação dos quadros e das minúcias parecia esconder-se aridez de ânimo, amor pela segregação e pela morte, um contínuo contracanto lutuoso. Quase como se agora Meyerhold só pudesse entender o

---

209. Leonid Grossman, "Tragedia-buf", in *Gogol i Meyerhold*, cit.
210. Cf. Andriei Biéli, "Gogol Meyerhold", in *Masterstvo Gogolia*, Moscou-Leningrado, 1934, p. 318.
211. Cf. Anatoli Lunatchárski, *"Revizor" Gogolia-Meyerholda*, p. 405.
212. Cf. Andriei Biéli, "Gogol Meyerhold", in *Gogol i Meyerhold*, pp. 27 e 28.
213. Sierguiêi Radlov, *op. cit.*, pp. 152-153.

espetáculo como estrutura de cemitério, resenha de imagens apagadas, de detalhes empedernidos, em suma: como ausência de vida.

13

Fragmentos de lembranças, inexpressivas notícias é o que nos resta de espetáculos que fascinaram. Quanto mais escasso o enxoval dos testemunhos porém, maior torna-se o prazer de conjeturar e antes que o tempo os desbote para sempre, de colorir com a fantasia a pobreza, as lacunas dos documentos. Em 1923 Meyerhold propunha-se a representar no Tieatr Rievoliutzii *Górie ot Umá* (*Que Desgraça, o Engenho*) como uma parada satírica de máscaras sociais da velha Rússia, que Tchátzki, transformado (infelizmente) num ardoroso *komsomólek*, escarneceria com epigramas e facécias[214].

Com intenções dissemelhantes, mas não sem o reflexo dos espetáculos panfletários, reaproximou-se em 1928 da comedia de Griboiedov, extraindo desta uma "encenação literária" de sua autoria[215]. Confrontou as diversas redações e repartiu os longos monólogos entre várias personagens; introduziu falas em francês, episódios mímicos; tirou de Tchátzki a enorme fala sobre o francesinho de Bordeaux (ato III, cena 22), dando-lhe em troca versos que Griboiedov havia suprimido na versão final (1828): aqueles em que compara o espalhar-se dos boatos ao rolar de uma avalanche de neve (ato IV, cena 10). Na direção de Meyerhold a comédia reassumiu o título (mais sentencioso, mais amargo) da primeira redação (1823): *Górie Umú* (*Ai do Engenho!*).

Lá pelo fim da década de vinte, no Circo de Moscou, numa cenazinha-charada (*viktorína*), o *clown* Lazarenko e o *Sprechstallmeister* (diretor de pista) costumavam tecer este diálogo:

Sprechstallmeister – Diga-me os nomes, por favor, dos três maiores dramaturgos da Rússia.
Lazarenko – Meyerhold, Meyerhold e Meyerhold.
Sprechstallmeister – Mas eu pensava que fossem Griboiedov, Gogol e Ostróvski.
Lazarenko – Vá ao TIM assistir *Ai do Engenho*, *O Inspetor Geral*, *A Floresta*, e o senhor vai entender quem é o autor destas peças[216].

214. Cf. B. Alpers, " 'Gore ot uma' v Moskve i Leningrade", in *"Tieatr"*, 1963, 6.
215. Cf. D. Talnikov, " 'Gore ot uma' pered sudom sovriemiênosti, in *"Krasnaia Nov"*, 1928, 5, e "Tieatr avtora", in *"Litieraturni sovriemiênik"*, 1936, 2.
216. Cf. Iúri Dmítriev, *Soviétski tzirk*, Moscou, 1963, pp. 141-142.

36. Zinaída Raich (Sofia) e N. Bogoliubov (Skalozub) no oitavo episódio ("A Estância Branca") de *Ai do Engenho!* de Griboiedov, 12 de março de 1928 (direção: Meyerhold; construções: V. Chestakov).

A primeira versão de *Ai do Engenho*, em dezessete episódios, denominada "versão petersburguenha" ("*opus* de direção 101") e dedicada ao músico Liév Obórin, foi encenada a 12 de março de 1928. Mais tarde, a 25 de setembro de 1935, foi feito um *remake* em treze episódios ("*opus* de direção 112"), dito "versão moscovita" e dedicado, além de Obórin, ao "doutor" Mei Lan-Fan*.

Como notou o próprio Meyerhold[217], a concepção da direção ligava-se parcialmente a um parecer da comédia emitido por Púchkin, em carta datada de janeiro de 1825, dirigida a Bestújev. O "autor do espetáculo" fez de Tchátzki uma imagem absorta, ausente, sonâmbula, apagando-lhe os tons de motejador, os impulsos irônicos. Condensavam-se nesta figura os ímpetos ascensionais e as vagas aspirações rebeldes, não apenas dos românticos russos e dos decabristas**, como também dos poetas da época de Blok, do início do século, como se Meyerhold quisesse incutir ali a lembrança de *sua* juventude.

Apaixonado infeliz, todo *spleen* e langor (um langor que em certos momentos beirava os moldes da ópera), Tchátzki estava envolvido numa auréola de solidão. Um desvairado lirismo (mais apropriado aos dramas blokianos do que à comédia de Griboiedov) dissipava cada frágil impulso seu. Aumentar desta forma o espessor onírico da personagem e privar sua biografia da mordacidade e do desdém, significava, para Meyerhold, libertá-la das fórmulas declamatórias e da retórica de odeão com que vários histriões mergulhavam neste papel.

Idealista, incapaz de agir e de opor-se à mesquinhez triunfante da sociedade moscovita, debatia-se naquele mundo pegajoso, como um pássaro ferido, beirando a inerme trepidação de Trepliov, das "gaivotas". O teatro tornava-se assim local de exílio para o protagonista, e o papel o flutuar elegíaco de uma sombra (quase de Pierrot) sobre o pano de fundo da paludosa vulgaridade dos salões. Não por acaso ele pronunciava o monólogo sem tons açoitantes, com um murmúrio mal perceptível: como sombra[218].

Para sublinhar a ligação da personagem com os decabristas (com seu mozartismo espiritual, com seu amor pela poesia), Meyerhold lançou mão de alguns expedientes alusivos. No segundo ato (cena 5), enquanto Fámusov e Skalozub discutiam, obtusos e tranqüilos,

---

* Famoso ator chinês, intérprete de papéis femininos, que em 1935 realizara uma *tournée* pela Rússia. (N. da T.)

217. Cf. A. Gladkov, "Meyerhold govorit", in *"Novi Mir"*, 1961, 8.

** Nome dado aos oficiais da guarda imperial russa, que em dezembro de 1825 participaram da revolta contra o regime czarista. (N. da T.)

218. Cf. B. Alpers, *Tieatr sotzialnoi máski*, p. 72.

jogando bilhar, num canto da biblioteca Tchátzki pronunciava o monólogo "Quem são, afinal, os juízes?", cercado de amigos semelhantes a Bestújev, Odóevski, Rilêiev. E durante o fragor do baile (ato III), apartando-se no mesmo canto junto a um grupo de jovens, recitava, como numa reunião da "Lâmpada verde", poesias de Púchkin e Rilêiev[219].

Mas mesmo com esta roda de decabristas, o Tchátzki meyerholdiano permanecia um estranho, perdido no vazio mordaz da solidão. Nem conseguia removê-lo de sua refinada distância o fato de que ele vestia, no lugar da tradicional casaca, uma simples blusa azul bufante e uma jaqueta de gola à Byron[220]. Enfim, a linha dada a este papel parecia ilustrar um tema que se diria aparentemente pasternakiano: o isolamento, o xeque do artista em sua própria época.

A solidão e o langor de Tchátzki eram, além disso, aumentados pela assiduidade da música. O próprio herói revelava-se um perito pianista (havia para ele um piano em cada cômodo da casa de Fámusov): como se o concertista de *Bubus* tivesse descido da concha dourada, para confundir-se com Tchátzki. Ele expressava, com sons de Schubert, de Bach, de Beethoven, de Gluck, de Mozart e de Field, seu *Weltschmerz*, seu tormento, reduzindo o texto de Griboiedov a uma *rêverie* melancólica, a uma seqüência de "atmosferas" melódicas, em que todos os motivos de acusação e de indignação naufragavam. Tchátzki segmentava as próprias falas em fragmentos distintos, quase em trechos assemânticos, desprezando o fluir dos versos com modulações e acordes, que diluíam o tempo, a densidade da obra.

O espetáculo todo tinha seu eixo na antinomia entre a pureza de Tchátzki e o ambíguo mundo de Fámusov, entre o decabrismo e a sociedade moscovita, representada com azedas e ferozes tintas, como uma congérie de rudeza asiática, de trivialidade perniciosa.

Eixo dos antiTchátzki era Fámusov, que Ilínski interpretou com recursos de farsa, transformando-o em palhaço molenga, um empaste de Pantaleão e do velho Karamazov, de calças aparecendo por baixo do robe-de-chambre e, embora já esclerosado, ainda fogoso de desejos senis. Coçava-se a barriga, esfregava uma perna na outra, gesticulava sem decoro, cercava Liza, a empregada, emborcando-a sobre o sofá – campeão, assim como Khliéstakov, de uma torpe sordidez, que não chegava porém a alcançar o demoníaco[221]. Da baixa condição de velhaco bajulador, de subalterno definhado, Moltchálin as-

---

219. Cf. Osaf Litovski, "Tieatr dlia sebia", (1928), in *Glazami sovriemiênika*, Moscou, 1963, p. 251.
220. Cf. N. Berkovski, "Meyerhold i smislovoi spektakl", in *Tekuchchaia litieratura*, Moscou, 1930, p. 232.
221. *Idem*, p. 232, e Ígor Ilínski, *Sam o siebié*, p. 225.

cendeu à alta casta de carreirista, cheio de autoridade e triunfo, cuja deferência sempre continha um reverso de desprezível vaidade[222].

Ao delinear a imagem de Sofia, como moça estouvada e ansiosa por distrações sexuais, Meyerhold apegou-se às palavras de Púchkin: "um pouco puta e um pouco *cousine* moscovita"[223]. Para melhor mostrar suas aspirações mundanas, fazia-a aparecer, no início, junto a Moltchálin, numa espécie de boate do início do século XIX. Mas, além disso, havia nela algo (seu jogo com as pistolas, seus exercícios de tiro, sua frieza entediada) que remetia a outra personagem de Meyerhold: Hedda Gabler.

O dissídio entre Tchátzki e o bando de Fámusov culminava no famoso episódio dos "boatos" (ato III), em que Meyerhold organizou maravilhosamente a irrefreável propagação da maledicência, a histeria do falatório. O festim na casa de Fámusov: a uma mesa comprida, posta às margens do proscênio, sentavam, voltados para a platéia, 32 comensais com caras amarradas e empedernidas, um cenho de ameaçadores rabinos.

Engolindo avidamente, empanturrando-se, iam cuspindo com exasperadora lentidão suas calúnias sobre a demência de Tchátzki, e parecia que o boato crescia como um regurgito, como uma maré de saliva. Em contraste ao contínuo e derrisório mastigar, no embalo de um suave noturno de Field, Tchátzki-sombra passava rente à mesa, e todos cobriam o rosto com o guardanapo, perturbados pela intrusão de um "doido" em seu universo gástrico.

Este episódio nos traz à lembrança aquela cena de *Balagántchik*, em que negros místicos sentam à mesa, como um espaldar de mortas sobrecasacas. Eterno influxo de Blok. "Para nós", escreveu Eisenstein, "*Balagántchik* é como Spas-Nerédica para a Antiga Rus"[224]. Pensava talvez numa relação entre as desajeitadas e soturnas figuras nos afrescos dos mestres de Nóvgorod, naquela igreja, e as poses inertes dos manequins de Blok.

Pela abundância de cerimônias mímicas e a constância de um ritual que supria a escassez da existência, esta direção continua a linha de *Bubus*, de *Mandát*, de *O Inspetor Geral*. Exemplos de ce-

222. Cf. A. Mirski, "Gore umu", in *"Litieratúrnaia gazieta"*, 24 de novembro de 1935, n. 65.
223. Carta a A. Bestujev, de janeiro de 1825, in *Pólnoie sobránie sotchiniêni*, X, Moscou-Leningrado, 1949, p. 121.
224. Sierguiêi Eisenstein, "Wie sag ikh's meinen Kind", in *Izbrannie proizvedenia*, I, Moscou, 1964, p. 309.

rimônias: a cena em que Sofia e Tchátzki intercalavam o diálogo com uma série de tiros ao alvo, ou aquela em que, acompanhada por música de piano, Sofia executava exercícios ritmo-plásticos, conversando, enquanto isso, com a Liza de Tchátzki.

Ou, melhor ainda: o lento episódio, em que Fámusov e Skalozub escandiam suas falas de acordo com as cadências do jogo de bilhar. Espalhavam o giz pelas longas hastes de madeira, maneando-as como que aos arcos de uma orquestra insólita; dançavam na ponta dos pés em volta do retângulo verde; acertavam os lances com excesso de fleuma; apoiados às beiradas, esperavam que um mordomo extraísse das caçapas as bolas de marfim... Como era de se prever, os virtuosismos do jogo conquistavam toda a atenção do espectador, arrancando-o completamente do enredo do diálogo.

Mesmo neste espetáculo, Meyerhold comprazeu-se em atomizar a obra em exíguos fragmentos de energia mímica, em posturas de cerimônia. Tudo isso, obviamente, ofuscava o brilho e a plenitude dos versos de Griboiedov. Mais uma vez o texto serviu-lhe de pretexto para uma resenha de manobras rítmicas, de miniaturas gestuais que, na segunda versão, acusaram até mesmo influência da técnica de Mei Lan-fan[225], o comediante chinês que, em *tournée* moscovita, tinha encantado os diretores soviéticos[226].

Por outro lado, os procedimentos retardados, a pobreza de solércia, a indolente etiqueta indicaram que, mesmo aqui, Meyerhold tendia a transformar os atores em famílias de manequins. Como as imagens de *O Inspetor Geral*, as de *Górie Umú* também estavam embrulhadas em figurinos ostensivos, eram autômatos sem alma, relíquias de personagens, aoristos aflorados de distâncias abissais.

Em seu inesgotável maniqueísmo, o "autor do espetáculo" iludia-se talvez de revidar a cilada daqueles autômatos, opondo à sua malevolência a mônada positiva de Tchátzki. Mas, como sempre, o paladino refletido, o virtuoso, resultou transitório e inconsistente demais diante da multidão de compactos "patifes", da surda jactância de um museu de despojos e destroços, um museu que já havia convertido o teatro numa espécie de império da imobilidade, da morte.

---

225. Cf. Vsiévolod Meyerhold, Entrevista a *"Vetchernaia Moskva"*, 13 de novembro de 1935, n. 260.
226. Cf. Esfir Chub, *Krupnim planom*, Moscou, 1959, pp. 117-118; Nicolai Pietróv, *50 i 500*, Moscou, 1960, p. 504.

6. A Tragédia e seu Avesso, a Arlequinada

1

No elenco dos atores que em 1906 representaram *Balagántchik* guiados por Meyerhold, encontramos Tairov: intérprete da Máscara Azul[1]. Tendo se mudado da província para Petersburgo, para estudar direito (havia nascido em Romní, governo de Poltava, a 24 de junho de 1885, filho de um professor primário), Aleksandr Iakovlevitch Kornblit (Tairov) ingressou no teatro da Komissarjévskaia, vivendo a heróica temporada dos espetáculos "convencionais" e tornando-se amigo dos poetas e pintores do simbolismo.

Uma vez abandonado aquele palco, trabalhou como ator e diretor em dois empreendimentos fundados por Páviel Gaidebúrov[2]: o "Teatro acessível para todos", na Casa do Povo da Ligovka, e o "Teatro ambulante", com o qual percorreu regiões bem distantes. A experiência realística não o fez abandonar, porém, as fórmulas do modernismo, como demonstram suas primeiras (ruins) direções. Na encenação de *Eros e Psique*, de Ierzy Zulawski (na qual calcou as duas míticas imagens sobre ordinárias estatuetas de cômoda)[3] e de *Tio Vânia* (declamado com o fundo musical de composições de

---

1. Cf. *Akteri i riejissieri* ("*Tietralnaia Rosia*"), Moscou, 1928, p. 255.
2. Cf. Sim. Dreiden, *Stranitzi bolchoi jizni*, prefácio para N. Sharskaia–P. Gaideburov, *Na stzêne i v jizni*, Moscou, 1959.
3. Cf. Guéorgui Krijítzki, *Riejissierskie portreti*, Moscou-Leningrado, 1928, p. 79.

37. Ivan Arkadin (ator do Teatro de Câmara) e Tairov; E. Uvárova e Alisa Koonen (atrizes do Teatro de Câmara).

Tchaikóvski e de Chopin)[4] advertia-se o presságio daquele esteticismo adocicado, daquela elegância de *maison de couture*, que freqüentemente oprimiriam a criação de Tairov.

Que, mesmo mais tarde, ele tenha operado ao gosto da *Stilbühne*, fica provado pelo maneirismo com que representou a 6 de dezembro de 1912, no Novo Teatro Dramático de A. Reineke, em Petersburgo, *Iznánka Jizni* (*O Avesso da Existência*), ou seja, *Los Intereses Creados,* de Benavente. Para esta comédia de máscaras Sudiéikin pintara panos de fundo tão desmesurados, tão gritantes, tão ébrios de tintas, que os atores, como disse Mguebróv, perdiam-se neles como coleópteros[5].

Da ligação de Tairov com o teatro "convencional" também é testemunha a encenação, no Svobódni Tieatr (Teatro Livre) de Moscou, a 4 de novembro de 1913, de *Porkiválo Pieretti* (*O Véu de Pierrette*), a pantomima de Schnitzler-Dohnányi, que Meyerhold havia dirigido como o título de *Charf Colombini*.

Bizarra farragem, o Svobódni Tieatr, nascido por iniciativa de Kote Mardjánov, tencionava ser um teatro sintético: juntar, como numa espécie de *kombinát*, vários gêneros (ópera, drama, opereta, pantomima, tragédia) e várias linhas de direção. Se, por um lado, em *A Feira de Sorótchinci,* de Mussorgski, apareceram autênticos bois ucranianos, por outro, Mardjánov propôs, ao contrário, *La Belle Hélène,* de Offenbach, como resenha diacrônica do amor em três épocas, com estatuetas animadas, perucas e preciosidades à moda do cabaré O Morcego. Assim, no primeiro ato, os intérpretes apresentavam-se em dois andares de uma ânfora grega, representada em corte; no segundo (na corte de Luís XIV) um enorme tálamo rococó dominava o palco; no terceiro (na estação termal de Kislovodsk, no início do século) os atores curveteavam sobre cavalinhos de madeira de um carrossel, cintilante de seda jaspeada e de ouropéis, como o louco carrossel de um quadro de Maliávin[6].

Pelas ênfases dramáticas (uma pura dramaticidade contrastante com o turvo grotesco de Meyerhold), o andamento majestoso e o severo cinzel dos gestos, que pareciam cindir o tempo em fragmentos solidificados, a encenação da pantomima de Schnitzler foi precursora das futuras direções de Tairov no campo da tra-

---

4. Cf. Nicolai Volkov, *Meyerhold,* II, p. 42.
5. Cf. A. Mguebróv, *Jizn v tieatre,* II, Moscou-Leningrado, 1932, p. 183.
6. Cf. Guéorgui Krijítzki, *Konstantin Aleksandrovitch Mardjanov,* Moscou-Leningrado, 1946, pp. 31-39; Id., *K. A. Mardjanov i rúski tieatr,* Moscou, 1958, pp. 85-102; Grígori Iarón, *O liubimom janre,* Moscou, 1960, p. 107; Páviel Markov, *Riejissura Vl. I. Niemiróvitch–Dântchenko v Muzikalnom tieatre,* Moscou, 1960, p. 61; Eteri Guguchvili, *Kote Mardjanichvili,* Tbilisi, 1962, pp. 15-18.

gédia[7]. O papel de Pierrette foi encarnado por Alisa Gueórguievna Koonen, que se tornaria sua mulher e figura maior do panteão teatral da Rússia moderna.

Insatisfeita com as "revivescências" e ansiosa por poder expressar impulsos, paixões veementes, havia abandonado o Teatro de Arte, onde havia se distinguido nos papéis líricos como Macha, em *Cadáver Vivente*, Mytyl em *L'Oiseau Bleu*, Anitra em *Peer Gynt*[8]. Embora viesse da escola realista, não sentiu-se pouco à vontade no universo ilusório da pantomima (o eixo em volta do qual giram todas as direções de Tairov), isto porque já havia representado números mímicos no Morcego e nos *kapústniki* do Teatro de Arte; também costumava imitar a Duncan, improvisando variações de dança com motivos de Skriábin[9].

O Svobódni Tieatr, "original torre de Babel"[10], teve vida breve, mas seus princípios sobreviveram. Junto a um grupinho de fiéis atores, Tairov constituiu uma oficina de interpretação, um estúdio que, desenvolvendo uma idéia de Mardjánov[11], denominou Teatro de Câmara (Kámerni Tieatr = KT). Este teatro, inaugurado a 12 de dezembro de 1914 com *Sakuntala*, de Kalidasa, foi em seus primórdios o "santuário" de uma arte impassível às solicitações da época, de uma arte absoluta, desarraigada da existência.

Tairov propunha-se opor, aos ódios desenfreados, à crueldade da guerra, não as receitas morais e o perdão do Primeiro Estúdio, mas uma gama de refinamentos visuais, uma espécie de teatro cosmético, teatro para a concupiscência dos olhos. Mais tarde, sob o impulso dos acontecimentos, ele irá empenhar-se para inserir em suas direções referências políticas, acenos sociais. Mesmo assim, por mais que se esforçasse, a política para ele nunca passou de dimensão suplementar, de verniz, de desempenho necessário. Ainda assim o que diremos agora não representa uma tentativa de descrição do vazio, nem mesmo a exploração de uma arcádia. Porque, ainda que em sua ausência do real, em seu polido hedonismo, Tairov participa em cheio da "economia", da tensão, dos heróicos furores da época.

7. Cf. Alisa Koonen, "Iz vospominani o Tairove", in *"Tieatralnaia jizn"*, 1961, II.
8. Cf. Nicolai Efros, *Moskóvski Khudójestvieni tieatr*, pp. 392-93; S. Mokúlski, "Alisa Koonen", in *"Tieatr i dramatúrguia"*, 1935, I.
9. Cf. Alisa Koonen, *Iz vospominani o Tairove,* cit.
10. Aleksandr Tairov, *Zapíski riejissiera*, Moscou, 1921, p. 33.
11. Cf. K. Mardjanov, "Kámerni tieatr pri 'Svobodnom tieatre', (1913), in *Konstantin Aleksandrovitch Mardjanov (Vospominania stati i dokladi)*, Tbilisi, 1958, p. 88.

2

Ouvindo o que Tairov afirma em seu livro *Zapíski Riejissiora* (Anotações de um diretor, 1921: em alemão: *Das entfesselte Theater*, 1923), o KT teria sido o primeiro na Rússia a declarar a autonomia da arte cênica, recusando em bloco os ditames do naturalismo (escravo da literatura dramática) e o método "convencional" (sujeito às hipotecas da pintura).

Na realidade, quando o KT deu início a suas experimentações, já a algum tempo o simbolismo havia fendido os clichês naturalistas (Stanislavski dirigiu em 1907 sua *Vida do Homem;* em 1911 o Teatro de Arte abrira-se para Gordon Craig). No que diz respeito à *Stilbühne*, o KT do primeiro período limitou-se à humilde aplicação de suas regras.

Basta pensar, por exemplo, na representação de *Sakuntala*. Os luxuosos *décors* de Páviel Kuznietzóv, um adepto de Gauguin apaixonado pelos temas orientais[12], sufocavam o ator, tornando-o – como escreveu um crítico – "um acessório participante, quase fortuito do espetáculo"[13]. Não importa se, como por vezes nas direções simbolistas de Meyerhold, apareceram elementos arquitetônicos (majestosas escadas) e esculturais (quatro maciços cavalos empinados nas laterais do prospecto cênico). Mesmo a estatuaridade, a sovinice alusiva dos gestos espelhados em antigas imagens indianas (um leve levantar dos punhos, um tremor das pálpebras, olhares no vazio), a dicção ritmada, os andamentos dançantes, os empastes cromáticos, o clima de liturgia: tudo isso remetia, sem sombra de dúvida, aos recursos do teatro "convencional"[14].

O mesmo pode ser dito do *Mariage de Figaro,* de Beaumarchais, que Tairov representou a 10 de outubro de 1915, com cenários de Sudiéikin. O que mais poderia lhe oferecer Sudiéikin, a não ser o costumeiro inventário de telas fastosas, de franjas, de parreiras, de velariozinhos coloridos, e lampiões, e festões, arabescos e guirlandas, que acabariam por engolir o ator? A obra de Beaumarchais, aproximada à *Commedia dell'Arte* e ao Molière no espírito do "tradicionalismo", serviu de pretexto para uma representação ornamental, para uma revista de estatuetas de porcelana e de figuras de baile de máscaras que, borboleteando como os fantoches das *fêtes*

---

12. Cf. Abram Efros, introdução a *Kámerni Tieatr i ievó khudojniki*, Moscou, 1934, pp. XVII-XVIII.
13. Cf. Z. Achkinazi, "Pismo iz Moskvi: Kámerni tieatr", in *"Apollon"*, 1914, 10.
14. Cf. Jaroslaw Micinski, "Wspomnienia z Moskiewskiiego Teatru Kameralniego", in *"Dialog"*, Varsóvia, 1962, 5.

38. *Salomé* de Wilde, Teatro de Câmara, 1917 (direção: Tairov; cenário: A. Ekster).

galantes verlainianas, esforçavam-se para fazer face ao viço da cenografia[15].

O Teatro de Câmara dos primórdios não passou, portanto, de uma retardada ramificação do estilismo, sem virtudes inaugurais, tribuna de cenógrafos ataviadores. Continuou a ser vitrina de chatos painéis, mesmo quando substituiu as garatujas "retrospectivas" pelas paginações dinâmicas dos futuristas, como Larionov e Gontcharova (para *O Leque*: 27 de janeiro de 1915) e Lentulov (para *As Alegres Comadres de Windsor*: 22 de setembro de 1916). Não menos do que Meyerhold, Tairov era totalmente submisso à pintura. Basta pensar que, para *As Alegres Comadres de Windsor*, Aleksandra Ekster cobriu de densíssimas tramas cubistas (um cubismo de inchaços barrocos) o proscênio, o pano de boca, e até mesmo o *foyer*, as escadas, o vestíbulo[16].

Para renovar-se, porém, não era suficiente aderir aos preceitos do cubo-futurismo e expor painéis de planos distorcidos, e prosseguir preenchendo a cena com cores faiscantes que grudavam nos olhos feito um tracoma. Era necessário reavaliar o espaço e sua *cubatura*, substituir a pictoricidade exornativa por um funcional sistema de tablados e formas tridimensionais, abandonar para sempre os vistosos telões de fundo, onde o intérprete debatia-se como um crustáceo infeliz em meio a um dilúvio pigmentário.

3

Foi somente com a encenação de *Famira, o Citaredo*, de Annenski, a 2 de novembro de 1916, que Tairov desencalhou das baixas do teatro "convencional". Para escapar da angústia do naturalismo – ávido de provocar, ao redor do ator, o engano da vida real – a *Stilbühne*, ao contrário, solicita que este mesmo ator seja convertido em mancha cromática; substituíra a maquete pelo esboço. Para libertar-se da sujeição aos painéis e corrigir o vício das direções maneiristas, era preciso abolir o esboço e servir-se novamente da maquete.

A *neomaquete* (*neomakét*), como foi chamada por Tairov para distingui-la daquela do naturalismo[17], ajudaria o diretor a estruturar geometricamente a *cubatura* do palco e, acima de tudo, a compor sua planimetria.

15. Cf. Konstantin Dierjávin, *Kniga o Kámernon tieatre*, Leningrado, 1934, pp. 63-64.
16. Cf. Abram Efros, *op. cit.*, p. XXI.
17. Cf. Aleksandr Tairov, *Zapíski riejissiera*, p. 136.

A partir da direção de *Famira*, a articulação do plano cênico tornou-se para Tairov o problema-chave. Tinha completa convicção de que antes dele tivessem cuidado muito pouco da "plantação", como se o palco fosse destinado, "não aos atores, mas sabe-se lá a que arcanos voláteis, vagantes pelo ar"[18]. Por isso buscou modular o tablado, segundo as indicações de Appia, com relevos, plintos, degraus e terraços, que dessem variedade de elevações e de animação aos intérpretes, oferecendo-lhes o jogo de diferentes níveis. "O plano cênico", escreveu, "deve ser para o ator um dúctil e dócil *teclado*, por meio do qual ele possa evidenciar, com maior plenitude, seu poder criativo"[19].

Observando bem, com Tairov o plano cênico patenteia a mesma tendência da pintura daquela época a extrofiar-se, a sair da superfície, a solidificar-se em excrescências de matéria. Dir-se-ia que esta orografia rítmica do pavimento teatral corresponde à decomposição volumétrica, aos "desconjuntamentos" dos quadros cubistas. Foi obviamente o cubismo a despertar em Tairov a vontade de quebrar a plataforma do jogo e desarticulá-la em impenetráveis relações altimétricas, fazendo do palco um espaço ativo, múltiplo, muscular, em cujo espessor o intérprete teria readquirido consistência e independência.

4

Porque o que se requer do ator é que ele seja o alfa e o ômega do milagre teatral, que ele prime naquele universo fictício.

Segundo Tairov, o teatro "convencional" e o naturalista enfraqueceram, na mesma medida, o ator, mutilando-lhe as disposições cinéticas. Se o primeiro o dissolveu entre os arabescos do *Liberty*, o outro transformou-o num Ivan Ivânovitch qualquer, ocupado em vasculhar em sua própria alma, num emaranhado de "revivescências", num neurótico, prisioneiro das personagens encarnadas.

Tairov, ao contrário, sonha com um ator que domine o próprio corpo-instrumento: corpo que, como um stradivarius, "tem de responder à mais leve pressão de seus dedos criadores"[20]. Um ator de três dimensões, arrancado do purgatório da cenografia simbolista, mago e virtuose do gesto, um acrobata. O ator, amava dizer Tairov, é "um homem ideal, a quem tudo deve-se sujeitar e tudo deve ser-lhe

18. *Idem*, p. 137.
19. *Idem*, p. 148.
20. Aleksandr Tairov, *op. cit.*, p. 84.

acessível"[21] ou seja, nas palavras de Lunatchárski, "uma espécie de *superman* cênico"[22].

Uma exigência de totalidade faz com que Tairov ambicione, seguindo o rastro de Mardjánov, um ator sintético, que saiba, com imutável maestria, aventurar-se nos vários gêneros, da arlequinada ao mistério, da tragédia à farsa, do *melô* à opereta[23]: mimo, diácono, *clown*, bailarino, ator trágico, cantor. Schlemmer anotou numa carta:

> Vi recentemente o novo teatro russo, de Tairov, que tem uma disciplina malconhecida na Alemanha, uma audácia de cena e uma universalidade dos comediantes – esses extraordinários atores, que são não menos extraordinários cantores e dançarinos (abril de 1925)[24].

A história do teatro nos oferece inúmeros exemplos de *poliatores*, dos *maskharabozy* tagikas aos *beriki* georgianos, dos *kiziktchi* usbeques aos *skomorokhi*. Mas Tairov não pretendia certamente inspirar-se nos antigos modelos: sua concepção do intérprete polivalente continha, isso sim, algo do transformismo propugnado pelos futuristas.

Como fundamento da arte deste ator ele colocou a pantomima e o *ballet*. Desejava ardentemente construir uma espécie de *corps de théâtre*, análogo ao *corps de ballet*[25], julgando que os bailarinos fossem os únicos verdadeiros virtuoses do teatro moderno. Como qualquer diretor treinado no âmbito da *Stilbühne*, era fanático por espetáculos mímicos. Neste campo, além do *Véu de Pierrette*, ele dirigiu *Dúkhov den v Toledo* (*A Segunda-feira de Pentecostes em Toledo*), de Kuzmín (23 de março de 1915) e *La Boîte à Joujoux*, de Debussy (21 de dezembro de 1917); e em 1916 realizou o filme-pantomima *Mertviék* (*O Cadáver*), sem um letreiro que fosse[26].

A representação no Teatro de Câmara resolvia-se em harpejos de ritmos, de posturas abstratas, transpondo amiúde em figurações de dança. O ator de Tairov *dançava seu papel*[27], agarrando-se a um alfabeto de posturas e cadências predeterminadas, como no *ballet* clássico. "O ator de Tairov", escreveu Honzl, "é o corpo alto e delgado de um

---

21. Alisa Koonen, "Iz vospominami o Tairove", in *"Tieatralnaia jizn"*, 1961, II.
22. Anatoli Lunatchárski, "K diésiatiliétiu Kámernovo tieatra", (1924), in *O Tieatre i dramatúrgui*, I, Moscou, 1958, p. 413.
23. Cf. Iakov Apúchkin, *Kámerni tieatr*, Moscou-Leningrado, 1927, p. 34.
24. Oskar Schlemmer, *Briefe und Tagebücher*, Munique, 1958, p. 171. (Em alemão no original. N. da T.)
25. Aleksandr Tairov, *op. cit.*, p. 85.
26. Cf. Romil Sobolev, *Liudi i filmi rúskovo dorevoliutzionovo kinó*, Moscou, 1961, p. 124; Semen Ginzburg; *Kinematógrafia dorevoliutzioni Rosi*, Moscou, 1963, p. 281.
27. Cf. Ippolit Sókolov, *Riejissura A. Ia. Tairova: 1914-1924*, Moscou, 1925, p. 26.

39. *Adrienne Lecouvreur* de Scribe e Legouvé, Teatro de Câmara, 1919 (direção: Tairov; cenário: B. Ferdinandov).

bailarino, cujos pés sabem fazer música com seu excitado tropel, e influir sobre o público como as percussões de uma orquestra"[28].

O gosto pelo acrobatismo e a exaltação do vigor do corpo, depois da carência física do ator psicológico, aproximam o método de Tairov à B. de Meyerhold, mesmo que, diferentemente desta, o primeiro recusa as conexões e as relações com os paradigmas operários e com o esporte.

Um evidente realismo preside os enredos cinéticos do ator do Teatro de Câmara. Ele é capaz de congelar seu corpo na ênfase das poses solenes e declamatórias, de assumir a pesada firmeza do mármore, mas também sabe saltar e curvar-se de modo que seu movimento se torne, usando termos amados por Boccioni, uma expansão espiralada, uma rajada de formas na continuidade do espaço, um elástico desenvolvimento de linhas-forças. A perfeita alternância de lampejos dinâmicos e frígidas protelações rituais, a exatidão motória e a cronometragem dos gestos (como se pistões e êmbolos substituíssem os músculos) convertem-no num mecanismo de tamanha precisão, que a precisão resulta em seu defeito constitutivo. Provavelmente por isso Leon Schiller fala das *vivas marionetes de Tairov* (*zywe marionety Tairowa*)[29].

O curioso é que tamanha evasão do real em nome da autonomia do teatro, tamanha soma de signos não objetivos é definida por Tairov "neo-realismo"[30]. Quantos realismos postiços nos anais da cena moderna: desde o "fantástico" de Vakhtangov ao "ultra-realismo" do diretor boêmio Jiri Frejka[31].

Este teatro acrobático, todavia, não renunciava à contribuição dos estímulos e das impulsões interiores. Tairov assevera: "A imagem cênica é uma síntese de emoção e de forma, gerada pela fantasia criadora do ator"[32]. Ele fala de "Teatro de Formas saturadas de Emoção"[33]. O conceito de "emoção", extraído das teorias do psicólogo James, é, portanto, o eixo da doutrina de Tairov.

Tairov considera o espetáculo uma somatória de momentos emotivos. Deseja que o intérprete imite, no acabamento da forma exte-

---

28. Jindrich Honzi, "Alexander Tairov, vudce Komorního divadla", (1928), in *Divadelní a literáni podobizny*, Praga, 1959, p. 78.
29. Leon Schiller, "Gdy Boleslawski przyjechal do Warszawy", (1937), in *Teatr ogromny*, Varsóvia, 1961, p. 305.
30. Aleksandr Tairov, *op. cit.*, p. 145.
31. Cf. Jirí Frejka, "Sovetsky vliv na nasi divadelní avantgardu", in *"Divadelní zápisník"*, 1947, p. 199.
32. Aleksandr Tairov, *op. cit.*, p. 76.
33. *Idem*, p. 49.

rior, não "revivescências" (claro), mas emoções abstratas, sem ligações de lugar ou tempo, perenes categorias de emoções, avulsas da existência cotidiana e como que estabelecidas *ab aeterno*.

Para dar à sua triunfante fisicidade uma essência emotiva, o ator dispõe de quatro elementos primários (raiva, medo, alegria, sofrimento), que liga em múltiplas combinações (cólera + sofrimento, sofrimento + medo, medo + cólera etc.), até chegando, às vezes, a esquisitos polinômios do tipo: (cólera + medo) + (sofrimento + cólera). Na prática do Teatro de Câmara recorrem também as fórmulas "refreamento das emoções" (o ator refreia uma dada emoção, segurando-a às margens de outras, para depois fazê-la irromper violentamente) e "dissolução emocional" (dissipando-se, por exemplo, no medo, a "cólera" modifica o segundo termo com sua irradiação)[34].

Tairov acreditava que um representar retesado por arrebatamentos emocionais reconstituiria, no teatro russo, a magniloqüência das altas paixões, banidas pela direção psicológica a favor dos inertes sussurros e das penumbras.

Esta "prosódia" de emoções condizia com obras solenes como *Famira*, *L'Échange*, *Salomé*, e sobretudo com a *Phèdre* raciniana. Os atores do Teatro de Câmara leram aquela tragédia como um tratado de emoções não-concretas, detergidas, quintessenciais. O classicismo foi para a companhia de Tairov a pedra de toque dos procedimentos emotivos. A Koonen amoldava-se soberbamente àquele mundo algébrico, àquele temperamento sublime: "parecia chegar ao teatro", escreveu Erenburg, "vinda de outro século, ignorando o passado e o porvir"[35].

Em 1926, depois da representação de duas obras de O'Neill (*The Hairy Ape* e *Desire Under the Elms*), Tairov, buscando àquela altura recobrar relações entre a inalterável esfera de seu teatro e os problemas, a linguagem, os *slogans* do comunismo, juntou às fórmulas já experimentadas a da "emoção social"[36].

5

No KT o intérprete é tudo, e o texto não passa de uma deixa para suas bruxarias. Nas fases mais prósperas o teatro – sustenta Tairov – sempre se afastou das obras escritas, inventando sozinho suas "cenas", enquanto naturalismo e *Stilbühne* concederam em demasia à dramaturgia[37]. A excessiva obediência ao texto reduz o

---

34. Cf. Konstantin Dierjávin, *Kniga o Kámernom tieatre*, pp. 111-118.
35. Iliá Erenburg, "Luidi, godi, jizn: Kniga vtória", 24, in *"Novi Mir"*, 1961, 2.
36. Cf. Konstantin Dierjávin, *op. cit.*, pp. 149-150.
37. Cf. Aleksandr Tairov, *op. cit.*, p. 111.

teatro a "vassalo da literatura", em "disco que transmite as idéias do autor"[38].

Tairov, como Meyerhold, desconfia do texto, julgando-o quase um apêndice parasítico do espetáculo. Também tende a subverter a obra com distorções de sentido e violentos retoques, procurando nesta somente pretextos para cantilenas, e ritmos, e entrelaçamentos gestuais.

Segundo Tairov, o teatro das épocas de viço funda-se numa fértil antinomia de mistério e *clownade*. Estava persuadido que uma volta à duplicidade arlequinada-tragédia regeneraria a cena, desembaraçando-a dos hábitos ambíguos do naturalismo e dos dramas de alcova.

O Teatro de Câmara oscilou entre estes dois polos, e mesmo com sua esquivez, acabou por reverberar a essência da época, representando com a tragédia as fortes paixões, o *pathos* das grandes sublevações e com os turbilhões da arlequinada representou a dança no vazio, a embriaguez, o delírio da sociedade russa durante a revolução.

O Teatro de Câmara foi o único teatro trágico da Rússia moderna. Entre tantos diretores, apenas Tairov sentiu a noite litúrgica da tragédia, a noite propícia ao arbítrio dos numes, foi o único a saber recriar aquela dimensão, aquele clima de sacralidade e de furor, aquele mundo de heróis e soberanos, para os quais, como afirmou Mandelstam em uma poesia de 1914, não havia lugar no "teatro da meia palavra e das meias máscaras", ou seja, entre os semitons triviais e entre fantasias de Arlequim. A esse respeito é indicativo o afeto recíproco que uniu o Teatro de Câmara e a atriz Maria Iermólova, do Mali, esplêndida intérprete de heroínas trágicas[39].

Arlequinada e tragédia não foram para Tairov opções contraditórias, e sim diferentes aspectos de uma mesma substância, ligados por uma relação complementar. Não por acaso, pensando na primeira como um avesso da outra, durante os ensaios de *Phèdre*, propunha aos atores que dançassem para soltar os músculos e ficarem leves, livres, *arlequinescos*. "Tairov", escreveu Alisa Koonen, "nunca entendeu o trágico como aflição e tristeza. Ao contrário, parecia-lhe corroborante e suscitador de vida – eis por que muito mais tarde sentiu-se atraído pela *Tragédia Otimista*"[40].

É neste momento que nos lembramos de uma máxima do grande rival Meyerhold: "A criação sempre é alegria. O ator que representa Hamlet morrente ou Borís Godunov agonizante tem que vibrar de

---
38. *Idem*, p. 112.
39. Cf. Alisa Koonen, "Iz vospominani o Tairove", in *"Tieatralnaia jizn"*, 1961, II.
40. Id., "Iz vospominani o Tairove", in *"Tieatralnaia jizn"*, 1961, 12.

40. Cena do adeus do pai, em *L'Annonce faite à Marie* de Claudel, Teatro de Câmara, 1920 (direção: Tairov; cenário: A. Vesnin).

41. *O Furacão* de Ostrovski, Teatro de Câmara, 1924 (direção: Tairov; cenário: V. e G. Stenberg).

alegria. O ímpeto artístico lhe fornecerá aquela voltagem interior, aquela tensão, que farão resplandecer todas as suas tintas"[41].

6

As duas linhas bifurcaram-se a partir da direção de *O Véu de Pierrette*, que alternava gélidos blocos de tragédia e caretas da *Commedia dell'Arte*, revivida num tom *modern style*. Afinal, no simbolismo russo, não havia Arlequim que não tivesse uma auréola funérea, a hilariedade das máscaras emaranhava-se a todo instante nas dobras do luto. A propensão de Tairov a apresentar o trágico em formas densíssimas e depuradas, a fixá-lo em atitudes eternas, confirmou-se na representação de *Sakuntala*, ratificando-se posteriormente com *Famira, o Citaredo,* de Annenski.

Este "drama báquico", que transfunde os módulos do classicismo no *Liberty*, diluindo a mitologia em aquarelas, em vibráteis mesclas de cores (cada cena tem uma "atmosfera" cromática própria: "de esmalte turquesa", de "safira escura", de "sol dourado escuro", de "róseo ocaso", de "selênico-azul" etc.), vinha a calhar com os propósitos do Teatro de Câmara. Esculturas viventes, encerradas na casca de duros figurinos, os atores desatavam hieráticas trajetórias de gestos (quase precursando o *Oedipus Rex,* de Stravinski), articulando a linguagem como uma seqüência de puros fonemas, num recitativo que por vezes beirava o canto.

Deste modo Tairov incrementou a abstração atemporal do episódio do tocador de cítara, que desafia as musas para um certame, mas depois, perdendo as esperanças de poder prevalecer, queima os próprios olhos. Ao compor a pantomima dos sátiros e das bacantes, ele inaugurou um expediente que freqüentemente reapareceria em seus espetáculos trágicos[42]: isto é, o escandir volumétrico do gesto, o que lhe permitia coagular o fluxo das emoções numa espécie de plasticidade sempiterna, além de dar peso às tramas físicas, um peso rígido, comparável ao dos versos de Mandelstam.

Na destemida estaticidade destes semblantes, que o diretor havia manobrado com sagacidade de geômetra, ainda se advertia uma lembrança da drapeada beleza da arte "convencional". A partir da direção de *Famira*, o teatro trágico de Tairov define-se em busca de austeras figurações, num espaço fechado em si mesmo e bem vertebrado, soma de posturas estáticas sobre desníveis, renúncia a qual-

---

41. Aleksandr Gladkov, "Vospominania, zamiétki, zapisi o V. E. Meyerholde", in *Tarúskie stranitzi*, Kalunga, 1961, p. 304.
42. Cf. Alisa Koonen, *op. cit.*, n. 12.

quer espécie de endoscopia e interiorismo: teatro em que até as emoções tornam-se preenchimentos de poses, arrimos de uma representação de ordem situacional.

Esta gravidade condizia perfeitamente com a languidez, o degenerado sensualismo, a matéria cravejada de jóias, turva, repleta de presságios da *Salomé,* de Oscar Wilde. A direção de Tairov (9 de outubro de 1917) evidenciava, com seu pesado gesto ritmado, a viscosidade do sangue coagulado, a atmosfera pesada, a soturna magnificência, como se aquele narcótico Oriente tivesse mesmo entorpecido os atores. Não se tratava portanto da aérea linha de um Beardsley, e sim do *pathos* da gravidade. A disputa entre entre o tétrico e inchado tetrarca Herodes e a Salomé da Koonen, gélida jóia perversa, desenredava-se num clima sem época, condensando-se em plásticas modelagens e urdiduras caligráficas.

Na direção do *melô* de Scribe e Legouvé, *Adrienne Lecouvreur* (25 de novembro de 1919), Tairov contrapôs o egoísmo fuxiqueiro dos aristocratas à solitária pureza da grande intérprete do século XVIII e de seu *régisseur* Michonnet, projetando o enredo em zonas absolutas, transcendentais. O rococó ostentado pelos simulacros dos nobres, que se moviam com artifícios, andamentos de minueto e reverências de cerimonial, jorrando veneno[43], pretendia ser, mais do que a recordação de uma época, a imagem de um imortal rococó, concebido como perene paradigma de futilidade e hipocrisia. Transposta naquele circuito abstrato, a morte-martírio de Adrienne parecia, como escreveu Erenburg, o "fim de Eurídice ou de Ofélia"[44].

A seu repertório trágico Tairov anexou, durante os anos da guerra civil, dois dramas de Paul Claudel: *L'Échange* (20 de fevereiro de 1918) e *L'Annonce Faite à Marie* (16 de novembro de 1920), atirando sobre si a censura dos que julgaram imprópria a representação de um escritor religioso numa Rússia comprometida até o tifo e a fome na luta pelo comunismo. Até em 1935, Breton, mencionando Claudel, irá observar: *não tomamos conhecimento sem estremecer que seu drama* L'Annonce Faite à Marie *pôde, na URSS, ser traduzido e representado*[45].

Mas, naquela época, muitos eram os diretores que buscavam, nos textos sacros e nas ações dos mistérios, correspondentes para os padecimentos, as aspirações e a vocação de morte daqueles tempestuosos dias. Tairov acreditou tê-los encontrado nos maquinantes te-

---

43. Cf. S. Mokúlski, " 'Adrienna Lekuvrer' v Moskóvskom Kámernom tieatre", (1945), in *O tieatre*, Moscou, 1963, pp. 444-445.
44. Iliá Erenburg, "Liudi, godi, jizn: Kniga vtória", 24, in *"Novi Mir"*, 1961, 2.
45. André Breton, "Position politique de l'art d'aujourd'hui", (1935), in *Manifestes du surréalisme*, Paris, 1962, p. 249. (Em francês no original. N. da T.)

mas amorosos, de renúncia e milagre da dramaturgia de Claudel, que, por outro lado, seduzia-o pelas cadências gregorianas, pelo "exotismo" católico, pela solidez monumental e as metáforas góticas, verticalizantes. Erenburg notou que, na "bárbara" Moscou, as "exercitações católicas de um autor clerical" eram transformadas em "mistério humano avulso do tempo"[46]. Enfrentando-se com rigidez empertigada, sacerdotal, os atores proferiam as falas-versículos numa espécie de lenta e soberba salmodia[47].

Tairov também cindiu de qualquer situação concreta *Romeu e Julieta* (17 de maio de 1921), enucleando a essência perene, as emoções intactas deste *"sketch* trágico*"*[48]. O ardente episódio dos dois amantes de Verona era para o diretor um mito juvenil, limítrofe ao de Tristão e Isolda, um inesgotável mito da juventude. Uma juventude essencial, ontológica, não atualizada como, por exemplo, na recente encenação do boêmio Otomar Kreitcha, que chegou a aproximar Romeu a James Dean e seus amigos às personagens de *West Side Story*.

O desejo de absoluto e o culto às emoções puras levou o Teatro de Câmara ao classicismo francês, à *Phèdre*. Em sua direção (21 de novembro de 1921) Tairov executou duas manobras sincrônicas; de um lado reconduziu a tragédia às fontes do mito, às raízes remotas da Hélade, uma Hélade ainda bárbara e asiática (isto é, fora do contexto da época de Racine)[49]; por outro aproximou-a às formas cristalinas da pintura cubista.

Esta regressão em direção aos primórdios, que para Antoine pareceu *um verdadeiro vandalismo*[50], serviu para que Tairov pudesse transferir os conflitos da peça para uma dimensão abstrata e especulativa, na qual desejos ardentes e afãs perdiam a incandescência, tornando-se esquemas, categorias, postulados de uma lógica emocional. Na sonante dicção e nos diagramas dos gestos, inspirados em estátuas e cerâmicas gregas, os atores, trancados em figurinos cubistas, colocaram tamanha majestosidade que Lunatchárski afirmou que o Teatro de Câmara havia reencontrado o austero e lacônico estilo de Karatígin[51].

---

46. Iliá Erenburg, *A vsió-taki oná viértitsia*, Moscou-Berlim, 1922, p. 109.
47. Cf. N. Giliarovskaia, *Tieatralno-dekoratzionoe iskústvo za 5 liét*, Kazan, 1924, p. 20.
48. Cf. Alisa Koonen, "Moi chekspirovskie roli", in *Chekspirovski sbornik*, Moscou, 1958, p. 459.
49. Cf. Konstantin Dierjávin, *op. cit.*, p. 108.
50. Antoine, *Le Théâtre*, Paris, 1932, II, p. 419. Em francês no original. (N. da T.)
51. Cf. Anatoli Lunatchárski, " 'Fedra' v Kámernon tieatre", (1922), in *O tieatre i dramatúrgui,* Moscou, 1958, I, p. 411.

Alisa Koonen encarnou Fedra com densidade severa e ao mesmo tempo com lúgubre preciosidade: isto é, desenvolvendo as expressões *flamme noire* (ato I, cena 3) e *flamme adultère* (ato III, cena 3), impostou a personagem tal como aparece nos versos de Mandelstam, em "negra chama", em "archote fúnebre", em "noite" que borra a claridade do dia[52]. E justamente avançava com oscilações convulsas de chama, com passos incertos, doente, como que fugindo de si mesma, arrastando com ela o pesado manto escarlate, o "xale pseudoclássico", usando as palavras de Mandelstam. No último ato rastejava de joelhos pela plataforma, e o manto, descobrindo os ombros nus, a seguia como um rastro de sangue. Voltava enfim a endireitar-se na vertigem da confissão a Teseu, com a efêmera verticalidade de chama próxima da extinção[53].

A mesma compacidade, a mesma parcimônia gestual, a mesma depuração deram forma a muitos outros espetáculos trágicos do Teatro de Câmara, entre os quais bastará recordar a *Antígona*, de Hasenclever (1º de outubro de 1927), encenação compacta, maciça, apertada como que numa mão fechada[54]. Entretanto Tairov falhou ao tentar reduzir, da mesma forma, *Grozà* (*O Furacão*), de Ostróvski (18 de março de 1924), em drama de cristalinas emoções, em episódio desancorado do tempo. Recusando o realismo de gênero, as minúcias etnográficas, todo o *background* da mesquinha cidade de Kalinov, aproximou a personagem de Katarina às heroínas racinianas; retesou as paixões em aspectos congelados, perenes, como se a ação tivesse lugar não no "cavernoso reino", e sim numa espécie de Alasca emocional.

O dispositivo esquelético dos Stenberg contribuiu para ampliar a abstração deste espetáculo: um longo viaduto em declive, uma arcada que, além de representar uma ponte sobre o Volga, simbolizava a passagem da vida à morte. Mas Ostróvski suportou mal o brusco transplante para o absoluto, a aridez da cenografia, a dicção ritmo-melódica: o mundo do *Domostrói* não se transformou em Palácio dos Átridas.

Tairov permaneceu fiel às equações da alta tragédia mesmo quando foi obrigado a se deslocar do "neo-realismo" ilusório para o "realismo concreto"[55], cumprindo ele também seu sacrifício de

---

52. Cf. Jean Starobinski: "Ce flamboiement obscur, cette chose sombre à la face du jour, c'est Phèdre elle-même" ("Racine et la poétique du regard", in *L'oeil vivant,* Paris, 1961, p. 82).
53. Cf. S. Ignatov, " 'Fedra' v Moskóvskom Kármernon tieatre", Moscou, 1925, pp. 14-15; Alisa Koonen, *op. cit.*, n. 12.
54. Cf. Nicolai A. Gorchakov, *The Theater in Soviet Russia*, New York, 1957, p. 233.
55. Cf. Konstantin Dierjávin, *op. cit.*, p. 150.

42. Estudantes na taverna em *A Princesa Brambilla* de Hoffman, Teatro de Câmara, 1920 (direção: Tairov; cenário: G. Jakulov).

Isaac em favor dos ditames do poder político. Dos textos de O'Neill, por exemplo (*The Hairy Ape*: 14 de janeiro de 1926, *Desire Under the Elms*: 11 de novembro de 1926, *All God's Chillun got Wings*: 21 de fevereiro de 1929), derivou deixas para afrescos e alegorias atemporais, de sabor expressionista, que filtravam numa sublimidade sem escórias mesmo as baratas concessões à *imagerie* populista, ao maniqueísmo sumário. Daquelas três obras ele fez tragédias modernas de ritmo denso, amarrado, açoitante, entregando-as a enredos de gestos essenciais, a econômicos esboços de pantomima.

Esta sede de eternidade é, a seu modo, uma luta contra a condição fugidia da representação, da qual nada permanece, com a irrequietude eversiva do tempo, isto é, com a morte, que é o ponto de foco de toda a tragédia.

7

Die Religion unserer Zeit ist die Operette, der Tingeltangel*.

OSKAR SCHLEMMER, *Briefe und Tagebücher*, p. 64.

No Teatro de Câmara, de início, a linha da arlequinada renova as predileções dos simbolistas pela comédia improvisada e por Hoffmann, e até mesmo pelos bonecos do "suco de murtinho". A 4 de maio de 1920 Tairov representou *A Princesa Brambilla*, adotando o conto hoffmaniano como pretexto para um *capriccio* de direção teatral[56], para uma girândola de virtuosismos, de truques, de metamorfoses, de "brincadeiras próprias ao teatro".

Duelos com espadas de madeira, saltos acrobáticos, duetos, rodeio de archotes acesos, cortejos de máscaras, exéquias grotescas, correrias sobre pernas de pau: tudo isso alternava-se, sobre o palco, com uma vitalidade elementar, com uma mobilidade irrefreável[57]. Para aumentar o cambaleio delirante, o barulho infernal daquele carnaval, os ritmos de uma *tarantella* insistente, obsessiva, atravessavam de cabo a rabo todo o espetáculo. A conexão entre as "folias" de *Brambilla* e os recursos do teatro de feira era evidenciada por uma inserção mímica, na qual Arlequim era esquartejado por seus rivais amorosos e depois era recomposto, pedaço por pedaço, por Colombina[58].

---

* "A religião de nosso tempo é a opereta, o retintim." (N. da T.)
56. Cf. Aleksandr Tairov, *op. cit.*, pp. 116-117.
57. Cf. Aleksandr Rumnev, *O pantomime*, Moscou, 1964, p. 146.
58. *Idem.*

Tairov incutiu igual ilusionismo, um magismo absolutamente igual, em outro espetáculo hoffmanniano, *Senhor Formiga* (13 de junho de 1922). A arlequinada era portanto uma contra-ofensiva de movimento e aceleração contra o êxtase e a contenção da tragédia, quase o derreter-se de algo sólido em turbilhões carnavalescos. Pouco depois, na mesma linha, Tairov passou para a opereta, beneficiando-se talvez do exemplo de Mardjánov, que naqueles anos havia dirigido, com "extravagâncias" experimentais, *A Mascote*, de Audran (1919), e *The Geisha*, de Jones (1921)[59].

Era preciso libertar a opereta dos moldes vienenses, destroçar todas as lantejoulas de ouro falso, o chique, os grãos-duques, as convenções adocicadas e, aproximando-a dos padrões do *music-hall*, transformá-la em gênero sintético, em moderna mistura de pantomima, *clownade*, equilibrismo e canto. Do *Giroflé-Giroflá*, de Lecocq, o Teatro de Câmara extraiu (3 de outubro de 1922) uma copiosa tela cinética, um caleidoscópio de danças, de *lazzi*, de armadilhas, de transformações instantâneas, de burlas ininterruptas. Os atores faziam o diabo a quatro, brincavam com a personagem, corriam como sacis incansáveis, com uma ubiqüidade turbilhonante, protótipos de *vorticismo**, quebrando o papel numa seqüência de números excêntricos, e a cena, como escreveu Antoine, tornava-se uma espécie de grande viveiro para seus volteios[60].

Jhering louva a extrema maestria com que Sókolov (Bolero) manobrava seu corpo impetuoso[61], e Honzl, referindo-se a Rumnev e a Ceretelli nas vestes de Marasquin, assevera: "Seus braços de atores, que parecem longos demais, é como se fossem compostos por inúmeros pedaços desconectados e desenfreados cada um por conta própria"[62]. Assumindo um *swing* acossante, sanguíneo, uma propulsão impetuosa, uma "dionisíaca galhardia"[63], tornando-se "poema cinético"[64], fantasia física, a opereta do Teatro de Câmara aproxima-se da *musical comedy* negra (*Shuffle Along* é de 1921, *The*

---

59. Cf. Gueórgui Krijítzki, *K. A. Mardjanov i rúski tieatr*, Moscou, 1958, pp. 126-128; Grígori Iarón, *O liubimom janre*, Moscou, 1960, pp. 109-110 e 111; Sierguiêi Iutkiévitch, *Kontrapunct riejissiera*, Moscou, 1960, pp. 218-219; Mitrofan Dneprov, *Polveka v operette*, Moscou, 1961, pp. 123-124.

* Movimento que procurava fundir futurismo e cubismo. (N. da T.)

60. Antoine, *Le Théâtre*, Paris, 1932, II, p. 470.

61. Cf. Herbert Jhering, "Das Russengastspiel im Deutschen Theater", (1923), in *Von Reinhardt bis Brecht*, I, Berlim, 1958, p. 304.

62. Jindrich Honzl, "Alexander Tairov, vudce Komorního divadla", (1928), in *Divadelní a literárni podobizny*, Praga, 1959, p. 78.

63. Cf. K. Hilar, "Divaldení moudrost Alexandra Tairova", in *Boje proti* vcerejsku, Praga, 1925, p. 74.

64. Cf. Jindrich Honzl, *op. cit.*, p. 78.

Chocolate Dandies, de 1924). Além disso poderíamos encontrar múltiplas analogias com as *féeries* hebraicas, os espetáculos de variedades, os "carnavais" que naquela época eram encenados por Granóvski. Mais tarde, na tentativa de adequar-se às exigências políticas, Tairov procurou, mesmo no campo da arlequinada, sair do puro teatralismo e inserir em revistas e operetas os recursos do espetáculo panfletário e do "jornal vivo", os modos do teatro de agitação[65], apresentando, em chave burlesca, a civilização ocidental dos anos 20, um burlesco entremeado de foxtrote e de atrações de *music-hall*, ou seja, um burlesco inundado de nostalgia.

Em *Kukirol* (26 de novembro de 1925) e *Sirokko* (28 de janeiro de 1928) e em *Le Jour et la Nuit,* de Lecocq (18 de dezembro de 1926) ele de fato permitiu ao excentrismo alusões de caricatura política que, em filigrana, mostravam com quanto amor ele olhava para a Europa. O gosto pelo *jazz,* pelo *musical show* e pelo cabaré ocidental, amalgamando-se aos anseios de referências sociais, levaram-no a representar a *Dreigroschenoper,* de Brecht, em cuja direção (24 de janeiro de 1930) canalizou todos os temas já testados na área da arlequinada.

À estaticidade mineral do trágico contrapõe-se portanto nesta área uma tática caudalosa, um subtrair-se à gravidade, um movimentar-se vertiginoso, que é a recusa das poses perenes. Os semblantes-pinos de boliche, ajuntados em estruturas simétricas, são substituídos por piões, vespeiros de figuras rodopiantes, um dinamismo precário, com o qual o teatro exprime a sua fugacidade.

8

Na transição do Teatro de Câmara das tapeçarias "convencionais" à modulação rítmica, teve importante papel Aleksandra Ekster, com seus cenários para *Famira.* A Ekster esquematizou os espaços ásperos e pedregosos de uma Grécia numênica amontoando cubos nas laterais de uma escadaria, significando rochas, e cones, imitando ciprestes pontudos. O racional equilíbrio destas estruturas prismáticas, e a alvura do fundo, vibrante de luz policroma, condiziam plenamente com o abstratismo da direção[66]. Assim, transpondo para a cena as categorias de Cézanne e seu gosto pela solidez e pelo duradouro, Tairov transformava o espaço cênico numa síntese orgânica

---

65. Cf. Moisei Iankovski, *Soviétski tieatr operetti,* Leningrado-Moscou, 1962, pp. 59-60.
66. Cf. Jacques Tugendhold, *Alexandra Exter,* Berlim, 1922, pp. 15-16; Konstantin Dierjávin, *op. cit.,* p. 72.

de formas estereométricas, num mundo-*gigogne** de degraus e volumes encapsulados um no outro, sem atinências com o real.

O Teatro de Câmara serviu-se do cubismo inclusive para especificar a ascética misteriosidade de *L'Annonce*. O cenógrafo Aleksandr Viesnin propôs-se transmitir a essência do gótico através do facetamento e das deslocações cubistas. Seu dispositivo lapidar e anguloso fixava em aspectos eternos aquele *Moyen Age de convention* a que acena Claudel, sugerindo o clima do fanatismo dos construtores de catedrais e a nua austeridade de um antigo *appareil de pierre*.

No cenário que Viesnin compôs para a *Phèdre,* superfícies tortas e declives se cruzavam, fragmentando a ótica do espetáculo com distorções perspécticas de pintura cubista. Os praticáveis, cravados um no outro à guisa de lâminas de gelo e dominados por uma alta coluna, juntos forneciam a imagem de um *palais à volonté* (cubisticizado) e de um navio inclinado. A semelhança com um convés derrocado por uma tempestade era ampliada por amarras e velários de várias cores, por simulacros de joanetes e de velas de espichas, suspensas na tininte vastidão azul, como as quadraturas das velas nas marinhas de Feininger. Esta cenografia de vários significados, com seu contraponto de camadas emocionais, oferecia um suporte ideal às tramas algébricas dos atores, àqueles propósitos eternizantes[67].

O classicismo cubista perdurou demoradamente no KT: encontramo-lo ainda nos cenários esquadrados, monumentais, faraônicos de Ryndin para *As Noites Egípcias*, montagem de textos de Shaw, Púchkin, Shakespeare (14 de dezembro de 1934). Mas nem sempre o cubismo teve, sobre aquela ribalta, tamanha essência hierática. Não raro, adquiriu nuances diferentes: em *Adrienne Lecouvreur*, por exemplo, para delinear o ambiente afetado e formoso dos nobres setecentistas, Borís Ferdinandov sobrepôs, às formas cubistas, os adejos e os caracóis do rococó[68].

Por vezes, mesmo no campo da tragédia, o Teatro de Câmara quis aviventar com suplementos de animação a excessiva rigidez do cubismo. Assim a Ekster, em *Salomé*, afastando-se da sobriedade de *Famira*, para dinamizar a pesada carcaça arquitetônica, estendeu velários variegados, que se agregavam em múltiplas combinações, entre as maciças colunas[69]. Esta seqüência de superfícies fluentes e não

---

* Referência à *mère Gigogne*, figura de teatro infantil cujos filhos, numerosos, lhe saem de debaixo das saias. (N. da T.)

67. Cf. Abram Efros, *Kámerni tieatr i ievó khudojniki,* p. XXXIV.

68. *Idem.*, p. XXX; S. Mokúlski, *"Adrienna Lekuvrer" v Moskóvskom Kámernom tieatre*, p. 445.

69. Cf. Aleksandr Tairov, *op. cit.*, pp. 151-52; Jacques Tugendhold, *op. cit.*, p. 16; Abram Efros, *op. cit.*, pp. XXV-XXVI.

43. *Phèdre* de Racine, Teatro de Câmara, 1921 (direção: Tairov; cenário: A. Vesnin).

44. *Phèdre* de Racine, 1921.

objetivas, de *décors mobiles*, inseria-se no enredo emocional do jogo, sublinhando, com suas passagens e suas combinações, a delicadeza e o refinamento estético-sensorial, as cores sufocantes, a embriagada obsessão lunar do texto de Wilde.

Dos velários simbolistas das "magias" de Meyerhold àqueles emocionais de Tairov. Da mesma forma o diretor valeu-se dos variegados velários da Ekster em *Romeu e Julieta*, que transformou em uma espécie de espetáculo de velas: como se uma invisível Loie Fuller desfraldasse sobre o palco suas grandes asas de jaspe. Havia um véu fúcsia no aposento da heroína, um laranja para a cena do baile, um carmesim para a cena final... Ah, a tenaz persistência do *Liberty* neste cadinho de -ismos.

No entanto o eixo do espetáculo não estava nos velários, e sim na maranha de praticáveis amarrotados e destorcidos, que se amontoavam como lajes de um dólmen, transbordando em cascatas de degraus enviesados[70]. Com seus pulos acrobáticos, com seus grimpares de filmes de capa e espada, com seus figurinos irregulares, os atores incrementavam a ébria arritmia destes desníveis de pesadelo. No episódio da briga entre Capuletos e Montecchi, Tairov apinhou de multidão duelante os planos oblíquos, desenhando os embates como figurações de dança. Mas todo aquele fervilhar de capas, de echarpes, de lâminas, aquele colorido tumulto de caravançará, aquelas desenfreadas fragmentações cubistas (de um cubismo tendente ao barroco), que desfiguravam a solenidade da tragédia com meteoros de arlequinada, ofuscavam o tema principal da direção, a imemorial pureza do mito.

9

Geometria e arlequinada equilibram-se entre si. Em *Rei Arlequim*, de Lothar (29 de novembro de 1917), Borís Ferdinandov alinhou sobre a cena uma estirpe inteirinha de dados, losangos, cilindros, esferas, pirâmides, transformando o espaço numa vitrina suprematista. (Que os sólidos são condensadores de *clownerie* pode ser verificado, ainda hoje, pelos cubos que se agitam no *Acte sans paroles*, de Beckett.)

No campo da arlequinada Tairov ficou próximo aos imaginistas*. Não foi casual a coadjuvação dos poetas Vadim Cherchenié-

---

70. Cf. Jacques Tugendhold, *op. cit.*, pp. 16-17; Konstantin Dierjávin, *op. cit.*, p. 103; Abram Efros, *op. cit.*, pp. XXXII-XXXIII.

* Tendência estilística caracterizada por um excessivo recurso a todo o tipo de expressão figurada. (N. da T.)

vitch e Anatoli Mariengof, de quem o Teatro de Câmara representou a comédia *Vavolónski Advokát* (*O Advogado de Babilônia:* 15 de abril de 1924), e sobretudo o pintor Gueórgui Iakulov, que criou os cenários de *L'Échange, Brambilla, O Senhor Formiga* e *Giroflé-Giroflá*.

Comparando o dispositivo de *L'Échange* com o de *Princesa Brambilla*, tem-se dificuldade em acreditar que sejam do mesmo cenógrafo. Se ao drama claudeliano Iakulov, adiantando-se ao construtivismo, deu um ambiente esquelético e liso, uma seca textura de costelas, de ásperos contornos, em *Brambilla* desembreou sua fantasia, transferindo para a ribalta o viço cromático, a alegria do *Caffè Pittoresque*, "maravilhoso brinquedo"[71], que havia pintado e decorado com Ródtchenko e Tatlin em 1917[72].

As invenções de Iakulov para o *capriccio* hoffmanniano, equivalentes aos catálogos de metáforas de Chercheniévitch, às "orgias" verbais de Mariengof, marcam o triunfo do imaginismo no teatro. O cenógrafo torna-se ilusionista, como havia sido retratado por Piotr Kontchalovski em 1910: ilusionista-palhaço, em meio a uma montanha de sabres, adagas, facas e pistolas. "Nós, imaginistas, filhos do estupendo charlatão Arlequim", lê-se no manifesto *O Imaginismo na Pintura,* "sempre temos um sorriso que jorra exultação e exuberante frescor". Com seu humor clownesco, o estilo dessa corrente serviu como uma luva à "carnavalescada" de Hoffmann.

Para representar a ebriedade da festa, Iakulov recorreu a motivos espirálicos, que corresponderam ao turbilhão helicoidal das máscaras. Colunas lavradas em espiral, escadas em caracol, formas sinuosas e saltitantes, encartuchamentos, ornatos em forma de elo de videira, volutas amoitavam-se numa espécie de vertiginoso vegetalismo, numa concitada desordem típica da arquitetura espontânea.

Iakulov englobou uma na outra as partes isoladas desta congérie proliferante, desta voraz promiscuidade, gerando uma densa cadeia, um delírio barroco de metonímias visuais, de imagens simultâneas[73]. "A imagem", afirma o manifesto *Do Novo na Arte*, assinado por Iakulov, Mariengof, Chercheniévitch etc., "é a couraça do verso, a armadura do quadro. A artilharia de fortaleza da ação teatral". Se a tragédia procede em linhas retas, duras e inflexíveis, instigadoras de poses de estátua, a direção de *Brambilla* demonstra que a volúvel arlequinada tem seu fio de Ariadne na sinuosidade, na oscilação espirálica.

---

71. Iliá Erenburg, *A vsió-taki oná viértitsia*, Moscou-Berlim, 1922, p. 26.
72. Cf. E. Steneberg, "Die Ungeduldigen (Zum Verständnis der Ecole Russe")", in *"Das Kuntswerk"*, XIII, 2-3, agosto-setembro de 1959; Camilla Gray, *The Great Experiment: Russian Art*, Londres, 1962, pp. 196-197.
73. Cf. Abram Efros, *op. cit.*, pp. XXX-XXXI.

Em *Giroflé-Giroflá,* Iakulov criou um tablado essencial, cujos elementos (escadinhas, sarrafos, pontes, vigas), mudando continuamente de função, também participavam do fantasioso transformismo do espetáculo. Com tais engenhos, similares às aparelhagens circenses, a cena tornou-se uma academia bem aparelhada para as prestidigitações dos atores, e a representação uma rítmica seqüência de proezas acrobáticas, um gráfico de ondulações, uma fuga de translados gestuais e de analogias, em que, mais uma vez, advertia-se o influxo do metaforismo dos imaginistas[74].

10

Os cenários de *Giroflé-Giroflá* testemunham que o Teatro de Câmara já havia assimilado os preceitos do construtivismo. Mesmo Tairov cedeu àquele estilo, adotando-o para inúmeros espetáculos, particularmente em *The Man Who Was Thursday*, de Chesterton (6 de dezembro de 1923), para o qual Viesnin fabricou uma armação de múltiplos planos e compartimentos, provida de escadinhas, balaustradas, elevadores, escadas rolantes, insígnias, portas metálicas, com um terraço-café, onde reunia-se o conclave dos falsos dinamiteiros.

Este mecanismo "produtivo", encaixado com frios cálculos de engenharia, assemelhava-se às arquiteturas concebidas, naqueles anos, pelos irmãos Viesnin, aos seus projetos de edifícios em painéis de vidro (iguais às páginas abertas dos livros-edifícios de Khliébnikov), com gigantescos relógios, elevadores, altíssimos coruchéus de antenas e saltitantes publicidades luminosas. Nos dias do construtivismo a cenografia inspirou-se nos recursos da arquitetura, transfundindo, por sua vez, nas fantasias arquitetônicas o dinamismo do teatro[75].

O policial de Chesterton forneceu a Tairov a deixa para tracejar a cidade ocidental de acordo com os hábitos dos construtivistas: como impiedosa maquinaria que deforma e mortifica os homens. Sobre o tablado de Viesnin silhuetas de fraque, vestindo calças de xadrez enormes, palheta ou cartola, como que recortadas dos *magazines*, despontavam com andamento angular e convulsivo, com pulos de autômatos. O próprio texto, enredado de travestimentos surpreendentes, ofereceu extraordinárias ocasiões de transformismo e de pantomima. Tairov acresceu a lúgubre ambigüidade dos anarquistas que tomam seus nomes dos dias da semana, exagerando-lhes, talvez sem

---

74. Cf. Ippolit Sókolov, *Riejissura A. Ia. Tairova: 1914-1924*, Moscou, 1925, pp. 9 e 21; Konstantin Dierjávin, *op. cit.*, pp. 123-126; Abram Efros, *op. cit.*, pp. XXXVI-XXVII; Jindrich Honzi, *op. cit.*, pp. 79-80.
75. Mikhaíl Ilin, *Vesnini*, Moscou, 1960, pp. 43-49.

prescindir da lembrança dos criminosos do *Doutor Mabuse*, o "riso enviesado", as barbas, o olhar contraído, os traços diabólicos.

A obscura balbúrdia das figuras maléficas, a austeridade dos cenários, a precisão algébrica dos gestos, o anseio de extrair de cada figura uma densa máscara de caricatura, aproximavam o espetáculo daquele urbanismo de que se falou nas páginas que trataram de Meyerhold[76]. Só que Tairov aliviava o clima de aflição e de horror, típico desta corrente, inserindo em seus espetáculos acentos de *music-hall*.

Por outro lado, o urbanismo era um ótimo pretexto para evocar sobre o palco, mesmo que em luz de sátira e de apocalipse, a lisonjeadora vida do Ocidente (daquele mesmo ano data a primeira *tournée* européia do Teatro de Câmara). A imagem de um Ocidente de fascínio irresistível, mesmo que agonizante, sacudido com violência pelo frenesi do foxtrote, "última dança do Satanás capitalista" (assim disse Lunatchárski)[77], reapareceu em várias direções de Tairov, ora como pretexto de arlequinadas e de números excêntricos (em *Kukirol*, por exemplo, na *Dreigroschenoper*), ora como eixo de parábolas trágicas.

Em *The Hairy Ape* conformou-se à pintura de Masereel e de Otto Dix ao representar a grande artéria de uma metrópole, iluminada pelo fulgor dos luminosos e percorrida, em ritmo de foxtrote, com mecanicidade de manequim, por espectrais nababos vestindo gabões, polainas e cartolas, e por melindrosas em casacos de pele. Para sugerir o padrão de vida, a angústia da cidade americana, em *Machinal*, de Sophie Treadwell (22 de maio de 1933), os painéis cenográficos de Ryndin, teclados de hastes, listras, listéis, lembravam obsessivamente grades e portas metálicas.

Para Tairov, mesmo as aparências do mundo capitalista foram incentivo de alegorias atemporais, de *tableaux* meta-históricos que, sobretudo no caso de O'Neill, ressentiam-se do expressionismo. Característica, neste sentido, a "cena das caldeiras" em *The Hairy Ape*, na qual, sem camisa, emporcalhados, no clarão das labaredas, os atores representavam com mímica o trabalho duro dos foguistas no ventre de um transatlântico, desenhando os movimentos como que em moldes perenes, com um plasticismo exasperado a ponto de reevocar o gesto-grito, o *O Mensch* dos expressionistas[78].

76. Cf. Konstantin Dierjávin, *op. cit.*, pp. 130-134.
77. Anatoli Lunatchárski, " 'kosmotaia obeziana' v Kámernom tieatre", (1926), in *O tieatre i dramatúrgui*, I, p. 425.
78. Cf. Konstantin Dierjávin, *op. cit.*, pp. 147-148; Abram Efros, *op. cit.*, pp. XLII-XLIV.

45. O duelo em *Romeu e Julieta* de Shakespeare, Teatro de Câmara, 1921 (direção: Tairov; cenário: A. Ekster).

Às tendências alegorizadoras de Tairov, ainda nos anos trinta, se adicionou o *pathos* da "gravidade", como mostrou a direção de *Desire under the Elms,* em que, ao "peso" da gestualidade e dos olhares correspondia a construção cênica do maciço e incômodo sobrado dos Stenberg, significante, quase como uma fórmula, da obstinação do egoísmo enrocado em estruturas imutáveis: uma *farm* de dois andares, malfeita, soturna, soldada por espessas vigas, com tetos baixos e exíguos respiradouros, um opressivo *blockhaus*[79].

11

Apesar das múltiplas tentativas de aproximação às tendências da época, o caráter distintivo do KT foi, por muitos e longos anos, a total desconexão da realidade. Mesmo as bêbadas casacas, as *girls*, as aparências de grande-hotel de uma Europa escarnecida, no fundo ali tornavam-se siglas de um circuito irreal. Ievriéinov buscava a onipresença da teatralidade nos acontecimentos dos homens, Tairov, ao contrário, protege o teatro dos contágios do cotidiano e faz deste um lugar privilegiado, um organismo transcendental, quase um arquétipo, que vive das próprias leis, dos próprios sucedâneos.

O palco configura-se como uma *boîte à merveilles*, uma discórdia de planos estratificados, um alvéolo tão circunscrito em seu perímetro que, único entre tantos diretores modernos, Tairov não tem a menor aspiração de quebrar os limites da caixa cênica. E o espetáculo, mesmo que incorpore vagas atinências sociais, tenciona ser entidade pura, subtraída às determinações concretas, aos impulsos da época, prazer dos sentidos e da alma, e não pretexto político.

À abstração das direções contribuíam os novelos de luz cromática, o macio e envolvente luminismo, enfim aquela *Lichtmalerei* que Tairov havia aprendido de Appia. Não é excessivo afirmar que muitas representações do Teatro de Câmara eram ensaios assemânticos, não-objetivos, seqüências de construções plásticas no espaço, trajetórias gráfico-musicais, dignas dos *Spielgänge*, as "partituras" de Schreyer[80], ilusões de ótica, triunfos de visualismo. Ilínski assevera ter sempre sentido, diante do trabalho dos atores de Tairov, o mesmo prazer que se prova ao observar as evoluções de ginastas sobre o campo verde de um estádio[81].

79. *Idem, op. cit.,* pp. 164-165; *idem, op. cit.,* p. XLIV.
80. Cf. Lothar Schereyer, *Einnerungen an Sturm und Bauhaus,* Munique, 1956, pp. 23-24.
81. Cf. Ígor Ilínski, *Sam o Siebié,* Moscou, 1961, p. 129.

No Teatro de Câmara, até mesmo a palavra devia ser abstrata como o gesto e o movimento. Em sua obstinada evasividade, Tairov franqueou o dialogo da danação do descritivismo, de qualquer nexo com o real. Assim, como que se inspirando na estratégia literária de, digamos, um Mandelstam, que dá às palavras densidade cezanniana e estrutura cristálica, determinou que a dicção, no trágico, tivesse peso e espessor[82].

Por outro lado, considerando a linguagem matéria sonora, conferia maior destaque à acústica do que aos significados – por isso freqüentemente no Teatro de Câmara, os diálogos reduziam-se a trechos de *Lautgedichte*, entrelaçamentos de meros fonemas, de vocábulos-algarismos, análogos àquelas *palavras beatas* (*blajiénnie slová*) que se lêem nos versos de Mandelstam. Numa época de aspereza gutural, os atores de Tairov mantinham uma declamação melódica, propensa ao canto erudito. Jhering nota que na *Salomé* Ceretelli (Iokanaan) executava *uma partitura de barítono dramático* e Arkadin (Herodes) *um papel de baixo bufo*[83]. Tais impostações vocais, que acentuavam a estaticidade, condiziam à dimensão mítica, ao alto marionetismo da tragédia.

"O figurino", afirma Tairov, "é um segundo invólucro do ator, algo inseparável de sua essência, a larva visível de sua imagem cênica"[84]. Ao se observar os figurinos facetados e distorcidos das personagens do Teatro de Câmara, nos lembramos de uma frase de Artaud: *Esses atores com suas roupas geométricas assemelham-se a hieróglifos animados*[85].

Tecidos rígidos, esticados por barbatanas ou fios de ferro, davam aos corpos a mesma solidez angulosa, a mesma deformação das esculturas cubistas[86]. Pensa-se nas silhuetas-caixas de Larmessin e de Bracelli diante daquelas figuras envolvidas em figurinos quitinosos, salientes, acutângulos, com o brilho de papel-alumínio, em couraças de *papiers collés*, em estojos que cortavam o espaço em camadas. Lembramos os uniformes de Viesnin para *L'Annonce*, estorvantes custódias-sarcófago, montados sobre duras carcaças, com dobras semelhantes a círios, e que ficavam por cima dos atores como maciços

---

82. Cf. Ippolit Sókolov, *Riejissura A. Ia. Tairova: 1914-1924*, p. 28.
83. Cf. Herbert Jhering, "Das Moskauer Kammertheater", (1923), in *Von Reinhardt bis Brecht*, I, Berlim, 1958, p. 301. (Em alemão no original. N. da T.)
84. Aleksandr Tairov, *op. cit.*, pp. 161-162.
85. Antonin Artaud, *Le Théâtre et son double*, Paris, 1938, p. 57. (Em francês no original. N. da T.)
86. Cf. Jacques Tugendhold, *op. cit.*, pp. 18-19.

tablados cúbico-góticos[87]. Em tais invenções, obviamente, há uma menção aos figurinos-cenário do balé *Parade*.

Junto à pesada maquiagem das órbitas, às perucas escultóricas, de elmos de tom teutônico, de absurdos cabelos em formato de cogumelos, telhas, marmitas – este vestuário volumétrico, que convertia os atores em aglomerados de planos angulares, correspondentes aos relevos do plano cênico – contribuiu a incrementar a singularidade do universo teatral de Tairov, universo táctil, como que esquadrinhado a golpes de espátula, de tendência ao sólido exasperada a ponto de beirar as personagens da ficção científica. Isto explica porque os figurinos do Teatro de Câmara poderiam adaptar-se tão bem aos marcianos do filme *Aelita*[88]. Esclarece também porque hoje, ao se analisar a imagem da Koonen vestindo a armadura futurista para a Santa Joana, de Shaw, ela nos parece semelhante à Raich nas vestes espaciais da Mulher Fosforescente que, em *Os Banhos*, de Maiakóvski, chegava do ano 2030.

Para a arlequinada, deixando de lado as inchadas e bicudas máscaras de *Brambilla*, Tairov requisitou figurinos que fossem como metáforas do imaginismo. E, de fato, as personagens de *Giroflé-Giroflá*, nas roupagens-tralhas de Iakulov, transformáveis assim como os cenários, pareciam ter saído do Estábulo de Pégaso ou de cafés literários afins da época: Marasquin de cartola, gorjeira, casaca negra de forro prateado; Mourzouk, meio termo entre um beduíno e um pirata, com um chapéu alto, de faldas, em formato de vagem, e um fraque com pontas arqueadas; Aurora, *clownesse*, com a cabeleira em formato de cesta e uma túrgida saia de fitas e festões. Pouco antes, Eisenstein, no espetáculo *Boas Relações com os Cavalos*, na Mastfor, aludindo a Iessiênin, havia vestido o intérprete do imaginista com um figurino bífido, composto por meia casaca e meia camisa camponesa de confetes, com calças folgadas, e botas[89].

Há portanto em Tairov um desmedido desejo de acabamento e rigor, a aspiração de reconduzir o teatro a um equilíbrio tectônico, depois de tantos anos de "disenteria do amorfo"[90]. Fazia de seus espetáculos objetos brilhantes e densos, sem abrir mão da lembrança do *tableau objet* dos cubistas, transformando a arte da direção numa espécie de rigoroso *ikebana*.

87. Cf. N. Giliarovskaia, *Tieatralno-dekoratzionoe iskústvo za 5 liét*, Kazan, 1924, p. 20.
88. Cf. Moisei Aleinikov, *Iakov Protazanov*, Moscou, 1961, pp. 105-114.
89. Cf. Sierguiêi Iutkiévitch, *Kontrapunkt riejissiera*, Moscou, 1960, p. 232.
90. Aleksandr Tairov, *op. cit.*, p. 22.

46. *Giroflé-Girofla* de Lecocq, Teatro de Câmara, 1922 (direção: Tairov; cenário: G. Jakulov). Na foto: Miklachévskaia, Uvárova, Sókolov, Koonen, Ticonravov, Koroliov.

47. *The Man Who Was Thursday* de Chesterton, Teatro de Câmara, 1923 (direção: Tairov; cenário: A. Vesnin).

Este polimento advertia-se sobretudo na perfeição congelada da tragédia, embora geralmente Tairov acabasse envolvendo a representação toda no invólucro do estetismo. Um estetismo cujos êxitos, por vezes, eram bem discutíveis. Como quando ele encenou (25 de março de 1926) o refinado (mas insípido) melodrama *Rosita,* de Andriéi Glóba, contaminação de dois filmes patéticos: o homônimo, com Mary Pickford, e *The Spanish Dancer,* com Pola Negri[91].

Tairov sujeitava-se amiúde à tentação de um teatro-*bombonière*, àqueles *poncifs* do *ballet* que, para nós, tem seu emblema na peruca-rosa-do-espectro-da-rosa. Eis por que Maiakóvski define o estilo de Tairov "adocicado futurismo para as damas"[92]. Eis por que Meyerhold recusa decisivamente qualquer vínculo com seu rival. Diz Meyerhold:

> Eu posso dar livre curso à imaginação e admitir que meu teatro também seja um Estúdio do Teatro de Arte, obviamente não o quinto, e sim, levando em consideração a distância que nos separa, digamos, o 225º. Porque eu também sou aluno de Stanislavski e venho daquela *alma mater*. Eu poderia encontrar alguns pontos de ligação entre o meu teatro e o Teatro de Arte, e até mesmo com o Mali, mas entre nós e o Teatro de Câmara há um abismo. Somente do ponto de vista dos guias do Inturist é que Meyerhold e Tairov estão um ao lado do outro. Afinal eles poderiam até, sem o menor problema, incluir neste roteiro a igreja de Vassíli, o Beato. Mas eu preferiria até consentir a proximidade com Vassíli, do que a mínima vizinhança com Tairov[93].

Sempre houve esta antipatia entre os dois, e não raro a aversão transbordou em furiosas polêmicas ou transpassou em paródias. Parece-nos, por exemplo, que o prólogo da *Dreigroschenoper*, em que os ladrões de chapéu-côco, mendigos e putas apareciam por um semicírculo convexo, de portas contíguas, fosse uma sátira da cena da corrupção em *O Inspetor Geral*. Mas note-se: em Tairov, diferentemente do que acontece em Meyerhold, o feitiço do teatro nunca é sinal de subterfúgios demoníacos, de presenças misteriosas, nunca nos remete a além algum.

12

Para Tairov valeu por muito tempo o que havia escrito em 1917:

A arte não tem partido.
 Como o ar, como as águas, como o sol, ela ilumina com seus raios todos os que têm uma alma viva. E, como o raio solar, não transforma a própria cor dependendo

---

91. Cf. Iakov Apúchkin, *Kámerni tieatr*, Moscou-Leningrado, 1927, pp. 54-56.
92. Cf. Vladímir Maiakóvski, "Otkritoe pismo A. V. Lunatcharskomu", (1920), in *Pólnoie sobránie sotchiniêni*, XII, Moscou, 1959, p. 18.
93. Cf. A. Gladkov, "Meyerhold govorit", in *"Novi Mir"*, 1961, 8.

de sobre quem cai, mas, ao contrário, colore à seu modo tanto os trapos como a púrpura: da mesma forma a arte não se deve sujeitar a partido algum, a doutrina alguma, e sim, voando para o alto, deve provocar em todos a aspiração de elevação até seus vértices[94].

Mesmo que os abrandando com adaptações e expedientes, Tairov não desviou desses postulados por períodos que possam se dizer significativos. Isto porém não significa, como já vimos, que, por sua desconfiança em relação a todo o preceito, a todo o tributo ideológico, ele fosse absolutamente surdo às excitações da época. Certamente não se pode afirmar que em seus espetáculos não palpitassem, mesmo que rarefeitas e transpostas como que num vazio atemporal, as grandes inquietações, as bizarrices daqueles anos.

Com os vistosos recursos e a móvel geometria das arlequinadas, ele correspondeu às telas abstratas que, durante a guerra civil, decoravam de rombos e triângulos o vulto das casas decrépitas[95]. O brilho dos vernizes, a refinação e o próprio estetismo do Teatro de Câmara, eram lazer e conforto naqueles dias de privações e esqualor. A *Princesa Brambilla* aquecia a alma com sua alegria vital, com seu tenso ritmo de juventude. Os combates entre Capuletos e Montecchi sobre os planos amontoados, ofereciam as lisonjas do pitoresco para olhos ansiosos: "capa e espada em lugar do sobretudo e do guarda-chuva do GUM"[96]. E a encenação de *Phèdre*, apesar de sua glacialidade de banquisa, de sua polar abstração, refletia a obscura exaltação, as lágrimas, as vertigens da Rússia de então.

Racine, afirmavam os fautores de Tairov, deu para o Teatro de Câmara "a possibilidade de encarnar o autêntico heroísmo de nossa era"[97]. Afinal, nos rastros de Blok (de seu ensaio sobre Catilina), muitos, naquela época, falavam em classicismo da revolução: "O classicismo é o *pathos* da potência estatal. Nossa revolução, esta época de férreo estadismo e de sistema, exige uma grande arte, um teatro monumental. No majestoso e austero classicismo à moda de Mandelstam da *Phèdre,* de Tairov, avistamos o rigor clássico e a simplicidade de linhas de nossas jornadas revolucionárias"[98].

Mas, com o desenrolar dos ancontecimentos, foi necessário que Tairov corrigisse suas posições, explorando outras fórmulas. Teve de engolir à força o brusco refluxo de um descritivismo que parecia banido para sempre. Como um Grock que estivesse a puxar, com dificuldade, o piano para perto da banqueta, em vez de simplesmente

---

94. Aleksandr Tairov, *Proklamatzi khudojnika*, Moscou, 1917, pp. 11-12.
95. Cf. Oskar Schlemmer, *Briefe und Tagebücher*, Munique, 1958, p. 74.
96. *Kto, tchto, kogdá v Moskóvskom Kámernon tieatre 1914-1924*, Moscou, 1925, Aleksandr Gorin (org.), s.p.
97. Idem.
98. Ippolit Sókolov, *Riejissura A. Ia. Tairova: 1914-1924,* p. 15.

aproximar a banqueta do instrumento, Tairov, durante alguns anos, tentou evitar de se mimetizar na sombra do fariseísmo prestadio, e procurou exorcizar a nova realidade, distinguindo desta aqueles aspectos heróicos, aqueles restos triunfais, que respondiam a seu ideal do trágico. Sonhava com o nascimento de uma tragédia soviética, que tivesse como exemplo os protótipos do expressionismo.

A produção da época, esquemática e atrasada quando comparada às conquistas da mais moderna direção, não secundava seus propósitos. Empenhou-se para não ceder, para não condescender, para não aviltar, com uma cumplicidade ordinária, o registro de sua arte. A certa altura, porém, viu-se obrigado a incluir em seu repertório toda uma série gregária de dramas escritos com tinta descorada, expressões de um fotografismo que não estava em uníssono com suas tendências. Freqüentemente a rude estrutura verista de tais obras levou-o a uma busca de *facsímile*, a uma tutela da evidência, que destoavam das fugas e das elipses do Teatro de Câmara, e em tais casos, que merecem um justo esquecimento, de nada adiantaram os tablados residuais do construtivismo.

Até que Vichnievski chegou para fomentar os propósitos de Tairov, com a veemente retórica da *Tragédia Otimista*. O influxo de expressionistas como Toller, Goering e Von Unruh[99], o uso dos estratagemas inventados pelo teatro de vanguarda, o *pathos* heróico, o jogo das tensões emocionais, a abstração alegórica, o fato de o papel principal ser ideal para a Koonen: tudo isso fazia da ficção de Vichnievski algo ideal para o universo de Tairov.

A aventura de um grupo de marinheiros um tanto anárquicos e debandados, que uma Comissária com pulso de ferro consegue transformar em divisão da Armada Vermelha, forneceu-lhe a oportunidade para um compacto e monumental espetáculo (18 de dezembro de 1933), que renovava o prestígio da linha trágica. Como de costume, ele desabrigou o texto de suas coordenadas históricas, transferindo seus duros conflitos para zonas absolutas e translúcidas, numa duração congelada.

O dispositivo severo e conciso de Ryndin foi o que mais acabou promovendo a solenidade. Era uma espécie de funil que se alargava em escadarias helicoidais, tendo simultaneamente um quê de cávea de anfiteatro e de pavimento de navio de guerra (com alguma reminescência do convés cambado construído por Viesnin para a *Phèdre*). Na aridez linear da estrutura gravou-se uma representação essencial, escultórica, sucessão de poses paralisantes, economia de cinzel, que aos intervalos disparava em embriagados golpes de asas, em impetuosidades

---

99. Cf. Arkadi Anastasev, *Vsiévolod Vichnievski*, Moscou, 1962, pp. 67-68; 75-76.

48. A revista *Kukirol*, Teatro de Câmara, 1925 (direção: Tairov; cenário: V. e G. Stenberg).

49. Prólogo da *Dreigroschenoper* de Brecht e Weill, Teatro de Câmara, 1930 (direção: Taírov; cenário: V. e G. Stenberg).

implacáveis. Mesmo acusando Vichnievski de ter reduzido a heroína a "máquina sem lirismo", Nezval admirou o estilo sóbrio de Tairov, "cuja pureza pode ser comparada somente à das telas de Cézanne"[100].

Na figura inflexível da Comissária, que Vichnievski havia moldado sobre a fascinante jornalista e agitadora Larissa Reisner[101], a Koonen, em negro casaco do couro, infundiu a densidade emocional, a severidade e o rigor de suas precedentes imagens trágicas. Firme, rupestre, como que fincada num pedestal, entre aquelas fileiras de marinheiros eternizados, evitava todo gesto supérfluo, baseando o papel em sinais inequívocos e em firmes inflexões vocais, e particularmente na energia do olhar[102].

O espetáculo teve todas as características do expressionismo. Schreyer está certo ao afirmar sobre Tairov: *"Ele é o único que consegue transformar a teatralidade de nosso tempo em obra de arte expressionista"*[103]. Mesmo os episódios de batalha, solucionados com um despojamento distante dos métodos de teatro popular, retumbantes, de outros teatros soviéticos, relembravam as cruas, geométricas imagens das multidões armadas nas representações dos expressionistas[104].

13

> *O triomphes du théâtre! mon coeur ne battra plus de vos ardentes émotions!... Et vous, longues études d'un art que j'aimais tant, rien ne restera de vous aprés moi... [avec douleur:] Rien ne nous survit à nous autres... rien que le souvenir...**
>
> ADRIENNE LECOUVREUR, V, 5.

O que segue à *Tragédia Otimista* é, salvo raras exceções, a história de uma decadência, devido às obtusas ingerências do poder político. Exortado a representar "produtos" soviéticos, Tairov bus-

---

100. Vítezslav Nezval, "Neviditelná Moskva", (1935), in *Prazsky choced: Dílo XXXI,* Praga, 1958, p. 93.
101. Cf. Arkadi Anastasev, *op. cit.*, pp. 76-77; Aleksandr Chtein, "O Vichnievskom i ne tolko o nem...", in *"Tieatr"*, 1962, 5.
102. Cf. S. Tzimbal, "Traguedia o narodnom povige", in *"Optimistitcheskaia traguedia": pesa Vs. Vichnievskovo na stzêne Leningradskovo Tieatra im. Púchkina*, Leningrado-Moscou, 1956, pp. 20-21.
103. Lothar Schreyer, *Erinnerungen an Sturm und Bahaus*, p. 30. (Em alemão no original. N. da T.)
104. Cf. Osaf Litovski, "Korni optimizma", in *Kámerni tieatr: Stati, zamiétki, vospominania*, Moscou, 1934, p. 28.

* "Ó triunfos do teatro! meu coração não baterá mais com vossas ardentes emoções!... E vós, longos estudos de uma arte que eu tanto amava, nada restará de vós depois de mim... [com dor:] Nada nos sobrevive... nada a não ser a lembrança..." (N. da T.)

cou, em vão, algum outro texto que se prestasse à sua concepção de espetáculo heróico. E, na infrutífera busca, acabou selecionando obras que não correspondiam à suas expectativas, como, por exemplo, em 1935, *Ne Sdadímsia* (*Não Desistiremos*), de Siemionov, que evocava, com traços naturalistas e desleixadas falas oratórias, as aventuras do navio *Tcheliuskin*.

O destino do KT piorou em 1936, depois da encenação de *Bogatirí* (*Os Paladinos*), uma opera-cômica de Borodín, paródia dos moldes da ópera e do pseudofolclore, que, lá pelo fim do século passado, eram produzidos sem censuras. O poeta proletário Demian Bedni havia remanejado o libreto, transformando os malfeitores da Rússia kieviana em autênticos revolucionários e os *bogatirí* em semi-idiotas sinhozinhos feudais. Tairov extraiu desta facécia um espetáculo motejador, variante extrema da arlequinada, uma sátira da eterna *Vampúka*, no gosto dos primitivos e do *lubok*, as vinhetas do povo[105].

Pasmem! O tristemente famoso "Comitê para as questões das artes", inexorável agente funerário, interrompeu a temporada: o Teatro de Câmara havia alterado a índole das canções de gestas, as denominadas *bilinas*, denegrindo aqueles *bogatirí*, que eram, ao contrário, campeões de glória e honra da estirpe russa. Sob um fogo cruzado de acusações, o oficialíssimo Bedni caiu em desgraça e, abandonado por todos, ficou relegado numa hostil solidão. O KT, enxurrado por tempestades de repreensões e críticas impiedosas, safou-se por pouco, quase inexplicavelmente, da onda flageladora que estava liquidando, um por um, os melhores teatros.

Naquela regurgitação de viva-o-moralismo Tairov empenhou-se em ir adiante, andando às cegas entre textos medíocres, que lhe inspiravam insossos espetáculos, ou seja, tentativas de sobrevivência. Em 1937 resolve até mesmo encenar *Os Filhos do Sol*, de Górki, a seu ver dramaturgo antiético. Referindo-se a um livro sobre o Teatro de Câmara, Afinogénov, em suas anotações, pronuncia palavras perversas e impiedosas, que no entanto testemunham as aberrações e os temerários julgamentos da época: "... não se tem vontade de acreditar que a tudo isso se atribuísse tanta importância e que as pessoas escarafunchassem seriamente nos caprichos de Tairov, para descobrirem novas conquistas formais, ou seja, os meandros de um pensamento criador. Tudo isso é resultado de vaidade e pó – o papel é desperdiçado por um nada, a vida vivida em vão. E as mãos já tremem, a velhice se aproxima, o coração enfraquece, e ainda por

---

105. Cf. Karel Martínek, "O A. I. Tairovovi", in *"Divadlo"*, Praga, 1957, 10; Osaf Litovski, *Tak i bilo*, Moscou, 1958, p. 109.

cima há *Bogatirí*, as incertezas do amanhã. Não, a sua vida já se foi, irrevogavelmente" (11 de abril de 1937)[106].

O Comitê proibiu que Tairov representasse uma adaptação do *Oniégin* puchkiniano, para o qual Prokófiev já havia, em parte, composto a música[107], e, para atrapalhar ainda mais seu desenvolvimento, associou, por um certo tempo, ao Teatro de Câmara, um conjunto de natureza bem diferente, o do Teatro Realista, dirigido por Okhlópkov.

Tairov aceitou compromissos, humilhou-se em autocríticas e, como que impelido por um cego tropismo, continuou exibindo insignificantes comédias, reservatórios de tédio, cujo esqualor entrincheirava-se no álibi da magniloqüência. Em 1940 chegou mesmo a imitar o Teatro de Arte, encenando, no rastro da *Anna Karénina,* de Niemiróvitch, *Madame Bovary*, que contudo deu à Koonen a oportunidade de derramar mais uma vez seu veio trágico. O tema do espetáculo parecia repetir o de *Adrienne Lecouvreur*, isto é, o tormento de uma mulher incomum, insatisfeita, que ansiava a evasão, vítima da sociedade circunstante.

As antigas predileções voltavam por vezes a visitar Tairov, como um remorso. Emergiam novamente, fogos de palha, os módulos do expressionismo. Num episódio do drama *Enquanto o Coração Bater* (*Poká ne Ostanóvitsia Siérdtze*), de Paustovski (1943), por exemplo, em volta da atriz Martínova (a Koonen), que vagueava ensandecida, levando nos braços o filho morto, desencadeou uma macabra dança de roda dos soldados nazistas, parecendo robôs embriagados, monstruosos engenhos esmagadores.

Após uma série de estereotipadas comédias de guerra, em 1944 o saudosismo ditou-lhe duas direções, *A Gaivota* e *Culpados sem Culpa*, que confirmavam veladamente, numa época de arbítrio e de morte sem registros, a fé nas isenções da arte. Subtraiu o texto de Tchékhov dos habituais verismos, dos venenos das minúcias, projetando-o para um limbo de símbolos, de permanências perenes. Para acentuar a indefinição, o repúdio por toda a nota concreta, colocou os atores em roupas negras (o negro de Macha) diante do pano de fundo de negros veludos: a Koonen representava Nina Zarétchanaia com os modos solenes e enlutados da alta tragédia.

Resultou numa representação lúgubre, em que a garantia de Tchékhov permitiu que o diretor expressasse o desgosto pelo naturalismo, o tormento por "novas formas" mas, acima de tudo, numa luz de réquiem, a melancolia de uma beleza pura, ofuscada por uma

---

106. Aleksandr Afinogenov, *Dnevniki i zapisnie knijki*, Moscou, 1960, p. 377.
107. Cf. Osaf Litovski, *op. cit.*, pp. 244-245.

50. *Die Dreigroschenoper* de Brecht e Weill, Teatro de Câmara, 1930 (direção: Tairov; cenário: V. e G. Stenberg).

51. Final do primeiro ato de *Uma Tragédia Otimista* de Vichnievski, Teatro de Câmara, 1933 (direção: Tairov; cenário: V. Rindin).

opacidade sem esperanças[108]. Sobre o tema da arte transfiguradora e alheia às angústias diárias Tairov também alicerçou o drama de Ostróvski, transpondo para um clima de eternidade os episódios dos *cabotins* de província descritos na obra.

Mas aqueles dois espetáculos não foram nada mais do que sobressaltos de uma agonia, lampejos logo dispersos de um acervo de direções invertebradas. O Teatro de Câmara agora só remastigava as fórmulas dos epígonos de Stanislavski, e Górki era o eixo de seu repertório, encharcado de "comédias-elogios" e de "servis stalinarias". Em 1949 foi fechado. No ano seguinte (25 de setembro de 1950) Tairov faleceu. Erenburg conta que, em seus últimos dias, o diretor, doente, andava observando os cartazes nos muros de Moscou, como na esperança de encontrar um anúncio remanecente de seu teatro[109]. Como um Vrubel que de repente tivesse voltado a encarar o seu demônio, um demônio que já não existia.

---

108. Cf. Nicolai Gortchakóv, *The Theater in Soviet Russia*, New York, 1957, pp. 398-399.
109. Cf. Iliá Erenburg, "Liudi, godi, jizn: Kniga vtóraia", in *"Novi Mir"*, 1961, 2.

7. Volta e Morte do Filho Pródigo

1

Durante os trabalhos com Gogol e Griboiedov, o TIM não descuidou dos textos contemporâneos. Os alunos encenaram *Ritchi, Kitai (Ruge, China!)*, de Siérguêi Trietiakóv (23 de janeiro de 1926) e *Oknó v Derievniu (Uma Janela sobre o Vilarejo)* de Rodion Akulchin (8 de novembro de 1927).

No desejo de representar o ambiente chinês sem adocicados embelezamentos de *ballet*, sem exotismos de jade, o diretor Vassíli Fiodorov delineou as figurações quase com o método do Teatro de Arte, distinguindo-a uma por uma (afiador, barbeiro, riquixá, barqueiros, vendedores ambulantes de gulodices e leques), não apenas em seu aspecto, como também no *sinal sonoro (zvukováia viveska)*, ou seja, nas cadências vocais próprias de cada ofício[1].

Mas, a não ser isso, a representação repisou todos os esquemas habituais de Meyerhold. E, retomando os procedimentos dos cartazes políticos, contrapôs os miseráveis e bons chineses oprimidos às máscaras caricaturais dos europeus exploradores, saltitantes no costumeiro ritmo de foxtrote[2]. O vírus do maniqueísmo empesteava a tal ponto esta direção, que até mesmo o cenário estava dividido em

---

1. Cf. A. Fievrálski, *Diésiat liét Tieatra Meyerholda*, Moscou, 1931, p. 52.
2. Cf. Sierguiêi Radlov, "Ritchi, Kitai!", in *Diésiat liét v tieatre*, Leningrado, 1929, pp. 145-147.

duas "mansões"* contrárias, ao fundo a silhueta da canhoneira *Cockchafer*, castelo dos ocidentais malvados, sobreposição de pontes, por onde ecoavam músicas de *jazz*, e em primeiro plano estava a margem, formiguejante de figurinhas chinesas. Para sublinhar a separação, o diretor entremeou as duas partes com um fio de água (o rio Iangtse), sulcado por um vaivém de barcos[3].

Idêntica tendência ao panfletário, idêntica facilidade de contrastes davam forma a *Oknó v Derievniu*, entregue à direção coletiva de doze atores do TIM, que ali amontoaram os expedientes do mestre, particularmente as "astúcias" compositivas e cinéticas de que havia se valido em *D.E.* Nos dois espetáculos, como já havia acontecido em *Liés*, exercícios de energia muscular representavam com mímica os processos de trabalho, os instantes de fadiga (por exemplo o esforço dos *coolies* encurvados pelo peso das sacas de arroz e dos fardos de cânhamo). Em *Oknó v Derievniu*, ademais, a maquinação biomecânica era intercalada por trechos de cinema documentário. Um enxerto de fotogramas com imagens de máquinas agrícolas interrompia uma demonstração de debulha manual. As girândolas de um torneio campestre, os jogos dos prestidigitadores eram acompanhados, na tela, com seqüências de velocidade automática, fugas de trens e aviões[4].

O que mais chama a atenção neste período é o influxo dos expedientes meyerholdianos na dramaturgia soviética. A "comédia-artigo" de Trietiakóv, expressão lacônica e sem os enfeites da "sinofilia" que inspirou naqueles anos muitos trabalhos, desde o *ballet* de Glier *Krasni Mac* (*A Papoula Vermelha*) ao filme *Chankhaiski Dokumént* (*O Documento de Xangai*), de Ia. Bliokh[5], unia o "fatografismo" do LEF aos recursos do mundo meyerholdiano. Os truques e as armadilhas do diretor reapareceram na trama de *Oknó v Derievniu*, trama descontínua de lampejantes episódios, que advogavam, como mais tarde *O Velho e o Novo*, de Eisenstein, a necessidade de introduzir a moderna técnica nos campos atrasados[6].

As tendências de Meyerhold (montagem de rápidas cenas antitéticas, oratórias, panfletarismo, recursos de teatro popular, farpas contra os teatros conservadores) são encontradas também nos textos de autores

---

* No drama litúrgico da Idade Média, era o nome que designava as construções de madeira que, levantadas sobre o palco, sugeriam aos espectadores os vários locais em que se desenrolava a ação. (N. da T.)

3. Cf. A. Fievrálski, *op. cit.*, pp. 53-54.
4. *Idem*, p. 60.
5. Cf. R. Belousov, "'Rithci, Kitai!' Siergueieia Trietiakova", in *"Vosprosi litieraturi"*, 1961, 5.
6. Cf. Václav Tille, *Moskvav listopadu*, (1929), Praga, 1963, pp. 126-130.

soviéticos, que ele mesmo dirigiu entre 1929 e 1930, quando o Narkomprós o proibiu de inserir outros clássicos no repertório. Referimo-nos a *O Percevejo* (13 de fevereiro de 1929) e *Os Banhos* (16 de março de 1930), de Maiakóvski, a *O Comandante da Armada n. 2*, de Selvínski (24 de julho de 1929), a *O Disparo*, de Biezimiênski (19 de dezembro de 1929), aos quais deveria se acrescentar a grotesca *O Suicida*, de Erdman, que a censura proibiu, embora o espetáculo já estivesse pronto[7].

Naquelas direções não faltavam as habituais imagens de verecúndia ideológica, os insossos manequins panfletários. Basta relembrar os virtuosos *komsomólcy* da esquadra de assalto em *O Disparo* ou os habitantes do amanhã em *O Percevejo*, simulacros da Liga da Temperança, como que lacrados em invólucros de celofane. As construções diáfanas e imateriais de Ródtchenko incrementavam o esmero antisséptico, a limpidez hospitalar, em suma: o tédio deste futuro, concebido como éden de anjos esterilizados.

O eugenismo, a ciência da exsicação, as exibições de fileiras compactas em ensaios gimno-mecânicos, enfim, as fórmulas de uma direção desodorante, já haviam se tornado insuportáveis. Meyerhold no entanto continuava a brilhar na linha hiperbólica das personagens do contra, dos fora da ordem, dos réprobos. Pensemos na flatulenta falange dos burocratas-*clowns* de *Os Banhos*, aos filisteus polichinelos de *O Percevejo*, fósseis que se mexiam com espasmos de pastelão. É claro que somente grosseiras figuras desta espécie é que poderiam ter reanimado, com sua sujeira, com seu hálito pesado, a integridade de um futuro tão engomado.

Porque o eixo do teatro de Meyerhold é o negativo, a deformidade do grotesco. Em *Os Banhos*, os preguiçosos burocratas, que decolavam, envolvidos por escafandros interplanetários, em rosquinhas infláveis, como se fossem recheados bonecos da Época do Pneumático, eram certamente mais atraentes do que os laboriosos inventores em idênticos trajes operários. Não se poderia comparar o anêmico doutrinismo de algumas cenas, como as que estavam presentes em *O Disparo*, em que os *komsomolci* executavam manobras de fábrica, e a plenitude das invenções originais que Meyerhold criou em profusão, em *O Percevejo*, para sugerir o indício de caspa e gomalina dos burguesinhos escarnecidos por Maiakóvski. Em *O Percevejo*, mais do que qualquer futuro, do que qualquer ressurreição, fascinava a diabrura das núpcias com cauda de incêndio, este episódio de "mundo às avessas", este *Tingeltangel* obsessivo, cuja vulgaridade acabava desembocando numa espécie de teatro de revista metafísico: à moda de Beckmann.

---

7. Cf. Osaf Litovski, *Tak i bilo,* pp. 129-130.

52. Cena do epilético em *O Comandante da Armada nº 2* de Selvinski, 24 de julho de 1929 (direção: Meyerhold; cenário: Meyerhold e S. Vakhtangov).

Mesmo no caso da tragédia heróica de Selvínski, que evoca a cruel temporada da guerra civil, Meyerhold apostou todas as cartas sobre a personagem negativa, o lunático Okonni que, por mania de grandeza, lança as tropas em cruento e inútil ataque. Opondo-o ao férreo e insensível comandante bolchevique Tchub, demorou-se no esmero da composição, transformando-o assim em disperso devaneador, em sonhador, relíquia de um mundo romântico próximo à extinção, empaste de trivialidade e de lirismo, da estirpe de Ivan Babichov e do Kavalerov de *Inveja*, de Oliécha. Não era casual Okonni assumir por vezes a inerme pose de fantoche de pano (a cabeça reclinada, os braços pendentes, sem vida), o langor do Pierrot-Meyerhold de *Balagántchik*[8].

Uma saudade de tempos gloriosos pairava neste tenso espetáculo, inacessível, irrigado por nervosismo e angústia, e como que encharcado de exalações pantanosas, de raios. Episódios como o comício, onde o *komandárm* atirava à queima-roupa no epilético erguido na sela de um cavalo branco, ou a vigília noturna, com o triste canto da sentinela dissolvido pelo estridor contínuo de gralhas e de indícios de batalha iminente, continha uma febricidade de lenda[9].

As vicissitudes da guerra civil pareciam desaparecer no fundo imemorável dos séculos, numa época de incursões pelas estepes, e os heróis de 1918, em peles de carneiro e barretes caucásicos, com altas lanças, aflorarem, absortos, estatuários, como que de túmulos dos citas[10]. Assim, no poema *Noite na Trincheira*, Khliébnikov havia projetado as barafundas da guerra civil para uma distância pagã, movendo os soldados vermelhos entre as *kámmenie baby*, as "mulheres de pedra" da época cítica. Mais uma vez, portanto, Meyerhold oferecia um exemplo de teatro-sepulcro, uma resenha de imagens embalsamadas, uma direção funerária.

2

Uma sensação de aflição, uma cruel apreensão encerravam a encenação de *Posliedni Rechitelni* (*A Última Decisiva*: 7 de fevereiro 1931), montagem de áridos episódios independentes e em contraste,

---

8. Cf. B. Rostótzki, "V sporakh o Meyerholde", in *"Tieatr"*, 1964, 2.
9. *Idem, O riejissierskom tvortchestve V. E. Meyerholda*, Moscou, 1960, pp. 82-83.
10. Cf. B. Alpers, *Tieatr sotzialnoi máski*, Moscou-Leningrado, 1931, pp. 51, 63, 74.

nos quais Vichnievski expressou, com dom profético, alarmantes presságios de guerra[11].

O prólogo que, nos rastros do terceiro ato de *Os Banhos* de Maiakóvski, ironizava os clichês dos teatros acadêmicos, foi para Meyerhold o pretexto para uma mordente paródia do balé *A Papoula Vermelha*, de Glier, cujo enredo transforma os marinheiros da frota soviética em bonecos de confeitaria, em rosados pedaços de açúcar. Com um esmerado bordado de gestos e com virtuosismos rítmicos dignos de *kabuki*, os intérpretes satirizavam a falsidade edulcorada, a *vampúka* de porto, a perfumaria[12].

Mas a atmosfera anuviava-se nas cenas à beira-mar, em que aparecem, junto à prostituta Carmem (que desvaria como a Desconhecida de Blok), dois marinheiros desregrados e um tanto anárquicos, Jean Valjean e Anatole Edouard, "trabalhadores de assalto em amor", muito parecidos, em seu anseio por requintes banais, ao Prissípkin de *O Percevejo*. Sua ébria impaciência rompia em impulsos histéricos, em tombos de farsa escrachada. Era como se estivessem perpetuando, no contexto da marinharia, aquelas notas de danação e esfacelo, aquele tormento que àquela altura corroía muitas das figuras de Meyerhold.

O episódio conclusivo, que narra o sacrifício de 27 marinheiros e guardas de fronteira no posto avançado n. 6, no primeiro dia de guerra, sugeriu à fantasia do diretor uma série de dilacerantes achados. Atrizes, espalhadas entre o público, soluçavam nos momentos mais bruscos. Uma metralhadora disparava direto na platéia, derramando na primeira fileira as cápsulas dos cartuchos. O subchefe Buchuev, mortalmente ferido, usando o tição de um aquecedor destruído, com dificuldade arranhava no muro as cifras:

$$\frac{162\ 000\ 000\ -\ \ \ \ \ }{161\ 999\ 973}\ 27$$

isto é, os números dos cidadãos soviéticos que iriam tomar o lugar dos tombados. Enquanto isso, por um alto-falante, uma estação de rádio européia difundia, em contraponto com o heroísmo, impuras ondas de foxtrote (ainda foxtrote) e canções de Maurice Chevalier.

Tudo isso e o comentário solene do *Véstnik* (*O Arauto*), o contínuo ricocheteio dos acontecimentos na platéia e a mobilização final

---

11. Cf. K. Rudnitzki, "Vsiévolod Vichnievski", in *"Tieatr"*, 1959, 7; Arkadi Anastasev, *Vsiévolod Vichnievski*, Moscou, 1962, pp. 51-57.

12. Cf. P. Markov, "Porajenie Vichniévskovo i pobieda Meyerholda", in *"Soviétski tieatr"*, 1931, 4.

do público reevocavam as linhas de direção de *Les Aubes*. Havia também a lembrança de certas "atrações" e de certas passagens cruciais dos filmes de Eisenstein (o tiroteio sobre os espectadores, por exemplo, lembrava aqueles instantes em que o *Potiomkin* aponta as bocas-de-fogo sobre a sala)[13]. Mas, acima de tudo, Meyerhold pareceu realizar no espetáculo o sonho de Artaud, de um teatro agressivo que golpeasse os nervos do público, incutindo-lhes a aflição de um perigo iminente, desencadeando ondas de pânico.

Condensam-se agora, no repertório do diretor, as personagens insatisfeitas, cuja existência é ânsia de fuga, insociabilidade, combustão de desejos. Parece-nos indicativo o ingresso, naquele palco, da irrequieta e fogosa atriz Lélia Gontcharova, a heroína de *Spíssok Blagodieiâni* (*O Elenco dos Benefícios*). Muitos temas da comédia de Oliécha espelhavam as tendências de Meyerhold.

Primeiramente o amor pelo Ocidente, a recordação de *Bubus* e dos expedientes do "urbanismo", mesmo que, repensando através da difracção da nostalgia "estas velhas pedras estrangeiras, estes milagres do velho mundo de Deus", como afirmava Versílov em *O Adolescente*, o destaque dado por Oliécha às alusões satíricas fosse inexpressivo.

"Chegarei em Paris...", diz Lélia a uma amiga, "A chuva, eu sei: vai chover... o cintilar da noite... mau tempo – o mau tempo de Maupassant. Dá para acreditar? Brilham calçadas, guarda-chuvas, capas... Paris. Paris! A grande literatura! Eu vou andar por aí sozinha, desconhecida por todos, ao longo de muretas e cercas – feliz, livre... E na periferia, sabe-se lá onde, numa noite de outono, num pequeno cinema, verei Chaplin, desatando a chorar".

O tema de Chaplin. O Ocidente confunde-se, tanto para Meyerhold quanto para Oliécha, com tal silhueta funambulesca. Como, aliás, em muitos escritores soviéticos: por exemplo, nos versos de Mandelstam:

Mas agora em Paris, em Chartres, em Arles
o valente Chaplin Charles é o maioral

com chapéu-coco oceânico e perplexa precisão
salta sobre dobradiças, e flerta com a florista.

"Chaplin, Chaplin!", exclama Lélia, "O homenzinho de calças amarrotadas. Verei teus célebres filmes... verei *O Circo* e *Em Busca do Ouro*".

13. Cf. Ignati Rostovtzev, *Bronenosetz Potemkin*, Moscou, 1962, pp. 139-140.

No dissídio com o grosseiro empresário Margeret, que lhe propõe interpretar números obscenos, Lélia relembra a velha cantora amada por Chaplin em *Vida de Cachorro*, que o patrão impiedoso enxota da boate, porque ela recusava-se a entreter os clientes. Saindo desiludida do *music-hall*, Lélia encontra um homenzinho semelhante ao Carlitos vagabundo daquele filme. Mas lembramo-nos também de *Em Busca do Ouro*, quando o homenzinho de chapéu-coco, faminto, simula comer uma árvore como se fosse uma lampreia e, de sobremesa, uma grade como a um *waffle*.

Finalmente, as referências ao *Hamlet*. Encenar esta tragédia foi, como veremos, o assíduo, irrealizável sonho de Meyerhold. É curioso, embora típico daquelas obras soviéticas que brotavam do anseio pelo Ocidente, o entrelaçar-se de Shakespeare e de *music-hall*. Lélia (a Raich) apresentava-se ao empresário do *Globus*, vestindo o traje lutuoso do príncipe da Dinamarca: desejava exibir-se na passagem em que Hamlet procura convencer Guildenstern a tocar a flauta. Das cinzas da humilhação, onde fora arremessada por Margeret quando solicitou-a antes a usar a flauta num *sketch* pornográfico, Lélia-Hamlet surgia, como fênix, de uma cultura perene, constantemente manchada por pequenas transações ilícitas e por insipiência: uma fênix vibrante daquele *pathos* de pureza que distingue muitas figuras do teatro soviético.

Eixo do espetáculo, denso em amargura e premonições, era, usando as palavras da protagonista, "o tema do solitário destino humano, o tema de Chaplin". A direção de Meyerhold dilatou a ambigüidade desatinada de Lélia, seu deserto, sua condenação, igualando o papel a um trágico estrebuchar no vazio, a um tormento de duplicações, à vertiginosa trajetória de uma queda.

A encenação do drama *Vstupliénie* (*Prelúdio*), do romance de Iúri German, em 28 de janeiro de 1933, reforçou o argumento da solidão, levando-o a tons de extremo desespero. Auge desta representação costuma ser considerado o banquete dos engenheiros, modelo de mais que perfeita cenometria.

O raio de um refletor recortava da sombra o busto de Göethe, e, na claridade das velas e das brasas de cigarros, os idosos engenheiros encaixavam na música de Chebálin desafinações de bêbados, fragmentos de coros, vocalizes de brindes, brincando entrementes, como solenes palhaços, com as cadeiras, as cartolas, as velas, os sobretudos que, vestidos e arrancados inúmeras vezes, assumiram a aparência das capas no teatro de capa e espada[14].

---

14. Cf. A. Fievrálski, "Dvádtzati spektakl Gostim: 'Vstuplenie' v Tieatre im. Meyerholda", in *Soviétski tieatr*, 1933, 2-3.

53. N. Bogoliubov (Buchuev) no sexto episódio ("O Posto Avançado nº 6") de *A Última Decisiva* de Vichnievski, 7 de fevereiro de 1931 (direção: Meyerhold; cenário: Meyerhold e S. Vakhtangov).

54. Quinto episódio ("A Voz da Pátria") de *O Elenco dos Benefícios* de Oliécha, 4 de junho de 1931 (direção: Meyerhold e S. Vakhtangov).

Meyerhold transportou para aquele festim seu gosto pela cerimônia, concebida como uma comunhão burlesca que degringola em escândalo. A obsessiva grosseria destas manobras de fato era quebrada por vacilos de estupor e soluços. Envergonhados, viravam o busto de Göethe, para que não os visse. No final o mais infeliz deles, o desempregado Hugo Numbach (o ator Liév Svierdlin), trepava na mesa querendo, ele também, propor um brinde. Arremessando sobre a platéia os cartões postais lascivos que vendia para sobreviver, começava a dançar, com habilidade biomecânica, um desolado cancã.

Depois, afastando-se dos outros, aproximava-se com passos de foxtrote, as pernas bambas, do busto de Göethe e, virando-o para si, falava com ele, entre o rufar dos tambores, como que procurando a resposta para seu mordaz desconforto, para a inutilidade de sua vida[15]. A prostração de Numbach relembra a humilhação do velho porteiro de hotel em *Der letze Mann*, de Murnau. Ainda, em seu conflito com a impassível efígie de Göethe, havia também algo que nos remete ao tema da insensível estátua perseguidora, do cavaleiro de bronze que oprime o pobre Eugênio.

3

O crescente afirmar-se de um mesquinho realismo, de uma literatura envernizada, os triunfos do péssimo gosto, prostraram as esperanças e os impulsos de Meyerhold. Ele ainda fazia milagres, e nunca se reduziu à condição de velho pugilista, outrora famoso, que se deixa vencer por adversários mais inteligentes e mais jovens em ringues de periferia. Mas assim mesmo diminuía sua autoridade, e o TIM, enfraquecido pelo afrouxar do otimismo, pela estagnação do repertório, pelo time sempre flutuante, arriscava o declínio.

Haviam prometido construir para Meyerhold um edifício teatral que correspondesse a seus planos, mas a obra estava encalhada. O projeto, concebido por ele junto a Siérguei Vakhtangov, previa um palco parecido com o picadeiro dos circos, com uma riqueza de maquinaria que permitisse dar à ação a rapidez de transições e o dinamismo do cinema[16].

A delonga desta fábrica que nunca chegou a ser concluída, o desaparecimento de Maiakóvski, os ataques dos escrevinhadores, as

---

15. Cf. B. Rostótzki, *O riejissierskom tvortchestvie V. E. Meyerholda*, p. 89.
16. Cf. Vsiévolod Meyerhold, *Rekonstruktzia tieatra*, Leningrado-Moscou, 1930, p. 10. Cf. também D. Arkin, "Tieatrálnoie zdánie", in *"Soviétski tieatr"*, 1932, 5.

altercações, contribuíram para tolher o ânimo do diretor[17]. Já lhe faltavam as comédias sob medida para suas fórmulas: por outro lado ele tinha horror aos textos votivos, às jaculatórias dos Romachóv, dos Kirchón, dos Pogódin. "Os dramas contemporâneos", diz Lélia em Oliécha, "são esquemáticos, falsos, desprovidos de fantasia, retilíneos. Representá-los significa perder qualificação". Enquanto para os artistas começavam as viagens de ida a Canossa, Meyerhold apartou-se, enojado pela sociedade circunstante, que cada vez mais afundava na lama do filisteísmo servil. Em anotações de 1931, Afinogénov escreve:

> Eis que passará diante de vós a vida de um homem. Meyerhold-estudante no ginásio e Meyerhold-mestre, o autor de *Maskarad*. Depois de doze anos de revolução, novas ondas de ódio e êxtase, os ombros do mestre são largos, que longo trecho de vida desenrolou-se diante dele.
> Que caminhos foram apontados para o teatro. Quantas vezes modificou suas convicções, justificando a traição com as apaixonadas buscas da alma criativa...
> Ah, lobo velho, vigorosa fera. Estás recuando e não o confessas sequer a ti mesmo, estás tremendo de frio, expondo a tua volumosa cabeleira ao vento furioso de um rigoroso inverno, perdeste o senso de orientação – mestre, tu pereces, coberto de neve, grandioso, inflexível Meyerhold[18].

Voltando aos clássicos, em 14 de abril de 1933 encenou *As Núpcias de Kretchínski*, de Súkhovo-Kobílin[19]. A nostalgia do passado induziu-o a chamar para protagonista aquele Iúriev que havia encarnado Arbénin em *Maskarad*.

Como todas as personagens de Iúriev, mesmo o impostor Kretchínski (de casaca, suíças, luvas amarelas e cartola) ostentava uma orgulhosa elegância, uma postura aristocrática, austera, controladíssima. O papel foi transformado numa série de movimentos estudados, de comportamentos pictóricos, como se poses e trapaças fossem complementares.

O requinte de seus gestos e de seu andar davam-lhe um jeito de vigarista de classe, exímio calculador e estrategista. Afinal Raspliuev iguala-o a Napoleão, nomeando-o "grande herói, necromante e encantador" (ato III, cena 1). Mas, por baixo da máscara de solenidade irrepreensível, transparecia um baixo demonismo, uma ligeireza despontante como um rocambole metafísico. Não por acaso Raspliuev afirma que Kretchínski é mais ágil do que o habilidosíssimo Bosco, "professor de magia natural e mistérios egípcios" (ato II,

---

17. Cf. Ígor Ilínski, *Sam o siebié*, pp. 250-251.
18. Aleksandr Afinogénov, *Dnevniki zapisnie knijki*, Moscou, 1960, p. 140.
19. Cf. Ígor Ilínski, *op. cit.*, pp. 241-247; N. Liubimov, "Ígor Ilínski", in *"Novi Mir"*, 1963, 12.

cena 16). Para incrementar sua ambigüidade, Meyerhold queria que Iúriev, ao menos durante o primeiro ato, representasse de costas, sem nunca mostrar o rosto.

Kretchínski estava cercado por um bando de cúmplices, dos quais não há nem sombra no texto, figuras supeitas, sujos embusteiros com olhar impassível. No terceiro ato o aventureiro convidava a ludibriada família Múromski, não mais em sua casa, e sim numa ordinária taberna, em cuja neblina amarela aninhavam-se os medonhos cúmplices, disfarçados de músicos, prontos a encobrir com os sons agudos das trompas os foras de Raspliuev que, de peruca encarapinhada, passava-se por um rico proprietário de Simbírsk.

Ilínski aproximou seu Raspliuev aos bufões de Dostoiévski, quebrando por vezes, com estouros de histriônico histerismo, a galhafaria do parasita-palhaço, resignado a apanhar de todos como se fosse um tambor. Tornava-se quase uma sátira das predileções biomecânicas o ser constantemente ameaçado com socos de boxe, forma pela qual, depois de ter sido surpreendido trapaceando no jogo, haviam-lhe aplainado as costelas. Incurável batoteiro: se Kretchínski sacudia-o com seus socos, despencava dele uma chuva de cartas marcadas (ato II, cena 8). E que manha rufianesca desvendavam as caretas de seu rosto enrugado e digno de compaixão, seu puxar com o nariz, seu enternecer-se ao lembrar-se do "ninho" e de inexistentes "passarinhos", quando Kretchínski amarrava-o a uma balaustrada diante do público, amedrontando-o com a ameaça da Sibéria (ato II, cena 15).

Meyerhold exagerou o dissídio entre Nélkin e Kretchínski, fazendo do primeiro um filósofo, um progressista, um sonhador do tipo de Tchátzki, amante de versos e inclinado às poses românticas, cuja rigidez moral beirava o puritanismo dos intoleráveis carolas de muitas comédias soviéticas. Ao contrário, transformou Anna Atúeva numa idosa erotômana, que manifestava a cada instante sua insatisfação sexual, consumindo-se em desejos, zumbindo em volta de Kretchínski como um louva-a-deus e seduzindo até mesmo Tichka, o embriagado porteiro.

Um espetáculo rico portanto em apelos visuais, ardis, travestimentos, expedientes, que mais uma vez demostraram quanto valor o diretor atribuía às cabalas do teatro popular.

Desviando-se cada vez mais da esterilidade do presente, Meyerhold representou, em 19 de março de 1934, *La Dame aux Camélias*, em que sua adorada Zinaída Raich teve o último triunfo.

Neste espetáculo, despojado de expedientes de circo e de truques de teatro popular, ele infundiu um mau-humor outonal, uma nostálgica lembrança de passeios pelos *quais* do Sena, salpicados do amarelo-ferrugem das úmidas folhas caídas: passeios que ajudam a melhor compreender os quadros dos impressionistas. De fato ele havia-se predeterminado a criar, como notou Lenormand, *uma série de imagens inspiradas nos pintores franceses, de Manet à Degas*[20]. Ao contrário do habitual, não modificou quase nada do texto original, não introduziu personagens sem palavras ou conotações políticas. Ele, que impingia às figuras femininas uma inflamada sexualidade (lembremo-nos de Sofia, Anna Andrievna, Atuéva), derivando destas ardentes namoradeiras, irreparáveis sedutoras, deu à Marguerite Gautier uma pureza resplandecente, uma luz espiritual, como era, afinal, nos propósitos de Dumas. É curioso que sua concepção do drama, como o conflito de uma mulher indócil e ardente com a moral predadora da sociedade abastada da época, acabava coincidindo com a linha de Adrienne Lecouvreur na direção de Tairov.

Os atores representavam a maior parte do tempo de perfil, sem virar o rosto para a platéia, com um extremo cálculo dos escorços gestuais, das abreviações alusivas, e apagando a voz em sussurros. Quase diagrama da sorte minguante, aqui também apareceu uma daquelas sinuosas escadas-trilha que, de *Liés* a *Komandarm*, freqüentemente recorrem em Meyerhold. Como que a rebater o esqualor da época com uma miragem de vida luxuosa, o diretor aumentou o fausto dos figurinos (cartolas, negras casacas, *toilettes* ofuscantes) e da decoração digna de antiquário (espelhos, vasos de Sèvres, candelabros, cristais, cortinas de tule e cetim).

Esta ostentação de ouropéis, o acentuado candor da personagem central e a insistência em sua regeneração por meio do amor, marcam o filme com Greta Garbo. No entanto, mesmo neste festival de pureza feminal, Meyerhold não conseguiu renunciar à imissão de escárnios de máscaras, variações grotescas: por exemplo, na noitada na casa de Olympe, onde os convidados, como nas *charges d'atelier* dos *rapins* do século XIX, por baixo dos variegados figurinos mostravam, a certa altura, o próprio esqueleto[21].

Zinaída Raich interpretou a cena da agonia sentando-se de costas para o público, numa poltrona de alto espaldar vazado, para que transparecessem o branco alvor da pele e a tensão dos músculos[22]. Era uma morte submissa, crepuscular, oposta à cena-choque da morte dos defensores em *A Última Decisiva*. A pacata interpretação de Raich-Marguerite que, apagando-se, bordava seus gestos como as

---

20. H.-R. Lenormand, *Les confessions d'un auteur dramatique*, Paris, 1953, II, p. 351. (Em francês no original. N. da T.) Cf. também Aleksandr Gladkov, "Iz vospominani o Meyerholde", in *Moskva Tieatralnaia*, Moscou, 1960, p. 356.

21. Cf. H.-R. Lenormand, *op. cit.*, pp. 351-352.

22. Cf. Karel Martínek, *Meyerhold*, Praga, 1963, p. 332.

atrizes-lianas do *Liberty*, e a maciça poltrona, semelhante àquela em que Hedda Gabler tronava, pareceram ressuscitar os estratagemas do teatro convencional.

Assim o revolucionário, o iconoclasta Meyerhold tinha aproado no *mélo*, nesta imortal reserva de comoção e lágrimas. É muito estranho que, no fundo, a essência do espetáculo, tolhida de qualquer alusão ao presente, se encaixasse com perfeição às ansiedades e às mágoas da Rússia da época. Nezval, que dali a pouco escreveria o drama sentimental *Manon Lescaut*, afirma que a representação o influenciou "como uma droga inebriante" e que Zinaída Raich "hipnotizava a sala"[23]. Sua Gautier, como Lélia, expressava o anseio por Paris, o indissolúvel vínculo da cultura russa com o Ocidente. Ademais, na distância dos anos, dir-se-ia que, para ela, aquele papel fosse como um ensaio, um presságio da própria morte.

Com o aproximar-se do fim de seus dias, Meyerhold achega-se às preferências da juventude. De Tchékhov, centro imutável da esfera de sua existência, dirige, a 25 de março de 1935, três *vaudevilles*: *O Urso*, *O Aniversário*, *O Pedido de Casamento*, reunindo-os com o título *Trinta e Três Desmaios* (*Tritzat Tri Óbmoroka*). Não é um capricho, como afirmaram os incorruptíveis defensores dos clássicos, a curiosa denominação: em *O Jardim das Cerejeiras*, Semion Epikhodov é chamado de "vinte e duas desgraças", e o irmão Alieksandr costumava apelidar Antón Pávlovitch de *trinta e três num instante* (*tritzat tri momentálno*)[24].

O espetáculo era uma intensa seqüência de erros e delíquios. Já em Tchékhov as personagens dos *vaudevilles* revelam-se impulsivas, irascíveis, histéricas, com tendências às reações violentas, a insultarem-se, a romper em prantos. Meyerhold multiplicou-lhes os desmaios e incrementou-lhes a neurastenia, transformando-os numa mesnada de possessos. Agarravam continuamente o jarro de água, levavam a mão ao coração, enfaixavam a cabeça com uma toalha molhada.

Lomov, que em Tchékhov é "sadio, bem nutrido, mas muito apreensivo", na encarnação de Ilínski tornou-se um bilioso, um maníaco, propenso às escandescências, sujeito a análises clínicas. Smirnov, esta variante do Capitão fanfarrão da *Commedia dell'Arte*, não era mais o urso carrancudo mas no fundo bonachão, e sim um rude ulano rixento, banhado por uma vulgaridade que remetia a Fámusov

---

23. Vítezlav Nezval, "Neviditelná Moskva", (1935), in *Prazsky choced: Dílo XXXI*, Praga, 1958, pp. 107 e 108.
24. Cf. Korniéi Tchukóvski, "Tchékhov", in *Sovremenniki*, Moscou, 1962, p. 16.

e Khliéstakov. Na cena em que a viuvazinha teimosa vai buscar as pistolas para o duelo, Smirnov executava uma dança bélica, rodando o sabre e gritando: "Acabarei com ele como a um pintinho!", e depois pulava sentando a cavalo sobre um piano, como que querendo domar um puro-sangue, numa espécie de rodeio biomecânico. Mesmo os papéis de *O Aniversário* tornaram-se gráficos de manias e desequilíbrios, ensandecidos desvencilhamentos, metralhadoras dialógicas de manequins endemoniados.

Forçando-se ainda às alusões sociais, Meyerhold tencionava mostrar, com este tríptico, a agitação, os espasmos da burguesia no ocaso do século passado, a morbosidade exasperada de uma classe em declínio. Uma vez mais, portanto, seu teatro retomava o tema da condenação, da decadência, oferecendo, em tom farsesco, mais uma das tantas imagens de marasmo e catástrofe. É esquisito encontrar entre as últimas experiências de Meyerhold uma volta àquela neurastenia que outrora tinha sido o tema dominante de suas interpretações.

Um ritmo acossante, tirânico, acelerante, encalçava o tríplice conciliábulo de diabos, e até mesmo o falar era tão perturbado, veloz, trovejante, que as falas perdiam o sentido, soando como gaguejamentos de *scat*. Algumas cenas transformaram-se em astutas *clownades*, dignas dos irmãos Fratellini: ao fazer a proposta de casamento, por exemplo, Lomov usava a cartola e as luvas de cerimônia, mas durante a briga as substituía por um chapéu maltrapilho e luvas gastas.

Em contraste, Meyerhold guarneceu com música séria a clownesca barafunda destas ensandecidas figuras. Em *O Aniversário* fluíam, sim, melodias de operetas de Offenbach e de Johann Strauss, mas *O Urso* era subtenso por tristes peças de Grieg, e em *O Pedido de Casamento*, Tchaikóvski (certamente mais apropriado ao *Jardim das Cerejeiras* do que aos *vaudevilles*) acompanhava com seus langores as convulsões de Lomov. No entanto as músicas, antes que ampliar o ridículo das personagens, envolveram numa auréola de cinzas e melancolia aquela exacerbada comicidade, aquele florilégio de paroxismos.

4

O Doutor Dapertutto ainda não havia se apagado em Meyerhold. Na encenação de *A Dama de Espadas*, de Tchaikóvski, no Pequeno Teatro de Ópera (Malegot) de Leningrado, a 25 de janeiro de 1935, ele inseriu uma pantomima no espírito de Callot, com máscaras da *Commedia dell'Arte*[25].

25. Cf. A. Gozenpud, *Rúski Soviétski operni tieatr*, Leningrado, 1963, p. 235.

55. Primeiro ato de *As Núpcias de Kretchínski* de Súkhovo-Kobílin, 14 de abril de 1933 (direção: Meyerhold; cenário: V. Chestakov).

56. *La Dame aux Camélias* de Dumas, 19 de março de 1934 (direção: Meyerhold; cenário: I. Leistikov a partir de um projeto do próprio diretor).

Visto que as direções de ópera não fazem parte de nosso estudo, nos limitaremos a algumas notas. Meyerhold aplicou ao teatro lírico os expedientes já experimentados nos grandes espetáculos do TIM, recorrendo a uma série de reformas radicais: cortes, deslocamentos, inversões, metáteses dos fatos e das falas. Estava convencido de que o libretista Modiést Tchaikóvski tivesse alterado mediocremente a essência do conto puchkiniano e, fundamentando-se no novo libreto de Stenitch, aspirava "saturar a atmosfera da admirável música de Tchaikóvski com o ozônio da ainda mais admirável narração de Púchkin"[26].

Embasando sua leitura de direção no tema do jogo de azar, Meyerhold acabou por aproximar *A Dama de Espadas* a *Maskarad*. O Jardim de Verão transformou-se em cenário interno, onde uma alegre congregação de representantes da juventude dourada da década de trinta do século passado divertia-se comendo e bebendo desmedidamente e jogando partidas de faraó. Trepada sobre uma mesa, uma moça em traje de hussardo cantava frívolas estrofes de banquete sobre a música que, em Tchaikóvski, acompanha o coro de amas de leite e crianças no episódio do Jardim de Verão[27].

Com a habitual potencialidade de aberração, Meyerhold fez do espetáculo uma fogueira de enigmas, um relampejar contínuo e ameaçador, um ardil. De cada quadro piscavam os olhos felinos e alucinados do jogo, ou seja, do destino. A figura de German acabou se tornando uma duplicata de Arbénin. Devorado pela mania das cartas, sem brilho e intratável, envolto num longo tabardo negro, com mãos-artelhos, nos olhos ofuscamentos de inferno, German agia como uma marionete das forças maléficas, com os movimentos de um impulso só, rápidos e convulsos, típicos das silhuetas dos filmes expressionistas. Mesmo nesta obra, o diretor adaptou o habitual protocolo da demonia, que ainda o enfeitiçava, como se fosse o som de uma concha. As figuras demoníacas repetem-se tão amiúde em Meyerhold, que todo o ensaio sobre sua criação corre o risco de assumir uma estrutura enumerativa. Para incrementar a semelhança com *Maskarad*, acresceu, no final, um arcano antagonista de German, cujo nome era Desconhecido (Neizvestni)[28].

A direção de *A Dama de Espadas*, como muitos de seus últimos espetáculos, demonstra que Meyerhold, após a tebaida do construtivismo, novamente perseguia uma arte da panóplia (quase à beira do

---

26. Vsiévolod Meyerhold, "Púchkin i Tchaikovski", in *Pikovaia dama*, seleção de matérias para a representação do Mali Operni Tieatr, Leningrado, 1935, p. 8.
27. Cf. E. Kaplan, "Meyerhold stavit 'Pikovuiu damu'", in *"Soviétskaia muzika"*, 1961, 8.
28. Cf. A. Gozenpud, *op. cit.*, p. 235.

minuciosismo stanislavskiano), e pretendia devolver um senso de habitabilidade ao palco, uma "filosofia do alfaiamento", chegando até a transformá-lo em *magasin d'antiquités*. A casa de jogo no sétimo quadro, por exemplo, por sua composição pictórica – com o enorme canapé avivado por manchas de variegados trajes, o grande espelho de velas faiscantes nas laterais e o exagero de adereços e quinquilharias – reevocava as salas faustosas da encenação de Liérmontov[29].

O período terminal de Meyerhold é um fervilhar de projetos não realizados. No final de 1935 sonhava representar, sob o título de *Comédia Fantasmagórica* (*Feeritcheskaia Komedia*), algumas cenas de *O Percevejo* e de *Os Banhos*. Iludia-se estar captando nas falas o conforto da presença viva do poeta: "Sempre ouço a voz de Maiakóvski nas personagens de suas comédias"[30].

Em 1936 ensaiou, durante seis meses, o *Borís Godunov*. Buscava alívio na poesia do passado, certo de que os dramas de Púchkin fossem o teatro do amanhã[31]. "Púchkin", dizia, "é melhor que Shakespeare, embora tenha se enpenhado em imitá-lo. É mais fragrante e mais diáfano. E, acima de tudo, alcança seu objetivo com meios mínimos. Eis a eminência da arte"[32].

Além de aprestar o *Borís*, ele compôs, naqueles dias, sua primeira e única direção radiofônica, *O Convidado de Pedra* (com música de Chebálin), e idealizou a segunda, *O Festim na Época da Peste* (com música de Prokófiev)[33]. Esfir Chub relembra um longo passeio noturno pelas ruas de Moscou, durante o qual Meyerhold expôs, a ela e a Eisenstein, o projeto de uma representação do *Cavaleiro de Bronze*[34].

Os testemunhos de Alieksandr Gladkov, secretário e consulente dramático do TIM, nos permitem reconstruir o conceito da direção do *Borís*. Meyerhold objetivava libertar a obra do tártaro encrustado pelos sofismas dos puchkinistas: "No próprio texto de Púchkin encontra-se tudo o que um ator precisa saber daquela época. Um florido Púchkin matinal, um Púchkin tirado debaixo do travesseiro ao amanhecer e relido com a mente repousada..."[35].

Tendo aversão aos *oripeaux* dos jactanciosos dioramas históricos, queria levar à cena, não os gordos boiardos envoltos em casacos

29. Cf. E. Kaplan, *op. cit.*
30. Cf. Aleksandr Gladkov, "Meyerhold govorit", in *"Novi Mir"*, 1961, 8, e *Iz vospominani o Meyerholde,* pp. 352-354.
31. Cf. Id. *Meyerhold govorit*, cit.
32. *Idem*.
33. Cf. V. Vlasov, "Vstretcha no radio", in *"Soviétskaia muzika"*, 1961, 8.
34. Cf. Esfir Chub, *Krupnim planom*, Moscou, 1959, p. 118.
35. Cf. Aleksandr Gladkov, *Iz vospominani o Meyerholde*, p. 367.

de pele, não as barbas encrespadas ou avolumados gorros de pelo, e sim armígeros novíssimos, valentes guerreiros, que acabam de descer do cavalo. Por isso induziu os atores a aprenderem equitação[36].

Quando foi-lhe perguntado em quais museus era necessário conduzi-los para os estudos em vista do espetáculo: "Fora da cidade, nos primeiros indícios do amanhecer, em Neskutchni, em Sokólniki, aos pares: os apaixonados que se beijem e que depois venham juntos para os ensaios"[37].

Com seu alinhamento de episódios separados, o urdimento do *Borís Godunov* correspondia plenamente aos critérios meyerholdianos: de fato o diretor, entrevendo uma seqüência de contrapostas "microtragédias", articulou-o como "suite trágica em vinte e quatro seções", ligadas pelo mastique das melodias de Prokófiev[38].

Aqui também Meyerhold desencadeou sua apaixonada imaginação. Um verso, uma tênue alusão era o bastante para lhe inspirar lendas complexas, aflitos presépios. Por exemplo, um senescal diz que o czar está cercado de "necromantes, adivinhos, bruxas". Destas palavras ele extraiu uma inteira vitrina de macabra bufonaria, uma cena-bazar, maculada, leprosa. A minúscula alcova do febricitante Borís formigueja de uma imunda fauna de astrólogos, ineptos de Deus, charlatães, feiticeiros, que se amontoam, torpes como os histriões e os funâmbulos em a *Queda de Simão Mago*, de Bruegel. Há também um asiático com uma serpente num saco, um velhote horrível com um galo dentro de um crivo, e um calmuco que, à janela de mica, modula, com seu pífaro, um triste motivo oriental. Borís senta num banco, com a cabeça coberta por um lenço de seda, entre duas bruxas que, enquanto isso, balbuciam esconjuros. De repente, arrancado o lenço, levanta um enorme jarro de sidra e bebe avidamente. Esgotado, acabado pelo remorso, pelo barulho dos impostores, pelos guinchos do galo, pela atmosfera pesada, pelo mau cheiro dos corpos imundos. Sente calor, coça-se, rechaça as mãos nojentas das bruxas vociferantes, tira o lenço, as bruxas cobrem-no novamente: "barulheira como numa masmorra", devaneava Meyerhold, "*jazzband* do século XVII"[39]. Como se nesta fermentação, neste *alhambra* de lâmias quisesse concentrar toda a exalação acre do pútrido, a astral conjunção de bruxaria e imundície.

O analista Pimión deveria ser não o adunco e decrépito patriarca, e sim um velhinho minúsculo, seco, nervoso como uma lagartixa,

---

36. *Idem*, p. 359.
37. *Idem*, p. 367.
38. Cf. A. Fievrálski, "Prokófiev i Meyerhold", in *Sierguiêi Prokófiev: 1953-1963*, Moscou, 1962, p. 101-104.
39. Cf. Aleksandr Gladkov, *Iz vospominani o Meyerholde*, pp. 373-374.

assim como, no início do século, lhe parecera Tolstói. Imaginava Piomón literato de profissão, pressionado pela obsessiva idéia de terminar a crônica antes de fechar os olhos para sempre. De Griegori, contrariamente às costumeiras interpretações, faria um fleumático, um entorpecido, absorto em suas fantasias[40], quase análogo às personagens indolentes da direção de *Bubus*.

Toda a tentativa de biografia vai adquirindo, à medida que se aproxima do encerramento, um sabor alegórico, torna-se quase um compêndio global das fórmulas-chave, não de uma, mas de milhares de existências. Além disso, a certa altura, não poderá deixar de reiterar a gasta mas sólida sentença de que viver é correr em vão, ir ao encalço de inatingíveis trens. Por toda a vida de Meyerhold recorre, como uma cicatriz, o anseio de encenar o *Hamlet*, um anseio que nos últimos anos tornou-se mais e mais ardente.

Já na época do construtivismo aspirava representá-lo com os métodos daquela ossuda tendência[41], mas mesmo antes disso havia pensado em confiar a Maiakóvski sua tradução, sugerindo-lhe que atualizasse o diálogo dos dois coveiros (ato V, cena 1)[42].

Em 1930 quis amoldar o papel do príncipe da Dinamarca à Raich, como na comédia de Oliécha[43]. Sonhava com um teatro especial, que mantivesse em cartaz somente o drama de Shakespeare, na concepção cênica de diversos diretores. No outono de 1936, voltando de Paris, afirmou ter pedido a Picasso os esboços da cenografia do *Hamlet*, com que meditava inaugurar seu novo edifício teatral[44].

A representação de Shakespeare teria sido a síntese e o auge de toda sua pesquisa de direção. "Se desaparecessem todos os dramas do mundo", dizia, "mas restasse o *Hamlet*, o teatro permaneceria vivo"[45]. E ainda: "O *Hamlet* está estruturado de forma que a personagem principal resulta estar à beira da vida futura, enquanto o rei, a rainha, Polônio, ficaram para trás, na outra margem"[46]. No entanto, sequer chegou a ensaiá-lo. Como para Vakhtangov, a encenação do drama de Shakespeare foi seu constante desvario, seu não-acontecido, a grande página em branco do livro de sua vocação. Em 1938, já privado de seu próprio teatro, ansiava condensar em um volumezinho intitulado: *Hamlet: Romance de Um Diretor* o desenho do almejado

40. *Idem*, p. 368.
41. Cf. Sierguiêi Iutkiévitch, *Kontrapunkt riejissiera*, Moscou, 1960, p. 226.
42. Cf. Aleksandr Gladkov, *op. cit.*, p. 365.
43. Cf. Ígor Ilínski, *Sam o siebié*, p. 251.
44. Cf. Aleksandr Gladkov, *Iz vospominani o Meyerholde* , p. 365.
45. Cf. Iliá Erenburg, "Liudi, godi, jizn: Kniga vtóraia", 18, in *"Novi Mir"*, 1961, 2.
46. Vsiévolod Meyerhold, "Slovo o Maiakovskom", (1936), in *V. Maiakóvski v vospominaniakh sovriemiênikov*, Moscou, 1963, p. 287.

espetáculo, a fim de que, algum dia, alguém o realizasse em sua memória[47]. Queria que em seu túmulo arranhassem estas palavras:

AQUI JAZ UM ATOR E DIRETOR
QUE NÃO REPRESENTOU NEM ENCENOU
O "HAMLET"[48]

De toda aquela concepção, elaborada de tempos em tempos e como que ocultada entre os interstícios das outras direções, chegou-nos somente o esboço da cena em que Hamlet entrevê o espectro do pai (ato I, cena 4):

> Beira-mar. O mar na escuridão. Gelo. Um vento álgido impele as ondas prateadas sobre a beira arenosa, despojada de neve. Hamlet, embuçado da cabeça aos pés por um negro manto, espera o encontro com o fantasma do pai. Fita avidamente o mar. Transcorrem instantes penosos. Escrutando à distância, ele vê que, junto às ondas que se dirigem à praia, recorta-se, entre a escuridão, arrastando com dificuldade as pernas sobre o solo de areia instável do fundo do mar, a figura de seu pai (a larva do pai). Prateado dos pés à cabeça. Capa de prata, corpete de prata, barba de prata. A água congela-se sobre a barba, sobre o corpete. Sente frio, está esgotado. Já toca a praia. Hamlet corre ao seu encontro. Tirando a capa negra, ergue-se diante do espectador no corpete em malha de ferro prateado. Envolve o pai dos pés à cabeça com o manto negro, abraça-o. Apenas nesta exígua cena: o pai em prata, Hamlet em negro – e depois o pai em negro, Hamlet em prata. Pai e filho, abraçados, desaparecem[49].

A antítese de negro e prata: o negro parasítico do príncipe da Dinamarca e o prata de armaduras boreais – e mais: a gélida luz como de gravura antiga, o clima de saga de escaldos liermontovianos, e os arrepios de naufrágio cósmico: tudo isso nos remete aos temas hiperbóreos de Blok, a seu "negro", às suas nórdicas fisionomias, às armaduras luzentes de neblina de seus paladinos: aos úmidos versos blokianos sobre o mito de Hamlet.

5

De dia não há aluguel de máscaras

Frantishek Halas, *A Noite (Sépia)*

A última parte da vida é como uma marcha forçada. É uma queda vertiginosa. Quantas tortuosidades, quantos obstáculos opõe

---

47. Cf. Aleksandr Gladkov, *Iz vospominani o Meyerholde*, p. 365.
48. *Idem*, p. 348.
49. Visiévolod Meyerhold, "Púchkin i Tchaikovski", in *Pikovaia dama*, p. 6; cf. também Aleksandr Gladkov, *Iz vospominani o Meyerholde*, p. 366; Sierguiêi Iutkiévitch, *Kontrapunkt riejissiera*, p. 226.

o homem à aproximação do destino. Mas, apesar do que afirma Hölderlin em *Patmos*, nem sempre cresce a salvação (*das Rettende*) onde ameaça o perigo. O que certamente cresce, no entanto, é a solidão, com seu cheiro de viagem, com seu gosto pelos extremos inventários, com seus vãos veranicos.

Agravava-se a situação interna da URSS. A 17 de janeiro de 1936 foi constituído o odioso "Comitê para os assuntos das Artes". No *Pravda*, a 28 do mesmo mês e a 6 de fevereiro, apareceram dois artigos contra Chostakóvitch, *Sumbúr vmiesto muziki* (Tumulto em lugar de música) e *Balietnaia falch* (Falsidade no *ballet*), estúpidos e pérfidos artigos que deram início à campanha de extermínio da vanguarda e da criação artística em geral.

Em 1936-1939 o infeliz Comitê tomou uma série de tolas deliberações, deslocando atores e diretores de um palco para outro, suprimindo os melhores teatros e amalgamando, sem o menor critério, diferentes grupos, com a intenção de equipará-los num único, esquálido estilo oficial.

O ideal dos burocratas, dos vassalos menores do partido, era o "fotografismo" burguês e conservador do fim do século passado: as exposições de *bibelots*, de arremedos de telas e olarias, exatas, minuciosas, como que saídas do "caixote de cortina preta". A diversidade e a audácia das correntes deviam ceder à uniformidade niveladora do social-realismo, etiqueta de uma opacidade servil, filistéia, ferroviária. Bastava uma bizarra bagatela, um expediente insólito, uma incauta palavra flagrada nos arquivos para que um artista fosse tachado de traidor pelas centrais políticas. Uma mediocridade gosmenta, uma sonolência servil enviscaram os teatros soviéticos, nos quais se instalou a esterilidade, a inércia de um frouxo academicismo fiscal.

Agora, em todos os campos, mandavam e desmandavam os "comandos" do estalinismo, os horrorosos e arrogantes "sem-lágrimas", os bandos de subalternos palhaços cruéis, de profanadores. Iniciou-se a matança da *intelligentsia*, a entronização da bestialidade e do ilícito. A Rússia gemeu entre as bárbaras mãos férreas de um melindroso deus-controlador, de um impiedoso e inacessível Kazbiék.

O grande teatro russo abandona as ribaltas, para tranferir-se nos espetáculos trágicos das noites de medo, à espera da chegada dos capangas, na cenografia dos cárceres, nos *tapis roulants* dos vagões que arrancavam, ao fundo de lentíssimos comboios de cargas, levando multidões de sem-culpa em direção à carnificina dos campos. Em espetáculos que contrapõem, com inédito maniqueísmo, fileiras de inocentes oprimidos a uma diabólica maquinação de algozes, de de-

57. *Trinta e Três Desmaios:* três "vaudevilles" (*O Aniversário, O Urso, O Pedido de Casamento*), 25 de março de 1935 (direção: Meyerhold; cenário: Meyerhold e V. Chestakov).
N. Bogoliubov (Smirnov) e Zinaída Raich (Popova) em um episódio de *O Urso*.

58. *Trinta e Três Desmaios*, 25 de março de 1935: *O Aniversário*.

latores, cujo zelo, ainda assim, não pode imunizá-los da denúncia de outros sicofantas invisíveis, e assim até o infinito...

Em 26 de março de 1936 deu-se, em Moscou, uma conferência de homens de teatro, onde praticamente todos fizeram ato de contrição. Apenas Meyerhold recusou prodigar-se em *mea culpa-mea culpa*, rejeitou as acusações de formalismo, defendeu seu direito de experimentar e reler os clássicos de modo insólito[50]. Ele abominava as humilhações públicas, avaliando a autocrítica como um confronto interior, um procedimento particular[51].

Obviamente, em nome de Meyerhold, realizavam-se, no campo teatral, as mais insensatas incongruências. Rudes falsificadores arruinavam a unidade das obras, acrescentando ou descartando figuras, cortando passagens, encaixando, no texto reestruturado, heteróclitas inserções. Até mesmo no Mali: Khokhlóv extraiu em 1935 uma *agitka* anticlerical da comédia de Ostróvski *Os Lobos e os Carneiros*, transportando a ação para um mosteiro (seguindo o modelo de Meyerhold, que havia transformado em pope o latifundiário Milonov) e fazendo da Murzaveckaia uma abadessa e de Glafira Aleksieevna uma noviça.

Era-lhe atribuída a responsabilidade por qualquer distorção, por qualquer confusão. Em vão o diretor rotulou de infâmia os epígonos na conferência *Meyerhold Contra o Meyerholdismo*, pronunciada a 14 de março de 1936, em Leningrado. Foi sendo hostilizado sem consideração, foram esquecidos todos os seus méritos, seu "Outubro Teatral", seu excesso de dedicação. Visto que o acusavam, em especial, de descuidar dos dramas contemporâneos, a contragosto incluiu no repertório "produtos" de observância realística: o romance *Como Foi Temperado o Aço* (*Kak Zakalials Stal*), de Nicolai Ostróvski, inicialmente na homônima adaptação de Vassíli Rafalóvitch e posteriormente na redução de Ievguêni Gabrilóvitch, com o título *Odná Jizn* (*Uma Vida*), e a comédia de Lidia Seifúllina: *Natacha*. Os ensaios do primeiro tiveram início na primavera de 1936, prolongando-se com interrupções até dezembro de 1937; os do segundo texto deram-se em 1937.

Este *pensum* de direção de nada adiantou. A 8 de janeiro de 1938 apareceu nos jornais o decreto de morte do TIM. Vale a pena reportar, por sua mesquinhez, as razões aduzidas, desculpando-se com os leitores pela grosseira redação e pela impropriedade das estruturas:

50. Ígor Ilínski, *Sam o siebié*, p. 302.
51. Cf. Aleksandr Gladkov, *Meyerhod govorit*, cit.

1) No decorrer de sua existência o TIM não conseguiu libertar-se das posições formalistas, claramente burguesas, estranhas à arte soviética. Em conseqüência disso, para condescender ao sinistróide desejo de truque e às crendices do formalismo, até mesmo as obras clássicas da dramaturgia russa eram ali representadas com um aspecto desfigurado, antiartístico, desvirtuando-lhes a essência ideológica (*O Inspetor Geral, Ai do Engenho, A Morte de Tariélkin* etc.).

2) O TIM fez fiasco completo na encenação de textos soviéticos. Cuja encenação forneceu uma imagem caluniosa e alterada da realidade soviética, imagem encharcada de duplo sentido e até mesmo de direta maledicência anti-soviética (*O Suicida, Janela sobre o Vilarejo, Komandarm 2* etc.).

3) Nos últimos anos os textos soviéticos desapareceram definitivamente de seu repertório. Muitos dos melhores atores foram embora, e os dramaturgos soviéticos viraram as costas para um teatro que se isolou da vida social e artística da União.

4) Para o 20º aniversário da revolução de Outubro, o TIM, não somente deixou de preparar qualquer espetáculo, como fez a tentativa, politicamente hostil, de encenar uma obra de Gabrilóvitch (*Odná Jizn*), que desfigura em sentido anti-soviético o notório romance de N. Ostróvski *Como Foi Temperado o Aço*. Além de todo o resto, esta encenação foi um desperdício de fundos por parte do TIM, acostumado a viver de subsídios estatais.

Um delírio digno dos governadores de Glupov, das cabeças recheadas, dos "orgãozinhos", sobre os quais fabula Saltikóv-Chtchedrin.

Todos os clamorosos amigos, usando as palavras de Arbénin (ato II, cena 4, 2), caíam "como folhas do galho apodrecido". Mas eis que o grande adversário, o velho mestre Stanislavski lhe telefona[52], e organiza para ele uma recepção triunfal em seu Estúdio[53]. Em março de 1938 Meyerhold é acolhido no Teatro de Ópera Stanislavski, tornando-se em maio seu diretor, e em outubro diretor-chefe. Sua tarefa não era encenar, mas providenciar os ensaios, dar acabamento às interpretações, cuidar de seus detalhes, ou seja, executar o que ele denominava de "revisão da direção". Assim, por exemplo, em 10 de março de 1939, levou a bom termo a representação de *Rigoletto*, a extrema direção (inacabada) de Stanislavski[54]. Enquanto isso não cessou de alinhavar projetos, sonhava representar numa praça de Leningrado o *Édipo Rei*, com Iúriev, e *Electra*, com Zinaída Raich[55].

O relacionamento entre Stanislavski e Meyerhold...
Pensávamos num irredutível antagonismo e eis que, de repente, em época de injúrias, enquanto vários pseudo-acólitos e falsos es-

---

52. *Idem*.
53. Cf. Osaf Litovski, "V. E. Meyerhold", in *Tak i bilo*, Moscou, 1958, p. 160.
54. Cf. A. Fievrálski, "Stanislavski i Meyerhold", in *Tarúskie stranitzi*, Kaluga, 1961, pp. 289-291.
55. Cf. Ígor Ilínski, *op. cit.*, p. 121.

cudeiros mostram-lhe o rosto da guerra, Meyerhold encontra apoio em seu rival. A verdade é que Vsiévolod Emílievitch, suscetível, descontínuo, desdenhoso, sempre em polêmica e em atrito com as sumidades do teatro, capaz de acumular inimigos com a mesma velocidade com que um *clown* arranca uma enfiada de bufantes coletes, inclinado a rechaçar qualquer familiaridade, quase percebendo-a como degradação, manteve por toda sua vida, mesmo nos anos em que mais lhe foi desfavorável (os anos do "Outubro Teatral"), uma imensa devoção e afeição por Stanislavski[56]. Não havia ensaio em que ele não se referisse, mesmo que somente para contradizê-las, às fórmulas cênicas do mestre, e nunca permitiu que em sua presença se falasse dele com falta de consideração[57]. Parece-nos bastante indicativo, entre os outros, este testemunho de Iúri German:

Ao me ver pela sexta vez na encenação de *Cocu Magnifique*, Meyerhold exclamou:
– Você não sai da minha frente!
Maliciosamente, num sussurro, sugeriu-me:
– Vá ao Teatro de Arte.
– Onde? – perguntei assustado.
– Ao Teatro de Arte. Aquele, da gaivota no pano de boca. Mas não conte a ninguém que fui eu a mandá-lo.
– Para ver o quê?
– Qualquer coisa – acrescentou Meyerhold com seu típico sorriso de escárnio de bondoso satanás – mas comece por Tchékhov.
No entanto, naquela mesma manhã, durante os ensaios, havia ficado uma fera:
– Estão fazendo Teatro de Arte. Não dá nem mesmo para olhar. Quem ensinou vocês a darem estas pausas nauseantes? Estão se esforçando para motivar o papel, não é mesmo? Estão cultivando o "metodozinho"?
No mesmo dia, para um jovem ator, que havia velhacamente explicado a própria inabilidade em cena dizendo que não queria sujeitar-se aos "cânones do Teatro de Arte", Meyerhold gritou, com espantosa crueldade:
– Inepto! Nem ouse falar no Teatro de Arte! Fora daqui![58]

Desde 1935, Vsiévolod Emílievitch buscava um caminho de reaproximação com o mestre. Em 1938 não parava de repetir seu nome: "Quem só conheceu Stanislavski na velhice, não pode imaginar seu enorme talento de ator. Se eu me tornei algo, foi somente porque passei alguns anos perto dele"[59]. Escreveu-lhe frases de homenagem que, pela exaltada humildade, nos lembram as cartas de Vakhtangov: "Como vos dizer o quanto eu vos quero bem? Como vos dizer o

---

56. Cf. Aleksandr Gladkov, *Iz vospominani o Meyerholde,* p. 351.
57. Cf. Aleksiéi Faikó, "Tri vstriétchi", in *"Tieatr",* 1962, 10.
58. Cf. Iúri German, "Vospominania", in *"Zvezda",* 1962, 5.
59. Cf. Aleksandr Gladkov, *Meyerhold govorit,* cit.; Cf. também "Repliki Meyerholda", in *"Tieatralnaia jizn",* 1960, 5.

quanto é imensa minha gratidão, por tudo que vós haveis me ensinado sobre uma tarefa tão difícil quanto a arte de direção?"[60]

E, relembrando os belos dias dos primórdios, afirmava: "Acontecia-me freqüentemente de não conseguir pegar no sono, ao voltar para meu pequeno quarto escuro depois do espetáculo ou dos ensaios com ele. Para se obter algo, é necessário antes aprender a entusiasmar-se e a admirar-se"[61].

Estas expressões todavia não nos devem levar a crer que Meyerhold tivesse, no fim, se convertido aos preceitos de Stanislavski. O enternecimento pelo pai não destrói a firmeza das convicções do filho. Apertar a mão consoladora não significava desviar-se do próprio (serpejante) caminho. Sem descrer da validade de seus métodos, ele provavelmente entreviu, naquele fim de vida, uma atinência entre as manobras biomecânicas e as "ações físicas". De resto já nos aconteceu, no percurso de nosso livro, de avistar ninhos de afinidade entre os trabalhos destes diretores antitéticos: o gosto pela "objetaria", a tendência a desenvolver fugazes rubricas em amplas cenas...

Nas horas difíceis o renascer da amizade com Konstantin Sierguiêivitch pareceu reconfortar Meyerhold das ofensas e dos desenganos. Infelizmente foi um breve parênteses: no verão de 1938 alcançou-o, em Kislovodsk, o anúncio da morte do mestre[62]: "Queria correr, sozinho, para longe de todos e chorar como uma criança que tivesse perdido o pai"[63].

E Stanislavski? Estimava muito este "aluno desgarrado", birrento, transtornador. A representação de *Cocu Magnifique* lhe parecera uma atraente "burla de direção", parecida com certas tentativas suas do período "convencional", e da direção de *Mandát* acima de tudo seduziu-o o grotesco da conclusão[64]. Parece que, próximo ao fim, estivesse considerando confiar a Meyerhold uma filial do Teatro de Arte[65].

Circularidade da vida (e dos livros). No desastre goyesco da época, neste ocaso sem suavidade, destinos divergentes voltaram a se ligar, os caminhos dos dois maiores diretores teatrais do século

---

60. Cf. Vsiévolod Meyerhold, in *Stanislavski: Pisateli, artisti, riejissieri o velikom deiatele rúskovo tieatra*, Moscou, 1963, p. 68.
61. Cf. Aleksandr Gladkov, *Meyerhold govorit*, cit.; Cf. também *Repliki Meyerholda,* cit.
62. Cf. Nicolai Pietróv, *50 i 500*, Moscou, 1960, pp. 465-466.
63. Cf. Aleksandr Gladkov, *Meyerhold govorit,* cit.
64. Cf. *idem*, "Vospominania zamiétki, zapisi o V. E. Meyerholde", in *Tarúskie stranitzi*, p. 298; P. Markov, "Napravlenie spora", in *"Tieatr"*, 1962, 1.
65. Cf. Osaf Litovski, *op. cit.*, p. 160.

afluíam novamente para o mesmo ponto de encontro, e a arte assumia o valor de mútuo amparo, de suprema reconciliação na não-luz de um torpe bosque de delações e suspeitas. Mas também: como é absurda toda fuga, toda busca de recursos insólitos, se o fugitivo encontra o extremo alívio somente no colo de um mundo de onde se evadira, com o o sonho de irreversíveis américas.

Do encontro épico destes gigantes à beira do passamento, Eisenstein escreveu palavras fascinantes, que não poderíamos deixar de reproduzir:

> Meyerhold!
> Associação da genialidade do criador com a perfídia do indivíduo.
> As inúmeras penas dos que o amaram como eu, sem limites.
> Os inúmeros instantes de êxtase ao observar a magia criadora deste inimitável feiticeiro do teatro.
> Quantas vezes Ilínski foi-se embora!
> Como se torturava a Babánova!
> Que inferno – graças a Deus provisório – passei, antes de ser expulso das portas do paraíso, das fileiras dos lugares de seu teatro, quando *ousei* formar uma companhia por minha conta – no Proletkult.
> Adorava *Os Espectros*, de Ibsen.
> Infinitas vezes representou Osvaldo.
> Mais do que uma vez os encenou.
> E quantas outras, em horas de recolhimento, mostrou-me como o representava, acompanhando-se ao piano.
> Parecia atraído pelo tema da iteração, que de forma tão admirável penetra a história da Alving e do filho.
> E quantas vezes ele mesmo, com maquinação maligna, evocando, como verdadeiro diretor, as necessárias circunstâncias e o contexto, repetiu à custa dos alunos e dos íntimos aquela página de sua juventude criativa – o rompimento com Stanislavski.
> Nele eram extraordinários o amor e o respeito por K(onstantin) S(ierguiêivitch)... até mesmo nos anos da mais acirrada luta contra o Teatro de Arte.
> Quantas vezes e com que afeto falava de K(onstantin) S(ierguiêivitch), e como apreciava seu engenho e habilidade!
> Onde, em qual poema, em qual lenda eu li que Lúcifer, o primeiro dos anjos, tendo se rebelado contra o Salvador e sendo por ele derrubado, continua a amá-lo e derrama lágrimas, não por sua derrota, por seu exílio, e sim por ter sido privado da possibilidade de admirar sua figura?!
> Ou talvez seja uma passagem da lenda de Ahasvero?
> Algo de um tal Lúcifer ou Ahasvero residia no tempestuoso semblante de meu mestre,
> incomensuravelmente mais genial que o "canonizado" e irrestritamente reconhecido K(onstantin) S(ierguiêivitch),
> mas absolutamente desprovido da patriarcal capacidade de ponderação, que é freqüentemente entendida como harmonia, embora corresponda antes àquele filisteísmo que Göethe ainda exigia, em certa medida, na personalidade do criador.
> E quem, melhor do que o dignatário de corte de Weimar, demonstrou com a própria biografia que esta medida de filisteísmo assegura a calma, a estabilidade, a profunda propagação da raiz e a doçura do reconhecimento, ali onde sua falta condena

uma natureza demasiadamente romântica a eternas agitações, buscas, quedas e arqueamentos, às mutações da sina e não raro ao destino de um Ícaro, que cumpre a trajetória de vida do Holandês voador?...

Na nostalgia de Meyerhold por K(onstantin) S(ierguiêivitch) – este patriarca aquecido pela luz solar de segundas e terceiras gerações de admiradores e fanáticos de sua obra, multiplicados inumeravelmente por gemação – havia algo daquela lágrima de Lúcifer, daquela inexprimível melancolia do demônio de Vrubel.

Eu me lembro dele no ocaso, no período da iminente reconciliação com K(onstantin) S(ierguiêivitch).

Era tocante e patético observar os pródromos da reaproximação destes dois velhos.

Desconheço os sentimentos de K(onstantin) S(ierguiêivitch) que, traído em seus últimos anos de vida pelas tendências de seu próprio teatro, havia-lhe virado as costas, voltando-se à perene e vivificante fonte da criação – à geração que estava surgindo, para oferecer-lhe os novos pensamentos de seu engenho, perenemente jovem.

Lembro-me porém do brilho dos olhos do "filho pródigo", quando falava de como se uniriam novamente, com o objetivo de eludir todas aquelas trilhas marginais ao autêntico teatro, que o primeiro, prevendo-as, as havia evitado no início de nosso século e no início do próprio caminho criativo, e que o segundo, o fundador do Teatro de Arte, havia abjurado decênios depois, quando, cultivada pela mão sagaz de Niemiróvitch-Dântchenko, a erva daninha destas espúrias tendências começou a sufocá-lo.

Não foi duradoura a proximidade dos dois.

Desta vez porém o rompimento não nasceu do dissídio e do esfacelo interior.

Desenvolvendo-se daqueles mesmos traços de desequilíbrio da índole, as trágicas conseqüências do dissídio interior, conduziram o primeiro a uma conclusão fatal da biografia,

o segundo à morte...

Mas nos longos anos em que, tendo já superado o meu trauma, uma vez reconciliado com ele, eu tive novamente um amigo, sempre me pareceu que, ao tratar os alunos e os seguidores, ele estava representando, a cada vez, repetidamente, o trauma de sua separação do primeiro mestre...

revivendo, nos que havia rejeitado, sua mordaz amargura e, ao repelir, transformando-se no trágico pai Rustem que golpeia Zorab, como que procurando justificação e complemento do que havia ocorrido em sua juventude, sem más intenções por parte do "pai", e sim somente por causa da independência criadora do espírito do "altivíssimo filho".

Foi assim que eu vi este drama.

Talvez, de forma não objetiva o bastante.

Não suficientemente "histórica".

Mas, para mim, trata-se de circunstância demasiadamente próxima, demasiadamente íntima, demasiadamente "crônica familiar".

Porque, para a linha da "descendente graça divina", mediante a imposição das mãos do mais idoso, eu sou, em certo sentido, filho e neto destas desaparecidas gerações do teatro[66].

A 20 de junho de 1939 Meyerhold foi detido. Poucos dias depois, a 15 de julho, Zinaída Raich foi encontrada degolada em sua

---

66. Cf. Sierguiêi Eisenstein, "Zweig-Babel-Toller-Meyer (hold)-Freud", in *Izbrannie proizvedenia v chesti tomakh*, I, Moscou, 1964, pp. 418-420.

casa. Ainda não se tem certeza sobre a data (fevereiro de 1940?) e sobre o lugar do assassinato do grande diretor. Mesnadas de *untorelli** e de escrevinhadores competiram ao cobrir de lama sua figura, opondo a esta, com "indignado" desprezo, um fictício Stanislavski, um amolecido tiozinho balbuciante.

Por anos e anos, sem a menor vergonha, os teatrólogos russos remastigaram torpemente as frases das resoluções ministeriais, as calúnias pré-fabricadas. Ah, o inimigo do povo, o cosmopolita, o formalista, perjuro desde o berço: ninho de felonia, eversor de "clássicos". Cuspiu-se sobre sua memória, chegou-se mesmo a falar de seus espetáculos omitindo seu nome; a fraude enxotou a história, assim como o bacilo de um naturalismo aviltante havia comprometido e dissolvido o vigor da imaginação.

Seja portanto maldita a intolerância e todos os seus pequenos escravos, que fazem da não-lei a lei suprema, com sua selva de burguesinhos desapiedados, sempre prontos a gritarem *crucifige*, a protegerem a tirania, a bancarem os salvadores da pátria, a bancarem os tutores de "virtudes" conculcadas.

6

Quase respirando cheiro de tinta,
haveis vos aniquilado pelo truque
O nome deste truque é alma.

Borís Pasternak, *Aos Meyerhold.*

Como canecos vazios alinham-se agora as direções sobre o balcão do tempo, elas são o Esquecido. Mas dos dispersos fragmentos aflora o Inesquecível, ou seja, a efígie dele, lampejante mosaico de heterogêneas peças. Meyerhold foi o maior transformista da história do espetáculo russo, síntese de várias máscaras, como seus Dom Juan e Khliéstakov: não simplesmente homem teatral, mas homem-teatro. Sua carreira consistiu em uma série de insolúveis aporias, em "fuga" tão sinuosa como a de uma montanha russa, em emaranhado de saltos, retalhos, discordâncias, reveses – em suma *em perpétua transformação*, num implacável mobilismo.

Mago da cólera: *rassiérjeni Volchébnik*. Cheio de ímpeto, navega no *bateau ivre* da vida, como que instigado por prazos acos-

---

* *Untore*, em italiano, refere-se à pessoa que se faz de poderoso, de mata-mouros, sendo, no fundo, um incapaz. Durante a peste de 1630, em Milão, eram assim chamados os que eram suspeitos de difundir o contágio aplicando a pessoas e coisas ungüentos infectados. (N. da T.)

santes. Mais biografias confundem-se em uma só existência, ou melhor, tal existência é quebrada em instantes contraditórios.

Que balbúrdia de antíteses. Aquele que impunha aos atores uma representação que não coincidisse com a figura encarnada, exterior, apostiladora, abominava os apartes, e muitos de seus simulacros sem palavras nasceram justamente para coadjuvar com os longos monólogos ditos ao vento pelas personagens: assim a ajudante de cozinha da taberna de província, para quem Osip narrava as bravatas de Khliéstakov, assim os agitadores da facção de Kretchínski, para quem Fiodor, servo também, descrevia o patrão no início do segundo ato.

Sempre foi impelido pelo anseio de experimentação, de estabelecer tendências insólitas, de provocar estupor a qualquer custo, com extravagâncias e maravilhas, para parecer constantemente infiel a si mesmo, *para não envelhecer*. É estranho que esta inquietude de lagartixa acabe se expressando, às vezes, em ralentado estilicídio de ritmos, em um teatro da indolência, tão absurdamente lento quanto a administração de um soro. É estranho vê-lo, no quadro em que Piotr Kontchalovski o retratou em 1938, *sereno*, com ares de cansaço, concentrado em seu cachimbo, sossegadamente deitado sobre um canapé de vistoso algodão florido (quase lembrança dos panos-de-fundo "convencionais")[67].

Porque sua imagem permanece gesticulante em nossos olhos, espasmódica, precipitosa, uma empreitada de oscilações e indecisões. Assevera Dullin:

> *Não era um diretor de empresa, um "empresário", nem mesmo um encenador aquele que estava a minha frente, mas uma espécie de pirata dos mares do Norte junto a sua tripulação. Seus olhos brilhavam como os de um gato na noite, e todos, com a cabeça voltada para ele, o escutavam com o respeito e a ternura que se devem ao chefe incontestado*[68].

A inquietude era a marca, não somente de suas pesquisas teatrais, como também de seus traços, angulosos e despertos e de suas complicadas relações humanas. Impetuoso, imprevisível, entediando-se com o já-conhecido, alternando enfatuamentos e rompimentos, aspirava constantemente a ter novos colaboradores, novos olhos, assim como, na direção, sempre novos expedientes.

"A coisa mais bonita na arte", afirmava, "é que a cada etapa você se sente novamente um aprendiz."[69] "Quando me dizem 'O senhor é um mestre!' por dentro tenho vontade de rir. Porque a cada

---

67. Cf. Iliá Erenburg, "Liudi, godi, jizn: Kniga vtóraia", in *"Novi Mir"*, 1961, 2.
68. Charles Dullin, *Souvenirs et notes de travail d'un acteur*, Paris, 1946, p. 66. (Em francês no original. N. da T.)
69. Aleksandr Gladkov, *Meyerhold govorit*, cit.

estréia eu fico agitado, como se estivesse novamente prestando um exame para a vaga de segundo violino"[70].

Enfeitiçava e condicionava a vida daqueles a quem acontecia, mesmo que por um breve momento, estarem perto dele, mas era um fascínio ambíguo, volúvel, catalizador de mal-entendidos e rancores. Suas paixões fulmíneas sempre esfumavam em emaranhados de nós de desconfianças, em ciúmes, em gigantescos ressentimentos. Poderiam se lavrar inteiras "matérias" de revistas de fofoca sobre seus vínculos com Gárin, Babánova, Ilínski, sobre suas virulentas dissensões com Vichnievski, sobre sua sombria amizade com Eisenstein, e, em contraste, sobre sua imensa, condescendente disponibilidade com Zinaída Nikoláievna Raich.

Estes altos e baixos de fluxos e refluxos da alma, esta instabilidade diabética, esta mutabilidade de escolhas explicam por que ele se tornou o alvo de cada vez mais abundantes chusmas de "ofendidos", de maltratados sabichões e aristarcos, de acólitos "arrependidos", em suma, como disse Maiakóvski, de "coveiros"[71].

Igual inquietude inflamava seus ensaios. Erenburg assevera: "espantava os jovens intérpretes por sua incansabilidade, o brio das resoluções, a enorme jovialidade espiritual"[72]. Inesgotável ao mostrar, ele mesmo, o desenho de *todos os papéis*, ao sugerir recursos, estratagemas, variantes – era contrário ao *zastólnaia rabóta*, o trabalho de mesa[73], nunca teve paciência para esperar que os atores chegassem à inspiração com uma prótase contemplativa, ensaiando em círculo, longe do palco, stanislavskianamente, sentados.

A impaciência estimulava-o a ingerir-se nas personagens, a contagiar, com sua imediatez, os alunos. Com um casaco listrado de marinheiro (de "pirata dos mares do Norte"), enxuto, oblongo, as costas ligeiramente curvadas, o nariz de Cyrano e, na cabeça, como observou Pasternak, "a desgrenhada madeixa de uma insaciável canície" – andava enviesado para lá e para cá sobre o palco, olhando a ação de diversos ângulos, corrigindo movimentos e posturas. Não descuidava sequer por um instante das mãos. "As mãos da Duse? Da Rótchina-Insárova? As da *Última Ceia*? Nunca repararam que

---

70. *Idem.*
71. Cf. Vladímir Maiakóvski, "*Vistupliênie* na dispútie o postanóve 'Revizora' v Gos. Tieatre imiêni Vs. Meyerholda" (3 de janeiro de 1927), in *Pólnoie sobránie sotchiniêni*, XII, 1959, p. 309.
72. Iliá Erenburg, *op. cit., Kniga vtóraia*, 18.
73. Aleksandr Gladkov, *Meyerhold govorit,* cit.

59. Piotr Kontchalovski, *Retrato de Meyerhold*, 1938.

todos os apóstolos de Leonardo estão com as mãos sobre a mesa? E que mãos!"[74]

Um capítulo à parte constituem suas *demonstrações de direção* (*rejisserskie pokázi*), ricas de arrebatamento, icásticas, de muitos sabores. Cada relato mímico de Meyerhold era o espetáculo original de um gênio improvisador, uma cachoeira de extraordinárias invenções, de esboços produzidos com impetuosidade, com uma grande maestria que arrancava aplausos[75]. "Parecem-me um teatro singular", assevera Oliécha, "as 'demonstrações' de Meyerhold. Um teatro envolvente, fantástico. Se seus ensaios fossem acessíveis, o público veria o trabalho do mais assombroso ator de nosso tempo"[76].

Durante um ensaio (em Odessa), de *Ruge, China!*, Meyerhold delineou com uma amargura tão cruel o papel do *boy* chinês (confiado à Babánova), que Maiakóvski, no final, secando o suor da testa, irrompeu: "Foi a mais forte impressão teatral de toda minha vida!"[77] Gladkóv relembra que, a 8 de abril de 1937, durante um ensaio da procissão em *Natacha*, da Seifúllina, o diretor, já com 63 anos, sem se poupar subiu ao palco por 61 vezes, para impostar, um por um, os esquemas cinéticos dos vários figurantes[78]. Reevoca também um ensaio da cena na casa de Chuíski em *Borís* (17 de maio de 1936), em que, montado sobre uma mesa e simulando um texto no mesmo tom das falas do poeta, mostrou para Svierdlin, com impulso frenético, como encarnar o tempestuoso Afanasi Púchkin à moda do intérprete de província Mamont Dalski, do século XIX[79].

O que parecia nascer de um só fôlego, do Capricho e do Improviso, era, ao contrário, obviamente, o resultado de investigações em documentos, tratados, reproduções. Porque, já o sabemos, um enorme manto de erudição pendia de seus ombros, e seu "tradicionalismo", ou seja, seu suntuoso saber teatral, enriqueceu-se, durante o período soviético, com uma mais atenta maquinaria filológica e, apesar das bizarras aparências, de escrúpulos mais agudos ainda.

74. Leonid Viven, "Sodrujestvo Muz", in *"Voprosi litieraturi"*, 1964, 3.
75. Cf. Aleksiéi Popov, *Khudojestvienaia tzelostnost spiektaklia*, Moscou, 1959, pp. 236-237; Ievguênia Khin, "Kak jivoi s jivimi", in *"Zvedzda"*, 1959, 1; Nicolai Pietróv, *50 i 500*, pp. 346-355; Sierguiêi Iutkiévitch, *Kontrapunkti riejissiera*, Moscou, 1960, pp. 235-236; Ígor Ilínski, *op. cit.*, pp. 146-147; Aleksiéi Faikó, "Tri vstriétchi", in *"Tieatr"*, 1962, 10; Iúri German, "O Meyerholde", in *"Zvezda"*, 1962, 5.
76. Cf. Iúri Oliécha, "Liubov k Meyerholdu", in *"Vetchernaia Moskva"*, n. 33, 9 de fevereiro de 1934.
77. Cf. Ievguênia Khin, "Kak jivoi s jivimi", in *"Zvezda"*, 1959, 1.
78. Cf. Aleksandr Gladkov, *Iz vospominani o Meyerholde*, pp. 358-359.
79. *Idem*, pp. 359-361.

Mas Meyerhold agora já detestava a pedanteria, e nos últimos anos não registrava mais os achados, por medo de torná-los estéreis. Acreditava que o diretor, amadurecendo demoradamente o conceito do espetáculo, deveria chegar a apoderar-se do texto a tal ponto de poder *esquecê-lo*[80]. Eis a chave de suas transcrições e paráfrases, de suas substituições visuais, de suas peregrinas redações autônomas.

Aliás, freqüentemente chega-se a suspeitar que ele tivesse *a priori*, em sua fantasia a trama da representação, independentemente das obrigações do texto[81]. Como se os termos de uma determinada direção nele se cristalizassem antes mesmo da escolha da obra, ou que a obra tivesse que se adaptar a uma direção preexistente: enfim, como se a arte de encenar possuísse um mundo próprio e abstrato, avulso de vínculos dramatúrgicos.

Intolerância e autonomia desaguavam em leitos de hipérboles, em proliferações de tropos barrocos. O teatro meyerholdiano foi o triunfo do expediente, dos ardis, dos caminhos serpejantes, uma apaixonada incoerência, um ziguezague ininterrupto de *lazzi* e armadilhas. E no entanto, por baixo daquelas derrapadas, por baixo daqueles diversismos, pulsava uma idêntica nota conectiva, um baixo contínuo, uma inalterável cadência do íntimo.

Ele mesmo exorta-nos a descobri-la: "Se após minha morte escreverem sobre mim, não se divirtam a desencavar as contradições, procurem antes um nexo comum em tudo o que fiz, mesmo que, confesso-o, nem mesmo para mim sempre foi visível"[82].

Esta nota unitária é a concepção do mundo como mascarada e *féerie* hoffmanniana, como eterno travestimento[83]. As "caras de bocós", os manequins palustres, as personagens-relíquias com o desejo veemente do não, mas até mesmo os "macacões", os quacres de propaganda política, em suma, os habitantes da sulfurosa província denominada "Meyerholdia" têm todos uma desesperada desarmonia, uma ambígua capacidade de alucinação, um parágrafo subterrâneo. Recorrem às camuflagens, aos enganos clownescos, à B., para iludir o próprio deserto e aplacar, diremos com as palavras de Broch, o "fracasso da alma". Do proteísmo policromo dos artifícios, do turbilhão da simulação transparece, a cada passo, o inanimado, o não ser, a rigidez da morte.

---

80. *Idem*, p. 364.
81. Aleksiéi Faikó, *Tri vstriétchi*, cit.
82. Aleksandr Gladkov, "Vospominania, zamiétki, zapisi o V. E. Meyerholde", in *Tarúskie stranitzi*, Kaluga, 1961, p. 306.
83. Cf. A. Kúgiel, "V. E. Meyerhold", in *Profili tieatra*, Moscou, 1929, p. 92.

COLEÇÃO ESTUDOS

1. *Introdução à Cibernética*, W. Ross Ashby.
2. *Mimesis*, Erich Auerbach.
3. *A Criação Científica*, Abraham Moles.
4. *Homo Ludens*, Johan Huizinga.
5. *A Lingüística Estrutural*, Giulio C. Lepschy.
6. *A Estrutura Ausente*, Umberto Eco.
7. *Comportamento*, Donald Broadbent.
8. *Nordeste 1817*, Carlos Guilherme Mota.
9. *Cristãos-Novos na Bahia*, Anita Novinsky.
10. *A Inteligência Humana*, H. J. Butcher.
11. *João Caetano*, Décio de Almeida Prado.
12. *As Grandes Correntes da Mística Judaica*, Gershom G. Scholem.
13. *Vida e Valores do Povo Judeu*, Cecil Roth e outros.
14. *A Lógica da Criação Literária*, Käte Hamburger.
15. *Sociodinâmica da Cultura*, Abraham Moles.
16. *Gramatologia*, Jacques Derrida.
17. *Estampagem e Aprendizagem Inicial*, W. Sluckin.
18. *Estudos Afro-Brasileiros*, Roger Bastide.
19. *Morfologia do Macunaíma*, Haroldo de Campos.
20. *A Economia das Trocas Simbólicas*, Pierre Bourdieu.
21. *A Realidade Figurativa*, Pierre Francastel.
22. *Humberto Mauro*, Cataguases, Cinearte, Paulo Emílio Salles Gomes.
23. *História e Historiografia do Povo Judeu*, Salo W. Baron.
24. *Fernando Pessoa ou o Poetodrama*, José Augusto Seabra.
25. *As Formas do Conteúdo*, Umberto Eco.
26. *Filosofia da Nova Música*, Theodor Adorno.
27. *Por uma Arquitetura*, Le Corbusier.
28. *Percepção e Experiência*, M. D. Vernon.

29. *Filosofia do Estilo*, G. G. Granger.
30. *A Tradição do Novo*, Harold Rosenberg.
31. *Introdução à Gramática Gerativa*, Nicolas Ruwet.
32. *Sociologia da Cultura*, Karl Mannheim.
33. *Tarsila – sua Obra e seu Tempo* (2 vols.), Aracy Amaral.
34. *O Mito Ariano*, Léon Poliakov.
35. *Lógica do Sentido*, Gilles Delleuze.
36. *Mestres do Teatro I*, John Gassner.
37. *O Regionalismo Gaúcho*, Joseph L. Love.
38. *Sociedade, Mudança e Política*, Hélio Jaguaribe.
39. *Desenvolvimento Político*, Hélio Jaguaribe.
40. *Crises e Alternativas da América Latina*, Hélio Jaguaribe.
41. *De Geração a Geração*, S. N. Eisenstadt.
42. *Política Econômica e Desenvolvimento do Brasil*, Nathanael H. Leff.
43. *Prolegômenos a uma Teoria da Linguagem*, Louis Hjelmslev.
44. *Sentimento e Forma*, Susanne K. Langer.
45. *A Política e o Conhecimento Sociológico*, F. G. Castles.
46. *Semiótica*, Charles S. Peirce.
47. *Ensaios de Sociologia*, Marcel Mauss.
48. *Mestres do Teatro II*, John Gassner.
49. *Uma Poética para Antonio Machado*, Ricardo Gullón.
50. *Burocracia e Sociedade no Brasil Colonial*, Stuart B. Schwartz.
51. *A Visão Existenciadora*, Evaldo Coutinho.
52. *América Latina em sua Literatura*, Unesco.
53. *Os Nuer*, E. E. Evans-Pritchard.
54. *Introdução à Textologia*, Roger Laufer.
55. *O Lugar de Todos os Lugares*, Evaldo Coutinho.
56. *Sociedade Israelense*, S. N. Eisenstadt.
57. *Das Arcadas do Bacharelismo*, Alberto Venancio Filho.
58. *Artaud e o Teatro*, Alain Virmaux.
59. *O Espaço da Arquitetura*, Evaldo Coutinho.
60. *Antropologia Aplicada*, Roger Bastide.
61. *História da Loucura*, Michel Foucault.
62. *Improvisação para o Teatro*, Viola Spolin.
63. *De Cristo aos Judeus da Corte*, Léon Poliakov.
64. *De Maomé aos Marranos*, Léon Poliakov.
65. *De Voltaire a Wagner*, Léon Poliakov.
66. *A Europa Suicida*, Léon Poliakov.
67. *O Urbanismo*, Françoise Choay.
68. *Pedagogia Institucional*, A. Vasquez e F. Oury.
69. *Pessoa e Personagem*, Michel Zeraffa.
70. *O Convívio Alegórico*, Evaldo Coutinho.
71. *O Convênio do Café*, Celso Lafer.
72. *A Linguagem*, Edward Sapir.
73. *Tratado Geral de Semiótica*, Umberto Eco.
74. *Ser e Estar em Nós*, Evaldo Coutinho.
75. *Estrutura da Teoria Psicanalítica*, David Rapaport.
76. *Jogo, Teatro & Pensamento*, Richard Courtney.
77. *Teoria Crítica I*, Max Horkheimer.
78. *A Subordinação ao Nosso Existir*, Evaldo Coutinho.
79. *A Estratégia dos Signos*, Lucrécia D'Aléssio Ferrara.
80. *Teatro: Leste & Oeste*, Leonard C. Pronko.
81. *Freud: a Trama dos Conceitos*, Renato Mezan.
82. *Vanguarda e Cosmopolitismo*, Jorge Schwartz.
83. *O Livro dIsso*, Georg Groddeck.

84. *A Testemunha Participante*, Evaldo Coutinho.
85. *Como se Faz uma Tese*, Umberto Eco.
86. *Uma Atriz: Cacilda Becker*, Nanci Fernandes e Maria Thereza Vargas (org.).
87. *Jesus e Israel*, Jules Isaac.
88. *A Regra e o Modelo*, Françoise Choay.
89. *Lector in Fabula*, Umberto Eco.
90. *TBC: Crônica de um Sonho*, Alberto Guzik.
91. *Os Processos Criativos de Robert Wilson*, Luiz Roberto Galizia.
92. *Poética em Ação*, Roman Jakobson.
93. *Tradução Intersemiótica*, Julio Plaza.
94. *Futurismo: uma Poética da Modernidade*, Annateresa Fabris.
95. *Melanie Klein I*, Jean-Michel Petot.
96. *Melanie Klein II*, Jean-Michel Petot.
97. *A Artisticidade do Ser*, Evaldo Coutinho.
98. *Nelson Rodrigues: Dramaturgia e Encenações*, Sábato Magaldi.
99. *O Homem e seu Isso*, Georg Groddeck.
100. *José de Alencar e o Teatro*, João Roberto Faria.
101. *Fernando de Azevedo: Educação e Transformação*, Maria Luiza Penna.
102. *Dilthey: um Conceito de Vida e uma Pedagogia*, Mª Nazaré de Camargo Pacheco Amaral.
103. *Sobre o Trabalho do Ator*, Mauro Meiches e Silvia Fernandes.
104. *Zumbi, Tiradentes*, Cláudia de Arruda Campos.
105. *Um Outro Mundo: a Infância*, Marie-José Chombart de Lauwe.
106. *Tempo e Religião*, Walter I. Rehfeld.
107. *Arthur Azevedo: a Palavra e o Riso*, Antonio Martins.
108. *Arte, Privilégio e Distinção*, José Carlos Durand.
109. *A Imagem Inconsciente do Corpo*, Françoise Dolto.
110. *Acoplagem no Espaço*, Oswaldino Marques.
111. *O Texto no Teatro*, Sábato Magaldi.
112. *Portinari, Pintor Social*, Annateresa Fabris.
113. *Teatro da Militância*, Silvana Garcia.
114. *A Religião de Israel*, Yehezkel Kaufmann.
115. *Que é Literatura Comparada?*, Brunel, Pichois, Rousseau.
116. *A Revolução Psicanalítica*, Marthe Robert.
117. *Brecht: um Jogo de Aprendizagem*, Ingrid Dormien Koudela.
118. *Arquitetura Pós-Industrial*, Raffaele Raja.
119. *O Ator no Século XX*, Odette Aslan.
120. *Estudos Psicanalíticos sobre Psicossomática*, Georg Groddeck.
121. *O Signo de Três*, Umberto Eco e Thomas A. Sebeok.
122. *Zeami: Cena e Pensamento Nô*, Sakae M. Giroux.
123. *Cidades do Amanhã*, Peter Hall.
124. *A Causalidade Diabólica I*, Léon Poliakov.
125. *A Causalidade Diabólica II*, Léon Poliakov.
126. *A Imagem no Ensino da Arte*, Ana Mae Barbosa.
127. *Um Teatro da Mulher*, Elza Cunha de Vicenzo.
128. *Fala Gestual*, Ana Claudia de Oliveira.
129. *O Livro de São Cipriano: uma Legenda de Massas*, Jerusa Pires Ferreira.
130. *Kósmos Noetós*, Ivo Assad Ibri.
131. *Concerto Barroco às Óperas do Judeu*, Francisco Maciel Silveira.
132. *Sérgio Milliet, Crítico de Arte*, Lisbeth Rebollo Gonçalves.
133. *Os Teatros Bunraku e Kabuki: Uma Visada Barroca*, Darci Kusano.
134. *O Ídiche e seu Significado*, Benjamin Harshav.
135. *O Limite da Interpretação*, Umberto Eco.
136. *O Teatro Realista no Brasil: 1855-1865*, João Roberto Faria.
137. *A República de Hemingway*, Giselle Beiguelman-Messina.

138. *O Futurismo Paulista*, Annateresa Fabris.
139. *Em Espelho Crítico*, Robert Alter.
140. *Antunes Filho e a Dimensão Utópica*, Sebastião Milaré.
141. *Sabatai Tzvi: O Messias Místico I, II, III*, Gershom Scholem.
142. *História e Narração em Walter Benjamin*, Jeanne Marie Gagnebin.
143. *Bakhtin*, Katerina Clark e Michael Holquist.
144. *Os Direitos Humanos como Tema Golbal*, J. A. Lindgren.
145. *O Truque e a Alma*, Angelo Maria Ripellino.
146. *Os Espirituais Franciscanos*, Nachman Falbel.
147. *A Imagem Autônoma,* Evaldo Coutinho
148. *A Procura da Lucidez em Artaud,* Vera Lúcia Gonçalves Felício

Impressão:
Gráfica Palas Athena